《穀梁》文獻征

A Philological Study on *Chun-qiu Gu-liang-zhuan*

王天然 著

社会科学文献出版社
SOCIAL SCIENCES ACADEMIC PRESS (CHINA)

图书在版编目(CIP)数据

《穀梁》文献征/王天然著.—北京：社会科学文献出版社，2014.9
 （中国社会科学博士后文库）
 ISBN 978-7-5097-6565-4

Ⅰ.①穀… Ⅱ.①王… Ⅲ.①中国历史-春秋时代-史籍②《春秋穀梁传》-研究 Ⅳ.①K225.04

中国版本图书馆CIP数据核字（2014）第224656号

·中国社会科学博士后文库·

《穀梁》文献征

著　　者 / 王天然

出 版 人 / 谢寿光
项目统筹 / 宋月华　李建廷
责任编辑 / 李建廷

出　　版 / 社会科学文献出版社·人文分社（010）59367215
　　　　　　地址：北京市北三环中路甲29号院华龙大厦　邮编：100029
　　　　　　网址：www.ssap.com.cn
发　　行 / 市场营销中心（010）59367081　59367090
　　　　　　读者服务中心（010）59367028
印　　装 / 北京季蜂印刷有限公司
规　　格 / 开　本：787mm×1092mm　1/16
　　　　　　印　张：19.25　字　数：322千字
版　　次 / 2014年9月第1版　2014年9月第1次印刷
书　　号 / ISBN 978-7-5097-6565-4
定　　价 / 89.00元

本书如有破损、缺页、装订错误，请与本社读者服务中心联系更换

版权所有 翻印必究

《中国社会科学博士后文库》
编委会及编辑部成员名单

（一）编委会

主　任：李　扬　王晓初

副主任：晋保平　张冠梓　孙建立　夏文峰

秘书长：朝　克　吴剑英　邱春雷　胡　滨（执行）

成　员（按姓氏笔划排序）：

卜宪群　王　巍　王利明　王灵桂　王国刚　王建朗
厉　声　朱光磊　刘　伟　杨　光　杨　忠　李　平
李　林　李　周　李　薇　李汉林　李向阳　李培林
吴玉章　吴振武　吴恩远　张世贤　张宇燕　张伯里
张昌东　张顺洪　陆建德　陈众议　陈泽宪　陈春声
卓新平　罗卫东　金　碚　周　弘　周五一　郑秉文
房　宁　赵天晓　赵剑英　高培勇　黄　平　曹卫东
朝戈金　程恩富　谢地坤　谢红星　谢寿光　谢维和
蔡　昉　蔡文兰　裴长洪　潘家华

（二）编辑部

主　任：张国春　刘连军　薛增朝　李晓琳

副主任：宋　娜　卢小生　姚冬梅

成　员（按姓氏笔划排序）：

王　宇　吕志成　刘丹华　孙大伟　陈　颖　曲建君
曹　靖　薛万里

序 一

博士后制度是19世纪下半叶首先在若干发达国家逐渐形成的一种培养高级优秀专业人才的制度，至今已有一百多年历史。

20世纪80年代初，由著名物理学家李政道先生积极倡导，在邓小平同志大力支持下，中国开始酝酿实施博士后制度。1985年，首批博士后研究人员进站。

中国的博士后制度最初仅覆盖了自然科学诸领域。经过若干年实践，为了适应国家加快改革开放和建设社会主义市场经济制度的需要，全国博士后管理委员会决定，将设站领域拓展至社会科学。1992年，首批社会科学博士后人员进站，至今已整整20年。

20世纪90年代初期，正是中国经济社会发展和改革开放突飞猛进之时。理论突破和实践跨越的双重需求，使中国的社会科学工作者们获得了前所未有的发展空间。毋庸讳言，与发达国家相比，中国的社会科学在理论体系、研究方法乃至研究手段上均存在较大的差距。正是这种差距，激励中国的社会科学界正视国外，大量引进，兼收并蓄，同时，不忘植根本土，深究国情，开拓创新，从而开创了中国社会科学发展历史上最为繁荣的时期。在短短20余年内，随着学术交流渠道的拓宽、交流方式的创新和交流频率的提高，中国的社会科学不仅基本完成了理论上从传统体制向社会主义市场经济体制的转换，而且在中国丰富实践的基础上展开了自己的伟大创造。中国的社会科学和社会科学工作者们在改革开放和现代化建设事业中发挥了不可替代的重要作用。在这个波澜壮阔的历史进程中，中国社会科学博士后制度功不可没。

值此中国实施社会科学博士后制度20周年之际，为了充分展示中国社会科学博士后的研究成果，推动中国社会科学博士后制度进一步发展，全国博士后管理委员会和中国社会科学院经反复磋商，并征求了多家设站单位的意见，决定推出《中国社会科学博士后文库》（以下简称《文库》）。作为一个集中、系统、全面展示社会科学领域博士后优秀成果的学术平台，《文库》将成为展示中国社会科学博士后学术风采、扩大博士后群体的学术影响力和社会影响力的园地，成为调动广大博士后科研人员的积极性和创造力的加速器，成为培养中国社会科学领域各学科领军人才的孵化器。

创新、影响和规范，是《文库》的基本追求。

我们提倡创新，首先就是要求，入选的著作应能提供经过严密论证的新结论，或者提供有助于对所述论题进一步深入研究的新材料、新方法和新思路。与当前社会上一些机构对学术成果的要求不同，我们不提倡在一部著作中提出多少观点，一般地，我们甚至也不追求观点之"新"。我们需要的是有翔实的资料支撑，经过科学论证，而且能够被证实或证伪的论点。对于那些缺少严格的前提设定，没有充分的资料支撑，缺乏合乎逻辑的推理过程，仅仅凭借少数来路模糊的资料和数据，便一下子导出几个很"强"的结论的论著，我们概不收录。因为，在我们看来，提出一种观点和论证一种观点相比较，后者可能更为重要：观点未经论证，至多只是天才的猜测；经过论证的观点，才能成为科学。

我们提倡创新，还表现在研究方法之新上。这里所说的方法，显然不是指那种在时下的课题论证书中常见的老调重弹，诸如"历史与逻辑并重"、"演绎与归纳统一"之类；也不是我们在很多论文中见到的那种敷衍塞责的表述，诸如"理论研究与实证分析的统一"等等。我们所说的方法，就理论研究而论，指的是在某一研究领域中确定或建立基本事实以及这些事实之间关系的假设、模型、推论及其检验；就应用研究而言，则指的是根据某一理论假设，为了完成一个既定目标，所使用的具体模型、技术、工具或程序。众所周知，在方法上求新如同在理论上创新一样，殊非易事。因此，我们亦不强求提出全新的理论方法，我们的最低要求，是要按照现代社会科学的研究规范来展开研究并构造论著。

我们支持那些有影响力的著述入选。这里说的影响力，既包括学术影响力，也包括社会影响力和国际影响力。就学术影响力而言，入选的成果应达到公认的学科高水平，要在本学科领域得到学术界的普遍认可，还要经得起历史和时间的检验，若干年后仍然能够为学者引用或参考。就社会影响力而言，入选的成果应能向正在进行着的社会经济进程转化。哲学社会科学与自然科学一样，也有一个转化问题。其研究成果要向现实生产力转化，要向现实政策转化，要向和谐社会建设转化，要向文化产业转化，要向人才培养转化。就国际影响力而言，中国哲学社会科学要想发挥巨大影响，就要瞄准国际一流水平，站在学术高峰，为世界文明的发展作出贡献。

我们尊奉严谨治学、实事求是的学风。我们强调恪守学术规范，尊重知识产权，坚决抵制各种学术不端之风，自觉维护哲学社会科学工作者的良好形象。当此学术界世风日下之时，我们希望本《文库》能通过自己良好的学术形象，为整肃不良学风贡献力量。

中国社会科学院副院长

中国社会科学院博士后管理委员会主任

2012 年 9 月

序 二

在 21 世纪的全球化时代，人才已成为国家的核心竞争力之一。从人才培养和学科发展的历史来看，哲学社会科学的发展水平体现着一个国家或民族的思维能力、精神状况和文明素质。

培养优秀的哲学社会科学人才，是我国可持续发展战略的重要内容之一。哲学社会科学的人才队伍、科研能力和研究成果作为国家的"软实力"，在综合国力体系中占据越来越重要的地位。在全面建设小康社会、加快推进社会主义现代化、实现中华民族伟大复兴的历史进程中，哲学社会科学具有不可替代的重大作用。胡锦涛同志强调，一定要从党和国家事业发展全局的战略高度，把繁荣发展哲学社会科学作为一项重大而紧迫的战略任务切实抓紧抓好，推动我国哲学社会科学新的更大的发展，为中国特色社会主义事业提供强有力的思想保证、精神动力和智力支持。因此，国家与社会要实现可持续健康发展，必须切实重视哲学社会科学，"努力建设具有中国特色、中国风格、中国气派的哲学社会科学"，充分展示当代中国哲学社会科学的本土情怀与世界眼光，力争在当代世界思想与学术的舞台上赢得应有的尊严与地位。

在培养和造就哲学社会科学人才的战略与实践上，博士后制度发挥了重要作用。我国的博士后制度是在世界著名物理学家、诺贝尔奖获得者李政道先生的建议下，由邓小平同志亲自决策，经国务院批准于1985年开始实施的。这也是我国有计划、有目的地培养高层次青年人才的一项重要制度。二十多年来，在党中央、国务院的领导下，经过各方共同努力，我国已建立了科学、完备的博士后制度体系，同时，形成了培养和使用相结合，产学研相结合，政府调控和社会参与相结合，服务物质文明与精神文明建设的鲜明特色。通过实施博士后制度，我国培养了一支优秀的高素质哲学社会科学人才队伍。他们在科研机构或高等院校依托自身优势和兴趣，自主从事开拓性、创新性研究工作，从而具有宽广的学术视野、突出的研究能力和强烈的探索精神。其中，一些出站博士后已成为哲学社会科学领域的科研骨干和学术带头人，在"长江学者"、"新世纪百千万人才工程"等国家重大科研人才梯队中占据越来越大的比重。可以说，博士后制度已成为国家培养哲学社会科学拔尖人才的重要途径，而且为哲学社会科学的发展造就了一支新的生力军。

哲学社会科学领域部分博士后的优秀研究成果不仅具有重要的学术价值，而且具有解决当前社会问题的现实意义，但往往因为一些客观因素，这些成果不能尽快问世，不能发挥其应有的现实作用，着实令人痛惜。

可喜的是，今天我们在支持哲学社会科学领域博士后研究成果出版方面迈出了坚实的一步。全国博士后管理委员会与中国社会科学院共同设立了《中国社会科学博士后文库》，每年在全国范围内择优出版哲学社会科学博士后的科研成果，并为其提供出版资助。这一举措不仅在建立以质量为导向的人才培养机制上具有积极的示范作用，而且有益于提升博士后青年科研人才的学术地位，扩大其学术影响力和社会影响力，更有益于人才强国战略的实施。

今天，借《中国社会科学博士后文库》出版之际，我衷心地希望更多的人、更多的部门与机构能够了解和关心哲学社会科学领域博士后及其研究成果，积极支持博士后工作。可以预见，我国的博士后事业也将取得新的更大的发展。让我们携起手来，共同努力，推动实现社会主义现代化事业的可持续发展与中华民族的伟大复兴。

人力资源和社会保障部副部长
全国博士后管理委员会主任
2012 年 9 月

摘 要

本书以问题为中心，用文献学的方法，对《春秋穀梁传》一书进行了初步的探索。

第一章"《穀梁》版本小识"主要讨论了敦煌写本的分卷、性质与版本关系，唐开成石经本的版本来源与版本地位，南宋绍熙余仁仲万卷堂本的刊校细节，宋元十行刊本的主要版本情况及翻刻修补细节。通过校勘诸本的方法，得出的主要结论有：（一）伯2536号写本是将庄公全篇与闵公全篇合为一卷的版本，其所属原卷可能是一个十一卷本。（二）伯2590号写本与陆德明所见或本系统接近；北敦15345、伯2536、伯2486号写本所属原卷为另一个版本系统，其不仅受过陆德明所见或本系统的影响，而且也受过陆德明所用底本系统的影响。（三）开成石经本与陆德明所用底本似属同一版本系统，其与北敦15345、伯2536、伯2486三件敦煌写本的关系也十分密切。（四）《古逸丛书》影印余氏万卷堂本基本保存了底本原貌；余仁仲在重校《穀梁》一书时，可能利用了宋国子监刊本及《经典释文》的异本。（五）国家图书馆藏宋刊元修十行完本中有部分书叶为后人补抄；元翻明修十行本在翻、补过程中产生了一些错误，但明代修整元刊版片时，对原版的问题也偶有改正之处。

第二章"《穀梁》疑义试析"在理解诸家成说的基础上，对十处《传》文再次进行了考察：（一）隐公五年"始厉乐"；（二）桓公五年"冀州"；（三）桓公六年"画我"；（四）庄公元年"节矣"；（五）庄公三年"王者民之所归往"；（六）庄公三十年"分子"；（七）襄公十年"汲郑伯"；（八）襄公三十年"以贞为行";(九)昭公十三年"然且葬之";(十)定公十五年"高寝"。

第三章"《穀梁》古注探微"主要讨论了敦煌残卷《春秋穀梁经传解释》的抄写、撰写时代及此书的性质,范宁《春秋穀梁传集解》释地不取杜预之说的原因。所得主要结论有:(一)敦煌残卷《春秋穀梁经传解释》的抄写时代应为唐前期,而此书可能是麋信、杜预之后范宁之前的晋人著作。(二)范注释地不取杜预说的主要原因是杜说之义为《穀梁》所无或与《穀梁》相违。

第四章"《穀梁》叙事初理"主要探讨了《穀梁》叙事的来源、叙事文献的同源问题、《穀梁》叙事的虚实及性质问题。结论如下:(一)《穀梁》叙事当取自诸侯国史类文献、"语"类文献;(二)成书较晚的一些典籍中可与《穀梁》叙事互证的内容不应被简单视为《穀梁》对这些文献的影响,此类叙事当是同源关系;(三)《穀梁》叙事均有其文献依据,并非向壁虚构,但其文又确实经过了取舍、剪裁;(四)《穀梁》叙事文在虚实之间,其本质是解经的一种方法。

第五章"《穀梁》解经比论"主要揭示了《穀梁》训诂中的"正名"品格,并将《穀梁》与《公羊》比较观察,讨论了二《传》据礼通经的解经方法与早期《春秋》学的关系、《穀梁》据例通经的解经方法与《公羊》的差异、二《传》文体与解经的关系等问题。结论如下:(一)《穀梁》训诂本身即"正名"的过程,其论述的方式也具有"正名"的逻辑论证特征;(二)《穀梁》《公羊》据礼通经之法当承自早期《春秋》学;(三)《公羊》在使用据例通经之法分析、推导经例与经义时,方式较《穀梁》为复杂。《公羊》在阐发例、义时受到的来自"例"的局限也较《穀梁》为小,这些特点使《公羊》说经之"例"更为灵活,解经之"义"更为丰富;(四)《穀梁》《公羊》的设问之体具有阐释功能,但二《传》文体又有差异,这种差异可能直接影响了二《传》解经特征、思想面貌的形成。

关键词:春秋穀梁传　文献　叙事　解经

Abstract

This dissertation aims to make a preliminary study of *Chun-qiu Gu-liang-zhuan*, using philological methods in discussing the key issues in it.

Chapter Ⅰ, "A Textual Criticism of *Gu-liang*", mainly discusses the origin and development of important editions of *Chun-qiu Gu-liang-zhuan* which were transcribed, carved or block-printed from Tang to Yuan Dynasty, and the interrelationship between one and one another. This includes: the division and nature of Dunhuang scrolls, as well as the relationship between different scrolls; the origin and importance of the Kaicheng Stone Classics; the collation details of the Yu Renzhong's edition in the Southern Song Dynasty; the main editions and details about their reprinting and mending of the Ten-line edition in the Song and Yuan Dynasty. Through collation of all these texts, I reach the following conclusions. First, P. 2536 is the edition which unites *Duke Zhuang* and *Duke Min* into one scroll, which are likely to have been parts of an eleven-scroll edition. Second, P. 2590 is close to the edition referred to by Lu Deming in his *Jing-dian Shi-wen*. The scroll that BD15345, P. 2536 and P. 2486 originally belongs to is part of another edition; it has not only been influenced by the edition referred to by Lu, but also influenced by the edition that Lu used as his source text. Third, the Kaicheng Stone Classics and the source text used by Lu Deming seems to belong to the same series of editions, and closely related to BD 15345, P. 2536 and P. 2486. Fourth, *Gu-yi Cong-shu* reprinted from Yu Renzhong's edition was basically faithful to its original. Fifth, some pages in the Ten-line edition, which was printed in the Song Dynasty and mended in the Yuan Dynasty and which is kept in the National Library, were inserted later. And the Ten-line edition which was newly engraved in the Yuan Dynasty and mended in the Ming Dynasty had many mistakes, although the emendation in Ming dynasty did make some corrections.

Chapter Ⅱ, "A Verbal Criticism of *Gu-liang*", examines and explains some of the existing disputes about these words: Shi-li-yue, Ji-zhou, Hua-wo, Jie-yi, Wang-zhe min-zhi-suo gui-wang, Fen-zi, Ji-Zheng-bo, Yi-zhen wei-xing, Ran-qie zang-zhi, Gao-qin.

Chapter Ⅲ, "Criticism on the Annotations of *Gu-liang*", mainly discusses: the copying of the Dunhuang scrolls of *Chun-qiu Gu-liang Jing-zhuan Jie-shi*, its date of composition and the nature of the book; as well as the reason why Fan Ning rejected the argument of Du Yu in explaining the names of locations in it. My conclusions include: first, the Dunhuang scrolls of the *Chun-qiu Gu-liang Jing-zhuan Jie-shi* was copied in early Tang Dynasty, and the book was probably composed by someone from the Jin Dynasty who lived after Mi Xin and Du Yu but before Fan Ning; second, the main reason why Fan Ning rejected the argument of Du Yu in explaining the names of locations is that Du's explanation of words are absent in, or against that in the *Gu-liang*.

Chapter Ⅳ, "Criticism on the Narratives of *Gu-liang*", discusses the source of the narratives in the *Gu-liang*, the narrative documents of the same source, the truthfulness and fictionality in the *Gu-liang* narrative and its basic characteristics. I conclude that: first, when a certain narrative in the *Gu-liang* is echoed other classics, it may not have been simply influenced by the *Gu-liang*, but should be viewed as originated from the same source; second, the narratives in the *Gu-liang* have solid textual basis and are not fictional, though the

Abstract

materials have been tailored. The narratives in the *Gu-liang* are the combination of facts and rational choice, the nature of which is a means of interpretation.

Chapter Ⅴ, "Criticism on the Interpretation of *Gu-liang*", reveals the quality of *zhengming* in interpreting and commenting the *Gu-liang*. In addition, I discuss the method of interpretation in the *Gu-liang* through the perspective of rites and rituals, comparing this method with the early studies of the *Chun-qiu* and the method of the *Gong-yang*. Then I discuss the style of the Er-zhuan and the interpretation of classic. I draw the following conclusions. First, interpreting and commenting the *Gu-liang* is a process of *zhengming*. Its arguments also have the characteristics of logical reasoning as demonstrated in the process of *zhengming*. Second, the *Gu-liang* and *Gong-yang* inherited the method of interpretation through rites and rituals from the early studies of the *Chun-qiu*. Third, the methods of interpretation used in the *Gong-yang* are more complicated than those in the *Gu-liang*. Fourth, the *Gong-yang* is less restricted by the use of examples than the *Gu-liang*. These make the *Gong-yang* more flexible in using examples and render more interpretations. Moreover, the differences in style of Er-zhuan lead to the different characteristics in the interpretation of these classics.

Keywords: *Chun-qiu Gu-liang-zhuan*; Documents; Narratives; Interpretation of Classics

目　录

绪　论 ··· 1

第一章　《穀梁》版本小识 ··· 8
　　第一节　敦煌写本《春秋穀梁传集解》考 ······················ 8
　　第二节　开成石经本《春秋穀梁传》考 ························ 13
　　第三节　南宋绍熙余仁仲万卷堂刊本《春秋穀梁传集解》考 ··· 17
　　第四节　宋元刊十行本《监本附音春秋穀梁注疏》考 ······· 25

第二章　《穀梁》疑义试析 ··· 35

第三章　《穀梁》古注探微 ··· 45
　　第一节　敦煌残卷伯4905、伯2535《春秋穀梁经传解释》考 ··· 45
　　第二节　范宁《春秋穀梁传集解》释地考 ······················ 86

第四章　《穀梁》叙事初理 ··· 99
　　第一节　《穀梁》叙事的来源 ····································· 99
　　第二节　《穀梁》叙事的虚实 ····································· 112
　　第三节　《穀梁》叙事的性质 ····································· 120

第五章　《穀梁》解经比论 ··· 128
　　第一节　《穀梁》训诂与孔子"正名" ··························· 128
　　第二节　《穀梁》《公羊》据礼通经之法当承自早期
　　　　　　《春秋》学 ··· 133

第三节　《穀梁》《公羊》据例通经之法的差异 …………… 136
第四节　《穀梁》《公羊》文体与二《传》解经 …………… 140

附　录 …………………………………………………………… 148

附录一：现存宋元版《穀梁》著录辑要（含影宋本、
　　　　传抄宋本） ……………………………………… 148
附录二：范宁释地取杜预说集录 …………………………… 158
附录三：《穀梁》叙事资料汇编 …………………………… 186
附录四：札记三则 …………………………………………… 263

参考文献 ………………………………………………………… 270

索　引 …………………………………………………………… 281

后　记 …………………………………………………………… 285

Contents

Introduction		/ 1
1 A Textual Criticism of *Gu-liang*		/ 8
1.1	Criticism on the Dunhuang scrolls of *Gu-liang*	/ 8
1.2	Criticism on the Kaicheng Stone Classics of *Gu-liang*	/ 13
1.3	Criticism on the Yu Renzhong's edition of *Gu-liang*	/ 17
1.4	Criticism on the Ten-line edition of *Gu-liang*	/ 25
2 A Verbal Criticism of *Gu-liang*		/ 35
3 Criticism on the Annotations of *Gu-liang*		/ 45
3.1	Criticism on the Dunhuang scrolls of *Chun-qiu Gu-liang Jing-zhuan Jie-shi*	/ 45
3.2	Criticism on the explanations of place names in *Ji-jie*	/ 86
4 Criticism on the Narratives of *Gu-liang*		/ 99
4.1	The sources of the narratives in *Gu-liang*	/ 99
4.2	The truthfulness and fictionality in *Gu-liang* narrative	/ 112
4.3	The nature of the narratives in *Gu-liang*	/ 120

5 A Comparative Criticism on the Interpretation of *Gu-liang* / 128

    5.1 Confucius' *Zhengming* and the interpreting of *Gu-liang* / 128

    5.2 *Gu-liang* and *Gong-yang* inherited the method of interpretation through rites and rituals from the early studies of the *Chun-qiu* / 133

    5.3 The differences of the methods of interpretation used in the *Gu-liang* and the *Gong-yang* / 136

    5.4 The style of the Er-zhuan and the interpretation of classics / 140

Appendix / 148

    Appendix 1 The Summary of Description of the Existing Song and Yuan's Edition of *Gu-liang* / 148

    Appendix 2 The Summary of the Fan Ning's Explanations of Place Names from Du Yu / 158

    Appendix 3 The Collection of Narrative Data of *Gu-liang* / 186

    Appendix 4 Three Notes / 263

References / 270

Index / 281

Postscript / 285

绪　论

一、相关文献综述及学术史回顾

《四库全书总目·春秋类叙》云："盖六经之中，惟《易》包众理，事事可通。《春秋》具列事实，亦人人可解。一知半见，议论易生。著录之繁，二经为最。"①《春秋穀梁传》在《春秋》三《传》研究中虽属薄弱一环，但历代累积的文献成果也非本综述所能尽含，只能针对本书将要讨论的问题所涉及的文献做一简单梳理，并略作评述。现分类言之。

1. 目录、版本、校勘、注释

关于《穀梁》学著作的目录提要，可以参考《经义考》《四库全书总目》及《续修四库全书总目提要（经部）》②。朱彝尊之书与《续四库提要》多收序跋之文，近于抄辑之作；《四库提要》则能对相关的学术问题进行考证③。通过三书，可以对《穀梁》及《春秋》学史有一大体了解，确有"辨章学术，考镜源流"之用。但在讨论具体问题时，这类提要性著作难免有失准确。如《四库提要》"春秋穀梁传注疏二十卷"条以为将《穀梁》合于《春秋》者为范宁，并云："至'公观鱼于棠'一条、'葬

---

① 《四库全书总目》，中华书局1965年版，第210页。
② 朱彝尊：《经义考》，中国书店2009年版；《四库全书总目》，中华书局1965年版；《续修四库全书总目提要（经部）》，中华书局1993年版。
③ 如按王重民的分类，前者可称辑录体提要，后者可称叙录体提要。见王重民《中国目录学史论丛》，中华书局1984年版，第80页。

桓王'一条、'杞伯来逆叔姬之丧以归'一条、'曹伯庐卒于师'一条、'天王杀其弟佞夫'一条，皆冠以'《传》曰'字。惟'桓王'一条与《左传》合，余皆不知所引何《传》。疑宁以《传》附《经》之时，每条皆冠以'《传》曰'字，如郑玄、王弼之《易》有'彖曰''象曰'之例，后传写者删之。此五条，其削除未尽者也。"① 此说不确。《穀梁》传文中所引"《传》曰"者皆旧《传》，即早期《春秋》学的内容②。而以《传》附《经》也当早于范宁③。

较早而系统地对十三经注疏的版本进行研究的，是日人长泽规矩也。其研究成果今日观之，仍可资参考。其中，《正德十行本注疏非宋本考》一文影响尤大④。其文论证了长期被误认为宋刊本的所谓"正德十行本"实为元刊本。其后汪绍楹撰有《阮氏重刻宋本〈十三经注疏〉考》，对阮刻原委做了详细讨论⑤。张丽娟 2010 年完成的博士学位论文《宋代经书注疏刊刻研究》则详细讨论了宋本经书的种种问题，为近年经书版本研究的佳作。其部分章节如《关于宋元刻十行注疏本》已发表⑥，此文考证了国家图书馆所藏的一部《监本附音春秋穀梁注疏》是南宋建阳坊刻本。这就使我们在《附释音毛诗注疏》《附释音春秋左传注疏》之外，又了解到第三种宋刊十行注疏本的存在⑦。

---

① 《四库全书总目》，第 211 页。
② 张西堂已指出《四库提要》之说非，见张西堂《穀梁真伪考》，和记印书馆 1931 年版，第 78 页。但张氏未明这些《传》文是早期《春秋》学的内容。"早期《春秋》学"指七十子及其后学说《春秋》的内容，相关研究可以参考徐建委《〈说苑〉研究——以战国秦汉之间的文献累积与学术史为中心》，北京大学出版社 2011 年版，第 108—111 页。
③ 成公元年《春秋》"冬，十月"下，《穀梁》云："季孙行父秃，晋郤克眇，卫孙良夫跛，曹公子手偻，同时而聘于齐。齐使秃者御秃者，使眇者御眇者，使跛者御跛者，使偻者御偻者。萧同侄子处台上而笑之，闻于客，客不说而去，相与立胥闾而语，移日不解。齐人有知之者曰：'齐之患必自此始矣！'"范宁注云："穀梁子作《传》，皆释《经》以言义，未有无其文而横发《传》者。宁疑《经》'冬，十月'下云'季孙行父如齐'，脱此六字。"细玩范注，其所据可能已是《经》《传》相合之本。
④ 此文是在发表于 1934 年的《十行本注疏考》一文的基础上修改而成的，中译可见《中国文哲研究通讯》2000 年第 4 期。
⑤ 见《文史》第 3 辑，中华书局 1963 年版，第 25—60 页。
⑥ 见《文献》2011 年第 4 期。张氏博士论文现已出版，见《宋代经书注疏刊刻研究》，北京大学出版社 2013 年版。
⑦ 宋刊十行本《附释音毛诗注疏》、《附释音春秋左传注疏》现藏日本足利学校遗迹图书馆，此事较早由长泽规矩也揭櫫于世，详见《正德十行本注疏非宋本考》，第 41 页。

绪　论

历代较有价值的《穀梁》校勘成果则有陆德明《经典释文》[①]、阮元《十三经注疏校勘记》[②]、钟文烝《春秋穀梁经传补注》[③]、杨守敬《余仁仲万卷堂穀梁传考异》[④]、严可均《唐石经校文》[⑤]、许建平《敦煌经部文献合集》[⑥]，可以参考。

两汉魏晋古注主要保存于范宁《春秋穀梁传集解》和杨士勋《春秋穀梁传疏》中。清代辑佚之学兴，各家古注得以单独成编，其佚文虽然主要还是来自注、疏，但也有辑自群书者，现主要可以参考马国翰、王仁俊二家辑佚专书[⑦]。同时，文字、音韵、训诂之学的全面兴盛，也促使不少辨析《穀梁》疑义的著作出现。如钟文烝《春秋穀梁经传补注》即是一部具有较高水平的《穀梁》注释专著[⑧]。当然，此类研究成果更多的还

[①] 陆德明：《经典释文》，上海古籍出版社1985年版。此书虽经宋人改篡，但仍是我们今天了解中古时期经书异文的主要资料。改篡之说参王利器《〈经典释文〉考》，载王利器《晓传书斋集》，华东师范大学出版社1998年版，第9页。

[②] 阮元：《十三经注疏校勘记》，文选楼单刻本，载《续修四库全书》第183册，上海古籍出版社2002年版。阮氏《校勘记》有两个版本：一为阮刻《十三经注疏》所附本；一为文选楼单刻本。二者内容有所不同，以文选楼本为佳。此说参钱宗武、陈树《论阮元〈十三经注疏校勘记〉两个版本系统》，《扬州大学学报》（人文社会科学版）2007年第1期。但在实际利用时，宜两本共参。田宗尧又有《春秋穀梁传阮氏校勘记补正》，此文可补阮氏校记的一些不足，见戴君仁等《春秋三传论文集》，黎明文化事业股份有限公司1982年版，第243页。

[③] 钟文烝：《春秋穀梁经传补注》，骈宇骞、郝淑慧点校，中华书局2009年版。钟氏《补注》中有"撰异"一项，详列异文，因其在《补注》之中，最便阅读。

[④] 《考异》见《古逸丛书》附，江苏古籍出版社2002年版。杨守敬在日本发现的余仁仲本《春秋穀梁传》为日人影写本，首尾完整，曾被影刻收入《古逸丛书》。此本为阮元不能亲见，杨氏校记的价值即在此。

[⑤] 严可均：《唐石经校文》，见《景刊唐开成石经》附，中华书局1997年版。

[⑥] 张涌泉主编：《敦煌经部文献合集》，中华书局2008年版。现知敦煌本《春秋穀梁传集解》残卷四件（BD15345，P.2590，P.2536，P.2486）和《春秋穀梁经传解释》残卷两件（P.4905，P.2535），许氏对此六件写本做了大量的校勘工作，欲了解敦煌本的异文情况，此书最为方便。

[⑦] 马国翰：《玉函山房辑佚书》，广陵书社2005年版；王仁俊：《玉函山房辑佚书续编三种》，上海古籍出版社1985年版。

[⑧] 此书今有中华书局点校本，但其中错误较多。使用时可视具体情况适当参考光绪二年钟氏信美室刊本，见《续修四库全书》第132册。杨向奎曾对中华书局"十三经清人注疏"的选目提出过这样的意见："钟文烝《穀梁补注》，此书不好亦无用。建议印柯劭忞《穀梁传注》。"见徐俊《"十三经清人注疏"缘起》，《书品》2012年第3辑。杨氏的这一意见略失公允，但其严苛背后，却有值得思考的原因，将另文讨论。

是散见于各家的学术札记之中①。另外，今人对《穀梁》范氏《注》、杨氏《疏》、钟氏《补注》又有多种研究成果，这是对《穀梁》学的深化与衍生，因其内容与本书将要讨论的问题关涉不多，故从略②。

2. 辨伪、作者、时代、授受

对于《春秋穀梁传》的种种怀疑与猜测由来已久，从皮鹿门所举林黄中、罗璧、万见春诸人之言即可窥见一斑③。清末崔适《春秋复始》出，更提出《穀梁》为刘歆伪造之说④。其后张西堂发挥崔氏之说，专事辨伪，撰成《穀梁真伪考》一书。张氏云："则是为《穀梁》者，其主名莫知，其传授莫详。盖必本无其传，且或本无其人。是其所以为古文之学，杂取传记以造者，其晚出于汉代，就其传授可知者也。"⑤ 观此可以略见全书的旨趣了。

与这种种怀疑纠缠在一起的则是种种猜测。相关的研究集中于对《穀梁》作者、时代及授受源流的讨论。关于穀梁子之名，其说有六：桓谭《新论》、蔡邕《正交论》、应劭《风俗通义》并云名赤；王充《论衡》云名置；阮孝绪《七录》云名俶；颜师古《汉书注》云名喜；钱大昭《汉书辨疑》据闽本《汉书》云名嘉；杨士勋《穀梁疏》云名淑。人或谓"抑如公羊之祖孙父子相传，非一人乎"⑥，或谓诸名声转相通，字异人同⑦。更有万见春切合"穀梁""公羊"得"姜"之说，及廖平、杜钢百转读"穀梁""公羊"为"卜商"或"孔商"者。另有《穀梁》非穀梁子自作之说，其说主此《传》为传其学者著于竹帛，题亲师之名⑧。又有推测书

---

① 较具参考价值的有：王引之撰《经义述闻》卷二十五，江苏古籍出版社2000年版；俞樾撰《群经平议》卷二十四，载《续修四库全书》第178册。章太炎《膏兰室札记》《诂经札记》亦可归入此类，见《章太炎全集》第1册，上海人民出版社1982年版。
② 本书将讨论范宁《集解》释地的相关问题，故此处只介绍一种范注研究：王熙元《穀梁范注发微》，嘉新水泥公司文化基金会研究论文第270种，1972年版。此书详细讨论了范注的引书情况，范注对《经》《传》的训诂、对《传》例的发明以及对《传》义的驳议等问题。
③ 见皮锡瑞《经学通论》，中华书局1954年版，第18页。
④ 崔氏论《左传》《穀梁》皆刘歆伪造，前人已多有批驳。详细可参钱穆《刘向歆父子年谱自序》，载钱穆《两汉经学今古平议》，商务印书馆2001年版；陈槃《春秋穀梁传论》，载陈槃《涧庄文录》，上海古籍出版社2010年版。
⑤ 张西堂：《穀梁真伪考》，第95页。
⑥ 皮锡瑞：《经学通论》，第17页。
⑦ 见吴承仕《经典释文序录疏证》，中华书局1984年版；张舜徽《汉书艺文志通释》，华中师范大学出版社2004年版。
⑧ 见徐彦《公羊传序疏》、陆淳《春秋集传纂例》引啖助语以及《四库总目提要》。

于竹帛者为浮丘伯①或瑕丘江公②。关于《穀梁传》时代问题的讨论，主要集中在此《传》书于竹帛的时代：早则有秦汉之际说③，迟则有汉宣帝之世说④。

至于授受源流，《汉书·儒林传》云："瑕丘江公受《穀梁春秋》及《诗》于鲁申公，传子至孙为博士。"⑤ 又云："申公，鲁人也。少与楚元王交俱事齐人浮丘伯受《诗》。"⑥《楚元王传》云："少时尝与鲁穆生、白生、申公俱受《诗》于浮丘伯。伯者，孙卿门人也。"⑦ 唐人颜师古、杨士勋遂将此《传》授受上溯至荀卿，故有子夏传穀梁子，穀梁子传荀子之说。后人多主此说并不断丰富授受源流间的缺环。如穀梁子之于子夏为再传或数传，说见刘师培《穀梁荀子相通考》⑧、王熙元《穀梁传传授源流考》⑨。又有学者认为子夏也尝授之于曾申⑩，毛亨亦尝受之于荀卿，陆贾亦尝受之于浮丘伯⑪。

对以上四类研究，我暂时有这样一些想法：其一，由于先秦古书有不成于一时一地一人的特殊性质，用考证方法辨别古书"真伪"的工作，其意义有限。梁园东《处理中国上古时代史料的方法问题》云："我觉着我们对古书的态度，实应根本改变，古书是有问题的，自不待说，但这个问题，应当是'来历问题'，而非'真伪问题'。"又云："我觉着我们今后对古书应当做的工作，是'整理工作'，而不是什么'辨伪工作'；应当重复汉人所做过的工作，而更谨严，更精细，更确实，去整理仍然凌乱的古书，而不应重复清代所谓汉学家工作，仅仅去'辨伪'。"⑫ 这些写于1948年、修

---

① 见李曰刚《穀梁传之著于竹帛及传授源流考》，《师大学报》1961年第6期；王熙元《穀梁范注发微》。
② 见姚振宗《汉书艺文志条理》，载《二十五史补编》第2册，中华书局1955年版；金德建《司马迁所见书考》，上海人民出版社1963年版。
③ 见本田成之《春秋穀梁传考》，载内藤虎次郎等《先秦经籍考》，江侠庵编译，国家图书馆出版社2010年版。
④ 见陈槃《春秋穀梁传论》。
⑤ 班固：《汉书》，中华书局1962年版，第3617页。
⑥ 《汉书》，第3608页。
⑦ 《汉书》，第1921页。
⑧ 见刘师培《刘申叔遗书》，江苏古籍出版社1997年版。
⑨ 见《春秋三传论文集》。
⑩ 见李曰刚《穀梁传之著于竹帛及传授源流考》。
⑪ 见王熙元《穀梁传传授源流考》。
⑫ 梁园东：《梁园东史学论集》，山西人民出版社1991年版，第97、98页。

改在1956年的文字，今日看来仍具卓识。其二，即使要作关于《穀梁》作者、时代的讨论，也应首先考虑到先秦古书不成于一时一地一人的特殊性质。如讲作者，穀梁子其名为何，其实不甚紧要，名虽异而人实同。而著于竹帛者可能并非一人，又如何能确指？如讲时代，著于竹帛的时间也非一时，言其大概则可。其三，《荀子》《毛传》《新语》诸书，实为三《传》通引，又何必仅据某书所引某义与《穀梁》相通，来丰富《穀梁》的授受之序？授受本为汉代经学师法颛门形成之后所重之事，以后来的概念衡量前人之事多少会有些问题，这类考据的思考方式之失即在于此。

3. 叙事与解经

今人有关《穀梁》叙事的研究成果并不多，其中黄坤尧《论〈穀梁传〉的文章》、谭家健《〈穀梁传〉叙事比论》二文值得介绍①。二者均从文章学的角度，对《穀梁》叙事之文作了较为详细的讨论与总结。至于《穀梁》叙事的来源、性质等问题，前人所论尚少，本书将作一深入讨论。

相对于《公羊》解经的研究，《穀梁》的相应成果尚少。其中，简逸光《〈穀梁传〉解经方法研究》的讨论较为全面②，此书侧重总结归纳，有助于我们了解《穀梁》解经的大体面貌。但讨论《穀梁》解经的某些具体问题时，可能需要与《公羊》进行比较观察，通过这样的审视，才有可能牵引出更深层次的问题。现有的研究成果在这方面尚不能令人满足。

二、本书的研究对象、方法与视角

"文献"何以言"学"？我想，"文献"之所以成为"学"，就在于它具有独特的研究对象与方法。本书以《春秋穀梁传》这部古书作为研究对象③，从目录入手，搜集众本，广泛校勘，从而理清版本源流。再借助校勘、注释成果，综合文字、音韵、训诂等知识、方法，对《穀梁》疑义进行考察。以古书为研究对象，以这样的方法整理、研讨古书，这便是文献学的独特之处。

然而文献学同时也关注学术的流变与历史的背景，它并不局限于古籍

---

① 黄氏之文见《孔孟月刊》第23卷第4期；谭氏之文见《文史哲》2012年第4期。
② 简逸光：《〈穀梁传〉解经方法研究》，载《古典文献研究辑刊》二编第8册，花木兰文化出版社2006年版。
③ 本书还涉及了对《穀梁》古注的研究，因为这类注释是我们今天理解《穀梁》必须依据的文献。

整理一隅。近年来从政治史、学术史、哲学史等角度讨论《穀梁》的论著渐多[1]，而从文献学的视角对《穀梁》进行全面、深入的研究[2]，这类著作或限于闻见，尚未得知。本书愿意在这一方面做出尝试。

三、本书的思路与结构

本书尽可能以问题为中心进行研究、行文，篇章思路、结构如下。

第一章"《穀梁》版本小识"主要讨论了敦煌写本的分卷、性质与版本关系，唐开成石经本的版本来源与版本地位，南宋绍熙余仁仲万卷堂本的刊校细节，宋元十行刊本的主要版本情况及翻刻修补细节。

第二章"《穀梁》疑义试析"在理解诸家成说的基础上，对十处《传》文再次进行考察。

第三章"《穀梁》古注探微"主要讨论了敦煌残卷《春秋穀梁经传解释》的抄写、撰写时代及此书的性质，范宁《春秋穀梁传集解》释地不取杜预之说的原因。

以上三章侧重于文献的整理、考察，同时涉及经学史、学术史相关问题的讨论。

第四章"《穀梁》叙事初理"主要探讨了《穀梁》叙事的来源、叙事文献的同源问题、《穀梁》叙事的虚实及性质问题。

第五章"《穀梁》解经比论"主要揭示了《穀梁》训诂中的"正名"品格，并将《穀梁》与《公羊》比较观察，讨论了二《传》据礼通经的解经方法与早期《春秋》学的关系，《穀梁》据例通经的解经方法与《公羊》的差异，二《传》文体与解经的关系等问题。

以上两章侧重对相关经学、经学史、学术史问题的探索，但始终根植于对文献本身的理解。

---

[1] 如陈苏镇《〈春秋〉与"汉道"——两汉政治与政治文化研究》，中华书局2011年版；吴涛：《"术"、"学"纷争背景下的西汉〈春秋〉学——以〈穀梁传〉与〈公羊传〉的升降为例》，中国社会科学出版社2011年版；秦平：《〈春秋穀梁传〉与中国哲学史研究》，中华书局2012年版。
[2] 什么是文献学的视角？具体到本书，对经学史、学术史相关问题的理解，是在对典籍本身的理解中完成的。这种观察、思考问题的角度，或可称为文献学的视角，有些问题似乎也只有通过这一视角才会被发现。此处关于文献学理论的思考，受益于陕西师范大学文学院石瑊学友的一些意见，特此说明。

第一章 《穀梁》版本小识

第一节 敦煌写本《春秋穀梁传集解》考

一、北敦 15345、伯 2536、伯 2486 残本原卷的分卷与性质

北敦 15345 存《春秋穀梁传集解》桓公十七、十八年的内容，伯 2536 存《集解》庄公十九年至闵公二年的内容，伯 2486 存《集解》哀公六年至十四年的内容。此三件写本的共同特征是卷尾均记有抄写经传注的字数、抄写时间、抄写者与用纸数量。前辈学者依据这些信息推断这三件写本是同一抄本的不同部分①。许建平又撰有《跋国家图书馆藏〈春秋穀梁传集解〉残卷》一文，详细讨论了北敦 15345 的抄写机构②、字数、价值等问题，有些意见很有启发。但许氏关于这三件写本分卷的意见，尚需再做讨论。

许氏的意见是："范氏《集解》传本分卷有二：一以每公各为一卷，

---

① 王重民：《敦煌古籍叙录》，商务印书馆 1958 年版，第 61 页；姜亮夫：《姜亮夫全集》第 13 册，云南人民出版社 2002 年版，第 28 页。
② 李更对此组写本的抄写机构有不同于许氏的意见，其态度更为谨慎，所论也有根据，现从之。详见李更《也谈敦煌遗书中的"宫廷写书"〈春秋穀梁传集解〉——从"书吏"、"亭长"说起》，《中国典籍与文化》2010 年第 4 期。

如《唐石经》是也；一分庄公于两卷之中，自元年至十八年为一卷，十九年至三十二年与闵公合为一卷，P.2536、P.2590 诸卷是也。"又说："若论卷次，则国图藏卷为全书的第二卷，P.2536 为全书的第四卷，P.2486 则为第十二卷。"①

今细检伯2590，其卷首庄公十九年之前题"春秋穀梁传庄公下第"，闵公元年之前题"春秋穀梁传闵公第四"，闵公二年卷尾题"春秋穀梁传卷第"。由此可知，伯2590 的分卷确实近似于《经典释文》所说或本的情况②，即许氏所说的第二种分卷情况，这里他的意见是很正确的。然而伯2536 的分卷情况恐怕与伯2590 不同。伯2536 卷首残缺，闵公元年之前题"春秋穀梁传闵公第四"，闵公二年卷尾题"春秋穀梁庄公第三 闵公第四合为一卷"。若如许氏所说，此本卷尾何不将"庄公"题作"庄公下"？③ 我认为，伯2536 的分卷可能属于第三种情况：庄公元年至三十二年全篇与闵公全篇合为一卷。

何以证之？伯2536 卷尾录有抄写字数"凡大小字一万二千一百四言，五千六百四言本（5604），六千五百言解（6500）"。《四部丛刊》影印余仁仲万卷堂本《春秋穀梁传集解》，庄公卷三后刊有"经传伍阡壹伯肆拾叁字，注陆阡零卅贰字"，闵公卷四后刊有"经传叁伯壹拾玖字，注肆伯陆拾字"。然余仁仲本所记数字不确。现重做统计，余本所刊庄公全篇经传5107 字，范注5887 字；闵公全篇经传300 字，范注461 字；庄公十九年至三十二年经传2276 字，范注2307 字。据此可以算出：庄公全篇与闵公全篇经传共计5407 字，范注共计6348 字；庄公十九年至三十二年与闵公全篇经传共计2576 字，范注共计2768 字。我们把这两组数字与伯2536 所记经传5604 字、范注6500 字这组数字相较即可发现，伯2536 的记录与庄公十九年至闵公二年的数字相差悬殊，而与庄公闵公两篇相合的数字接近④。由此可以证明，伯2536 确实如其题记所言将庄公全篇与闵公全篇

---

① 许建平：《跋国家图书馆藏〈春秋穀梁传集解〉残卷》，《敦煌研究》2006 年第 1 期。《敦煌经籍叙录》一书中也有相同的观点，详见许建平《敦煌经籍叙录》，中华书局 2006 年版，第 283 页。
② 《经典释文》于庄公十九年经"十九年"下云："传本或分此以下为庄公与闵公同卷。"见《经典释文》，第 1288 页。
③ 据伯2590 卷首庄公十九年之前题"春秋穀梁传庄公下第"。
④ 敦煌写本对语气词的添加较为随意，所以在合理的数字范围内，敦煌本较刊本字多，是可以理解的。

合为了一卷。

据此又可推测，北敦15345、伯2536、伯2486三件写本所属的整部抄本可能是一个十一卷本①。《汉书·艺文志》载"《经》十一卷。公羊，榖梁二家"，又载"《榖梁传》十一卷"②。盖向歆父子所见《春秋》今文经为十一卷本，《榖梁传》亦为十一卷本。此三件写本所属原卷或据六朝旧本抄写，为古之十一卷本之余绪。

二、北敦15345、伯2536、伯2486、伯2590的版本系统关系

通过校勘，我们可以发现这四件敦煌残本的版本特征，从而梳理出它们之间的版本系统关系：伯2590为一个版本系统，它可能与陆德明所见或本系统接近③；北敦15345、伯2536、伯2486所属原卷为另一个版本系统，其不仅受过陆德明所见或本系统的影响，而且也受过陆德明所用底本系统的影响。因伯2590与伯2536内容基本重合可以进行比较，故先将这两件残卷与《经典释文》排比如下，见表1-1④。

表1-1　伯2590、伯2536、《经典释文》校勘表

位置	伯2590	伯2536	经典释文
庄公十九年卷首/闵公元年卷首/闵公二年卷尾	卷首题"春秋榖梁传庄公下第"，闵公元年卷首题"春秋榖梁传闵公第四"，闵公二年卷尾题"春秋榖梁传卷第"。可见庄公十九年后与闵公篇合为一卷	卷首残，闵公元年卷首题"春秋榖梁传闵公第四"，闵公二年卷尾题"春秋榖梁庄公第三　闵公第四合为一卷"	《经典释文》于"十九年"下云："传本或分此以下为庄公与闵公同卷。"

---

① 伯2486卷尾题"春秋榖梁传哀公第十二"，此处"第十二"指篇数而非卷数。同样，北敦15345卷尾题"春秋榖梁传桓公第二"，伯2536闵公元年之前题"春秋榖梁传闵公第四"、闵公二年卷尾题"春秋榖梁庄公第三　闵公第四合为一卷"，"第二""第三""第四"均指篇数。

② 张舜徽：《汉书艺文志通释》，华中师范大学出版社2004年版，第222、223页。

③ 陆氏引用异文，或云"本或作"，或云"本又作"，或云"本亦作"，或云"一本作"，或云"又作"，本书统称为"或本系统"。

④ 此表"位置"一栏所引《经》《传》《注》文皆据《四部丛刊初编·榖梁》，上海书店1989年版。《四部丛刊》本前半部据《古逸丛书》本影印，后半部据铁琴铜剑楼旧藏余仁仲万卷堂刊本影印。

第一章 《穀梁》版本小识

续表

位置	伯2590	伯2536	经典释文
庄公十九年传"不以难迮我国也"	"迮"作"伞"	"迮"作"伞"	《经典释文》于"迮我"下云:"本又作介。"
庄公十九年传、二十年传"妇人既嫁不逾竟,逾竟,非正也"	"竟"作"境"	"竟"作"境"	《经典释文》于隐公元年传"出竟"下云:"音境,本或作境,下同。"
庄公二十二年经"陈人杀其公子御寇"	"御"作"御"	作"御"	《经典释文》于"御寇"下云:"又作御。"
庄公二十三年经"冬,十有一月,曹伯射姑卒"	"射"作"亦"	"射"作"亦"	《经典释文》于"射姑"下云:"本或作亦。"
庄公二十四年传"妇人之贽,枣、栗、锻脩"下范注云:"锻脩取断断自脩整。"	作"断脩取断断自脩勅"	作"断脩取断断自脩勅也"	《经典释文》于"自脩饬"下云:"本或作勅,同耻力反。一本作饰,申职反。或作整,音征领反。"
庄公二十七年传"衣裳之会十有一,未尝有歃血之盟也,信厚也"下范注云:"僖元年会柽。"	"会柽"作"会于柽"	"会柽"作"会于柽"	《经典释文》于"于柽"下云:"本亦作柽。"
庄公二十七年经"莒庆来逆叔姬"下范注云:"则大夫越竟逆女,非礼也。董仲舒曰:'大夫无束脩之馈,无诸侯之交,越竟逆女,纪罪之。'"	"则大夫越竟逆女","竟"作"境";"越竟逆女,纪罪之","竟"作"彊"。	"则大夫越竟逆女","竟"作"境";"越竟逆女,纪罪之","竟"作"彊"。	《经典释文》于"越疆"下云:"本或作竟。"
庄公二十七年经"杞伯来朝"下范注云:"杞称伯,盖时王所绌。"	"绌"作"黜"	"绌"作"黜"	《经典释文》于"所绌"下云:"本又作黜。"
庄公三十年传"燕,周之分子也"	"分"作"介"	作"分"	《经典释文》于"之分"下云:"本或作介。"
庄公三十二年传"以齐终也"	"齐"作"斋"	"齐"作"斋"	《经典释文》于"以齐"下云:"本亦作斋。"
闵公元年经"秋,八月,公及齐侯盟于洛姑"	"洛"作"路"	"洛"作"路"	《经典释文》于"洛姑"下云:"一本作路姑。"
闵公二年经"九月,夫人姜氏孙于邾"	"孙"作"逊"	"孙"作"逊"	《经典释文》于"孙于"下云:"本或作逊。"

· 11 ·

表1-1中的大部分例子都可以说明伯2590与陆德明所见或本系统相近，在此需要稍作分析的是两个例外。其一，庄公十九年传"不以难迩我国也"，伯2590"迩"作"尒"，《经典释文》云："本又作介。"二者异。盖"介"乃"尒"之误，伯2590不误，而《经典释文》所引或本已误。其二，庄公二十七年经"莒庆来逆叔姬"下范注云："则大夫越竟逆女，非礼也。董仲舒曰：'大夫无束脩之馈，无诸侯之交，越竟逆女，纪罪之。'"伯2590"则大夫越竟逆女"，"竟"作"境"；"越竟逆女，纪罪之"，"竟"作"疆"。《经典释文》于董仲舒言"越疆"下云："本或作竟"。《经典释文》所引或本盖已改"疆"为"竟"，以合范注上文，而伯2590或为旧貌。另外还有一个现象值得在此一说。余仁仲本于庄公二十七年范注"则大夫越竟逆女，非礼也。董仲舒曰：'大夫无束脩之馈，无诸侯之交，越竟逆女，纪罪之。'"下引《经典释文》作"越竟，本或作疆"，似乎陆德明所见或本"竟"作"疆"，与伯2590相合。何以会出现这种陆德明所用底本与所见或本文字互易的现象？其实，这种文字互易现象并非《经典释文》本身流传过程中产生的，而是余氏万卷堂在刊刻经籍时所做的有意调整。因余本所据底本"越疆"作"越竟"，故其在摘引《经典释文》时，不得不"疆""竟"互易，方可避免阅读时产生费解①。

由表1-1我们也可以发现，伯2536不仅受过陆德明所见或本系统的影响，而且似乎也受过陆德明所用底本系统的影响。如庄公二十二年经"陈人杀其公子御寇"，伯2536同《经典释文》底本作"禦"。又如庄公二十七年传"衣裳之会十有一，未尝有歃血之盟也，信厚也"下范注云："僖元年会柽"，伯2536同《经典释文》底本"柽"作"朾"。又如庄公三十年传"燕，周之分子也"，伯2536同《经典释文》底本

---

① 北京大学历史系乔秀岩先生曾在课上提及类似的现象，特此说明。万卷堂本《春秋公羊经传解诂》何休序后有余仁仲题记一则，云："《公羊》《穀梁》二书，书肆苦无善本，谨以家藏监本及江浙诸处官本参校，颇加厘正。惟是陆氏释音字或与正文字不同。如此序'酿嘲'，陆氏'酿'作'让'；隐元年'嫡子'作'适'，'归含'作'晗'，'召公'作'邵'；桓四年'曰蒐'作'廋'。若此者众，皆不敢以臆见更定，姑两存之，以俟知者。"然而余氏刊书，并未严格依其题记所言行事。如余本于桓公二年经"蔡侯、郑伯会于邓"之范注"邓，某地"下，引《经典释文》作："某地，不知其国，故云某，后放此。"而宋刻宋元递修本《经典释文》于"厶地"下云："本又作某。不知其国，故云厶地，后皆放此。"可见余氏所谓"皆不敢以臆见更定"，恐非事实。

作"分"。

我们再看北敦15345、伯2486与伯2590之间的关系。桓公十八年传"以夫人之伉，弗称数也"，北敦15345同《经典释文》底本作"伉"，而不同于或本之"亢"，其与伯2590可能不是同一版本系统。哀公九年经"宋皇瑗帅师取郑师于雍丘"下范注云："雍丘，地也"，伯2486作"雍丘，厶地也"。桓公二年经"蔡侯、郑伯会于邓"下范注曰："邓，某地"，《经典释文》于"厶地"下云："本又作某。不知其国，故云厶地，后皆放此。"盖陆德明所用底本"某"皆作"厶"，伯2486作"厶"可与陆氏底本相印证，其与伯2590可能也不是同一版本系统。

北敦15345、伯2486这种可以与《经典释文》底本相印证的特点和伯2536相类，它们都受过陆德明所用底本系统及所见或本系统的影响。这或许也可以成为此三件敦煌残卷是同一抄本的不同部分这个意见的又一佐证。

第二节　开成石经本《春秋穀梁传》考

一、两种常见开成石经的版本问题

今日易见的开成石经，主要有两种：一种是中华书局缩印民国十五年皕忍堂影摹本，题为"景刊唐开成石经"[①]；一种是附在《十三经辞典·春秋穀梁传卷》后的缩印拓片本[②]。这两种版本为我们对开成石经的利用提供了方便，但它们各自又存在着问题，现作一详细讨论。

1. 皕忍堂本的刊者与质量

此本开成石经，目录一般著录为民国十五年张宗昌皕忍堂刊行[③]。其实，此本出自陶湘之手。魏隐儒在《中国古籍印刷史》中论及陶湘，明

[①] 《景刊唐开成石经》，中华书局1997年版。
[②] 《十三经辞典·春秋穀梁传卷》，陕西人民出版社2002年版。
[③] 如施廷镛《中国丛书综录续编》，北京图书馆出版社2003年版，第192页。相似著录甚多，不备举。

言："代人刻书最大的一部是代张宗昌皕忍堂刻的《开成石经》。"[①] 然而，魏氏并未给出此说的史料依据。乔秀岩在《〈礼记〉版本杂识》一文中语涉此事，也只说"皕忍堂本据称出陶湘手"[②]。今检《涉园七十年记略》，于"二十二年癸酉六十四岁"条下得一确证："先是山东掖县义威上将军张效坤氏宗昌，嘱代摸刻唐开成石经全部，至是告成。"[③]

  世人多称皕忍堂本影刻精美，洵可宝贵[④]。今观其字体行款，确实疏朗娱目。据魏隐儒言，陶氏董理此事，全用北京文楷斋工人雕版[⑤]。文楷斋是北京琉璃厂的书坊，以摹刻古本精美而著称[⑥]。然而此书影刻虽精，却并不能称为善本。陶湘所作《凡例》云："皕忍堂主人取新拓整张经文，与仁和魏稼孙《开成石经图考》相符者，依样钩摹。按其横列次第，以十二行为一叶，界以直线。每行十字，或九字，或十一字。及旁增小字悉依之，题首隶书并仍其旧。字有残缺，按仪征阮元覆刻宋椠十行本注疏之经文双钩补入，以示区别。惟补文既非石刻原字，遇唐讳不复缺笔。"[⑦]由此可知，此本所据为新拓，并以双钩法补阙。清人陶福履尝言唐石经："修改于乾符，补刊于后梁，添注于北宋，谬补于明。字讹文异，浸失其旧。"[⑧] 开成石经屡经补改，情况复杂，而皕忍堂本据新拓而又辗转钩摹，既不能反映原石面貌，又不能保存补刻、改刻之痕[⑨]。此其不能称为善本之故。

  2.《十三经辞典·春秋穀梁传卷》本的性质与质量

  清人王朝渠尝言顾炎武之误，多因所阅石经本羼入明人之补字[⑩]，丁

---

① 魏隐儒：《中国古籍印刷史》，印刷工业出版社1988年版，第201页。
② 乔秀岩：《〈礼记〉版本杂识》，《北京大学学报》（哲学社会科学版）2006年第5期。
③ 陶湘：《涉园七十年记略》，载《清代民国藏书家年谱》第6册，北京图书馆出版社2004年版，第238页。《涉园七十年记略》为陶湘自订年谱。
④ 《景刊唐开成石经·影印说明》语。
⑤ 《中国古籍印刷史》，第201页。
⑥ 详见瞿冕良《中国古籍版刻辞典》（增订本），苏州大学出版社2009年版，第108页。
⑦ 《景刊唐开成石经·例言》，第1页。
⑧ 见王朝渠《唐石经考正·序》，载《丛书集成初编》，商务印书馆1936年版，第7页。陶福履所言略而不详，论而未证。今人刘最长、朱捷元有《关于开成石经文字的改镌与添注的问题——校勘开成石经收获之二》一文，考证翔实，见《考古与文物》1989年第3期。
⑨ 王朝渠所撰《唐石经考正》多列补刻、改刻之字，详见《唐石经考正》，第104页。
⑩ 见《唐石经考正·序》，第4页。顾氏之说详见《九经误字》，载《丛书集成初编》，中华书局1991年版。

溶亦以此讥顾氏①。陶湘云："后人每以旧拓完善相尚，率取补缺文字剪配裱册。"② 而此《十三经辞典》所附缩印拓片本，性质当近于此类剪配本。今遍检其书，多有后人剪配之痕。如隐公元年《传》"贝玉曰含"，缩印拓片本"贝"作"珠"。然细审之，"珠"字下尚有"贝"字残存两点。检皕忍堂本，可知原"贝"字残存。此为剪配明人补字于原拓中的一个明显例证③。又如隐公四年《传》"与于弑公，故贬也"，缩印拓片本多补一"之"字，作"故贬之也"；隐公五年《传》"其曰公子彄何也"，缩印拓片本贴补时已误作"其子曰公彄何也"；文公二年《传》"祭者毁庙之主陈于大祖"十字贴补时，误置于文公元年"正即位正也二月癸亥日"一行后。类似之例尚多，今不备举。再以此本与皕忍堂本相较，凡皕忍堂本阙文双钩处，此拓片本皆不阙，这些不阙之字大概均是后补。缩印拓片本又间有齐行竖线，也当是剪配贴补再经过影印而留下的痕迹④。由此可知，《十三经辞典》所附本为后人剪配之本，远非本来面貌，其版本价值自然不高⑤。

二、开成石经本与陆德明所用底本及三件敦煌写本之间的版本关系

现将诸本互校，所得主要校勘结果如下⑥：

桓公十八年《经》"公与夫人姜氏遂如齐"，北敦 15345 号本、开成石经本皆无"与"字。

---

① 详见《唐石经校文·叙》，载《景刊唐开成石经》，第 2994 页。
② 《景刊唐开成石经·例言》，第 1 页。
③ 严可均《唐石经校文》亦有论及，详见《景刊唐开成石经》，第 3100 页。
④ 我曾在北京师范大学图书馆古籍部见到一部清半亩园拓本《唐开成石经》，即剪配本。其书状如百衲衣，个别拼贴之字因年代久远已经脱落。见此实物，方知此缩印拓片本中齐行竖线的来历。
⑤ 以此本与清半亩园拓本相校，两剪贴本又有不尽相同之处。如范宁《序》"人为合正以兵谏为爱君"一行，缩印本误为"人为正兵以兵谏为爱君"，半亩园本不误。又如文公二年《传》"祭者毁庙之主陈于大祖"一行，缩印本误并于文公元年"正即位正也二月癸亥日"一行后，半亩园本不误。类似之例尚多，不备举。由此可见，剪贴本也有优劣之别。
⑥ 开成石经用中华书局《景刊唐开成石经》本。此处《经》《传》《注》文皆据《四部丛刊初编·穀梁》本。

《穀梁》文献征

桓公十八年《传》"以夫人之伉，弗称数也"，北敦15345号本、开成石经本同《经典释文》底本作"伉"。

庄公二十二年《经》"陈人杀其公子御寇"，伯2536号本、开成石经本同《经典释文》底本作"御"。

庄公三十年《传》"燕，周之分子也"，伯2536号本、开成石经本同《经典释文》底本作"分"。

哀公六年《传》"入者，内弗受也"，伯2486号本、开成石经本"弗"均作"不"。

由此可知，开成石经本与陆德明所用底本似属同一版本系统，其与三件敦煌写本的关系也十分密切①。

三、开成石经本在版本流布中的地位

五代监刻本为经书刊本之始，其《经》《传》之文即以唐开成石经为据②。虽然五代乃至两宋监刻本《穀梁》已亡，但我们仍然可以从现存的南宋建安余仁仲万卷堂本《穀梁》中看出后代经籍刊本《经》《传》文字承自唐石经的痕迹③。将唐石经本与余仁仲本、南宋建阳坊刻十行本④对勘，略举数例：

庄公二十九年《经》"秋，有蜚"，南宋十行本"蜚"作"蜚"，余仁仲本同开成石经本作"蜚"。

---

① 北敦15345、伯2486、伯2536均受过陆德明所用底本的影响，上文已有讨论。
② 严可均有"石经者，古本之终，今本之祖"语，见《景刊唐开成石经·附唐石经校文》，第2995页。五代监刻上承唐石经下启两宋监刻这一经籍刊刻脉络，有许多史料可以印证。欲了解这一问题，可以参考王国维《五代两宋监本考》，载《宋版书考录》，北京图书馆出版社2003年版，第519页。
③ 余仁仲本《春秋公羊经传解诂》何休序后，余仁仲题记明言："《公羊》《穀梁》二书，书肆苦无善本，谨以家藏监本及江浙诸处官本参校。"可见其在刊刻《穀梁》时是参考了监本的（当是宋监本），而监本与唐石经本的关系是明确的。余仁仲本《经》《传》更接近唐石经本的原因大概即在此。
④ 此南宋建阳坊刻十行本题为"监本附音春秋穀梁注疏"，下文将详细讨论。此书原件现藏国家图书馆，今据《中华再造善本》影印本校勘。

僖公四年《经》"公孙兹帅师",南宋十行本"帅"作"师",余仁仲本同开成石经本作"帅"。

文公五年《传》"而含以晚",南宋十行本"以"作"已",余仁仲本同开成石经本作"以"。

宣公七年《传》"来盟者,前定也",南宋十行本无"者"字,余仁仲本同开成石经本有"者"字。

成公十六年《传》"公亦存焉",南宋十行本"焉"作"也",余仁仲本同开成石经本作"焉"。

襄公十年《传》"其日遂,何也",南宋十行本无"也"字,余仁仲本同开成石经本有"也"字。

昭公元年《传》"中国曰大原",南宋十行本"大"作"太",余仁仲本同开成石经本作"大"。

定公元年《传》"此大夫",南宋十行本"此"字下有一"其"字,余仁仲本同开成石经本无"其"字。

哀公元年《传》"此该郊之变而道之也",南宋十行本无"郊"字,余仁仲本同开成石经本有"郊"字。

由此可见,南宋余仁仲万卷堂本《经》《传》更接近唐石经本。余本为《穀梁》现存刊本中年代较早者,其《经》《传》部分与开成石经本的关系是比较明显的,并不因为中间版本环节的阙失而变得无迹可求。这同时也体现出唐开成石经本在经籍传刻过程中的祖本地位。

第三节　南宋绍熙余仁仲万卷堂刊本《春秋穀梁传集解》考

余仁仲万卷堂所刊之书,明清公私书目多有著录。其刊书的情况,相台岳氏《九经三传沿革例》已有涉及①,今人亦有专文梳理②。然而余仁

---

① 见《相台书塾刊正九经三传沿革例》,载《丛书集成初编》,中华书局1985年版。
② 肖东发:《建阳余氏刻书考略》,《文献》1984年第3、4期,1985年第1期。

仲刊刻《穀梁》一书的具体情况，仍有讨论的空间①。如《古逸丛书》影刻的余仁仲本《穀梁》是否保存了底本原貌；又如从余仁仲初刊、重校本《穀梁》的差异是否可以见出南宋孝宗、光宗时期建阳地区书坊刊经的一些细节。

一、《古逸丛书》本基本保存了底本原貌

《古逸丛书》本《穀梁》是依据日本柴邦彦旧藏余氏刊本之影写本影刻的②，然而《古逸丛书》本于"宁""玄""丘"诸字皆阙笔③，这显然是《古逸丛书》为避清讳所做的改动④。而《古逸丛书》影刻其他书籍时又的确有率意校改的现象，如在覆刻宋本《广韵》、覆刻元本《广韵》、影刊旧抄卷子原本《玉篇》残卷中均可看到⑤。这就自然使人产生疑问：《古逸丛书》本《穀梁》在影刻过程中对底本的忠实程度到底如何？

《古逸丛书》本《穀梁》是该丛书较早影刻的一部古籍，除避讳字有所改动外，尚能尊重底本。杨守敬《邻苏老人年谱》"癸未"条记载其事："是年仍经理刻书事，日本刻书手争自琢磨，不肯草率，尤以木村嘉

---

① 张丽娟已做了大量工作，如欲了解余仁仲万卷堂刊刻《九经》的情况、余本《穀梁》的递藏情况以及初刻修版情况，首先应该参考张氏《南宋建安余仁仲刻〈春秋穀梁传〉考》一文。详见沈乃文主编《版本目录学研究》第1辑，国家图书馆出版社2009年版。本书在此基础上，将对余本《穀梁》的一些细节再做讨论。
② 森立之《经籍访古志》"春秋穀梁传十二卷，宋椠本，阿波侯藏"条述及此书原委："此本系柴学士邦彦旧藏，往年狩谷望之与松碕明复谋就阿波国学，俾一书生影钞，毫发尽肖，宛然如宋椠，今犹藏在求古楼。"见《日本藏汉籍善本书志书目集成》第1册，北京图书馆出版社2003年版，第90页。由此可知原刊本为柴邦彦旧藏，狩谷望之曾影写一部藏于求古楼，此影写本忠于原刊本，保存了原本的面貌。杨守敬《日本访书志》云："文政间狩谷望之使人影摹之，纤豪毕肖，展转归向山黄村。余初来日本时即从黄村求得之，怂惠星使何公重翻以传。会瓜代，不果。暨新任星使黎公乃以付之梓人，逾年而后成。"见《国家图书馆藏古籍题跋丛刊》第22册，北京图书馆出版社2002年版，第82页。由此可知《古逸丛书》所据底本为狩谷望之精摹本，其源即柴邦彦旧藏刊本。
③ 此三字，铁琴铜剑楼旧藏余氏残本皆不阙笔。
④ 这种现象在《古逸丛书》的其他影刻本中也很普遍，详见陈东辉、彭喜双《〈古逸丛书〉本〈尔雅〉之底本辨析商榷及释疑》，《图书馆工作与研究》2009年第3期。
⑤ 详见贾二强《〈古逸丛书〉考》，载黄永年主编《古代文献研究集林》第1集，陕西师范大学出版社1989年版；苏芃：《原本〈玉篇〉残卷国内影印本述评》，《中国典籍与文化》2008年第4期。

平为最精，每一字有修改补刻至数次者。《穀梁传》一部，尤无一笔异形。"① 如果这仅仅是称赞日本刊工影刻技术高妙，尚不足以作为尊重底本内容的有力证据的话，杨守敬《日本访书志》卷一"春秋穀梁传十二卷"条下另有这样一段识语："按，《穀梁》所据之经，不必悉与《左氏》《公羊》合，而分《经》附《传》之例亦与二《传》差互。至范氏之解，则传习愈希，除注疏刊本外，绝尟证验。即明知有脱误，亦苦于无征不信。然则此本之不绝如线，诚为瑰宝。今以《唐石经》证《经》《传》，以唐宋人说《春秋》三《传》者佐之，以宋监本（余所得日本古抄经注本，首题'监本春秋穀梁传'，多与十行本经注合）、注疏本证《集解》，以陆氏《释文》佐之。"② 杨氏又有《余仁仲万卷堂穀梁传考异》③，详校众本并出校记。可见杨守敬非常重视此书，并视其为校勘《穀梁》的一个重要版本。而且我们由上文所引杨氏年谱可知，《古逸丛书》本《穀梁》的影刻工作是杨氏亲自董理的，很难想象在影刻这样一部主持者十分重视的古籍时，会妄改原文。综上所述，此书的影刻工作应该是比较严谨的，除去避讳阙笔外，基本保存了底本原貌④。

二、铁琴铜剑楼旧藏本与日本柴邦彦旧藏本的差异及其展现的刊经细节

瞿氏《铁琴铜剑楼藏书目录》卷五"春秋穀梁传六卷，宋刊残本"条下载："原书十二卷，每公为一卷，与《唐石经》合，今存宣公以后六卷。首行题'春秋穀梁传第七'，次行题'范宁集解'。每卷末有经传、注、音义字数，又曰'仁仲比校讫'。第九卷末曰'余仁仲刊于家塾'。第十二卷末曰'国学进士余仁仲校正，国学进士刘子庚、陈几、张甫同校，奉议郎签书武安军节度判官厅公事陈应行参校'，共五行。又有分书墨图记曰'余氏万卷堂藏书记'。每半叶十一行，注双行，行大字十九，小字廿七。'匡''恒'字阙笔。所附《释文》专用音反，不全录。其足

---

① 杨守敬：《杨守敬年谱》，上海大陆书局1933年版，第30—31页。
② 杨守敬：《日本访书志》，载《国家图书馆藏古籍题跋丛刊》第22册，第82—83页。
③ 详见《古逸丛书》，第744—747页。
④ 据森立之《经籍访古志》所记可知，作为《古逸丛书》本底本的狩谷望之影写本也能保存柴邦彦旧藏刊本原貌，故可以推测《古逸丛书》本能够基本反映柴邦彦旧藏刊本的面貌。

《穀梁》文献征

据以订注疏本之讹者,已详阮氏《校勘记》所引何氏煌校本中,何氏所见即属此本,其字画端谨,楮墨精妙,为当时初印佳本,虽非全帙,固足贵也。"①

森立之《经籍访古志》"春秋穀梁传十二卷,宋椠本,阿波侯藏"条下载:"每半版十一行,行十八九字,注双行二十七字。每章附音义,每卷末有经传、注及音义字数。又记'仁仲比校讫''余仁仲刊于家塾'。十二卷末记'国学进士余仁仲校正,国学进士刘子庚、陈几、张甫同校,春议郎签书武安军节度判官厅公事陈应行参校,癸丑仲秋重校讫'。又绍熙有辛亥孟冬朔日建安余仁仲跋,序后及卷尾有'余氏万卷堂藏书记',卷端捺金泽文库印。"②

由这两段著录可知,二本行款俱同,又有题记、牌记、衔名等多处证据,足证二本均为余仁仲万卷堂刊本。但柴邦彦旧藏刊本多"癸丑仲秋重校讫"题记一条。杨守敬《日本访书志》云:"余仁仲万卷堂所刻经本,今闻于世者,曰《周礼》、曰《公羊》、曰《穀梁》。《公羊》扬州汪氏有翻本,《周礼》旧藏卢雅雨家,惟《穀梁》仅康熙间长洲何煌见之。然其本缺宣公以前,已称为希世之珍。此本首尾完具,无一字损失。以何氏校本照之,有应有不应,当由何氏所见为初印本,此又仁仲覆校重订者。故于何氏所称脱误之处,皆挖补挤入。然则此为余氏定本,何氏所见犹未善也。"③杨氏的意见很正确,现做进一步论证。

首先,康熙间长洲何煌所见本与瞿氏旧藏本关系如何?李锐、阮元《春秋穀梁传注疏校勘记》"引据各本目录"中对宋椠残本有这样一段说明:"余仁仲万卷堂藏本兼载《释文》,宣公以前缺,自宣公以后分卷与石经合,今据何煌校本。"④张金吾《爱日精庐藏书志》于"春秋穀梁传十二卷,临惠氏校宋余仁仲本"条下转录何煌识语曰:"此卷先命奴子罗中郎用南监本逐字比校讫,又以建安余氏万卷堂《集解》残本、章丘李氏《穀梁疏》残抄本手校,复用石经参校。经传讹谬都净,注疏中亦十

---

① 瞿镛编纂:《铁琴铜剑楼藏书目录》,瞿果行标点,瞿凤起覆校,上海古籍出版社2000年版,第133—134页。
② 《日本藏汉籍善本书志书目集成》第1册,第89—90页。案,"春"为"奉"字之误;"又绍熙有"或为"又有绍熙"之误。
③ 《国家图书馆藏古籍题跋丛刊》第22册,第81页。
④ 《续修四库全书》第183册,第146页。

去其五,独惜余氏本宣公以前,抄本文公以上俱缺,无从取正耳。康熙丁酉初夏,何仲子记。"① 由此可知,何煌所见余本确实仅存后半,这半部余本与后来转入铁琴铜剑楼的半部同属一版②。

其次,瞿氏旧藏本与日本柴邦彦旧藏本差异如何?杨守敬的方法是将阮元《校勘记》所引何煌所见余本文字与《古逸丛书》本对勘,发现《古逸丛书》本"于何氏所称脱误之处,皆挖补挤入",最后得出《古逸丛书》本为余仁仲覆校重订之定本,而何氏所见本为初印本的结论。由上文可知,《古逸丛书》本基本能够反映柴邦彦旧藏本原貌,现将瞿氏旧藏本与《古逸丛书》本对勘,得异文四十五条③,这些便是瞿本与柴本的差异所在,见表1-2。

表1-2 瞿氏旧藏本、《古逸丛书》本校勘表

序号	位置	瞿氏旧藏本	《古逸丛书》本	释因
1	卷七,宣元年,释文	与闻	与门	疑柴邦彦本"闻"字已残损,后经辗转传刻,《古逸》本误作"门"[1]
2	卷七,宣元年,集解	故言帅	故言师	柴邦彦本改形近误

---

① 张金吾:《爱日精庐藏书志》,文史哲出版社1982年版,第150页。台湾"中央图书馆"现藏有一部毛氏汲古阁本《春秋穀梁传注疏》,此本有清江沅过录的何煌、朱彝衡、段玉裁题跋及江氏手书题记,另有陈奂手跋。此本虽无缘寓目,但原本中各条题记、跋文均可在《标点善本题跋集录》一书中检得。以此本所录何煌识语与张《志》所录互勘,有字句差异,但皆无涉文义。惟江氏过录本于"丁酉初夏"后,多出"康熙万寿令节后九日"九字,可见江本虽为辗转传抄,但仍然较多地保留了何煌题记的原貌。详见《标点善本题跋集录》,"国立中央图书馆"编印1992年版,第30页。
② 瞿氏旧藏残本《穀梁》现藏台北故宫博物院,民国间涵芬楼从铁琴铜剑楼借得,影入《四部丛刊初编》,阙文以《古逸丛书》本补齐。《四部丛刊初编》另影印有余仁仲万卷堂刊本《春秋公羊经传解诂》,其书卷尾黄丕烈跋文称曾在周香严家见一残本《穀梁》,周书后散出,吴中汪士钟多有所得。今检《四部丛刊》影印瞿本卷七首页,除瞿家藏书图记外,尚有"阆源真赏"朱文方印,而汪氏《艺芸书舍宋元本书目》中亦著录此书。故可知,此书原为周锡瓒(香严)、汪士钟(阆源)旧藏。咸丰间,汪又散出,多为铁琴铜剑楼所得,此书即为其中一部。其递藏关系可考者如此,因为尚无确凿证据,所以瞿氏旧藏余本与何煌所见余本未必是同一部书。我们今天将阮元《校勘记》所引何煌所见余本文字与瞿氏旧藏本、《古逸丛书》本对勘,可以发现何煌所见余本与瞿氏旧藏本更为接近,与《古逸丛书》本略有不同,所以可以确定何煌所见余本与瞿氏旧藏本同属一版。
③ 由避讳阙笔产生的差异,因多为《古逸丛书》影刻时产生,故一律不计。

续表

序号	位　置	瞿氏旧藏本	《古逸丛书》本	释　因
3	卷七,宣五年,集解	犯伯姬	杞伯姬	柴邦彦本改形近误
4	卷七,宣十二年,集解	灵公之罪	灵公之恶	柴邦彦本改涉下文"不言灵公无罪也"之误
5	卷七,宣十二年,传	其败事也	其事败也	柴邦彦本改倒误
6	卷七,宣十六年,集解	善其器	贵其器	柴邦彦本改涉上文"莫善于乐"之误
7	卷八,成二年,集解	"盖言高傒、处父亢礼敌公"一句,无"高傒"二字	有"高傒"二字	柴邦彦本增补脱文
8	卷八,成七年,集解	贤若	贤君	柴邦彦本改形近误
9	卷八,成十七年,传	"壬申乃十月也"一句,无"壬申"二字	有"壬申"二字	柴邦彦本增补脱文
10	卷九,襄七年,释文	"鄢本又作隤,于诡反"一句,无"反"字	有"反"字	柴邦彦本增补脱文
11	卷九,襄十一年,集解	郑者	郑地	柴邦彦本改误字
12	卷九,襄十七年,经	"秋,齐侯伐我北鄙,围桃。齐高厚帅师伐我北鄙,围防"一句,无"桃齐高厚帅师伐我北鄙围"十一字	有"桃齐高厚师师伐我北鄙围"十一字	柴邦彦本增补脱文
13	卷九,襄二十年,传	兄弟	弟兄	柴邦彦本改倒误
14	卷九,襄二十年,集解	奔逐之	奔遂之	疑柴邦彦本"逐"字已残损,后经辗转传刻,《古逸》本误作"遂"
15	卷九,襄二十六年,集解	"故录日以见之,书日所以知其与弑者"一句,无"以见之书日"五字	有"以见之书日"五字	柴邦彦本增补脱文
16	卷九,襄二十九年,集解	传所言解时但有言有燕者	传所言解时但有言□燕者	盖柴邦彦本改涉上文"但有"之衍误[2]
17	卷十,昭元年,集解	太原	大原	柴邦彦本改字,使前后文用字一致
18	卷十,昭元年,释文	上,郎古反	卤,力古反	盖柴邦彦本据《经典释文》校改[3]
19	卷十,昭二年,集解	"至河有疾乃复"一句,无"有疾"二字	有"有疾"二字	柴邦彦本增补脱文
20	卷十,昭七年,传	无"平者成也"四字	有"平者成也"四字	柴邦彦本增补脱文

第一章 《穀梁》版本小识

续表

序号	位　置	瞿氏旧藏本	《古逸丛书》本	释　因
21	卷十,昭十一年,集解	世子座	世子痤	柴邦彦本改形近误
22	卷十,昭十八年,集解	许也	许地	柴邦彦本改形近误
23	卷十,昭二十年,释文	令力呈及	令力呈反	柴邦彦本改形近误
24	卷十,昭二十二年,集解	俱夫定也	俱未定也	柴邦彦本改形近误
25	卷十,昭二十二年,经	"十有二月癸酉朔,日有食之"一句,无"朔"字	有"朔"字	柴邦彦本增补脱文
26	卷十,昭二十三年,释文	"鸡甫,左氏作鸡父"一句,无"父"字	有"父"字	柴邦彦本增补脱文
27	卷十一,定元年,集解	书正必有月以承之	书王必有月以承之	柴邦彦本改形近误
28	卷十一,定元年,传	无"冬大雩非正也"六字	有"冬大雩非正也"六字	柴邦彦本增补脱文
29	卷十一,定元年,集解	各禾稼既成	冬禾稼既成	柴邦彦本改形近误
30	卷十一,定四年,传	"归乃用事乎汉"一句,无"归"字	有"归"字	柴邦彦本增补脱文
31	卷十一,定四年,释文	挞,土达反	挞,士达反	疑柴邦彦本"土"字已残损,后经辗转传刻,《古逸》本误作"士"[4]
32	卷十一,定六年,释文	张如字,一音丁亮反	张如字,一音下亮反	疑柴邦彦本"丁"字已残损,后经辗转传刻,《古逸》本误作"下"[5]
33	卷十一,定十年,释文	封土曰坛	封上曰坛	疑柴邦彦本"土"字已残损,后经辗转传刻,《古逸》本误作"上"[6]
34	卷十一,定十年,释文	逸,七句反	逸,一句反	疑柴邦彦本"七"字已残损,后经辗转传刻,《古逸》本误作"一"[7]
35	卷十一,定十二年,传	造乎齐也	边乎齐也	柴邦彦本改误字
36	卷十一,定十四年,经	无"吴子光卒"四字	有"吴子光卒"四字	柴邦彦本增补脱文
37	卷十二,哀二年,传	"以辄不受也,以辄不受父之命"一句,无"不受也以辄"五字	有"不受也以辄"五字	柴邦彦本增补脱文

续表

序号	位 置	瞿氏旧藏本	《古逸丛书》本	释 因
38	卷十二，哀二年，集解	"郑世子忽复归于郑"一句，无"郑世子"三字	有"郑世子"三字	柴邦彦本增补脱文
39	卷十二，哀四年，集解	称其君完	弑其君完	柴邦彦本改涉上下文"称盗"之误
40	卷十二，哀六年，传	"不正则其日君何也"一句，无"其"字	有"其"字	柴邦彦本增补脱文
41	卷十二，哀十三年，集解	不如冠有差等	不知冠有差等	柴邦彦本改形近误
42	卷十二，哀十三年，经	葬许公	葬许元公	柴邦彦本增补脱文
43	卷十二，哀十四年，集解	犹若有恒	犹若其恒	柴邦彦本改涉上文"不为暂有"之误[8]
44	卷尾，衔名	国学进士余仁仲校正	国学进士仁仲校正	盖柴邦彦本"余"字已阙损
45	卷尾，题记	无"癸丑仲秋重校讫"七字	有"癸丑仲秋重校讫"七字	柴邦彦本说明重校时间

〔1〕《古逸丛书》本的影刻忠于底本还体现在其对原本字形模糊残损的痕迹做了保留，如宣公十七年范宁《集解》"宣公杀子赤，叔肸非责之"，"责"《古逸》本作"責"；又如成公十三年《集解》"故正其文"之"其"字，《古逸》本作"其"；成公十八年《集解》"鱼石十五年奔楚"之"楚"字，《古逸》本作"楚"。这些均为书版磨损字形残阙之例，其例尚多，不备举。《古逸》本忠实地保存了底本的字形面貌。据此推论，《古逸》本"与闻"误作"与门"可能也属于这类情况。

〔2〕杨士勋《疏》云："传言从史文者，以时有直言燕者。"盖杨氏所见本《集解》此句作"传所言解时但有言燕者"。至于《古逸丛书》本空一格的原因，张丽娟认为是余仁仲重校时"发现此处讹误，遂将'有'字挖去，因而在书版上形成一个空格。此并非如《考异》所云脱去某字"。这一解释较为可信，见《版本目录学研究》第1辑，第109页。

〔3〕"上郎古反"之"上"字当指所列被释两字中位置在上之字，瞿本摘引此文附此易令人费解。上海古籍出版社影印国图藏宋刻宋元递修本《经典释文》作"大卤，力古反"，柴邦彦本当据别本《释文》校改。瞿本、柴本所用《释文》版本可能存在差异。

〔4〕上海古籍出版社影印国图藏宋刻宋元递修本《经典释文》"土"作"七"，可见其书版亦有磨损。

〔5〕上海古籍出版社影印国图藏宋刻宋元递修本《经典释文》正作"丁亮"。

〔6〕上海古籍出版社影印国图藏宋刻宋元递修本《经典释文》正作"封土"。

〔7〕上海古籍出版社影印国图藏宋刻宋元递修本《经典释文》正作"七句"。

〔8〕南宋坊刻十行本《监本附音春秋穀梁注疏》作"其常"，盖为避真宗讳改"恒"为"常"。但由此可见，南宋坊刻十行本此文亦作"其"，不作"有"。且此《传》明言："其不言有，不使麟不恒于中国也。"《穀梁》他《传》解"有"字书法云："一有一亡曰有。"可见，《穀梁》"有"义前后相通。范雍亦注云："鹳鹆非鲁之常禽，蜚、蜮非祥瑞之嘉虫，故《经》书其有，以非常有。此所以取贵于中国，《春秋》之意义也。"据其义可知，《集解》此文不当作"有恒"。敦煌伯2486号残本恰好保存了此注，其文正作"其恒"。

由表1-2可知，在半部《穀梁》的篇幅中，《古逸丛书》本所反映的柴邦彦旧藏刊本订正瞿氏旧藏刊本错讹二十一条，增补瞿氏旧藏刊本脱文十六条。这些证据有力地支持了杨守敬的结论。更为重要的是，由余仁仲初刊、重校本《穀梁》的差异，我们还可以看出南宋孝宗、光宗时期建阳地区书坊刊经的一些细节。

其一，表1-2中柴邦彦本校改增补瞿氏本《经》《传》文字之例有5，9，12，13，20，25，28，30，35，36，37，40，42，共十三条。除30一例外，重校后的文字与今传《唐石经》文字皆同①。据此推测，余仁仲在重校《穀梁》时很可能使用了宋国子监刊本②。

其二，41、43两例异文出现在范宁《集解》中，柴邦彦本所改文字与敦煌伯2486号残本所存之文相同。由此可见，余氏重校时所据之本尚存有更多的范注原貌③。

其三，由第18例可以看出，余仁仲在重校过程中还可能利用了当时所能见到的《经典释文》的不同版本。

第四节　宋元刊十行本《监本附音春秋穀梁注疏》考

一、关于十行本的两个误会

南宋建阳书坊曾将《春秋》经、《穀梁》传、范宁注、杨士勋疏及陆

---

① 定公四年《传》文"归乃用事乎汉"一句，今本《唐石经》已残阙，故30一例尚无法得到印证。
② 余仁仲本《公羊》何休序后绍熙辛亥年题记云："《公羊》《穀梁》二书，书肆苦无善本，谨以家藏监本及江浙诸处官本参校，颇加厘正。"故余氏癸丑年重校《穀梁》时对《经》《传》文字的改补，很可能还是其家藏宋监本起了最重要的作用。而宋监本的《经》《传》文字属于《唐石经》本系统。
③ 余氏家藏宋监本《经》《传》之部来自《唐石经》，而《集解》之部则可能来自唐人经传注合写本系统。北敦15345、伯2536、伯2486、伯2590《春秋穀梁传集解》是今天所能见到的唐人《穀梁》经传注合写本的实物。

《穀梁》文献征

德明释文合刊，因其行款为半页十行，故被称为十行本。人们对十行本曾有两个误会，在讨论现存《穀梁》十行本系统的主要版本之前，有必要先对这两个问题进行说明。

1. 十行本曾被误认为国子监刊本

李致忠在《宋版书叙录》"监本附音春秋穀梁传注疏"条下云："此本很有可能是南宋初年国子监刻元修本。"[①] 并举《铁琴铜剑楼藏书目录》及《天禄琳琅书目后编》所记为证。《天禄琳琅书目后编》卷三"监本附音春秋穀梁传注疏"条下载："得此宋监本旧书，足资考证。"[②]《铁琴铜剑楼藏书目录》则认为自家所藏《监本附音春秋穀梁传注疏》，即何煌所说的宋南监本[③]。张金吾《爱日精庐藏书志》所记何煌跋文云："此卷先命奴子罗中郎用南监本逐字比校讫。"[④] 李锐、阮元《春秋穀梁传注疏校勘记》"引据各本目录"于十行本条下也称："又何煌所记诸旧本尚有南监本一种，今案南监本即十行本，故不别出。"[⑤] 何煌所谓的"南监本"其实并非瞿镛、李致忠所理解的"宋南监本"或"南宋初年国子监刻本"。清人以为明代时十行本书版曾被存放于南京国子监，所以人们对此本有"南监本""南雍本"之称[⑥]。这种习惯性简称以及《穀梁》一书题名中的"监本"二字，均是令人产生误会的原因。其实题名冠以"监本"这一举动本身，就已透露出其坊刻的性质。《"国立故宫博物院"宋本图录》"监本附音春秋穀梁注疏"条下即云："考京监刻书，从未标监本二字于书名之上者，标监本之名，乃坊肆故技，欲引以自重，《天禄琳琅书目》未加详察，率尔定夺，致肇大错，审订版本岂可不慎乎？"[⑦]

2. 十行本系统中的元代翻刻本曾被误认为宋刊本

十行本系统中有一种明正德间补修的版本，被称为正德十行本。长泽

---

① 李致忠：《宋版书叙录》，北京图书馆出版社1994年版，第201页。
② 彭元瑞等：《天禄琳琅书目后编》，上海古籍出版社2007年版，第432页。
③ 《铁琴铜剑楼藏书目录》，第135页。
④ 《爱日精庐藏书志》，第150页。
⑤ 《十三经注疏校勘记》，第146页。
⑥ 顾千里《抚本礼记郑注考异序》云："南雍本，世称十行本，盖原出宋季建附音本。"见王欣夫辑《顾千里集》，中华书局2007年版，第132页。然据程苏东考证，元刊十行本《十三经注疏》的修版、汇印地点均在福州府学，故清人所谓"南监本""南雍本"之称亦不能成立。详见程苏东《"元刻明修本"〈十三经注疏〉修补汇印地点考辨》，《文献》2013年第2期。此说承复旦大学古籍整理研究所李开升学长提示，特此说明。
⑦ 《"国立故宫博物院"宋本图录》，台北故宫博物院印行1977年版，第25页。

规矩也云："向来学者都无条件地认为是宋刊元明修本，很少人怀疑这种说法是否正确。"① 他根据刻工姓名及版心原刊年号残迹等证据，得出"正德本"并非宋刊元明递修本而是元刊明修本的结论。这一问题经过长泽规矩也的研究，得到初步厘清②。我们从中不难体会到建阳地区坊刻十行本系统刊刻、翻刻、修补过程的复杂。本书将对现存宋元刊十行本《穀梁》的主要版本作一考察。

二、宋元刊十行本《穀梁》主要版本考

宋元刊十行本《穀梁》现存尚多，就经眼的十部而言，大体可分为三类：宋刊后补本、元泰定四年左右翻刻本、元刊明修本。

1. 宋刊后补本

此类版本，曾见完本一部、残本一部，均藏国家图书馆善本室。前者二十卷首尾完整，间有后人补抄之叶，已由《中华再造善本》影印；后者仅存卷十一至卷二十，亦有补抄③。此二本书叶多为细黑口、版心上多不刻字数、版心下无刊工姓名，疏文"释曰"前多空一格而无"○"符号。这些版式上的特征是后面两类版本所不具有的，而与南宋孝宗、光宗、宁宗间建阳刘叔刚一经堂刻本版式相符④。而这两部《穀梁》均无刘叔刚刊书木记，盖为建阳地区其他书坊所刊⑤。

张丽娟论证国图所藏的这部完本《穀梁》为宋刊，结论可信。其文还认为此宋刊本中"似有部分补刻叶。但这些补刻叶仍为细黑口、无刻工、无字数，与元刻十行本的版心白口、上刻大小字数、下有刻工的情况不同，更与元刻十行本中的明代修补叶版式、字体有明显差异。其修补后

---

① ［日］长泽规矩也：《正德十行本注疏非宋本考》，萧志强译，《中国文哲研究通讯》2000年第4期。
② 对这一问题前后讨论情况的梳理，可参看张丽娟《关于宋元刻十行注疏本》，《文献》2011年第4期。
③ 馆藏编号分别为zz0116、A05419。
④ 相关考证详见张丽娟《关于宋元刻十行注疏本》，第23页。
⑤ 有推测云："刘氏木记或已残损，或补版者不复重刻，抑或以版入国子监，遂将刘氏木记劙去之，均有可能。"说见《"国立故宫博物院"宋本图录》，第25页。据叙录描述可知台北故宫博物院所藏此本当为元刊明修本。实际情况却很可能是现存宋刊十行本《穀梁》并非刘氏书坊刊刻，而是建阳地区其他书坊所刊。

印的时间，当在元刻十行本出现之前，或在宋末，或在元初。"① 进一步查检，国图完本中还有一些补叶为后人补抄②。这些补抄之叶的位置、数量情况见表 1-3。

表 1-3　国图完本补抄情况

单位：叶

补抄起始位置	补抄数量	补抄起始位置	补抄数量
范宁序叶 11	1	宣公卷十二叶 13	2
隐公卷一叶 7	1	成公卷十四叶 12	1
宣公卷十二叶 2	3	定公卷十九叶 7	6

为证明表 1-3 所列书叶为补抄而非补刻，现选取其中的一幅书影加以说明，见图 1-1。

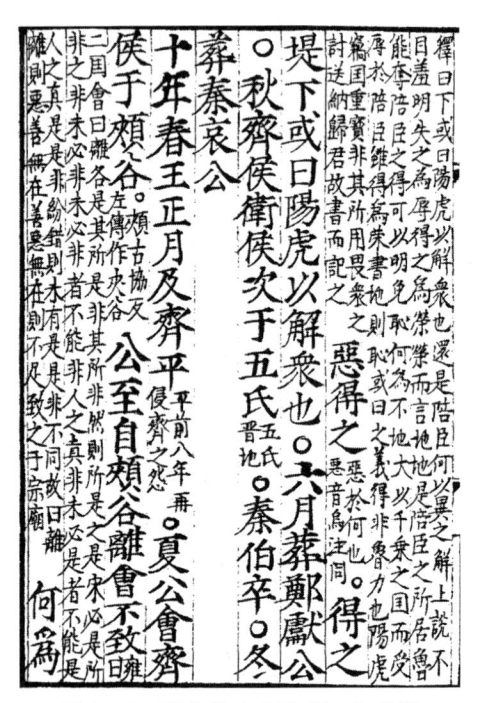

图 1-1　定公卷十九叶 12-b 书影

---

① 《关于宋元刻十行注疏本》。
② 这些抄补之叶的版式均具有元刊十行本的特征，由此推测后人抄补时所用的底本或为元刊十行本。

图 1-1"六月"之"六"字、"十年"二字,笔画肥瘦不一,当为抄写时墨汁晕开所致。又见笔画多与框线交叠,刻版书叶少有这种现象。据此认定此类补叶为抄补,当无大误。

再将国图所藏残本与完本对勘,可以确定这两部书中的宋刊书叶源出同版。虽然这部残本也有后补书叶,但有三处完本已是抄补的地方,残本尚保留了宋刊书叶的原貌:完本十二卷二至四叶为补抄,残本为原版;完本十四卷第十二叶为补抄,残本此叶为原版;完本十九卷七至十二叶为补抄,残本此六叶为原版①。由此可见,国图所藏的这部宋刊十行残本《穀梁》也具有重要的版本价值,为我们了解宋刊原貌提供了更多的实据。

2. 元泰定四年左右翻刻本

日本东方学数字图书馆数据库中有一部十行本《监本附音春秋穀梁注疏》②。此书白口,版心上多刊字数,下刊刻工名,绝少补版。现将此本刊工姓名统计如下,并略加说明,见表1-4。

表1-4 元翻本《监本附音春秋穀梁注疏》刊工情况

姓名	所刻书叶位置	所刻版数	说　明
君美	序1-11,卷六7-21,卷十一1-10,卷二十7-8	38	元刻覆宋本《唐书》二百五十五卷,有君美之名。张振铎《古籍刻工名录》称其为江苏地区刻工[1]。元刊本《胡注资治通鉴》二百九十四卷,有江君美之名,故知君美之姓。瞿冕良《中国古籍版刻辞典》称其为元前至元间刻工[2]。至大间刻过《重修宣和博古图录》,至治间刻过《通志》,泰定间刻过《文献通考》,十行本《周易》《周礼》《左传》《公羊》《穀梁》,天历间刻过《新唐书》。还参加过《通鉴释文辨误》的刊刻
以德	卷一1-10,卷十三11-13,卷十四1-6	19	元刊本《胡注资治通鉴》二百九十四卷,有虞以德之名,故知以德之姓。瞿冕良《中国古籍版刻辞典》称其为元前至元间刻工,曾参加过十行本《左传》《公羊》《穀梁》《论语》的刊刻
天易	卷一11-15,卷二十2	6	元刊本《胡注资治通鉴》二百九十四卷,有天锡之名,此处"天易"当为"天锡"的省写,刊工刻写姓名多有省笔之例

---

① 从残本此六叶看,原宋刊书版已有明显的磨损。
② 东方学デジタル图书馆,网络链接:http://kanji.zinbun.kyoto-u.ac.jp/db-machine/toho/html/top.html。原书编号为1070,现藏京都大学人文科学研究所。

续表

姓名	所刻书叶位置	所刻版数	说　明
住郎	卷二1-4,卷九11-17,卷十1-4	15	十行本他经中有江住郎之名,故知住郎之姓。瞿冕良《中国古籍版刻辞典》称其为元至大间刻工。曾参加过《通志》,十行本《尚书》、《周礼》、《穀梁》、《论语》的刊刻
以清	卷二7-13,卷三1-4,卷十5-13	20	十行本他经中也有以清之名
善卿	卷三5-12,卷四1-4,卷十二1-10,卷二十5-6	24	元刊本《胡注资治通鉴》二百九十四卷,有黄善卿之名,故知善卿之姓。瞿冕良《中国古籍版刻辞典》称其为元前至元间刻工,曾参加过十行本《左传》、《公羊》、《穀梁》的刊刻
善庆	卷三13	1	或与善卿为一人,刊工刻写姓名多有以同音字互代之例
德远	卷四5-13,卷五1-4,卷十六1-15,卷二十9-10	30	十行本他经中也有德远之名
余中	卷五7-10、13-14,卷十八1-7、9-15	20	余中之名也见于宋末之本,如宋绍兴间明州刊宋末补修本《文选》六十卷。张振铎《古籍刻工名录》称其为浙江杭州地区名刻工。瞿冕良《中国古籍版刻辞典》称其为元代中叶刻工,曾参加过十行本《左传》、《公羊》、《穀梁》的刊刻
敬中	卷五5-6、11-12,卷十八8	5	元刊本《胡注资治通鉴》二百九十四卷,有余敬仲之名。此处"敬中"当为"敬仲"的省写。瞿冕良《中国古籍版刻辞典》称其为元前至元间刻工
丘文	卷五15-18,卷六1-2,卷十三7-8,卷十九1-10	18	元刊本《胡注资治通鉴》二百九十四卷,有丘文粲之名。此处"丘文"当为"丘文粲"的省写。丘文之名也见于宋末之本,如宋绍兴间明州刊宋末补修本《文选》六十卷。张振铎《古籍刻工名录》称其为浙江杭州地区名刻工。瞿冕良《中国古籍版刻辞典》称其为元前至元间刻工,曾参加过十行本《左传》、《公羊》的刊刻
正卿	卷五19-22,卷六3-6	8	元刊本《胡注资治通鉴》二百九十四卷,有叶正卿之名,故知正卿之姓。瞿冕良《中国古籍版刻辞典》称其为元前至元间刻工
茂卿	卷七1-3、5-15	14	元刻覆宋本《唐书》二百五十五卷,有茂卿之名。张振铎《古籍刻工名录》称其为江苏地区刻工
仲马	卷八1-18	18	十行本他经中也有仲马之名
英玉	卷九1-10	10	十行本他经中有王英玉之名,故知英玉之姓。元刻覆宋本《唐书》二百五十五卷,有英玉之名。张振铎《古籍刻工名录》称其为江苏地区刻工。瞿冕良《中国古籍版刻辞典》称其为元至大间刻工,泰定间刻十行本《十三经注疏》,天历间刻过《新唐书》。还参加过《通志》的刊刻

续表

姓名	所刻书叶位置	所刻版数	说　明
应祥	卷十一 11-13，卷十二 11-19	12	瞿冕良《中国古籍版刻辞典》称其为元皇庆间刻工，曾参加过《佩韦斋文集》的刊刻及《西汉会要》的补版
月	卷十三 1-2	2	十行本他经中有古月之名，此处"月"当为"古月"的省写，此刊工或姓胡。瞿冕良《中国古籍版刻辞典》称其为元至大间刻工，曾参加过十行本《周易》、《尚书》、《左传》、《公羊》、《论语》的刊刻
安卿	卷十三 3-6、9-10	6	十行本他经中也有安卿之名
寿甫	卷十四 7-14，卷十五 1-4，卷二十 11-16	18	十行本他经中有蔡寿甫之名，故知寿甫之姓。瞿冕良《中国古籍版刻辞典》称其为元初刻工，曾参加过十行本《周易》、《尚书》、《周礼》、《左传》、《公羊》、《穀梁》、《论语》的刊刻
仁甫	卷十五 5-14	10	元刊本《胡注资治通鉴》二百九十四卷，有王仁甫之名，故知仁甫之姓。又元大德间刊本《新刊风科集验名方》，元至大刊元统及明修本《书学正韵》三十六卷，元泰定间刊本《困学纪闻》二十卷，亦有仁甫之名。张振铎《古籍刻工名录》称其为浙中刻工。瞿冕良《中国古籍版刻辞典》称其为元前至元间刻工，曾参加过《通鉴释文辨误》《通志》的刊刻。卷十五第七叶京都本缺，查他本知为仁甫所刊
伯寿	卷二 5-6，卷十七 1-16，卷二十 1、3-4	19	十行本他经、元刊本《胡注资治通鉴》中亦有伯寿之名
褆甫	卷十九 11-18	8	十行本他经中也有褆甫之名

〔1〕见张振铎《古籍刻工名录》，上海书店出版社 1996 年版。
〔2〕见瞿冕良《中国古籍版刻辞典》（增订本），苏州大学出版社 2009 年版。

此本仅有一版为补刻，可以将其视作一部比较完整的元刊本。盖前代书贾牟利，以此元翻刻本充宋本，版心年号皆被剜去，其具体的刊刻时间已难知晓。惟以他经残存年号，推测其大约刊刻于元泰定四年左右①。

---

① 长泽规矩也云："静嘉堂所藏本几乎将版心年号全去除，《论语》则留下了'泰定丁卯王英玉'（卷三第一叶）、'泰定四年程瑞卿'（卷一第一叶）的内容。根据加藤氏的见解，《周礼》中也有'泰定四年王英玉'（卷三十三第二十四叶）。又，根据上述《志》之文，求古楼《公羊》中也有'泰定四年'年号，因此森《志》认为这是'元泰定四年刻十三经'。"见《正德十行本注疏非宋本考》。将此本的刊刻时间定在泰定四年左右，与此本大多数刊工的活动时间也基本相合。

3. 元刊明修本

国家图书馆藏【1】00851 号本、【2】7285 号本、【3】03290 号本、【4】01050 号本、【5】zz0648 号本①,北京大学图书馆藏【6】8888 号本②,南京图书馆藏【7】S2743 号本③,均属此类。此类版本除元刊书叶外,尚有三种补版,现列表说明,见表 1-5。

表 1-5　元刊明修本《监本附音春秋穀梁注疏》补版情况

补版时间	补版版式	写刻校工姓名	补版总数	各本补版情况
正德六年	"疏"字为阳文,四周双边,白口,鱼尾相顺,版心上刊"正德六年刊"(或被剜去),中刊卷数及写工名,下刊叶数及刻工名	写工:李红 刻工:吴郎	2	【1】00851 号本:序 3-4 存年号 【2】7285 号本:序 3-4 为影写补抄 【3】03290 号本:序 3-4 为影写补抄 【4】01050 号本:序 3-4 剜去年号 【5】zz0648 号本:序 3-4 剜去年号 【7】S2743 号本:序 3-4 剜去年号
正德十二年	"疏"字为阳文,四周单边,白口,上单黑鱼尾,版心上刊"正德十二年"(或被剜去),中刊卷数,下刊叶数及刻工名	刻工:仲、豪	4	【1】00851 号本:卷五 9-10 存年号,卷十五 13-14 存年号 【2】7285 号本:卷五 9-10 剜去年号,卷十五 13-14 存年号 【3】03290 号本:卷五 9-10 剜去年号,卷十五 13-14 剜去年号 【4】01050 号本:卷五 9-10 存年号,卷十五 13-14 存年号 【5】zz0648 号本:卷五 9-10 存年号,卷十五 13-14 存年号 【6】8888 号本:卷五 9-10 剜去年号,卷十五 13-14 存年号 【7】S2743 号本:卷五 9-10 存年号,卷十五 13-14 存年号

---

① 国图藏 7285 号为涵芬楼旧藏;03290 号本为铁琴铜剑楼旧藏;zz0648 号本为《中华再造善本》影印北京市文物局藏本《十三经注疏》中的一种,这部十三经原为刘盼遂旧藏。
② 北大藏 8888 号本为木犀轩旧藏。
③ 南图藏 S2743 号本为丁丙题跋本。

续表

补版时间	补版版式	写刻校工姓名	补版总数	各本补版情况
嘉靖间[1]	"疏"字为阴文，四周单边，白口，鱼尾相对，版心上刊校工名，中刊卷数，下刊叶数及刻工名	校工：候吉刘 刻工：王良富、张尾郎、陆四、陈珪、詹蓬头、采、叶再友	12	【4】01050号本：序1-2，卷四2、8、12-13，卷五17，卷七2，卷九18，卷十八1，卷二十15-16 【5】zz0648号本：序1-2，卷四2、8、12-13，卷五17，卷七2，卷九18，卷十八1，卷二十15-16 【7】S2743号本：序1-2，卷四2、8、12-13，卷五17，卷七2，卷九18，卷十八1，卷二十15-16

〔1〕王良富、张尾郎、陆四、陈珪、詹蓬头、叶再友皆为明嘉靖间福建地区刻工，故知元刊明修十行本《穀梁》于嘉靖中亦有补刻。

由表1-5可知，元刊明修十行本《穀梁》的明代补版有正德六年、正德十二年、嘉靖年间三种，这说明元刊十行本《穀梁》至少经历了三次递修。具体到各本，补版情况不尽相同，有的仅具正德年间补版，有的则兼有三种补版。我们从中可以看出元刊明修十行本《穀梁》递经修补的种种细节①。

三、十行本《穀梁》翻刻、修补细节考

今从上述三类十行本中选取三部具有代表性的版本进行互勘，并列出一小部分校勘结果，见表1-6。

表1-6 三类十行本校勘表

位置	国家图书馆藏宋刊后补完本	京都大学人文科学研究所藏元泰定四年左右刊本	国家图书馆藏01050号元刊明修本	说　明
卷五叶10	防鲁地	防鲁地	防鲁也	明代补版时因形近致误
卷六叶13	为内讳，故	为内讳，故	为内讳，■	元代翻刻的版片至明时已磨损，明代以墨钉修版

---

① 读者可以通过表1-5"各本补版情况"一栏著录的内容，获知这七部元刊明修十行本的具体补版情况，此处不再一一说明。

续表

位置	国家图书馆藏宋刊后补完本	京都大学人文科学研究所藏元泰定四年左右刊本	国家图书馆藏01050号元刊明修本	说　明
卷九叶13	卫元喧自晋复归于卫	卫九喧自晋复归于卫	卫元喧自晋复归于卫	元代翻刻时因形近致误,明代修版时改正
卷十叶9	夜姑杀者也	夜姑杀者也	射姑杀者也	《穀梁》作"夜",《左传》《公羊》作"射",明代修版时不必改而改之
卷十一叶9	据隐四年卫祝吁弑其君完	据隐四年卫祝吁弑其君完	据隐四年卫州吁弑其君完	《穀梁》作"祝",《左传》《公羊》作"州",明代修版时不必改而改之
卷十三叶4	君子闻战于鞌	君子闻战于鞌	君子间战于鞌	元代翻刻的版片至明时已磨损
卷十六叶7	涂,垩饰	涂,圣饰	涂,涂饰	宋刊"垩"字已磨损,元代翻刻时因形近致误,明代修版时妄改
卷十六叶12	秋九月葬卫献公	秋九月葬卫献公	秋七月葬卫献公	元代翻刻的版片至明时已磨损,修版时因形近致误
卷十八叶8	明唯尹氏欲立之	明唯尹氏欲立之	朝唯尹氏欲立之	明代修版时据上文"尹氏立王子朝"妄改
卷十九叶2	后君乃受	后君乃受	后君乃爱	明代修版时因形近致误

由表1-6可见：其一，元翻宋本时，因宋刊字迹已有残损，出现了不少以形近字误改的情况；其二，元代翻刻的版片屡经刷印，至明时已有严重磨损，明代在补版过程中又产生了一些错误；其三，明代修整元刊版片时，对原版进行的剜改多为妄改，但也偶有改正之例。

第二章 《穀梁》疑义试析

历代累积的《春秋穀梁传》注释成果已经比较丰富，其中以晋人范宁《春秋穀梁传集解》、唐人杨士勋《春秋穀梁传疏》、清人钟文烝《春秋穀梁经传补注》三书质佳而易得，是我们理解《穀梁》文意的重要参考。但终有读而不安或可进一步阐明之处，今在理解诸家成说的基础上，再次尝试对其疑义进行探讨。

一、始厉乐

(1.5.5)[①] 初献六羽。

【传】初，始也。穀梁子曰："舞夏，天子八佾，诸公六佾，诸侯四佾。初献六羽，始僭乐矣。"尸子曰："舞夏，自天子至诸侯，皆用八佾。初献六羽，始厉乐矣。"[②]

范宁云："言时诸侯僭侈，皆用八佾，鲁于是能自减厉，而始用六。穀梁子言其始僭，尸子言其始降。"王引之云："《注》意非《传》意也。穀梁子以诸侯四佾为正，六佾为僭。尸子以诸侯八佾为正，六佾为厉。僭与厉皆斥其非，非谓鲁能革诸侯之僭侈也。厉之言裂也，《广雅》云：'裂，裁也。'裁减八佾为六佾，故曰'始厉乐矣'。古厉、裂同声，《鲁语》'烈山氏'，《祭法》为'厉山氏'，是其例也。讥厉乐者，谓其不当

[①] "(1.5.5)"，第一个数字表鲁公次第，第二个数字表年份，第三个数字表经文次第。下同。
[②] 本章所引《穀梁》之《经》《传》《注》文据《四部丛刊初编·穀梁》，上海书店1989年版。杨士勋《疏》文据《十三经注疏·穀梁》，艺文印书馆2007年版。钟文烝《补注》据中华书局2009年版。陆德明《释文》据上海古籍出版社1985年版。

减而减也。郭璞注《尔雅》乃以厉乐为作乐,失其指矣。"[1] 钟文烝云:"《广雅》曰:'厉,近也。'此厉字或当训近,未能用四佾,亦不用八佾,是始近乎乐。"案,王说"尸子以诸侯八佾为正",恐非。"自天子至诸侯皆用八佾"一句,当以范注近是:此言其时僭礼之情状,而非以皆用八佾为正。但范氏以厉为减、为降,缺乏依据。当以钟氏训"近"为是,如《庄子·大宗师》云:"且汝梦为鸟而厉乎天,梦为鱼而没于渊。"[2] 尸子解《春秋》书"初献"之义,与穀梁子不尽同,然其言舞夏之礼当无异辞[3]。其以六羽为近礼而非得礼,与穀梁子之解亦无本质区别。今本《穀梁》所存尸子之语,可以视为对穀梁子之言的一种补充、修正。

二、冀 州

(2.5.6)秋,蔡人、卫人、陈人从王伐郑。

【传】举从者之辞也。其举从者之辞何也?为天王讳伐郑也。郑,同姓之国也,在乎冀州,于是不服,为天子病矣。

陆德明云:"案,郑本京兆郑县,是雍州之域,后徙河南新郑,为豫州之境。冀在两河之间,非郑都也。冀州言去京师近也。麋氏云:'韩侯灭郑,韩都冀州,故以目郑。'"杨士勋云:"徐邈云:'新郑属冀州。'案,《尔雅》:'两河间曰冀州。'新郑在河南,不得属冀州,是徐之妄也。麋信云郑在冀州者,韩哀侯灭郑,遂都之。韩,故晋也。《传》以当时言之,遂云冀州。然则王伐郑之时,本未有韩国,何得将后代之事以为周世之名?若以韩侯从冀州都郑,则曰冀州,大伯从雍州适吴,岂得谓吴为雍州也?是麋信之谬矣。盖冀州者,天下之中州,自唐虞及夏殷皆都焉。则冀州是天子之常居,以郑近王畿,故举冀州以为说。故邹衍著书云:'九州之内,名曰赤县。'赤县之畿,从冀州而起,故后王虽不都冀州,亦得

---

[1] 王引之:《经义述闻》,第591—592页。
[2] 郭庆藩:《庄子集释》,王孝鱼整理,中华书局1961年版,第275页。
[3] 《左传》云:"公问羽数于众仲。对曰:'天子用八,诸侯用六,大夫四,士二。夫舞所以节八音而行八风,故自八以下。'"是《左传》所记之礼与《穀梁》不同。见《十三经注疏·左传》,第61—62页。

以冀州言之。"案，冀州本有中州、中原、中国之意①，刘盼遂云："冀州者，三代往往以之表中原，非专指《禹贡》两河之域也。"②《穀梁》此处之"冀州"即用中州意。《淮南子·地形训》有"正中冀州曰中土"③"少室、太室在冀州"④等文，有学者据此以为郑在冀州是西汉人的地理观念，进而推测《穀梁传》的著作年代在西汉中期⑤。还有学者认为古人称豫州为冀州"完全是战国以降五行学说风行后的产物"⑥。这些说法均误在对冀州本有中州意未予重视。

三、画我

（2.6.1）六年，春，正月，寔来。

【传】寔来者，是来也。何谓是来？谓州公也。其谓之是来何也？以其画我，故简言之也。诸侯不以过相朝也。

钟文烝云："《公羊》曰：'曷为谓之寔来？慢之也。曷为慢之？化我也。'简、慢义同，画、化声近。何休曰：'行过无礼谓之化，齐人语也。'然则画者，鲁人语也。"案，哀公六年《公羊》："陈乞曰：'常之

---

① 哀公六年《左传》云："《夏书》曰：'惟彼陶唐，帅彼天常，有此冀方。今失其行，乱其纪纲，乃灭而亡。'"杜预云："唐虞及夏同都冀州。"孔颖达云："尧治平阳，舜治蒲坂，禹治安邑，三都相去各二百余里，俱在冀州，统天下四方，故云'有此冀方'也。"见《十三经注疏·左传》，第1007页。"冀方"，杜、孔均指实为《禹贡》之"冀州"。《左传》此处所引或非专指，而有"中国"之意。
② 刘盼遂：《冀州即中原说》，此文曾发表于《国学丛编》1931年第2期，今收入《刘盼遂文集》，北京师范大学出版社2002年版，第667—668页。《禹贡》言"冀州"之域云："冀州：既载壶口，治梁及岐；既修太原，至于岳阳；覃怀厎绩，至于衡漳。"见《十三经注疏·尚书》，第77—78页。冀州即两河之域。《吕氏春秋·有始览》云："两河之间为冀州，晋也。"高诱云："东至清河，西至西河。"见许维遹《吕氏春秋集释》，梁运华整理，中华书局2009年版，第278页。《尔雅·释地》云："两河间曰冀州。"郭璞云："自东河至西河。"见《十三经注疏·尔雅》，第110页。孔颖达《禹贡·正义》云："明东河之西，西河之东，南河之北，是冀州之境也。"见《十三经注疏·尚书》，第79页。
③ 刘文典：《淮南鸿烈集解》，中华书局1989年版，第131页。
④ 《淮南鸿烈集解》，第150页。
⑤ 金德建：《瑕丘江公作"穀梁传"的推测》，《人文杂志》1957年第3期。
⑥ 蔡运章《冀州考辨》云："因为'冀'有'心有所希求'之义，可引申为心脏。心脏处于人体的中心位置，在五行学说中是'土'的象征。而土为'五行之中'，所以心也就成为中央的象征。……这就是古人把位于九州之中的'豫州'称为'冀州'的根本原因。"详见蔡运章《甲骨金文与古史新探》，中国社会科学出版社1996年版，第300—301页。

母,有鱼菽之祭,愿诸大夫之化我也.'"徐彦《疏》云:"今此陈乞亦以鱼菽之薄物,枉屈诸大夫之贵重,亦是无礼相过之义,故谓之化我也。"徐氏即从何说,以"过"训"化",并以为有"无礼"之义。出土文献中多有"过""化"相通之例。如郭店简《缁衣》简二十:"大臣之不新(亲)也,则忠敬不足,而賹(富)贵已迻(过)也。"《语丛三》简五十二:"膳(善)日过(化)我﹦(我,我)日过(化)膳(善)。"① 又如清华简《系年》简二十三:"(息妫)酒(将)归于蔡(息),迻(过)鄝﹦(蔡,蔡)哀侯命𣥈﹦(止之)。"② 而"画""化"读音相近③,故"画"亦化也、过也。

四、节矣

(3.1.4) 秋,筑王姬之馆于外。

【传】筑,礼也。于外,非礼也。筑之为礼,何也?主王姬者必自公门出,于庙则已尊,于寝则已卑,为之筑,节矣。筑之外,变之正也。筑之外变之为正,何也?仇雠之人,非所以接婚姻也。衰麻,非所以接弁冕也。其不言齐侯之来逆,何也?不使齐侯得与吾为礼也。

钟文烝云:"节者,制断也。"案,钟说稍嫌不确。此《传》之"节"当训"适"。如《晏子春秋·谏下》:"今君之履,冰月服之,是重寒也,履重不节,是过任矣,失生之情矣。"于省吾云:"按,节犹适也。《吕氏春秋·重己》'故圣人必先适欲',《注》:'适犹节也。'下弟二十四'二子同桃而节,冶专其桃而宜',节亦适也。"④ 节、宜对文,节者适也,适

---

① 《郭店楚墓竹简》,文物出版社1998年版,第18、101页。《语丛三》之例读"过"为"化",从陈伟说。见陈伟《郭店竹书别释》,湖北教育出版社2003年版,第226—227页。

② 李学勤主编:《清华大学藏战国竹简》(贰),中西书局2011年版,第50页。"化"有"无礼"义仅为何休之说,从此条材料可以清楚看到"化"并无此义。

③ "画"为喉音锡部字,"化"为喉音歌部字,声母相近(据钱大昕说,古人于晓、匣不甚区别,二母在上古读音大体相同。详见钱大昕《潜研堂集》,吕友仁点校,上海古籍出版社1989年版,第249页)。而歌、锡二部之字有叶韵之例,如《史记·秦始皇本纪》载琅邪刻辞云:"应时动事,是维皇帝。匡饬异俗,陵水经地。忧恤黔首,朝夕不懈。除疑定法,咸知所辟。方伯分职,诸治经易。举错必当,莫不如画。"帝、地、懈、辟、易、画为韵。详见司马迁《史记》(修订本),中华书局2013年版,第310页。由此可知二字读音相近。

④ 于省吾:《双剑誃诸子新证》,上海书店出版社1999年版,第250页。

者宜也。又如《大戴礼记·四代》："四代之政刑，君若用之，则缓急将有所不节。"孔广森云："四代之法，损益因时。若并用之，则文质宽猛，必不得其中。"① 孔说甚清通，节即得中。此《传》以为于庙、于寝或过尊或过卑，皆非得中，为之筑方谓适宜、谓得中。

五、王者民之所归往

(3.3.3) 五月，葬桓王。

【传】传曰：改葬也。改葬之礼，缌，举下，缅也。或曰：却尸以求诸侯。天子志崩不志葬，必其时也。何必焉？举天下而葬一人，其义不疑也。志葬，故也，危不得葬也。曰，近不失崩，不志崩，失天下也。独阴不生，独阳不生，独天不生，三合然后生。故曰：母之子也可，天之子也可，尊者取尊称焉，卑者取卑称焉。其曰王者，民之所归往也。

钟文烝云："《史记正义》引《逸周书·谥法》'仁义所往曰王'，谓身有仁义为众所归往也。王、往同声为训。《吕氏春秋》曰：'帝也者，天下之适也；王也者，天下之往也。'适亦往也。"案，除钟氏所举之外，《风俗通》引《书大传》、《韩诗外传》、《春秋繁露》、《白虎通》、《说文解字》也以为王者往也，民往之、天下往之。观《吕氏春秋》所记，王、往，帝、适，皆以双声叠韵字为训。《说文解字》亦用此法，解"王"云"天下所归往也"，解"帝"云"谛也。王天下之号也"②。但如果我们考察"王""帝"二字的古文字字形，便可知道此类说法不可信③。今本《逸周书·谥法解》作"仁义所在曰王"，前人对其文作"所在"抑或"所往"已多有讨论④。再审《谥法解》其他谥文可知，此篇尚未有意识地运用双声叠韵字附会之法，其文作"所在"似更合理。"王者，民之所归往"当为战国晚期的儒家观念，《谥法解》成文之时恐怕尚无此说⑤。

---

① 孔广森：《大戴礼记补注》，王丰先点校，中华书局2013年版，第172页。
② 许慎：《说文解字》，中华书局1963年版，第9、7页。
③ 甲金文中"王"字象斧钺之形。"帝"字象花蒂之形，或说象束柴燎祭。详见朱芳圃《殷周文字释丛》，中华书局1962年版，第38页。
④ 详见黄怀信、张懋镕、田旭东撰《逸周书汇校集注》（修订本），上海古籍出版社2007年版，第630页。
⑤ 汪受宽认为《谥法解》成文于公元前370年至前321年间。其说详见汪受宽《谥法研究》，上海古籍出版社1995年版，第220—229页。如果说《谥法解》为战国中期形成的文献，应无太大的问题。

六、分子

(3.30.7) 齐人伐山戎。

【传】齐人者,齐侯也。其曰人何也?爱齐侯乎山戎也。其爱之何也?桓内无因国,外无从诸侯,而越千里之险,北伐山戎,危之也。则非之乎?善之也。何善乎尔?燕,周之分子也。贡职不至,山戎为之伐矣。

范宁云:"燕,周大保召康公之后,成王所封。分子,谓周之别子孙也。"案,范注甚简明,本无问题。然后人据《经典释文》"本或作'介'"①,而有以"分子"为"介子"者。如李富孙《春秋三传异文释》云:"《释文》云:'分,本或作介。'案,注云'分子,谓周之别子孙也。'《庄子·渔父·释文》:'分,本作介。'介、分字形相似。介子,谓贵介也,亦通。"②李氏所引《庄子释文》恐不足为证。《庄子·渔父》原文作"其分于道也",成玄英注云:"分离于玄道。"③ 如作"介",则不辞。其释"介子"为"贵介",别无他据,实为望文生义。"介"为传写过程中形成的讹字,应无问题④。钟文烝又云:"姚鼐以为《传》本作'别子',古'别'字作'巜',因误作'分'、作'介',范作注时犹未误。"钟氏所引姚说以《穀梁》"分子"本作"巜(别)子","分"、"介"均为形近产生的讹误。姚说似有理,但并无更多根据,其说大概是由范注"周之别子孙"一句引发的联想。今本《逸周书·皇门》有"其善臣以至于有分私子"一句,陈逢衡云:"分,分土也。有分私子,谓有采邑之庶孽。"⑤《穀梁》所谓"分子"即"有分私子","有分私子"相对"大门宗子"而言,详言之曰"有分私子",省文则曰"分子"⑥。清

---

① 敦煌伯2590号写本《春秋穀梁传集解》"分子"即作"介子",是《释文》所存异文之证。
② 李富孙:《春秋三传异文释》,载《续修四库全书》第144册,第537页。
③ 王先谦:《庄子集解》,中华书局1987年版,第273页。
④ 庄公十九年《穀梁传》"不以难迩我国也"之"迩"字,《释文》云:"本又作介。"敦煌伯2590、伯2536号写本《春秋穀梁传集解》"迩"均作"尒"。据此而知,陆德明所见或本"介"字当为"尒"字之讹。由此亦可见出,形近之字在传写过程中确实容易混淆,此为旁证一例。
⑤ 《逸周书汇校集注》(修订本),第547页。
⑥ 《皇门》"有分私子"前又有"大门宗子"。《周礼·小宗伯》云:"其正室皆谓之门子,掌其政令。"郑玄注云:"正室,适子也,将代父当门者也。"孙诒让疏云:"盖详言之曰大门宗子,省文则曰门子,其实一也。"见孙诒让《周礼正义》,王文锦、陈玉霞点校,中华书局1987年版,第1439页。

华简《皇门》"有分私子"之"分"作"🀆",其上部字形清晰①,"分子"不作"别子"甚明。但因《礼记》有"别子为祖,继别为宗"之语②,故又有以《穀梁》之"分子"为《礼记》之"别子"者,如卫湜《礼记集说》卷八十五所引长乐陈氏说③。《礼记·丧服小记》郑玄注云:"诸侯之庶子别为后世为始祖也。谓之别子者,公子不得祢先君。"④ 由此可见,"分子""别子"实有差异:"分子"强调有分土采邑,"别子"则强调嫡庶身份的区别。又有以此"分子"印证汉碑者,如《北海相景君碑》云:"鸱枭不鸣,分子还养。"高文即引此《传》及范宁注、杨士勋疏作解,并云:"秦俗:家富,子壮则出分,景君以德化之,故已分出之子,还家养亲。"⑤ 高氏"秦俗"之说本于俞樾《读汉碑》:"秦俗:家富,子壮则出分。汉时尚有此风,桓帝时有'察孝廉,父别居'之语。此言'分子还养'足见景君德化之美,殆亦因其授益州太守,以亲老不赴,故一时薄俗为之丕变乎?"⑥《景君碑》之"分子"既是秦俗遗迹,其内涵与先秦文献中的"分子"并不相同,实不可引先秦"分土之子"以证秦汉"出分之子"⑦。

七、汲郑伯

(9.10.3) 公至自会。

【传】会夷狄不致,恶事不致,此其致何也?存中国也。中国有善事则并焉,无善事则异之,存之也。汲郑伯,逃归陈侯,致柤之会,存中国也。

---

① 李学勤主编:《清华大学藏战国竹简》(壹),中西书局 2010 年版,第 228 页。
② 详见《礼记·丧服小记》《大传》。
③ 卫湜:《礼记集说》,载《景印文渊阁四库全书》第 118 册,台湾商务印书馆 2008 年版,第 782 页。长乐陈氏指陈祥道,其说又见《礼书》卷六十二,载《景印文渊阁四库全书》第 130 册,第 388 页。
④ 《十三经注疏·礼记》,第 592 页。
⑤ 高文:《汉碑集释》,河南大学出版社 1997 年版,第 69 页。
⑥ 俞樾:《春在堂全书》第 3 册,凤凰出版社 2010 年版,第 560 页。
⑦ 《耿勋碑》《义井碑阴》等亦有"分子"之文,均与《景君碑》之"分子"内涵相同。汉代社会父子分居、别籍、异财的"生分"现象,使"分子"一词有了新的涵义。关于"生分",可参考杜正胜《传统家族试论》一文,载黄宽重、刘增贵主编《家族与社会》,中国大百科全书出版社 2005 年版,第 25 页。

范宁云："汲犹引也。"王引之云："汲引之解，义甚迂回。郑伯为臣所弑而不书弑，岂汲引之谓乎？汲疑当为没，没者，终也。古谓以寿终为得没，《鲁语》曰'将寿宠得没'是也。不以寿终为不没，《檀弓》曰'不没其身'是也。郑伯为臣所弑，是不没其身者也。而《经》不书弑而书卒，使若令终得没者然，故谓之'没郑伯'。没郑伯者，卒郑伯也，卒亦终也。《曲礼》曰：'寿考曰卒。'卒犹没也，没与汲形相似而误耳。"① 案，襄公七年鄬之会，郑伯未见诸侯而《春秋》书"如会"，《穀梁》云："未见诸侯其曰如会，何也？致其志也。"此《传》"汲郑伯"之汲训为引，意为郑伯髡原虽不会诸侯，但《春秋》书其如会，旨在"致其志"，引郑伯者，即指《春秋》书郑伯如会。故《穀梁》之文作"汲"、范注训汲为引，并无不可。王说巧妙，但也有求之过深之嫌，可备一说。

八、以贞为行

（9.30.3）五月甲午，宋灾，伯姬卒。

【传】取卒之日，加之灾上者，见以灾卒也。其见以灾卒奈何？伯姬之舍失火，左右曰："夫人少辟火乎！"伯姬曰："妇人之义，傅母不在，宵不下堂。"左右又曰："夫人少辟火乎！"伯姬曰："妇人之义，保母不在，宵不下堂。"遂逮乎火而死。妇人以贞为行者也，伯姬之妇道尽矣。详其事，贤伯姬也。

钟文烝云："刘向《列女传·宋鲍女宗》曰：'妇人以专一为贞。'班昭《女诫》引《女宪》曰：'得意一人，是谓永毕；失意一人，是谓永讫。'"案，钟氏引西汉晚期、东汉早期时人观念解此《传》之"贞"，未必准确②。贞者，正也。如《易·乾卦》："元亨利贞。"孔颖达云："子夏传云：'……贞，正也。'……又当以贞固干事，使物各得其正而为贞也。"③ 此《传》之"贞"，当训"正"。

---

① 《经义述闻》，第609页。
② 陈丽平认为刘向的《列女传》确立了新的贞节观，而这种改造过的新观念在《白虎通》《女诫》中得到了强化。详见陈丽平《刘向〈列女传〉研究》，中国社会科学出版社2010年版，第332—342页。
③ 《十三经注疏·周易》，第8页。

九、然且葬之

（10.13.9）冬，十月，葬蔡灵公。

【传】变之不葬有三：失德不葬，弑君不葬，灭国不葬。然且葬之，不与楚灭，且成诸侯之事也。

钟文烝云："《孟子》曰'然且至''然且不可''然且仁者不为'，是当时文体。"案，《马氏文通·转捩连字》云："'然'字之借为转说，有单用者，有衬以他字者，然或无衬，或有衬，其冠句首作为一顿以取势者则皆然。……'然'字承上一顿，既已如此，由是而或聊且为之者，或尚且不可者，则加'且'字。《孟·公下》：'识其不可，然且至，则是干泽也。''然且'者，知其不可而聊且至也。《孟·告下》：'徒取诸彼以与此，然且仁者不为。'又：'一战胜齐，遂有南阳，然且不可。'所引'然且'者，犹云'如是而尚且不为不可'也。至《庄子·秋水》云：'其不可行明矣。然且语而不舍。'此'然且'者，亦'如是而尚且'之谓也。《穀梁》昭十三年云：'失德不葬，弑君不葬，灭国不葬，然且葬之。'此'然且'者，即'如是而聊且葬之'之谓也。《韩非子·难言篇》云：'夫至智说至圣，然且七十说而不受。'犹云'如是而尚且'之谓也。"[①] 又云："状字之'然'，用以落句，口然之而意亦然了。连字之'然'，用以起句，口虽然而势已转也。将飞者翼伏，将跃者足缩，将转者先诺，同一理也。故'然'字非转也，未转而姑然之，则掉转之势已成。此'然'字之所以为转语辞也。"[②] 马氏以"然"本为状字，而"借为转说"。依其说，"然且"之"然"即指《传》文"弑君不葬"[③]。"然且葬之"则可理解为：弑君不葬，而《春秋》尚且书葬。

十、高寝

（11.15.5）壬申，公薨于高寝。

【传】高寝，非正也。

---

① 马建忠：《马氏文通》，商务印书馆1983年版，第311、313页。
② 《马氏文通》，第311页。
③ 蔡灵公弑君之事，见襄公三十年夏《春秋》之记。

《穀梁》文献征

范宁云："高寝，宫名。"钟文烝云："刘向《说苑》以为诸侯正寝有三：曰高寝，曰左路寝，曰右路寝。高寝在中，但高寝专为始封君之寝，继体君世世不可居之，继体君惟居二路寝耳。路寝有二者，子不居父寝故也。此论寝制颇有理，张尚瑗取之，或《穀梁》家相传说欤？"案，钟氏所引《说苑》之解，见《修文》篇："《春秋》曰：'壬申，公薨于高寝。'《传》曰：'高寝者何？正寝也。曷为或言高寝，或言路寝？曰，诸侯正寝三：一曰高寝，二曰左路寝，三曰右路寝。高寝者，始封君之寝也。二路寝者，继体之君寝也。其二何？曰，子不居父之寝，故二寝。继体君世世不可居高祖之寝，故有高寝，名曰高也。路寝其立奈何？高寝立中，路寝立左右。'【《春秋》曰：'天王入于成周。'《传》曰：'成周者何？东周也。'】① 然则天子之寝奈何？曰，亦三。承明继体守文之君之寝，曰左右之路寝。谓之承明何？曰，承乎明堂之后者也。故天子诸侯三寝立而名实正，父子之义章，尊卑之事别，大小之德异矣。'"② 据此说，高寝即高祖之寝。高祖者，始封之祖。钟氏以此为《穀梁》家说，则未必。《说苑》所载此段《春秋传》或早于《穀梁》，盖为早期《春秋》学的残迹③。

---

① 卢文弨云："'《春秋》曰'云云，此十八字非此处语，疑脱误。"见卢文弨《群书拾补》，载《清人校勘史籍两种》，北京图书馆出版社2004年版，第1091页。
② 向宗鲁：《说苑校证》，中华书局1987年版，第484—485页。
③ 此说详见徐建委《〈说苑〉研究——以战国秦汉之间的文献累积与学术史为中心》，第146—147页。

第三章 《穀梁》古注探微

第一节 敦煌残卷伯4905、伯2535 《春秋穀梁经传解释》考

一、《春秋穀梁经传解释》的抄写时代

许建平云:"P. 4905＋2535 起僖公八年'言夫人而不以氏姓'之'以'（写卷残存左边残画），至僖公十五年末，尾题'春秋穀梁经传解释僖公上第五'。……缩微胶卷已将两卷缀合为一。"[①] 此残卷《解释》为不同于范宁注的一种古注，本书将从书法、纸张两方面考察其抄写的时代。

1. 书法

关于此残卷的抄写时代，罗振玉据卷中"世子"作"太子"、"治"作"理"云:"知是卷为高宗朝所写。书迹精雅，为唐写本中之至佳者。"[②] 而

[①] 许建平:《敦煌经籍叙录》，第287页。《敦煌经部文献合集》中亦有说明，详见《敦煌经部文献合集》第3册，第1420页。"＋"号表示写卷可以缀合，下同。

[②] 罗振玉:《鸣沙石室佚书目录提要·春秋穀梁传解释》，载《敦煌丛刊初集》第6册，新文丰出版公司1985年版，第364页。其实还有一个未引起前人注意的细节值得一提：伯2535"长曰奚齐，稚……（下阙）"，"稚"字写作"稺"，此为"稚"之俗字而并非避讳字，可见写卷此处未避高宗嫌名。读《史讳举例》，陈援庵曾特举一例云:"显庆五年，有'嫌名不讳，今后缮写旧典文字，并宜使成，不须随义改易'之诏。"见陈垣《史讳举例》，中华书局1956年版，第146页。此卷的"稚"字不讳是否与此有关？现仅将此事拈出备考。

《穀梁》文献征

陈铁凡、许建平据卷中"民"作"人"、"世子"作"太子"、"治"作"理",仅定其为唐人写本,未指作高宗朝物①。仅以避讳字判断敦煌写本的年代的确危险,但参考此卷书法特征,罗氏之说可能并无大误。本书以唐前期儒家经部写本三种六件作为参照②,对伯 4905 + 伯 2535 的书法笔画特征做一简单勾勒,以补罗说未尽之意③。

我选取的参照本是:伯 2530《周易注》残卷;北敦 15345、伯 2536、伯 2486《春秋穀梁传集解》残卷;羽 018 + 斯 2074《古文尚书传》残卷④。伯 2530 的抄写时间尚有争议,但将其定为唐显庆五年七月以前的写本当无问题⑤。北敦 15345 卷尾有"龙朔三年三月十八日皇甫智岌写"题记,伯 2536 卷尾有"龙朔三年三月十九日书吏高义写"题记,伯 2486 卷尾有"龙朔三年三月　日亭长娄思悑写"题记。王重民最早指明此三件写本为"同书"⑥,姜亮夫在《海外敦煌卷子经眼录》中认为伯 2536、伯 2486 二卷同时,但抄写者不同:"或出于当时官本,非私人抄读者比,故一卷由多人成之也。"⑦羽 018、斯 2074 二残卷可以缀合⑧,根据避讳情况

---

① 陈铁凡:《敦煌本礼记、左、穀考略》,《孔孟学报》第 21 期;许建平:《敦煌经籍叙录》,第 289 页。
② 参照物的选择不仅要考虑时间,还应考虑内容。因为敦煌写本书法的差异,不仅与时间有关,似乎也与抄写内容有关。例如同一时期的有些佛经书法就与儒家经部典籍的书法不尽相同:斯 5181《佛性海藏经》残卷,抄写于显庆四年八月廿五日,其书法虽然已是比较成熟的楷书但还是存有明显的隶书笔意,有别于同一时期如北敦 15345、伯 2536、伯 2486 这样的儒家经部写本。
③ 罗氏已谈及书迹,惜未深说。
④ 伯 2530、伯 2536、伯 2486 图版取自国际敦煌项目(International Dunhuang Project,简称 IDP)数据库:http://idp.nlc.gov.cn/;北敦 15345 图版取自《国家图书馆藏敦煌遗书》第 142 册,北京图书馆出版社 2011 年版,第 358—360 页;羽 018 图版取自《杏雨书屋藏敦煌秘笈》影印册 1,武田科学振兴财团 2009 年版,第 164—165 页;斯 2074 图版取自《英藏敦煌文献(汉文佛经以外部分)》第 3 卷,四川人民出版社 1990 年版,第 276—283 页。考察对象伯 4905、伯 2535 的图版取自 IDP 数据库。
⑤ 各家之说可见《敦煌经籍叙录》,第 46 页。另,窦怀永根据此卷最后两纸的拼接情况有一新说。详见窦怀永《敦煌文献避讳研究》,甘肃教育出版社 2013 年版,第 270—271 页。现对此推测尚有疑问,故不取其说。
⑥ 王重民:《敦煌古籍叙录》,第 61 页。
⑦ 《姜亮夫全集》第 13 册,第 28 页。许建平进一步考证此三件写本均抄写于秘书省,见《跋国家图书馆藏〈春秋穀梁传集解〉残卷》,第 86—87 页。李更对抄写机构有不同于许氏的意见:"其抄写目的或抄写活动的组织是否出于官方,仍很难说。……以之为'长安宫廷写本',甚至秘书省写本,更没有足够的证据。"详见《也谈敦煌遗书中的"宫廷写书"〈春秋穀梁传集解〉——从"书吏"、"亭长"说起》。李说更为谨慎,所论也有根据,现暂时从之。
⑧ 缀合详情可以参考王天然《读杏雨书屋所藏八件经部敦煌写本小识》一文,载《亚洲研究》2012 年第 16 辑。

一般认为它们可能是高宗朝写本①。总之,这三种六件敦煌经部残卷均属唐前期写本。现列表对比如下,见表3-1。

表3-1　书法笔画特征比勘表

笔画字例＼编号及年代	伯2530(显庆五年七月以前抄写)	北敦15345、伯2536、伯2486(龙朔三年三月间抄写)[1]	羽018＋斯2074(一般认为在高宗朝抄写)	伯4905＋伯2535(?)
横笔字例	王至三上丘	王至三下 / 王至一兵 / 王至一言	王王至一其	王至一上言
竖笔字例	十川中華	十午邦 / 十下千仲 / 十甲年仲	川市邨中	十不杵平䏁
撇捺字例	人天夫舍之	人會夏之 / 人大夏之 / 人夫夏之	人大今之	人今夏之
点笔字例	沱失終	法矣冬 / 六滌失於 / 池矣冬	流心	流矣冬
钩笔字例	永也滅	于也伐 / 何也伐 / 何也伐	挠武	何也代

[1] 北敦15345的抄写者是皇甫智发,未标明职务;伯2536的抄写者是书吏高义;伯2486的抄写者是亭长娄思恽。此三卷虽是同时抄写,并且应该是同一部书的不同部分,但抄写者不同,今分三栏列出,以示区别。

由表3-1可知,这些写本的长横起笔多出锋,收笔时多向右下方作一按笔动作,然后回笔作藏锋处理。短横收笔时则较为特别:或向右下方

---

① 见许建平《敦煌经籍叙录》,第116页;王天然:《读杏雨书屋所藏八件经部敦煌写本小识》,第43页。

· 47 ·

《穀梁》文献征

按笔，但其笔画形态不如长横收笔圆转，多近于方笔；或向右上方提笔，微有隶书的波磔之意①。竖画的收笔或回锋作垂露状，此法多施于短竖；或运笔出锋形近悬针，此法多施于长竖。撇捺的用笔可以对比来看：撇画的运笔似乎均有一个加速过程，出锋爽快；捺画的按笔使笔锋张开，收笔徐缓，故笔画均肥。点画的形态较为多样，而表 3-1 中的各种点画均运用了出锋与藏锋笔法，有些写得圆转而别致。钩画则提笔皆迅速，见其形态可知力在笔端。

通过这样的对比，我们发现这些写本的笔画形态非常接近，虽有小异，但整体上用笔相当一致②，并且可以肯定都是用南方的软毛毛笔写成③，体现的应该就是唐前期成熟楷书的面貌④。综上所述，伯 4905 + 伯 2535 的抄写时代当为唐前期，甚至可能就在高宗朝。

2. 纸张

一些学者还特别关注敦煌写本的纸张。英国学者翟理斯在编写《英国博物馆藏敦煌汉文写本注记目录》时已经开始注意到敦煌写本的时代与纸张的关系，他不但在这本目录中专门设立了一个纸张颜色与质地的著录项，还在引言中以时代为序对纸张的颜色、质地进行了概括：

> Broadly, it may be said that even the earliest fifth-century papers known to us are of remarkably good quality; they are generally a dull or brownish buff in hue, for the application of colouring matter does not appear to have been practiced much before A. D. 500. An agreeable lemon-yellow is characteristic of the earlier part of the sixth century... Then, a

---

① 隶书笔意最为明显的是伯 2536，这可能也不是一种偶然。抄写者高义的身份是书吏，作为职业抄书人，他很可能也擅写隶书，而这种特长在他的楷书作品中留下了痕迹。

② 刘涛在《从书法的角度谈古代写本的辨伪——兼说建立古代写本断代的"书法坐标"》中说："古代的楷书形态有一个演变的过程，每一个阶段的楷书形态都有相对的稳定性，从而形成了楷书的时代特征。"见《敦煌学国际研讨会论文集》，北京图书馆出版社 2005 年版，第 255 页。

③ 基于对南北朝敦煌写本的比较，藤枝晃将南北书风的差异归因为制笔材料的不同，即"北鹿南兔"说，鹿毛硬而兔毫软。详见 [日] 藤枝晃《汉字的文化史》，翟德芳、孙晓林译，知识出版社 1991 年版，第 81—82 页。

④ 藤枝晃《敦煌写本概述》云："公元 600 年左右，标志着中国书法历史上最引人注目的转折点之一。……混合书体持续了几十年以后，以兔毛和竹管制成的毛笔写成的所谓'楷书'，在著名书法家虞世南、褚遂良、欧阳询等人的推动下，逐渐成为标准书体。"见《敦煌研究》1996 年第 2 期。

· 48 ·

little later on, a beautiful golden-yellow paper, thin and crisp, makes its first appearance. More uncommon shades of colour are orange-yellow, slate-blue, greenish-buff, pink or pinkish, sulphur-yellow, etc.... And one roll (no. 1262. 翟理斯编号1262) is actually composed of twelve variously coloured sheets. The staining fluid was evidently of an oily nature;（这种染色剂显然是油性的）sometimes it has been applied on both sides of the paper, but usually on one only. During the seventh century and part of the eighth, the texture of the paper used in the monasteries continues to be fine and smooth, and its colour a bright or brownish-yellow; but after the An Lu-shan rebellion a marked deterioration sets in, and most of it now becomes coarse and drab-coloured.①

俄国学者孟列夫在《论敦煌写卷的日期标注法》一文中对纸张的讨论更为深入，并明确将其作为写本断代的重要依据之一："本书的汇总表可以作为根据外观资料（纸质、字体、画行等）标定写卷日期的相当可靠的依据，有时精确到一世纪，有时精确到半世纪。"②他在描述7世纪写本纸张类型时说："还有一种相当常见的纸，纸色暗黄，纸质厚，……我们发现，翟理斯所说的那种纸面油光的特点，可能是这种类型的纸最突出的特点。"③

单纯以纸张情况判断写本的时代自然不妥，但它可以作为一个重要参考在检查结论时发挥作用。如果我们观察国际敦煌项目（IDP）数据库中公布的伯4905+伯2535彩色照片可以发现，其纸张质地较为均匀，颜色大体呈暗褐色，明显经过了染色④。纸张颜色前后不尽相同，其中同样出

---

① Lionel Giles, *Descriptive Catalogue of the Chinese Manuscripts from Tunhuang in the British Museum*, London: The Trustees of the British Museum, 1957, page xi.
② [俄]孟列夫主编：《俄藏敦煌汉文写卷叙录》下册，袁席箴、陈华平译，上海古籍出版社1999年版，第541—542页。此书附表二题为"以年代为序排列的敦煌写卷纸质、画行的特征"，提供了丰富的纸张信息。
③ 《俄藏敦煌汉文写卷叙录》下册，第528页。
④ 苏远鸣在《法国国家图书馆藏伯希和敦煌汉文写本目录》第5卷中对这两件残卷纸张的描述是："Pap. homogène, ocre foncé.（纸质均匀，暗赭色）（2, 5Y 6/6）"。详见：Michel Soymié, *Catalogue des Manuscrits chinois de Touen-Houang: Fonds Pelliot chinois de la Bibliothèque Nationale*, Volume V, Paris: École française d'Extrême-Orient, 1995, page 416.

《穀梁》文献征

现了疑似油质物留下的痕迹。这些特点与翟理斯描述的6世纪的一种纸张（见图3－1的比较）、孟列夫描述的7世纪的一种纸张均有相似之处。

法国学者戴仁在《敦煌写本纸张的颜色》一文中则明确提出了以标准色谱为依据①，对敦煌写本纸张的颜色进行描述②。苏远鸣在编写《法国国家图书馆藏伯希和敦煌汉文写本目录》第5卷时即运用了这种方法，上文注释中所引有关伯4905＋伯2535纸张的一组数据：2，5Y 6/6，就是根据蒙赛尔颜色体系获得的。"2，5Y"指写卷色调为黄色，并偏向黄红色；"6/6"指写卷的明度、色度均为6。如与上文所举唐前期敦煌经部写本进行对比，伯4905＋伯2535的纸色与伯2530、伯2486较为接近③（见图3－2的比较）。

以上所见的这些纸张特征，至少未对伯4905＋伯2535是唐前期写本的结论构成反证。

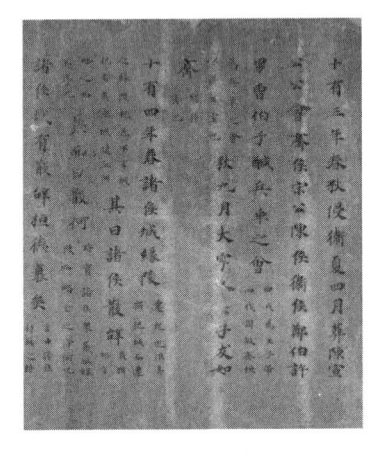

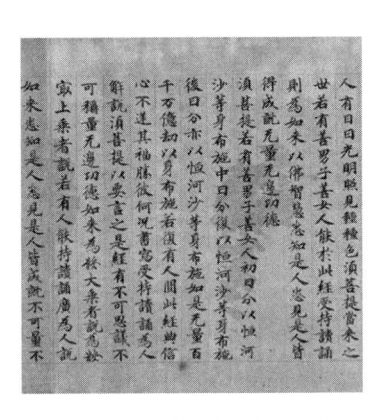

（a）：伯2535　　　　　　　（b）：斯4324（即翟理斯编号1262）

图3－1　伯2535、斯4324纸张对比图

---

① 戴仁提及了日本的《新版标准土色帖》和美国的蒙赛尔色谱。详见郑炳林主编《法国敦煌学精粹》第3册，耿昇译，甘肃人民出版社2011年版，第722—726页。
② 这种方法不但可以减少术语不一造成的混乱，还使颜色具有了可测量性，主观感受式的描述向客观准确迈进了一步。
③ IDP数据库中对伯2530纸张的描述是：Beau pap.（纸质好），ocre pâle（淡赭色）。对伯2486纸张的描述是：Très bon pap.（纸质好），teinté à l'orpiment（以雌黄染色）。

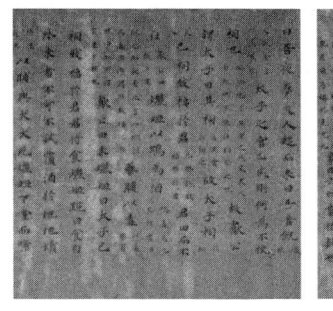

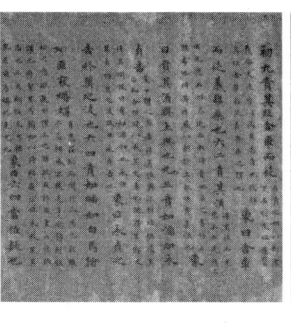

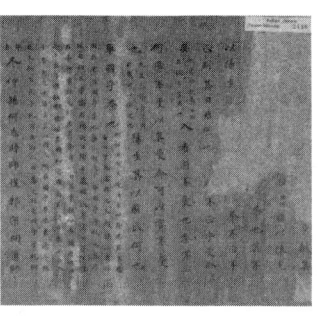

（a）：伯 2535　　　　　　（b）：伯 2530　　　　　　（c）：伯 2486

图 3－2　伯 2535、伯 2530、伯 2486 纸张对比图

二、《春秋穀梁经传解释》的撰写时代

1. 刘师培推定之法不可靠

刘师培云："考唐人写书，凡国讳之字仅缺笔；若撰著出于己，则所引旧文，帝名必讳①。执此例以推，或《解释》即出唐人所撰。"② 刘氏所言的"此例"，可能来自他对唐人所撰、所注典籍中改字避讳的一种印象，这种避讳方法的确与开成石经中缺笔避讳的情况形成对比，令人印象深刻③。刘说若得之于此，则其方法本身即存在问题，因为敦煌文献的避讳有其自身特征④，其与传世文献的避讳情况不尽相同，以传世文献的避讳情况求诸敦煌文献，这种方法并不妥当。刘说若不得于此，其方法本身亦存在问题，因为伯 4905＋伯 2535 为残卷，其反映的避讳现象并非原卷全貌。而缺笔避讳、改字避讳、不避讳这三种情况又可能存在于同一敦煌

---

① 此句"写书"当指抄书，"帝名必讳"当指改字避讳。
② 刘师培：《敦煌新出唐写本提要·春秋穀梁经传解释僖公上第五残卷》，载《刘申叔遗书》，第 2021 页。
③ 唐人撰、注典籍改称、改字之例甚多，具体例证可参见周广业《经史避名汇考》卷十四、十五，北京图书馆出版社 1999 年版。我曾对开成石经做过校勘，其中"虎""渊""世""民""豫""诵""纯""恒""湛"诸字均作缺笔处理，而"丙""治""显""旦""隆""基""亨""括"诸字皆不避讳，详见《景刊唐开成石经》。然而刘氏是否由此立说，现已无法确知，这仅是一种推测。
④ 关于敦煌文献避讳的特点，窦怀永《敦煌文献避讳研究》有专门的总结。

《穀梁》文献征

写本中①。仅以并不完整的避讳信息判断文献的撰写时代，这种方法绝不可靠。

其方法既然不可靠，结论自然难以成立。其实不待讨论其方法存在的问题，即有文献实例可以证明刘说之非：今日所见唐人写本，有旧籍而改字避讳者，如伯3402《论语集解》残卷，李正宇断为盛唐抄本②，其中有"民"改作"人"的现象；又有新作而缺笔避讳者，如伯2528《文选》李善注残卷为681年写本③，其中"虎""秉""渊""世""民"诸字皆有缺笔现象。陈援庵云："然唐人注《史记》、两《汉书》、《文选》，撰晋、梁、陈、北齐、周、隋、南、北八史，于唐庙讳，多所改易，古籍遂至混淆。"又云："唐时避讳，有可特纪者，为缺笔之例，自唐时始。既有此例，则古籍文字，可以少所更易。故开成石经，缺笔多而改字少，经典元本，赖是保存焉。"④则唐人缺笔避讳盖为保存文献原貌计，实在无意以此区别旧籍与新书。

2. 条辨

欲明此《解释》撰写时代，还是应转向文献内部求索。本书的方法是将伯4905+伯2535所存注文与范宁《春秋穀梁传集解》对读，并参以杨士勋《春秋穀梁传疏》，逐条进行辨析⑤。

---

① 其例甚多，如北敦14681《古文尚书传》残卷，许建平认为此卷抄写时间在高宗朝之后玄宗朝之前（包括玄宗朝）。此卷十四处"民"字缺末笔，但有一处改作"人"；十四处"治"字不缺末笔，然有四处改作"理"。详见许建平《北敦14681号〈尚书〉残卷的抄写时代及其版本来源》一文，载许建平《敦煌文献丛考》，中华书局2005年版，第67、68、70页。又如，斯133《群书治要·左传》残卷，其抄写时间尚有争议，暂取许建平"盛唐以后写本"说。此卷"虎""世""治"多不避讳，"民"字或不避讳，或作"人"，或缺笔。详见《敦煌经籍叙录》，第264页。
② 李正宇：《敦煌古代硬笔书法》，《中国文化大学中文学报》1993年第1期。
③ 此卷有"永隆年二月十九日弘济寺写"题记，傅刚考证此年为681年，并云："此上距李善上《文选》注表的显庆三年（658），仅二十三年，而下距李善卒年，高宗永昌元年（689）尚有8年，是弘济寺僧抄写《文选》时，李善犹在。"见傅刚《〈文选〉版本研究》，北京大学出版社2000年版，第115页。
④ 《史讳举例》，第146页。
⑤ 本章所引《穀梁》之《经》《传》《注》文据《四部丛刊初编·穀梁》，上海书店1989年版。其他经传及注疏之文均据《十三经注疏》，艺文印书馆2007年版。校勘方面，参考了许建平《敦煌经部文献合集》第3册中的内容。又，范宁《春秋穀梁传集解》统一称"范云"，杨士勋《春秋穀梁传疏》称"杨云"，杜预《春秋左氏经传集解》称"杜云"，孔颖达《春秋左传正义》称"孔云"，何休《春秋公羊经传解诂》称"何云"，徐彦《春秋公羊传疏》称"徐云"。

僖公八年

（1）秋，七月，禘于大庙，用致夫人。

用者，不宜用者也。致者，不宜致者也。言夫人，必以其氏姓。言夫人而不以氏姓，非夫人也[1]，立妾之辞也[2]，非正也[3]。夫人之，我可以不夫人之乎[4]？夫人卒葬之，我可以不卒葬之乎[5]？一则以宗庙临之而后贬焉[6]，一则以外之弗夫人而见正焉[7]。

【1】《解释》："□夫人①，当言夫人姜氏。今不言其姓，非正夫人也。"

〔条辨〕范宁在解释《经》文"夫人"时云："刘向曰：'夫人，成风也。致之于大庙，立之以为夫人。'"杨士勋进一步说："《左氏》以夫人为哀姜，因禘祭而致之于庙。《公羊》以为僖公本取楚女为嫡，取齐女为媵，齐女先至，遂胁公，使立之为夫人，故因禘祭而见于庙。此《传》及《注》意，则以夫人为成风。致之者，谓致之于大庙，立之以为夫人。"杨氏说明了三《传》对此"夫人"的不同理解。《穀梁》《公羊》皆据《经》文字面作解，以为用者不宜用，致者不宜致，故夫人必本非夫人，必是以妾为夫人者。《解释》之意大致与范、杨相同。

【2】《解释》："夫人入庙，当言夫人姜氏。今直称夫人，而去其氏姓，则是妾夺嫡，夫□之□也②。"

〔条辨〕此注纯是串讲句意。

【3】范云："夫人者，正嫡之称，谓非崇妾之嘉号，以妾体君，则上下无别。虽尊其母，是卑其父，故曰非正也。《礼》有'君之母非夫人'者，又'庶子为后，为其母缌'，是妾不为夫人明矣。"

〔条辨〕《解释》本"非正也"作"非正夫人也"。许建平《校记》："范宁《集解》云：'虽尊其母，是卑其父，故曰非正也。'则范所据本无'夫人'二字。"又《解释》本上注有"非正夫人也"之文，此处"夫人"二字或涉上衍误，或《解释》所据之本与范宁之本不同。

【4】《解释》："言鲁既以妾为夫人，见于太庙，我岂以不夫人之义书乎？虽为□□之文□□氏也③。"

---

① 此处阙字或为"若"。
② 《解释》本下注有"言外人以媵妾不合为夫人"之文，故此处或为"夫人之媵也"。
③ 许建平所录此句阙六字。现依据原件缺损面积，及其追求纵横行款相对整齐的书写特征推测，此句所阙盖为四字，或为"虽为夫人之文，而不氏也"。

〔条辨〕此注纯是串讲句意。

【5】范云:"郑嗣曰:'君以为夫人,君以夫人之礼卒葬之,主书者不得不以为夫人也。成风以文四年薨,五年葬,《传》终说其事。'"

《解释》:"假言之也。凡《经》言夫人者,则皆当录其卒葬。今《经》书夫人,而我岂可□以夫人之□而葬之乎①?"

〔条辨〕文公四年,《经》:"冬,十有一月,壬寅,夫人风氏薨。"文公五年,《经》:"三月,辛亥,葬我小君成风。"范注引郑嗣之说联系其后《经》文,以为此《传》正是照应后文。而《解释》并未作此勾连,仅将此《传》视作假设之辞。

【6】范云:"臣无贬君之义,故于大庙去夫人氏姓,以明君之非正。"

《解释》:"言以夫人致,故临于太庙,而后可以成其贬也。"

〔条辨〕二注大致相同,而范宁又有"臣无贬君"之义。

【7】范云:"秦人来归僖公成风之襚,不言夫人。"

《解释》:"言外人以媵妾不合为夫人,而公于太庙致之,见公将之为正夫人,非礼之正也。"

〔条辨〕范注"秦人来归僖公成风之襚",乃文公九年《经》文,此《经》之下《穀梁传》云:"秦人弗夫人之也,即外之弗夫人而见正焉。"即照应此文。是范注用以《传》解《传》之法,而《解释》仅就字面疏通文意,并未以《传》解《传》。

(2)冬,十有二月,丁未,天王[1]崩。

【1】范云:"惠王也。"

《解释》:"惠王。"

〔条辨〕二注同。

僖公九年

(1)九年,春,王三月,丁丑,宋公御说卒。

〔条辨〕此条范宁、《解释》均无注。

(2)夏,公会宰周公[1]、齐侯、宋子、卫侯、郑伯、许男、曹伯于葵丘[2]。

天子之宰,通于四海[3]。宋其称子,何也?未葬之辞也[4]。礼,柩

---

① 许建平补第一处阙字为"不",补第二处残字为"礼"。

· 54 ·

在堂上，孤无外事[5]。今背殡而出会，以宋子为无哀矣[6]。

【1】范云："宰，官。周，采地。天子三公不字。"

《解释》："周公，天子三公，食采于周。公，爵也。"

〔条辨〕二注大致相同，而范宁又有"天子三公不字"之义。

【2】范云："葵丘，地名。"

《解释》："葵丘，齐地也。"

〔条辨〕范宁释地多取杜预，此《经》下杜云："陈留外黄县东有葵丘。"可见此条范未取杜。推测其原因，或是葵丘之所在有异说，范宁不知如何取舍，故谨言"地名"；或是范宁细玩《传》文"今背殡而出会，以宋子为无哀矣"之"出会"二字，以为葵丘不当是宋地。然范宁此注，实未作解。而《解释》或因庄公八年《左传》有"齐侯使连称、管至父戍葵丘"之文，故以此葵丘为齐地①。

【3】范云："宰，天官冢宰，兼为三公者。三公论道之官，无事于会盟。冢宰掌建邦之六典，以佐王治邦国，故曰'通于四海'。"

《解释》："宰，官也，掌四方宾客之事。此当为太宰，太宰内监六卿之职，外统天下之理，故其官号通于四海。卿有一人，故尊重也。东夷、西戎、南蛮、北狄谓□□②。"

〔条辨〕范注着意区别三公、冢宰之职，此之周公既是三公又为冢宰。杨云："一解通于四海者，解其称官之意，与《注》乖。"杨氏所引"一解"之说与《解释》"故其官号通于四海"之意相近，并明言"一解"与范注意乖，正可见出二注之不同。孔颖达《正义》解此《穀梁传》云："其意言宰者，六官之长，官名通于海内，是故书其官名也。"孔氏所用之说尤与《解释》相近，与范注不同。

---

① 孔云："庄八年《传》曰：'连称、管至父戍葵丘。'杜云：'齐地，临淄县西有地名葵丘。'知此葵丘与彼异者，《传》称'齐侯不务德而勤远略，西为此会'，则此地远处齐西，不得近在临淄。故《释例》以为宋地，陈留外黄县东有葵丘。或曰河东汾阴县为葵丘，非也。《经》书夏会葵丘，九月乃盟，晋为地主，无缘欲会而不及盟也。是说不同之意。"是孔氏已辨明此葵丘非齐地之葵丘。杨伯峻认为葵丘其地有四：一是齐地即杜预于庄公八年所云临淄县西者；一是晋地即贾逵所云汾阴县者；一在今河南省兰考县东，近于杜预此《注》所云陈留外黄县东者，杜氏以为宋地；一在今河北省临漳县西。杨氏取兰考县东之说。详见《春秋左传注》（修订本），中华书局1990年版，第324页。谭其骧主编的《中国历史地图集》所绘葵丘位置与杨说一致，详见《中国历史地图集》第1册，中国地图出版社1982年版，第25页。杜预之注无大误，杨、谭之说最可信。

② 此句所阙盖为二字，或可补为"四海"。

【4】《解释》:"未葬,故称□。不称名者,□尸柩之前①。"

〔条辨〕何云:"宋未葬不称子某者,出会诸侯,非尸柩之前,故不名。"何氏之说乃发挥《经》文称"子"不称"子某"义,而《公羊》本无此义,《穀梁》更无此说。此注前句解《传》文字面之意,后句杂糅何说实非《穀梁》本义。

【5】《解释》:"丧事不贰,而出外会诸侯,非礼。堂上,谓两楹之间也。"

〔条辨〕《传》言孤无外事为合礼,此注前句反说其意:会诸侯为贰,自然非礼。后句用《礼记·檀弓》"殷人殡于两楹之间"解"堂上",暗指宋为殷后。

【6】范云:"攒木如椁,涂之曰殡。殷人殡于两楹之间,周人殡于西阶之上。宋,殷后也。"

《解释》:"攒涂龙輴谓之殡。三□之丧②,丧之至极,非有大故,不当离殡。今而出会,则无哀戚之容也。"

〔条辨〕杨云:"《礼记·檀弓》云:'天子之殡也,菆涂龙輴以椁。'郑玄云:'菆木周龙輴,如椁,而涂之也。天子殡以輴车,画辕为龙也。'彼说天子之礼,故云龙輴,则诸侯亦设輴而不画龙,其用木攒之亦如椁,故范云'攒木如椁'也。《檀弓》又云'夏后氏殡于东阶之上','殷人殡于两楹之间','周人殡于西阶之上'。是《注》所据之文也。云'宋,殷后'者,欲见宋之殡亦从两楹之间。"杨氏讲明了范注的来源,《解释》所采与范氏同,但其在说解字词之外,更侧重对《传》文的串讲。

(3) 秋,七月,乙酉,伯姬卒。

内女也。未适人,不卒[1],此何以卒也?许嫁,笄而字之[2],死则以成人之丧治之[3]。

【1】《解释》:"言未适人,不当书其卒也。"

〔条辨〕此注纯是串讲句意。

【2】《解释》:"礼,女子十五许嫁,笄而称字,明阴系于阳。笄者,簪,所以系持发,象男子之饰也。廿而嫁者,为男卅而娶,合成五十,法大衍之数,而生万物。又取'参天两地'之义。"

---

① 此句所阙盖为二字,或可补为"未葬,故称子。不称名者,非尸柩之前"。
② 许建平补为"三年"。

〔条辨〕范宁于此无注，然其相关见解可见文公十二年。其年二月下，《穀梁》云："其一传曰：许嫁以卒之也。男子二十而冠，冠而列丈夫，三十而娶。女子十五而许嫁，二十而嫁。"范云："是故男自二十以及三十，女自十五以及二十，皆得以嫁娶，先是则速，后是则晚。凡人嫁娶，或以贤淑，或以方类，岂但年数而已。若必差十年乃为夫妇，是废贤淑、方类，苟比年数而已，礼何为然哉？则三十而娶，二十而嫁，说嫁娶之限，盖不得复过此尔。……宁谓礼为夫之姊妹服，长殇年十九至十六。如此，男不必三十而娶，女不必二十而嫁明矣。此又士大夫之礼。"《解释》用《易》之"大衍之数""参天两地"解男女娶嫁之数，这显然是取汉人象数旧学为说①。范宁不取此类说，而颇以理推之，以为其数仅是嫁娶之限②。

【3】范云："女子许嫁不为殇。死则以成人之丧治之，谓许嫁于诸侯，尊同，则服大功九月。吉笄，以象为之，刻镂其首以为饰，成人著之。"

《解释》："谓成之者，为服成人之礼，而不为殇礼降。当时盖许嫁于诸侯。"

〔条辨〕二注大致相同，而范宁又有"许嫁于诸侯，尊同"之义。

（4）九月，戊辰，诸侯盟于葵丘[1]。

桓盟不日，此何以日？美之也[2]。为见天子之禁，故备之也[3]。葵丘之盟，陈牲而不杀[4]，读书加于牲上[5]，壹明天子之禁[6]。曰：毋雍泉[7]，毋讫籴[8]，毋易树子[9]，毋以妾为妻[10]，毋使妇人与国事[11]。

【1】《解释》："郑背楚而服□③，修好且盟。"

〔条辨〕此注实是勾连《左传》僖公五年至九年诸文作解。僖公五年，《左传》："秋，诸侯盟。王使周公召郑伯曰：'吾抚女以从楚，辅之以晋，可以少安。'郑伯喜于王命，而惧其不朝于齐也，故逃归不盟。"此即郑伯逃首止之盟事。六年，《左传》："夏，诸侯伐郑，以其逃首止之盟故也。"七年，《左传》："冬，郑伯使请盟于齐。"八年，《左传》："郑

---

① 《周礼·媒氏》云："令男三十而娶，女二十而嫁。"郑玄《注》云："二三者，天地相承覆之数也。《易》曰'参天两地而奇数'焉。"郑注即引《易》解男女娶嫁之数。
② 但这并不意味着范宁全然不取汉人象数之学，其注明引《京房易传》者五，均为解释《春秋》灾异。王熙元对此有所总结。见《穀梁范注发微》，第80—82页。
③ 此处阙字或为"齐"。

伯乞盟,请服也。"杜预解释郑伯乞盟的直接原因是在僖公七年秋宁母之盟上齐侯未听郑世子华之请。九年,《左传》:"夏,会于葵丘。寻盟且修好。"时至僖公九年夏,郑伯终与葵丘之会。实际上《穀梁》解九年秋葵丘之盟的重点不在于郑服齐,而在于美齐桓。此注却联系《左传》所记前后多年之事为郑、齐关系作一小结,并非《穀梁》本义。

【2】《解释》:"言自此以前,齐桓之盟而不日者,信之。今有所美善于桓,故复日之,不论□不□也①。"

〔条辨〕此注纯是串讲句意。

【3】范云:"何休以为即日为美,其不日皆为恶也。桓公之盟不日,皆为恶邪?庄十三年柯之盟,不日为信,至此日以为美,义相反也。郑君释之曰:'柯之盟不日,因始信之。自其后盟,以不日为平文。从阳谷已来,至此葵丘之盟,皆令诸侯以天子之禁。桓德极而将衰,故备日以美之,自此不复盟矣。'"

《解释》:"天子之禁,即是□□五事,故备□□以美之也②。"

〔条辨〕庄公十三年,《穀梁》云:"桓盟虽内与,不日,信也。"《穀梁》恐读者以为其前后之说矛盾,故有此解。范宁又引郑玄为其说解。《解释》仅就《传》文字面串讲。

【4】范云:"所谓无歃血之盟。郑君曰:'盟牲,诸侯用牛,大夫用豭。'"

《解释》:"言信厚,故陈牲而不煞也。"

〔条辨〕二注大致相同。范注引郑玄说解字词,《解释》则侧重串讲句意。

【5】《解释》:"书谓□□书谓戎右之所掌也③。加谓□□④。读书而临于牲,不歃血也。"

---

① 此处或为"不论信不信也"。
② 此处或为"即是以下五事,故备书日以美之也"。
③ 许建平所录此句阙一字,并拟补为"载",其《校记》云:"载,底二(指伯2535,下同)原脱。《周礼·秋官·司盟》'掌盟载之法'郑注:'载,盟辞也。盟者书其辞于策,杀牲取血,坎其牲,加书于上而埋之,谓之载书。'故据以拟补。"现依据原件缺损面积,及其追求纵横行款相对整齐的书写特征推测,此句所阙盖为二字,或可补为"书谓载书,(书谓)戎右之所掌也",后之"书谓"二字或是涉上衍误。《周礼·夏官司马·戎右》:"盟,则以玉敦辟盟,遂役之。赞牛耳。"
④ 据下"读书而临于牲"之文,此处或为"加谓临也"。

〔条辨〕此注说解字词与串讲句意兼而有之。

【6】范云："壹犹专也。"

《解释》："言诸侯皆壹心，明受天子之禁令也。"

〔条辨〕范注侧重说解字词，《解释》侧重串讲句意。

【7】范云："专水利以障谷。"

《解释》本"毋"作"无"，下同；"雍"作"壅"①。并云："□□□水郙□□□利也②。"

〔条辨〕二注大致相同，可能均取《公羊》"障谷"作解，而《解释》可能更侧重整句《传》文的串讲。

【8】范云："讫，止也，谓贮粟。"

《解释》："讫，止也。止籴贮粟，不通诸侯也。言有▭▭▭③。"

〔条辨〕二注均取《公羊》"贮粟"为说。但范注侧重说解字词，《解释》则侧重串讲句意并可能还采用了何休之说。

【9】范云："树子，嫡子。"

《解释》："树子谓所立之嫡子。不可以宠子而▭▭▭④。"

〔条辨〕范注侧重说解字词，《解释》则是说解字词与串讲句意兼而有之。

【10】《解释》："不得以妾为妻而乱阴教也。"

〔条辨〕此注纯是串讲句意。

【11】范云："女正位于内。"

《解释》："政当由君，无使妇人乱于阳事。故牝鸡之晨，唯▭▭▭⑤。"

---

① "无"字与僖公三年阳谷之会《公羊》所记同，"壅"字与襄公十一年亳之盟《左传》所云"毋壅利"同。
② 许建平录"水"前一字为"以"，原件此处已损，未必是"以"字，或为"泉"字下半之"水"形。僖公三年阳谷之会，《公羊》："无障谷。"何云："无障断川谷，专水利也。"《解释》本下注又屡言"不可……""不得……""无使……"以解《传》意，盖此句亦用类似句式。今推其大意当为"无塞泉水郙谷而专利也"。若据许氏所录，则或为"不可以水郙谷而专利也"，然"以水郙谷"四字于意难通，暂不从之。
③ 此句所阙盖为五至六字。《公羊》："无贮粟。"何云："有无当相通。"故此处或为"言有无当相通也"。
④ 此句所阙盖为三至四字，或为"不可以宠子而易嫡子（也）"。
⑤ 此句所阙盖为三至四字。《尚书·牧誓》云："牝鸡司晨，惟家之索。"故此处或为"唯家之索（也）"。

〔条辨〕二注看似不同，实义无不同。惟范注以内外为说，《解释》以阴阳为喻。

（5）甲子[1]，晋侯诡诸卒[2]。

【1】〔条辨〕《解释》本"甲"字阙，"子"作"戌"，与《公羊》同①。

【2】范云："献公也。枉杀世子申生，失德不葬。"

《解释》："不书葬者，煞太子失德也。"

〔条辨〕二注大致相同。

（6）冬，晋里克杀其君之子奚齐[1]。

其君之子云者[2]，国人不子也[3]。国人不子，何也？不正其杀世子申生而立之也[4]。

【1】《解释》："里克，晋大夫。奚□□□□子②，□□□□也。"

〔条辨〕此注可能于说解字词与串讲句意兼而有之。

【2】《解释》："云'杀其君之子'者也。"

〔条辨〕此注纯是串讲句意。

【3】范云："诸侯在丧称子，言国人不君之，故系于其君。"

《解释》："言国人不以奚齐为君之子，故云'其君之子'以明之。"

〔条辨〕杨云："旧解诸侯在丧称子，今国人不以为君，故不直谓之子，而系之于君也。"《左传》云："书曰'杀其君之子'，未葬也。"是范宁所用之旧解略通于左氏。《解释》仅串讲《传》意。

【4】《解释》："□□国之人不与献公杀贤太□□生③而立不正之奚齐故也。"

〔条辨〕此注纯是串讲句意。

僖公十年

（1）十年，春，王正月，公如齐。

---

① 许建平《校记》："朱骏声《春秋三家异文核》：'是月甲寅朔，甲子为十一日，经书戊辰诸侯盟于葵丘，是十五日。据《左传》宰孔先归，遇晋侯，晋侯乃还，则献公实卒于盟后，甲戌为二十一日，《公羊》得其实而《左》《穀》误也。'……写卷存'戌'字，知其本作'甲戌'。"

② 此处或为"奚齐献公之子"。许建平《校记》："底二残存捺笔。"此残存捺笔或即"之"字的末笔

③ 许建平拟补为"贤太子申生"。

〔条辨〕此条范宁、《解释》均无注。

（2）狄灭温，温子奔卫[1]。

【1】《解释》："□①，苏忿生之邑，后□渐强而为国也。"

〔条辨〕隐公十一年，《左传》云："而与郑人苏忿生之田：温、原……"② 僖公十年，《左传》云："十年，春，狄灭温，苏子无信也。"③ 成公十一年，《左传》云："苏忿生以温为司寇，与檀伯达封于河。"可见此注取《左传》为说。

（3）晋里克弑其君卓，及其大夫荀息[1]。

以尊及卑也[2]。荀息闲也[3]。

【1】《解释》："里克杀奚齐，荀息立卓子。卓子□□□□母弟，故里克又煞之□□□□耳为君，受申生之寄④。"

〔条辨〕僖公九年，《左传》云："冬，十月，里克杀奚齐于次。……荀息将死之。人曰：'不如立卓子而辅之。'荀息立公子卓以葬。十一月，里克杀公子卓于朝，荀息死之。"僖公十年，《公羊》云："里克知其不可与谋，退，弑奚齐。荀息立卓子，里克弑卓子，荀息死之。"此注前句依《左传》《公羊》所记，《穀梁》于此未有明文；后句以重耳为君"受申生之寄"则据《穀梁》下文为说，《左传》《公羊》并无此事⑤。

【2】〔条辨〕据《解释》本缺损面积推测此处当有注，然已全佚。

【3】《解释》："荀息立卓子而傅之，以捍卫为□□□。"

〔条辨〕僖公九年，《左传》云："初，献公使荀息傅奚齐。公疾，召之，曰：'以是藐诸孤，辱在大夫，其若之何？'稽首而对曰：'臣竭其股肱之力，加之以忠贞。其济，君之灵也；不济，则以死继之。'"又云："荀息将死之。人曰：'不如立卓子而辅之。'"《公羊》云："奚齐、卓子者，骊姬之子也，荀息傅焉。"可见此注依《左传》《公羊》为说，《穀

---

① 此阙字或为"温"。原件残存一横笔，盖为"温"字之末笔。
② 杜云："苏忿生，周武王司寇苏公也。"
③ 杜云："苏子叛王即狄，又不能于狄，狄人伐之，王不救，故灭。苏子奔卫。苏子，周司寇苏公之后也。国于温，故曰温子。"
④ 此句大意当为"卓子为奚齐之母弟，故里克又煞之也，而以重耳为君，受申生之寄"。
⑤ 《左传》所记申生傅非里克，申生亦未寄重耳。《公羊》虽记里克为申生傅，但未有申生寄重耳事。《穀梁》为发"称国以杀，罪累上""其杀之不以其罪"义，而有此二说。

《穀梁》文献征

梁》于此未有明文。

（4）夏，齐侯、许男伐北戎。

〔条辨〕此条范宁、《解释》均无注。

（5）晋杀其大夫里克。

称国以杀，罪累上也[1]。里克弑二君与一大夫[2]，其以累上之辞言之，何也[3]？其杀之不以其罪也。其杀之不以其罪，奈何？里克所为杀者，为重耳也[4]。夷吾曰："是又将杀我乎？"故杀之不以其罪也。

【1】《解释》："里克立惠□□□□□既煞夫二孺子矣，又将寡人之□□□□□，不亦病乎①？于是煞之。恐其复煞□□□□□□□以杀二君□□□□□□罪累从于上②。"

〔条辨〕《公羊》云："里克立惠公，则惠公曷为杀之？惠公曰：'尔既杀夫二孺子矣，又将图寡人。为尔君者，不亦病乎？'于是杀之。"僖公九年，《左传》云："九月，晋献公卒。里克、㔻郑欲纳文公。"又云："晋郤芮使夷吾重赂秦以求入，……齐隰朋帅师会秦师，纳晋惠公。"僖公十年，《左传》云："将杀里克，公使谓之曰：'微子，则不及此。虽然，子弑二君与一大夫，为子君者，不亦难乎？'"此注前句所云里克立惠公，乃据《公羊》《左传》为说，而后句大意或为"以杀二君与一大夫罪之，罪累从于上"，实非《穀梁》本义。

【2】范云："二君，奚齐、卓子。一大夫，荀息。"

〔条辨〕此注纯是说解字词。

【3】范云："据有罪。"

〔条辨〕此注纯是串讲句意，但有所省略。

【4】范云："杀奚齐、卓子者，欲以重耳为君。重耳，夷吾兄文公。"

《解释》："重耳，夷吾━━━━之庶弟③，狐姬之子。言里克欲━━━━不以弑君而见杀也④。"

〔条辨〕二注大意或相同，均视里克欲以重耳为君。

---

① 此句所阙盖为十字，或为"里克立惠公。惠公曰：'尔既煞夫二孺子矣，又将寡人之图，为尔君者，不亦病乎？'"
② 此句所阙盖为十二字，大意或为"恐其复煞己如二孺子，故以杀二君与一大夫罪之，罪累从于上"。
③ 此句所阙盖为五至六字，大意或为"重耳，夷吾之异母兄，申生之庶弟"。
④ 此句所阙盖为六字，大意或为"言里克欲以重耳为君，故不以弑君而见杀也"。

其为重耳弑奈何？晋献公伐虢，得丽姬[5]，献公私之，有二子[6]，长曰奚齐，稚曰卓子。丽姬欲为乱[7]，故谓君曰："吾夜者梦夫人趋而来[8]，曰：'吾苦畏。'胡不使大夫将卫士而卫冢乎？"公曰："孰可使[9]？"曰："臣莫尊于世子，则世子可[10]。"故君谓世子曰："丽姬梦夫人趋而来，曰：'吾苦畏。'女其将卫士而往卫冢乎？"世子曰："敬诺[11]。"筑宫，宫成[12]。丽姬又曰："吾夜者梦夫人趋而来，曰：'吾苦饥[13]。'世子之宫已成，则何为不使祠也[14]？"故献公谓世子曰："其祠[15]！"世子祠[16]。

【5】《解释》："骊姬，骊戎之女。献公伐于骊戎，骊戎男以骊姬女献公也。"

〔条辨〕庄公二十八年，《左传》云："晋伐骊戎，骊戎男女以骊姬。"杜云："其君姬姓，其爵男也。纳女于人曰女。"是以骊姬为伐骊戎所得，与《穀梁》伐虢所得之说异，《解释》取《左传》为说①，实与《穀梁》本义相违。

【6】《解释》："私，宠爱也。"

〔条辨〕此注纯是说解字词。

【7】范云："乱谓杀申生而立其子。"

《解释》："谓欲作乱于晋，使献公煞□□□□②。"

〔条辨〕二注大意相同，而范注侧重说解字词，《解释》侧重串讲句意。

【8】范云："夫人，申生母。"

《解释》："□□申生□□也③。"

〔条辨〕二注或相同，均是说解字词。

【9】《解释》："□□□□□□□卫□□□□□□□也④。"

【10】《解释》："□，无也⑤。太□⑥，谓申生。"

---

① 《国语·晋语一》则云献公"伐骊戎，克之，获骊姬以归"，"伐骊戎，克之，灭骊子，获骊姬以归"。见徐元诰《国语集解》（修订本），王树民、沈长云点校，中华书局2002年版，第249、254页。与《左传》所记又不同，《解释》取《左传》不取《国语》。
② 此句所阙盖为四字，大意或为"使献公煞太子申生"。
③ 此句所阙盖为四字。"也"前一字已残损，所存似"母"字之残笔。此句或为"夫人，申生之母也"。
④ 此句所阙盖为十三字。
⑤ 许建平补为"莫"。
⑥ "太"后一字已残损，所存似"子"字之残笔。此处当可补为"子"。

〔条辨〕此注纯是说解字词。

【11】《解释》:"敬而受之,故曰诺也。"

〔条辨〕此注纯是说解字词。

【12】《解释》:"太子往至夫人之冢,筑宫而防卫之。"

〔条辨〕此注纯是串讲句意。

【13】《解释》:"骊姬又假虚言以为梦也。"

〔条辨〕此注纯是串讲句意。

【14】《解释》:"祠,祭也。言筑宫已成,又夫人苦饥,何不使往祠祭之也?"

〔条辨〕此注说解字词与串讲句意兼而有之。

【15】《解释》:"言其当往祠之。"

〔条辨〕此注纯是串讲句意。

【16】《解释》:"往祠夫人。"

〔条辨〕此注纯是串讲句意。

已祠,致福于君[17]。君田而不在[18]。丽姬以酖为酒[19],药脯以毒[20]。献公田来,丽姬曰:"世子已祠,故致福于君。"君将食,丽姬跪曰:"食自外来者,不可不试也。"覆酒于地,而地贲[21]。以脯与犬,犬死。丽姬下堂而啼呼曰:"天乎!天乎!国,子之国也[22],子何迟于为君[23]?"君喟然叹曰:"吾与女未有过切[24],是何与我之深也[25]?"使人谓世子曰:"尔其图之[26]!"

【17】《解释》:"已祭讫,致福胙于君。"

〔条辨〕此注纯是串讲句意。

【18】《解释》:"献公田猎未还。"

〔条辨〕此注纯是串讲句意。

【19】《解释》本"酖"作"鸩",并云:"鸩,毒鸟也,其羽画酒饮之,即饮者死。言以鸩羽为毒酒,酒谓所致福之酒。"

〔条辨〕《国语·晋语二》云:"公田,骊姬受福,乃置鸩于酒。"韦《注》云:"其羽有毒,渍之酒而饮之,立死。"[①] 此注盖取《国语》为说。

【20】《解释》:"以毒药置脯中,即所谓置堇于脯也。"

---

① 《国语集解》(修订本),第279页。

〔条辨〕《国语·晋语二》："置堇于肉。"① 此注盖取《国语》为说。

【21】范云："蕡，沸起也。"

《解释》本无"而"字②，"蕡"作"坟"，并云："坟，壤起也。"

〔条辨〕二注之训不同。

【22】《解释》本作"国，则子之国也"③，并云："申生见为太子，公薨之后，国乃子之国也。"

〔条辨〕此注纯是串讲句意。

【23】《解释》："何将未得国为迟，而欲药于父。"

〔条辨〕此注纯是串讲句意。

【24】范云："吾与女未有过差切急。"

《解释》本"过"作"遇"④，并云："言吾与汝父子之情，未有待遇汝以切急。"

〔条辨〕二注均为串讲句意。

【25】《解释》："言汝此事，何为与我之深害，而欲杀我也？"

〔条辨〕此注纯是串讲句意。

【26】《解释》："遣申生谋自死。"

〔条辨〕此注纯是串讲句意。

世子之傅里克谓世子曰："入自明[27]！入自明则可以生，不入自明则不可以生。"世子曰："吾君已老矣，已昏矣[28]。吾若此而入自明[29]，则丽姬必死，丽姬死，则吾君不安[30]。所以使吾君不安者，吾不若自死[31]，吾宁自杀以安吾君，以重耳为寄矣[32]。"刎脰而死[33]。故里克所为弑者，为重耳也。夷吾曰："是又将杀我也[34]。"

---

① 《国语集解》（修订本），第 279 页。
② 许建平《校记》："罗振玉认为无'而'为是。案：据后'以脯与犬犬死'句，则无'而'者是。"
③ 许建平《校记》："罗振玉认为有'则'为是。案'则'有'乃'义（说详《经传释词》），注中云'国乃子之国也'，是其所据本有'则'字。"
④ 许建平《校记》："罗振玉认为'遇'为是。刘师培云：'注云：未有待遇汝以切急，是遇非讹字。'案：范宁《集解》曰：'吾与女未有过差切急。'是两者所据本不同。然作'遇切'无他证，且亦不合于语法，盖'遇'为'过'之讹，此又据误字作解。"过、遇形近易淆，古书中时有相混之例。如王念孙《读书杂志·管子第八》"遇乱"条云：'"爱欲静之，遇乱正之。"念孙案，遇当为过，字之误也。过乱与爱欲对文，言当静其爱欲，正其过乱也。"见《读书杂志》，江苏古籍出版社 2000 年版，第 482 页。正可补证许氏《校记》之说。

【27】《解释》:"傅,谓师傅也。诸侯之子,八岁受小傅,教之小学;十五受太傅,教之以太学。里克,太子之太傅,令申生入见君而自明己也。"

〔条辨〕何云:"礼,诸侯之子,八岁受之少傅,教之以小学,业小道焉,履小节焉;十五受大傅,教之以大学,业大道焉,履大节焉。"① 此注略取于何休,又说解字词与串讲句意兼而有之。

【28】《解释》:"昏,乱也。言老而用姬之言,言昏乱于性矣。"

〔条辨〕此注说解字词与串讲句意兼而有之。

【29】《解释》:"若,如也。吾如此以事实而入于君自明己。"

〔条辨〕此注说解字词与串讲句意兼而有之。

【30】《解释》:"非姬不食,非姬不寝。若姬致死,吾君必不安立。"

〔条辨〕僖公四年,《左传》云:"大子曰:'君非姬氏,居不安,食不饱。'"此注盖取《左传》为说。

【31】《解释》本无"自"字,并云:"不如自死。"

〔条辨〕此注纯是串讲句意。

【32】范云:"虑丽姬又谮重耳,故以讬里克,使保全之。"

《解释》:"知重耳必可为君,故寄于里克,使辅之也。"

〔条辨〕二注均解申生寄重耳之由,但意有不同,范宁侧重丽姬将谮重耳,《解释》侧重重耳必可为君,二者相较,范说更合于逻辑。

【33】《解释》:"脰,颈也。异方而言也。"

〔条辨〕庄公十二年,《公羊》云:"万怒,搏闵公,绝其脰。"何云:"脰,颈也。齐人语。"此注"异方而言也"或即取于何休。

【34】《解释》:"夷吾知申生之言,故云又将煞我,而遂杀里克也。"

〔条辨〕此注纯是串讲句意。

(6) 秋,七月。

〔条辨〕此条范宁、《解释》均无注。

(7) 冬,大雨雪[1]。

【1】《解释》本"雪"作"雹",与《公羊》同②,并云:"书之

---

① 徐云:"皆《艺文志》文也。"
② 许建平《校记》:"李富孙《春秋左传异文释》云:'《公羊传》曰:何以书?记异也。雹与雪以字形相似而误,《公羊》记异,则似当作雹,若冬而大雨雪,此常事,可不必书也。'"许氏所引李说可商。冬而大雨雪可成灾,成灾则书。故不可以此论《穀梁》《左传》作"雪"为非。今仍以三《传》异文视之,或较为妥当。

记异。"

〔条辨〕《公羊》云:"何以书?记异也。"此注取《公羊》为说,实非《穀梁》本义。

僖公十一年

(1)十有一年,春,晋杀其大夫丕郑父[1]。
称国以杀,罪累上也[2]。
【1】《解释》:"郑父,晋大夫里克之党。惠公恶而杀之也。"
〔条辨〕此注说解字词与串讲句意兼而有之。
【2】《解释》:"义与里克同也。"
〔条辨〕此注用比《传》推义之法作解。
(2)夏,公及夫人姜氏会齐侯于阳谷[1]。
【1】《解释》:"夫人者,媵女也。书夫人会齐侯者,刺公夫人与齐侯会,男女无别也。"
〔条辨〕僖公八年,《公羊》云:"其言以妾为妻奈何?盖胁于齐媵女之先至者也。"何云:"僖公本聘楚女为嫡,齐女为媵,齐先致其女,胁僖公使用为嫡。"杜云:"妇人送迎不出门,见兄弟不逾阈,与公俱会齐侯,非礼。"此注前句夫人媵女之说取自《公羊》、何休,后句讥刺之说盖取自杜预。
(3)秋,八月,大雩。
雩月,正也[1]。雩,得雨曰雩,不得雨曰旱[2]。
【1】《解释》:"雩者,吁嗟以求雨也。月者,得恤人之正礼。"
〔条辨〕何云:"公与夫人出会,不恤民之应。"何休解"雩",多用此义。此注杂糅何氏之说以解《穀梁》日月之例,实非《穀梁》本义。
【2】范云:"礼,龙见而雩。常祀不书,书者皆以旱也。故得雨则喜,以月为正也。不得雨则书旱,明旱灾成。何休曰:'《公羊》书雩者,善人君应变求索,不雩则言旱,旱而不害物,言不雨也。就如《穀梁》,设本不雩,何以明之?如以不雨明之,设旱而不害物,何以别乎?'郑君释之曰:'雩者,夏祈谷实之礼也,旱亦用焉。得雨书雩,明雩有益。不得雨书旱,明旱灾成。后得雨无及也。国君而遭旱,虽有不忧民事者,何乃废礼本不雩祷哉?顾不能致精诚也。旱而不害物,固以久不雨别之。文二年、十三年,自十有二月、自正月不雨,至于秋七月,是也。《穀

梁传》曰：历时而言不雨，文不闵雨也。以文不忧雨，故不如僖时书不雨。文所以不闵雨者，素无志于民，性退弱而不明，又见时久不雨而无灾耳。"

《解释》："雩而有効，则书雩于《经》。雩无功，故书旱，不言雩。"

〔条辨〕范注取郑玄之说解何休之难，并发挥《传》义，以为书雩者皆以旱。而《解释》仅是串讲《传》意。

（4）冬，楚人伐黄[1]。

【1】《解释》："黄背楚属齐，又弦子奔黄，故见伐也。"

〔条辨〕僖公二年，《经》："秋，九月，齐侯、宋公、江人、黄人盟于贯。"《左传》："秋，盟于贯，服江、黄也。"僖公三年，《经》："秋，齐侯、宋公、江人、黄人会于阳谷。"《左传》："秋，会于阳谷，谋伐楚也。"僖公五年，《经》："楚人灭弦，弦子奔黄。"《左传》："楚斗穀於菟灭弦，弦子奔黄。于是江、黄、道、柏方睦于齐，皆弦姻也。弦子恃之而不事楚，又不设备，故亡。"僖公十一年，《左传》："黄人不归楚贡。冬，楚人伐黄。"僖公十二年，《经》："夏，楚人灭黄。"《左传》："黄人恃诸侯之睦于齐也，不共楚职，曰：'自郢及我九百里，焉能害我？'夏，楚灭黄。"此注即联系《左传》前后诸年所记为说。

僖公十二年

（1）十有二年，春，王正月，庚午，日有食之。

〔条辨〕此条范宁、《解释》均无注。《解释》本"正月"作"三月"，与《左传》《公羊》同①。

（2）夏，楚人灭黄[1]。

贯之盟，管仲曰："江、黄远齐而近楚，楚为利之国也[2]。若伐而不能救[3]，则无以宗诸侯矣[4]。"桓公不听，遂与之盟。管仲死，楚伐江、灭黄，桓公不能救[5]，故君子闵之也[6]。

【1】《解释》："去冬伐，今夏灭之也。"

---

① 钟文烝云："三月，各本作'正月'，惟《唐石经》作'三月'，与《左氏》《公羊》同。王引之曰：据杜氏《长历》正月辛丑朔，三月庚午朔，则作三者是。今据改正。"见《春秋穀梁经传补注》，第289页。

〔条辨〕此注比《经》为说。

【2】《解释》:"贯盟在二年。言楚为利,在于江、黄。言令其出职贡也。"

〔条辨〕僖公十一年,《左传》云:"黄人不归楚贡。"僖公十二年,《左传》云:"黄人恃诸侯之睦于齐也,不共楚职。"此注纯是串讲句意,并取《左传》"楚贡""楚职"为说。

【3】《解释》:"今既来属于霸,楚必伐之。道路辽远,楚若伐之而齐不能救也。"

〔条辨〕僖公十二年,《左传》云:"黄人……曰:'自郢及我九百里,焉能害我?'夏,楚灭黄。"此注纯是串讲句意,其"道路辽远"之说或即取自《左传》"自郢及我九百里"。

【4】范云:"宗诸侯,谓诸侯宗之。"

《解释》:"言齐不复能得诸侯之宗服也。"

〔条辨〕二注大致相同,而《解释》更侧重于串讲句意。

【5】《解释》:"如管仲之言也。管仲以僖十五年死,而此云死者,以齐桓道极衰,故因此以著其死,若言管仲在,则黄不可而灭也。"

〔条辨〕此注指出《穀梁》所言似与事实不符:管仲卒于僖公十五年,楚灭黄在僖公十二年。然又为其弥缝,以为《穀梁》此文旨在发"齐桓道极衰"之义①。

【6】范云:"闵其贪慕伯者以致灭。"

《解释》:"闵其归于霸主而便见灭,故书于《经》。若汉阳诸姬,不归齐者,虽灭不书也。"

〔条辨〕二注大致相同。而《解释》又据僖公二十八年《左传》所记"汉阳诸姬,楚实尽之"发挥《经》例,以为归于霸主见灭则书,不归于霸主见灭则不书。实非《穀梁》本义。

(3)秋,七月。

〔条辨〕此条范宁、《解释》均无注。

(4)冬,十有二月,丁丑,陈侯杵臼卒。

〔条辨〕此条范宁、《解释》均无注。

---

① 杨云:"案,《史记》管仲之卒在桓公四十一年,计桓公四十一年,当鲁僖十五年。而此云管仲死者,盖不取之《史记》之说。"杨士勋的弥缝较《解释》为高明。

僖公十三年

（1）十有三年，春，狄侵卫。

〔条辨〕此条范宁、《解释》均无注。

（2）夏，四月，葬陈宣公。

〔条辨〕此条范宁、《解释》均无注。

（3）公会齐侯、宋公、陈侯、卫侯、郑伯、许男、曹伯于咸[1]。

兵车之会也[2]。

【1】范云："咸，卫地。"

〔条辨〕杜云："咸，卫地。东郡濮阳县东南有咸城。"范注取杜预为说。

【2】《解释》："西戎为王子带而伐周，故齐桓为兵车之会以谋王室也。"

〔条辨〕僖公十一年，《左传》云："夏，扬、拒、泉、皋、伊、雒之戎，同伐京师，入王城，焚东门。王子带召之也。"僖公十三年，《左传》云："夏，会于咸，淮夷病杞故，且谋王室也。"《穀梁》"兵车之会"本与《左传》通，故此注取《左传》为说。

（4）秋，九月，大雩。

〔条辨〕此条范宁、《解释》均无注。

（5）冬，公子友如齐[1]。

【1】《解释》："聘于齐也。"

〔条辨〕僖公十四年"诸侯城缘陵"下，范注引郑玄云："而冬公子友如齐，此聘也。"庄公二十五年"冬，公子友如陈"下，何云："如陈者，聘也。"杜云："报女叔之聘。"《解释》盖取此类为说。

僖公十四年

（1）十有四年，春，诸侯城缘陵[1]。

其曰诸侯，散辞也[2]。聚而曰散，何也[3]？诸侯城，有散辞也，桓德衰矣[4]。

【1】范云："缘陵，杞邑。"

《解释》："迁杞也。淮夷病杞，城而迁之。缘陵，杞邑。不言城杞者，义与城楚丘同。"僖公十三年，《左传》云："夏，会于咸，淮夷病杞故。"僖公十四年，《左传》云："十四年春，诸侯城缘陵而迁杞焉。"

第三章 《穀梁》古注探微

〔条辨〕《解释》前半取《左传》解城缘陵之由。僖公二年，《经》"二年，春，王正月，城楚丘"下，《穀梁》云："楚丘者何？卫邑也。国而曰城，此邑也，其曰城，何也？封卫也。则其不言城卫，何也？卫未迁也。其不言卫之迁焉，何也？不与齐侯专封也。其言城之者，专辞也。故非天子不得专封诸侯，诸侯不得专封诸侯。虽通其仁，以义而不与也。故曰，仁不胜道。"《解释》后半取僖公二年《穀梁》解此《经》不书城杞之义。杨云："谓之城者，封杞也。不发非国之问者，从楚丘之例也。不言城杞及迁，亦从彼例也。"是杨疏也以此文与城楚丘同例。

【2】范云："直曰诸侯，无小大之序，是各自欲城，无总一之者，非伯者所制，故曰散辞。"

《解释》："散犹略，言略之而不序也。"

〔条辨〕二注大致相同。

【3】范云："据言诸侯城，则是聚。"

《解释》："时实诸侯众聚城缘陵，而略言之者，何也？"

〔条辨〕二注大致相同，而《解释》更侧重串讲句意。

【4】范云："言诸侯城，则非伯者之为可知也。齐桓德衰，所以散也。何休曰：'案，先是盟亦言诸侯，非散也。又《穀梁》美九年诸侯盟于葵丘，即散，何以美之邪？'郑君释之曰：'九年，公会宰周公、齐侯、宋子、卫侯、郑伯、许男、曹伯于葵丘，九月戊辰，盟于葵丘。时诸侯初在会，未有归者，故可以不序。今此十三年夏公会齐侯、宋公、陈侯、卫侯、郑伯、许男、曹伯于咸，而冬公子友如齐，此聘也。书聘，则会固前已归矣。今云诸侯城缘陵，而不序其人，明其散，桓德衰矣。葵丘之事，安得以难此？'"

《解释》："言由诸侯于城之时，各有散略，于事不共同心。是由桓公之德衰而诸侯不致力也。"

〔条辨〕二注大致相同，而范宁又引郑玄之说解何休之难，《解释》则更侧重串讲《传》意。

(2) 夏，六月，季姬及鄫子遇于防，使鄫子来朝[1]。

遇者，同谋也[2]。来朝者，来请己也[3]。朝不言使，言使，非正也[4]。以病鄫子也[5]。

【1】范云："遇例时，此非所宜遇，故谨而月之。"

《穀梁》文献征

《解释》本"使缯子"作"使鄫子"①,并云:"季姬,鲁女,本鄫夫人也。季姬来宁,公怒鄫子之不朝也,遂留季姬而不归。于是季姬及鄫子遇于防,使鄫子来朝鲁,而便请季姬。此妇人之□□贰。"

〔条辨〕"遇例时"是范宁比《经》所得之例,乃发挥《穀梁》日月时例,但非《穀梁》本有。僖公十四年,杜云:"季姬,鲁女,鄫夫人也。"僖公十四年,《左传》云:"鄫季姬来宁,公怒,止之,以鄫子之不朝也。"则《解释》前半取《左传》、杜预为说。而其末句大意或为"此妇人之制于贰",贰指父与夫。成公九年,《经》:"夏,季孙行父如宋致女。"《穀梁》云:"致者,不致者也。妇人在家制于父,既嫁制于夫。如宋致女,是以我尽之也。不正,故不与内称也。"范云:"刺已嫁而犹以父制尽之。"《解释》此处即发挥成公九年《穀梁》此义,以《传》解《传》也。

【2】范云:"鲁女无故远会诸侯,遂得淫通,此亦事之不然。《左传》曰,缯季姬来宁,公怒之,以缯子不朝,遇于防,而使来朝。此近合人情。"

《解释》:"言先有谋于防而往遇也。"

〔条辨〕僖公十四年,《公羊》云:"非使来朝,使来请己也。"何云:"使来请娶己以为夫人,下书归是也。礼,男不亲求,女不亲许。鲁不防正其女,乃使要遮鄫子淫泆,使来请己,与禽兽无异,故卑鄫子使乎季姬,以绝贱之也。"杨云:"今云同谋者,以淫通。"杨氏即取《公羊》、何休为说,范宁则以《左传》为合理,即与《解释》相同。

【3】范云:"使来朝,请己为妻。"

《解释》本《传》文"请己"作"朝己"②,并云:"言来朝鲁,而因朝请己俱归也。"

〔条辨〕范宁此注解"请己"为"请己为妻",实又杂糅何注为说。《解释》以"请己"为"请己俱归",仍用《左传》之意,实能前

---

① 《左传》《公羊》均作"鄫子"。
② 许建平《校记》:"刘师培云:'此作朝己是也。'案:据注文则'朝'当作'请'。"似许氏将刘师培的观点理解为:《解释》本作"朝己"是正确的。这可能是误解了刘说。刘氏原句云:"有碍为讹字者,如十四年以请己也,此作朝己是也。"是刘氏以"朝"为讹字,"如……是也"乃举例之辞。刘、许二说实相同,均以《解释》本《传》文作"朝己"为非。

· 72 ·

后一致。

【4】《解释》:"为仁由己,不在于人,故不言使。"

〔条辨〕《论语·颜渊》:"为仁由己,而由人乎哉?"何晏《集解》引孔安国注云:"行善在己,不在人者也。"此注取《论语》为说,并可能参考了孔注。

【5】《解释》:"病其不有心朝事于鲁,为妇所召而来朝。"

〔条辨〕僖公十四年,杜云:"鄫子本无朝志,为季姬所召而来。"此注取杜预为说,串讲《传》意。

(3) 秋,八月,辛卯,沙鹿崩[1]。

林属于山为鹿。沙,山名也[2]。无崩道而崩,故志之也[3]。其日,重其变也[4]。

【1】范云:"沙鹿,晋山。"

〔条辨〕僖公十四年,杜云:"沙鹿,山名。阳平元城县东有沙鹿土山,在晋地。"僖公十四年,《左传》云:"晋卜偃曰:'期年将有大咎,几亡国。'"范宁取杜预、《左传》为说,《穀梁》则以沙鹿为沙山之鹿,范注实非《穀梁》本义。

【2】范云:"鹿,山足。"

《解释》:"鹿是山之足。言山足崩也。"

〔条辨〕二注相同。范宁与上注自相牴牾,《解释》于说解字词与串讲句意兼而有之。

【3】《解释》:"言山足平地,理无崩道,而忽崩之,故记异而书之,圣女后兴之应也。"

〔条辨〕僖公十四年,《公羊》云:"沙鹿崩,何以书?记异也。"此注纯是串讲《传》文之意,然"记异"之说本自《公羊》。又扬雄《元后诔》云:"新室文母太后崩,……沙麓之灵,太阴之精。"张震泽云:"谓元后应此兆,故曰沙麓之灵。按《左传》僖公十四年沙鹿崩,晋卜偃说是国亡之兆。而此言当有圣女兴,显然是后人妄造以媚王莽者。"①《汉书·元后传》云:"孝元皇后,王莽之姑也。莽自谓黄帝之后,其《自本》曰:黄帝姓姚氏,……完字敬仲,奔齐,齐桓公以为卿,姓

---

① 张氏又云:"莽始建国五年,文母太皇太后八十四岁崩,莽诏扬雄作诔。今诔仍题'元后'者,乃后人回改。"见张震泽《扬雄集校注》,上海古籍出版社1993年版,第298、299页。

田氏。……翁孺既免，而与东平陵终氏为怨，乃徙魏郡元城委粟里。……元城建公曰：'昔春秋沙麓崩，晋史卜之，曰：阴为阳雄，土火相乘，故有沙麓崩。后六百四十五年，宜有圣女兴。其齐田乎！今王翁孺徙，正直其地，日月当之。元城郭东有五鹿之虚，即沙鹿地也。后八十年，当有贵女兴天下云。'"① 陈槃分析此段文字云："由莽此说，其世系盖自黄帝、虞舜、陈胡满、陈完、田和，直至王翁孺为其祖父，生元后，即其姑也。元后之生，协'圣女'之瑞，所谓春秋沙麓崩，阴为阳雄，土火相乘者是也。莽之讬此，其意在己而不在元后。土火相乘者，汉火，莽土，明为莽自道。"② 此注所用"圣女后兴之应"说，当始于王莽时③。

【4】范云："刘向曰：'鹿在山下平地，臣象，阴位也。崩者，散落，背叛不事上之象。'"

《解释》："山足有崩，变灾之重，故书辛卯。"

〔条辨〕范注引刘向为说，侧重说解字词。《解释》纯是串讲句意。

（4）狄侵郑。

〔条辨〕此条范宁、《解释》均无注。

（5）冬，蔡侯肸卒[1]。

诸侯时卒，恶之也[2]。

【1】《解释》："哀侯子也。"

〔条辨〕此注纯是说解字词。

【2】《解释》："日卒，正。时卒，恶也。恶之者，为其父哀侯为楚所执，身死于楚，肸仍不从中国而朝于楚。父雠不复而反归之，恶之尤甚，故不日卒，又不书葬也。"

---

① 《汉书》，第4013—4014页。
② 陈槃：《古谶纬研讨及其书录解题》，上海古籍出版社2010年版，第54页。
③ 《隋书·经籍志》著录有段肃注《春秋穀梁传》十四卷，疑段氏为汉人。姚振宗《隋书经籍志考证》云："惠栋《九经古义》曰：'《经典序录》《穀梁》有段肃注，不详何人。……栋案，《后汉·班固传》固奏记东平王云：弘农功曹史殷肃达学洽闻，才能绝伦。诵诗三百，奉使专对。章怀注云：固集殷作段。然则殷肃即段肃也。刘氏《史通》言肃与京兆祭酒晋冯尝撰《史记》以续史迁之书。'按，《史通·正史篇》云《史记》所书年止汉武，太初已后阙而不录，其后刘向、向子歆及诸好事者若冯商、卫衡、扬雄、史岑、梁审、肆仁、晋冯、段肃、金丹、冯衍、韦融、萧奋、刘恂等相次撰续，迄于哀、平间。肃盖两汉间人，当哀、平、王莽之世，尝居史职，续太史公书。时刘歆为国师，领五经，典儒林史卜之官，肃从事于其间欤？班氏奏记称弘农功曹史，则明帝初所居郡职，似即弘农人。"见《二十五史补编》第4册，中华书局1955年版，第5148页。如姚氏所言不误，较早引圣女符应之说解《穀梁》者，是否即与段肃有关？颇可考虑。

〔条辨〕何云："不月者，贱其背中国而附父雠，故略之甚也。"① 杨云："糜信云：'蔡侯胖父哀侯，为楚所执，胖不附中国，而常事父雠，故恶之而不书日也。'"此注解恶之之由本何休，或亦参考糜注。然其说实又与糜信不同：时卒是恶，又不书葬乃恶甚。其以时卒、不书葬二事解恶之之义，既非糜注所有，亦非《穀梁》本义。

僖公十五年

（1）十有五年，春，王正月，公如齐[1]。
【1】《解释》："五年一朝，霸者之义。"
〔条辨〕僖公十五年，何云："月者，善公既能念恩，尊事齐桓，又合古五年一朝之义，故录之。"《礼记·王制》云："诸侯之于天子也，比年一小聘，三年一大聘，五年一朝。"何说"古五年一朝"之礼盖本此，此注又发挥何氏之说，以为乃霸者之义。

（2）楚人伐徐[1]。
【1】《解释》："徐盖背楚属齐，故为楚伐。"
〔条辨〕僖公十五年，《左传》云："春，楚人伐徐，徐即诸夏故也。"此注解楚伐徐之由盖取于《左传》。

（3）三月，公会齐侯、宋公、陈侯、卫侯、郑伯、许男、曹伯，盟于牡丘[1]。

兵车之会也。
【1】范云："牡丘，地名。"
《解释》："寻葵丘之盟，且救徐。"
〔条辨〕杜云："牡丘，地名，阙。"僖公十五年，《左传》云："三月，盟于牡丘，寻葵丘之盟，且救徐也。"范注解地名取杜预，然杜氏已不知其详。《解释》解牡丘之盟的目的全取《左传》。

（4）遂次于匡[1]。
遂，继事也[2]。次，止也。有畏也[3]。
【1】范云："救徐也，时楚人伐徐。匡，卫地。"
《解释》："将救徐也。"

---

① 徐云："其父者，即蔡侯献舞，庄公十年为楚所获，而卒于楚，故谓楚为父雠。上四年齐侯已下'侵蔡，蔡溃，遂伐楚'，是其背中国附父雠之事。"

〔条辨〕杜云："匡，卫地，在陈留长垣县西南。"僖公十五年，《左传》云："诸侯次于匡以待之。"范注解地名取杜预。《解释》据《左传》"待之"之文为说。

【2】《解释》："继前牡丘之盟，而遂次匡。"

〔条辨〕此注纯是串讲句意。

【3】范云："畏楚。"

《解释》："公畏楚强而不敢速进，故次于匡，待穆伯。"

〔条辨〕僖公十五年，《左传》云："孟穆伯帅师及诸侯之师救徐，诸侯次于匡以待之。"二注大致相同，《解释》又杂糅《左传》及下《经》"公孙敖帅师及诸侯之大夫救徐"而有所发挥，以为所待者孟穆伯也。

（5）公孙敖帅师及诸侯之大夫救徐[1]。

善救徐也[2]。

【1】范云："诸侯既盟，次匡，皆遣大夫将兵救徐，故不复具列诸国。"

《解释》："公盖不行，而公孙敖及诸侯之师以救徐。"

〔条辨〕何云："大夫不序旨，起会上大夫，君已目，故臣凡也。"杜云："诸侯既盟，次匡，皆遣大夫将兵救徐，故不复具列国别也。"是范宁全取杜预，而杜说实与何休通。《解释》则纯是串讲句意。

【2】《解释》："善齐侯得霸之道也。"

〔条辨〕何休注中屡言霸道，此注或据何说发挥。

（6）夏，五月，日有食之[1]。

【1】范云："夜食。"

〔条辨〕杨云："庄公十八年，《传》云：'不言日，不言朔，夜食也。'是以知之。"范注据他《传》为说。

（7）秋，七月，齐师、曹师伐厉[1]。

【1】范云："徐邈曰：'案，齐桓末年，用师及会，皆危之而月也。于时霸业已衰，勤王之诚替于内，震矜之容见于外，祸衅既兆，动接危理，故月。众国之君虽有失道，未足为一世兴衰。齐桓威摄群后，政行天下，其得失皆治乱所系，故《春秋》重而详之，录所善而著所危云尔。'"

《解释》："厉，楚之与国，伐之以报伐徐也。盖于时厉与楚伐徐。"

〔条辨〕范注用徐邈说，而徐说"震矜之容"又是化用僖公九年葵丘之盟《公羊》语，纯是解书月之义。何云："厉，葵丘之会叛天子之命也。"则徐邈、范宁似又与何休此义相通。僖公十五年，《左传》云："秋，伐厉，以救徐也。"杜云："厉，楚与国。"《解释》解伐厉之由则取《左传》、杜预为说，与范注不同。

（8）八月，螽。

螽，虫灾也。甚则月，不甚则时[1]。

【1】《解释》："螽不为灾，则当书时。螽，众也，象公久在外而烦师众也。"

〔条辨〕僖公十五年，何云："公久出，烦扰之所生。"文公三年，《经》"雨螽于宋"下，何云："螽，犹众也。"《解释》前句串讲《传》文，后句取何休为说，而《穀梁》仅言灾，此注实与《传》义不同。

（9）九月，公至自会[1]。

【1】范云："庄二十七年《传》曰：'相会不致，安之也。'而此致者，齐桓德衰，故危而致之。"

《解释》："桓公德衰，故致会也。"

〔条辨〕二注相同，均以他《传》解《经》。

（10）季姬归于鄫[1]。

【1】《解释》："以鄫子来朝，公怒止，而使季姬归鄫。"

〔条辨〕此注仍是用僖公十四年《左传》为说。

（11）己卯，晦，震夷伯之庙[1]。

晦，冥也[2]。震，雷也。夷伯，鲁大夫也。因此以见天子至于士皆有庙[3]。天子七庙[4]，诸侯五[5]，大夫三[6]，士二[7]。故德厚者流光[8]，德薄者流卑[9]。是以贵始，德之本也[10]。始封必为祖[11]。

【1】范云："夷，谥；伯，字。"

《解释》："震者，有雷电击之也。"

〔条辨〕杜云："夷，谥；伯，字。震者，雷电击之。"二注均取于杜预。

【2】《解释》："谓昼日而无光而冥。"

〔条辨〕成公十六年，杨云："旧解以为僖十五年《传》曰'晦，冥也'者，谓月光尽而夜暗，不谓非晦日也。"此注纯是串讲句意，又与杨士勋所引旧解不同。

【3】范云："明夷伯之庙过制，故因此以言礼。"

《解释》："因此夷伯之庙事而见天子至士尊卑不同，皆有庙数。天子、诸侯庙有主，而大夫以下无。"

〔条辨〕范注就"震庙"发挥，以为有"过制"之义，《穀梁》于此并无明文。又僖公十五年，《左传》云："'震夷伯之庙'，罪之也。于是展氏有隐慝焉。"则范注似乎通于《左传》。《解释》则仅串讲《传》意。

【4】范云："《祭法》曰：王立七庙，曰考庙、王考庙、皇考庙、显考庙、祖考庙，有二祧。远庙称祧。"

〔条辨〕范注取《礼记·祭法》为说。

【5】范云："曰考庙、王考庙、皇考庙、显考庙、祖考庙。"

〔条辨〕范注取《礼记·祭法》为说。

【6】范云："曰考庙、王考庙、皇考庙。"

〔条辨〕范注取《礼记·祭法》为说。

【7】范云："曰考庙、王考庙。"

《解释》："王者立宗庙，缘生以事死，敬亡若事存，故立宗庙而事之，所以追孝继养也。天子七庙，三昭、三穆与太祖。诸侯五庙，二昭、二穆与太祖。大夫三庙，一昭、一穆与太祖。士二庙，祖庙、考庙。天子五庙则月祭之，二祧享尝乃止。诸侯二昭、二穆月祭之，太祖享尝乃止。天子、诸侯祭庙用三牲，卿大夫二牲，士用一牲，尊卑之差也。"

〔条辨〕《白虎通·宗庙》云："王者所以立宗庙何？曰：生死殊路，故敬鬼神而远之。缘生以事死，敬亡若事存，故欲立宗庙而祭之。此孝子之心所以追养继孝也。"[①]《礼记·王制》云："天子七庙，三昭三穆，与大祖之庙而七。诸侯五庙，二昭二穆，与大祖之庙而五。大夫三庙，一昭一穆，与大祖之庙而三。士一庙。"则《解释》杂取《白虎通》《礼记·王制》《祭法》诸文为说。范注取《礼记·祭法》为说。而《王制》《祭法》所记宗庙之目实不同，如《王制》云"大夫三庙，一昭一穆，与大祖之庙而三"，《祭法》以为乃"考庙、王考庙、皇考庙"。故范注、《解释》亦有不同。

---

① 陈立：《白虎通疏证》，吴则虞点校，中华书局1994年版，第567页。

【8】《解释》:"言德厚重者,名流光大,谓代享其祀。故天子之德大而祭七庙,诸侯五庙也。"

〔条辨〕此注纯是串讲句意。

【9】范云:"雍曰:'德厚者位尊,道隆者爵重,故天子远及七世,士祭祖而已。'"

《解释》:"言不能远及后代,故士二庙而已也。"

〔条辨〕二注大致相同。

【10】《解释》:"言贵始受命之祖,此取德之本也。谓之本者,人本乎祖也。"

〔条辨〕此注纯是串讲句意,又解"始"为"始受命之祖",与其取《王制》之说相一致①。

【11】范云:"若契为殷祖,弃为周祖。"

《解释》:"始封有德之君,必立之为祖。其庙虽历百代,而庙不毁也。"

〔条辨〕《解释》纯是串讲句意,并与其取《王制》之说相一致。

(12) 冬,宋人伐曹。

〔条辨〕此条范宁、《解释》均无注。

(13) 楚人败徐于娄林[1]。

夷狄相败,志也[2]。

【1】范云:"娄林,徐地。"

《解释》:"娄林,徐地。徐以恃属齐而慢楚,故见败也。"

〔条辨〕杜注:"娄林,徐地。下邳僮县东南有娄亭。"二注均与杜说同。僖公十五年,《左传》云:"徐恃救也。"杜云:"恃齐救。"则《解释》后句又取《左传》为说。

【2】《解释》:"楚之与徐二国是夷狄,自相败,告之则书也。"

〔条辨〕僖公十一年,《左传》云:"凡诸侯有命,告则书,不然则否。"此注似又杂糅《左传》此例为说。

(14) 十有一月,壬戌,晋侯及秦伯战于韩[1]。获晋侯[2]。

韩之战,晋侯失民矣,以其民未败,而君获也[3]。

【1】范云:"韩,晋地。"

---

① 《王制》说天子至大夫必有太祖之庙。

〔条辨〕僖公十年,《左传》云:"及期而往,告之曰:'帝许我罚有罪矣,敝于韩。'"杜云:"韩,晋地。"范宁此注解地名,即取僖公十年杜注为说。

【2】范云:"获者,不与之辞,诸侯非可相获。"

《解释》:"晋侯,夷吾也。秦伯,谓任好也。夷吾背秦之施,愎谏违卜,所以战于韩而身见获。不言释之者,绝之。不名者,秦以诸侯礼接之,异于胡、沈也。"

〔条辨〕僖公十五年,杜云:"例,得大夫曰获。晋侯背施无亲,愎谏违卜,故贬绝,下从众臣之例,而不言以归。""愎谏违卜"是僖公十五年《左传》庆郑语。则《解释》前半据《左传》、杜预为说,然又与杜注不同。杜注仅解书获、不书以归之义,《解释》则据僖公十五年《左传》"十一月晋侯归"发"不言释之者,绝之"之义;据昭公二十三年《经》"胡子髡、沈子逞灭"发不书名之义。范注纯是解书获之义,与杜说相通。

【3】《解释》:"有国之君,必结四邻之好;南面之主,终资兆庶之功。善邻则兵革不兴,得众则军师尽命。晋侯中智以下,不思上德之源,轻失臣人,愎谏多忌,所以战于韩日,人不授命当危,故为秦伯所拘,文异华元之获。华元得众,故师败而已见擒。明晋侯失人,未败而身被获。君臣虽则不一,得失而岂殊乎?"

〔条辨〕此注取《左传》所记之事为说。又以宣公二年《经》"宋师败绩,获宋华元"与此《经》相较,发此获不同华元之获义。以语词观之,僖公十五年,杜注有"此夷吾之多忌"之语,《解释》盖取之。又《论语·雍也》云:"子曰:'中人以上可以语上也,中人以下不可以语上也。'"郑玄《注》云:"语,犹谋也。中人以上,乃可以谋谕……此已下,近愚,其智将无所及。"[1]王肃《注》云:"上,谓上智之人所知也。"《解释》"中智以下"之文盖杂糅《论语》及汉魏旧注而成。再以文体观之,"有国之君,必结四邻之好;南面之主,终资兆庶之功。善邻则兵革不兴,得众则军师尽命","华元得众,故师败而已见擒。明晋侯失人,未败而身被获。君臣虽则不一,得失而岂殊乎",均用骈体,颇有

---

[1] 见王素《唐写本〈论语郑氏注〉》,载《儒藏》精华编281册,北京大学出版社2007年版,第413页。

魏晋南北朝解经文字的特色①。

3.《解释》或撰写于麋信、杜预之后范宁之前

其一，从注释语言看，颇有时代特色。如僖公十五年（14）注释【3】用骈体，详见条辨。

其二，从注释体例看，《解释》近于汉代的章句：侧重句意的串讲，即使有对字词的说解也是穿插于串讲之中的②。在串讲句意时，《解释》常以"言"字或"谓"字冠首，其例甚多，详见条辨。这种解经体例与南北朝盛行的义疏体迥然有别。范宁之后的南北朝时代，于《穀梁》之学理应更需要义疏类著作③。

其三，从注释内容看，一方面《解释》取麋信、杜预之说而又有所发挥。如僖公十四年（5）注释【2】，《解释》或参考了麋注。然其说以时卒、不书葬二事解恶之之义，非麋注所有④。又如僖公十五年（14）注释【2】，《解释》前半据杜预为说，然又与杜注不同。杜注仅解书获、不书以归之义，《解释》在此之上又有发明。这些发挥较麋信、杜预之说更为精密，似乎可以证明《解释》撰写于麋、杜之后。

一方面《解释》较范宁注为粗疏⑤。如僖公九年（3）注释【3】，《解释》、范注大致相同，但范宁又有"许嫁于诸侯，尊同"之义，显得更加精密。又如僖公十年（5）注释【32】，二者相较，范注的逻辑更为

---

① 如《周易注·上经·乾》"九三，君子终日乾乾，夕惕若厉，无咎"下，王弼《注》云："上不在天，未可以安其尊也；下不在田，未可以宁其居也。纯修下道，则居上之德废；纯修上道，则处下之礼旷。"见楼宇烈《王弼集校释》，中华书局1980年版，第211—212页。又如《论语集解义疏》卷七《宪问》"子曰：'果哉，末之难矣'"下，皇侃《疏》云："武王从天应民，而夷齐叩马，谓之杀君；夫子疾固勤海，而荷蒉之听，以为硁硁。……勤海之累，则焚书坑儒之祸起；革命之弊，则王莽赵高之衅成。"见《论语集解义疏》，载《丛书集成初编》，商务印书馆1937年版，第208—209页。皇侃此疏的文体特色，桥本秀美（乔秀岩）已有揭示，详见《南北朝至初唐义疏学研究》，博士学位论文，北京大学1999年版，第16—17页。乔氏博士论文中文版现已出版，见《义疏学衰亡史论》，万卷楼图书股份有限公司2013年版。
② 可与赵岐《孟子章句》对比，其体例自明。
③ 当然这仅是一种推测，学术不总是进步的，需求也是多元的。
④ 罗振玉据此注断言《解释》即麋信《注》，见《敦煌丛刊初集》第6册，第363页。刘师培辨之云："然此云不日卒，又不书葬。彼则仅云不日卒。观《疏》于不书葬之说，复以己意相诠，则麋无斯说甚明。奚得以此注为麋注？"见《刘申叔遗书》，第2021页。刘氏颇能见其细微之异，然拘于唐人撰写之见而以此注为发挥《疏》义。
⑤ 判断《经》注撰写的先后，不能仅看文字的繁简，更应观察注释的精密与粗疏。后出转精较后出返粗的可能性更大。

严密。

另外,《解释》还有一个特点,即杂取《左传》、《公羊》、杜预、何休以解本《传》,其中有明显与《穀梁》文义相违反的解释。如僖公十年(5)注释【1】,《解释》云里克立惠公,乃据《公羊》《左传》为说,实与《穀梁》"故里克所为弑者,为重耳也。夷吾曰:'是又将杀我也。'"文义违反。又如僖公十五年(8)注释【1】,《解释》取何休为说,实与《穀梁》之义相违。范宁在《春秋穀梁传序》中对其所见之《穀梁》学有过这样一段描述:"释《穀梁传》者虽近十家,皆肤浅末学,不经师匠。辞理典据既无可观,又引《左氏》《公羊》以解此《传》,文义违反,斯害也已。"① 《解释》中杂取二《传》、二《注》作解,却又明显与《穀梁》文义违反的现象似乎正是范宁所见并被其严厉批评的。

总体来看,《解释》的旧学特征更为明显,较范注为落后。但其能取杜预并有所发挥,较北方经学又为进步②。其撰者为晋大河以南之人的可能性更大③。综上所述,《解释》可能是糜信、杜预之后范宁之前的晋人著作,其撰写时代不当晚至唐初。

三、《春秋穀梁经传解释》的性质

1. 底本、分卷与题名

《解释》的底本杂取了当时《左传》《公羊》的经传文字④,这种现象可能不是偶然的。《隋书·经籍志》著录晋博士刘兆有"春秋公羊穀梁传十二卷"⑤,《旧唐书·经籍志》作"春秋公羊穀梁左氏集解十一卷"⑥。《晋书·儒林传》言刘兆:"以《春秋》一经而三家殊涂,诸儒是非之议

---

① 范宁这里批评的不是引《左传》《公羊》以解《穀梁》的这种解释方法,因为范注本身就多取二《传》为解。他所批评的是引二《传》为解却不能与《穀梁》本义相通,以致文义违反的这种情况。
② 此处北方指大河以北,与南北朝的南北界限不尽相同。此说参考了唐长孺《读抱朴子推论南北学风的异同》一文中的意见。详见唐长孺《魏晋南北朝史论丛》,中华书局2011年版,第348—350页。
③ 胡宝国先生曾提示,要考虑《解释》撰者的地域背景。受其启发,故略作此说。如果细分,有几种可能:撰者如在杜预后之西晋,有可能是河南人;撰者如在范宁前之东晋,则可能是东渡侨人或江南土著。可能性最小的是西晋时河北人与十六国人。
④ 其例可参僖公九年(4)注释【7】,僖公十年(7)注释【1】,僖公十四年(2)注释【1】。
⑤ 魏征等:《隋书》,中华书局1973年版,第931页。
⑥ 刘昫等:《旧唐书》,中华书局1975年版,第1979页。

纷然，互为雠敌，乃思三家之异，合而通之。《周礼》有调人之官，作《春秋调人》七万余言，皆论其首尾，使大义无乖，时有不合者，举其长短以通之。又为《春秋左氏》解，名曰《全综》，《公羊》《穀梁》解诂皆纳经传中，朱书以别之。"① 这种调和三《传》著作的出现，可能会使三《传》各自所据之经传文字发生混淆②。《解释》本中出现的混用《左传》《公羊》经传文字的现象或即与此有关。

伯4905＋伯2535《解释》残卷卷末题有"春秋穀梁经传解释僖公上第五"，根据这一尾题可对其分卷有如下猜测。原卷将"僖公"分为了两卷，即僖公元年至十五年为一卷，僖公十六年至三十三年为一卷。这一分卷目的大概是为了使各卷字数大体相当。如此，推想原卷情况，可能是：隐公为第一卷；桓公为第二卷；庄公分上下，庄公上为第三卷；庄公下合闵公为第四卷③；僖公分上下，僖公上为第五卷；僖公下为第六卷；文公为第七卷；宣公为第八卷；成公为第九卷；襄公分上下，襄公上为第十卷；襄公下为第十一卷；昭公分上下，昭公上为第十二卷；昭公下为第十三卷；定公为第十四卷；哀公为第十五卷。即全书可能分为十五卷④。

《解释》全名作"春秋穀梁经传解释"，是有兼解经传之义。又可与杜预《春秋左氏传序》所云"分《经》之年，与《传》之年相附，比其义类，各随而解之，名曰'经传集解'"相发明⑤。昔四库馆臣以为《春秋经》《穀梁传》"初亦别编，范宁《集解》乃并《经》注之，疑即宁之所合"⑥。今由《解释》残卷可知《经》《传》之合当在范宁以前，然亦不必《解释》始合之。

---

① 房玄龄等：《晋书》，中华书局1974年版，第2349页。
② 《隋书·经籍志》又著录有贾逵《春秋三家经本训诂》十二卷，侯康《补后汉书艺文志》云："据此数条知此书体例于《左氏》经文之异《公》《穀》者，必释之曰《公》《穀》作某。"见《二十五史补编》第2册，第2110页。贾逵此书当是校定《左传》经文与《公羊》《穀梁》经文之异同，旨在区别，与刘兆之书迥然不同，其使三《传》文字发生混淆的可能性不大。
③ 伯2590《春秋穀梁传集解》卷首起庄公十九年，并题"春秋穀梁传庄公下第"，卷中闵公元年之前题"春秋穀梁传闵公第四"，闵公二年卷尾题"春秋穀梁传卷第"。此卷即将庄公分为上下，庄公下与闵公合为一卷。
④ 《隋书·经籍志》著录"梁有《春秋穀梁传》十五卷，汉谏议大夫尹更始撰，亡"，见《隋书》，第931页。可知《穀梁》著作确有分作十五卷之例。
⑤ 孔颖达云："杜言'集解'，谓聚集经传为之作解。"
⑥ 《四库全书总目》，第211页。

2. 注释特点

其一，《解释》以章句体解经传，更重文意的疏通，于经传义例的推导、归纳、发明不甚措意。此注有两处以比《经》之法[1]、三处以比《传》之法[2]作解者，但这些都不是对经传条例的有意总结[3]。又有一处据《左传》发明《经》例[4]，然其主旨也在于解《经》之义，不在于发明条例本身。

其二，《解释》杂取众书为解，并不局限于三《传》之属。其杂取之用，可归纳为三类：一曰取《左传》、杜预、何休、郑玄等以解史事[5]；二曰取《国语》、何休、杜预等以训字词[6]；三曰取《礼记》、《论语》、《白虎通》、《公羊》、何休、《左传》、杜预、糜信等以发经义[7]。

其三，《解释》对《穀梁》牴牾不通之说采取回护态度。如僖公十二年（2）注释【5】，《解释》指出《穀梁》所言似不符合事实，然而又为其弥缝[8]。

---

[1] 见僖公十五年（14）注释【2】【3】。
[2] 见僖公十一年（1）注释【2】，僖公十四年（1）注释【1】，僖公十四年（2）注释【1】。
[3] 《解释》是利用推导、归纳、发明条例的"比经""比传"之法作注，其旨在解释经传，而不是推导、归纳、发明条例本身。虽然有关条例本身的研究多专门之作，如颖容、杜预的《春秋释例》，郑众的《春秋左氏传条例》，何休的《春秋公羊传条例》，范宁的《春秋穀梁传例》，但何休《解诂》、杜预《集解》、范宁《集解》中也颇有说解条例的文字。《解释》的这类注释在性质上与它们有所不同。
[4] 见僖公十二年（2）注释【6】。
[5] 其例可参僖公十年（2）注释【1】，僖公十一年（4）注释【1】，僖公十二年（2）注释【2】，僖公十三年（5）注释【1】，僖公十四年（1）注释【1】，僖公十四年（2）注释【1】，僖公十五年（2）注释【1】，僖公十五年（3）注释【1】，僖公十五年（7）注释【1】，僖公十五年（13）注释【1】，僖公十五年（14）注释【3】。
[6] 其例可参僖公十年（5）注释【19】【20】【27】【33】，僖公十五年（11）注释【1】。
[7] 其例可参僖公十一年（2）注释【1】，僖公十一年（3）注释【1】，僖公十二年（2）注释【6】，僖公十四年（2）注释【4】，僖公十四年（3）注释【3】，僖公十四年（5）注释【2】，僖公十五年（1）注释【1】，僖公十五年（5）注释【2】，僖公十五年（11）注释【7】，僖公十五年（13）注释【2】，僖公十五年（14）注释【2】。
[8] 有意思的是范宁于此无注。范氏在《春秋穀梁传序》中说："凡传以通经为主，经以必当为理。夫至当无二，而三《传》殊说，庸得不弃其所滞，择善而从乎？既不俱当，则固容俱失。若至言幽绝，择善靡从，庸得不并舍以求宗，据理以通经乎？虽我之所是，理未全当，安可以得当之难，而自绝于希通哉！"此段文字铿然有声，谈经学史者于此多有阐发：其不主一家，弃传谈经，实开唐宋人之门径。详见皮锡瑞《经学历史》、本田成之《经学史论》等。范宁于《穀梁》不通之处无注，一方面可以视为他回护《穀梁》对其问题避而不谈，另一方面也可以看作他其实对此《传》不满，弃而不注。但无论我们认同哪种理解，范宁的处理方法较之《解释》的强说都是一种进步。

3. 抄写目的

伯 4905 + 伯 2535《解释》残卷抄写于唐代前期，其证已见上文。此处想讨论的是，在范宁《集解》行世二百五十余年后[①]，为何还要花费人财之力郑重抄写这样一部有关《穀梁传》的解释著作？《晋书·范宁传》云："初，宁以《春秋穀梁传》未有善释，遂沉思积年，为之集解，其义精审，为世所重。"[②] 由此寥寥数语即可见出范宁《集解》的质量如何。既然范注精审，何必再抄他注？其实这也与《解释》的性质有关。

《南齐书·陆澄传》云："永明元年，澄领国子博士时，国学置郑、王《易》，杜、服《春秋》，何氏《公羊》，麋氏《穀梁》。澄谓尚书令王俭曰：'晋泰元旧有麋信注，逮颜延之为祭酒，益以范宁，麋犹如故，恐不足两立，必谓范善，便当除麋。'俭答曰：'《穀梁》小书，无俟两注，存麋略范，率由旧式。'"侯康《补三国艺文志》云："案，《穀梁疏》于范注之略者，每引麋注补之，其文当较范为详，故晋泰元立穀梁博士用麋注，至齐犹然。"[③] 虽然王俭存麋略范的原因可能还有认为《穀梁》不甚重要故便宜行事的成分，但大概主要还是由于麋注较范注详细，侯康的看法应当不错。以范注与《解释》对读，即可发现，范宁解经传较为精练，多有不出注之处。而其不注之处，《解释》多有注文。故其虽精审而为世重，但并不十分适合作为初读《穀梁》的入门著作，或讲解《穀梁》的指导教材。而《解释》则是通释经传之文，说解字词与串讲句意兼备的章句体注本，这一性质正可以满足这类需求。

我们又知道，为范注作疏的杨士勋也参加了孔颖达主持的《左传正义》的初修，其事当在贞观十六年以前[④]。《正义》后来又经过贞观十六年、永徽二年两次刊正，其正式颁行则到了高宗永徽四年："至四年三月

[①] 王熙元云："据宁《序》所言，汪（范宁父）殁之后，始成《集解》，刘氏《东晋南北朝学术编年》以汪卒于哀帝兴宁三年（公元三六五年）；钱氏以宁《集解》宜作于豫章免郡之后，则当孝武之世。"见《穀梁范注发微》，第 74 页。范宁免豫章太守在太元十七年（公元 392 年），卒在隆安五年（公元 401 年），则《集解》成书行世当在其间（免郡之年与卒年均据王熙元《范宁年谱初稿》，《国文学报》1981 年第 10 期）。今以公元 401 年为《集解》行世之下限，以高宗元年即公元 650 年为此卷抄写之上限。

[②]《晋书》，第 1989 页。

[③] 侯康：《补三国艺文志》，载《丛书集成初编》，中华书局 1985 年版，第 15 页。

[④] 孔颖达《春秋正义序》云："谨与……故四门博士臣杨士勋……对共参定。至十六年，又奉敕与……覆更详审，为之正义。"

一日，太尉无忌、左仆射张行成、侍中高季辅及国子监官，先受诏修改《五经正义》，至是功毕，进之。诏颁于天下，每年明经，依此考试。"①杨氏是否参加了后来的刊定，我们不得而知，但其所作的《榖梁疏》大概即撰写于太宗末年、高宗初年的这段时间。《解释》本抄写之时，杨疏可能还未最终成书或者流行未广，其使用大概也不如今日注疏本方便②。故抄写《解释》这样的章句体成书，在当时可能是非常实际而迫切的要求。从《解释》残卷书法的端整之态看，此卷可能抄自中原或南方，后被带到敦煌；抄写之事可能与官府有关，或者即官府所为。其后杨书渐兴，《解释》以及性质与其接近的旧注渐被淘汰。今人于范宁以前之晋人旧注，赖此残卷而知一斑③。

第二节　范宁《春秋榖梁传集解》释地考

一、来自"范注诸说地名皆本杜预"说的启发

隐公元年《经》"三月，公及邾仪父盟于眛"下，范宁《春秋榖梁传集解》云："眛，鲁地。"钟文烝《春秋榖梁经传补注》云："范注诸说地名皆本杜预。"④ 钟氏此说到底如何？范宁《集解》于《春秋》地名出注者共211条⑤，其中范注释地取杜说者178条⑥，不取杜说者33条。由此可见，钟氏之说大体不错。同时，也牵引出一个问题：范

---

① 王溥：《唐会要·论经义》，中华书局1955年版，第1405页。
② 《榖梁疏》初成之时以单疏本形式流传，未与经、传、注合抄。今日我们尚能见到清人传写的单疏本《榖梁》，据此可以略知此书初传时的形态。
③ 范注、杨疏以及其他古书所引晋人《榖梁》旧注支离破碎，这从清人的辑佚著作中即可看出，与此残卷不可同日而语。
④ 《春秋榖梁经传补注》，第8页。下文引钟文烝《补注》均简称"钟云"。
⑤ 除地名外，山水、城邑之名等，凡以"地"作解之注，均在考察范围。同一地名，如范注说解相同，仅计数一次；如说解有别，则分别计数。
⑥ 可参看本书附录二《范宁释地取杜预说集录》。

注释地在大量采用杜说的情况下，为何又有33条不取杜说？本节对此33条未取杜说的范注释地之文逐条进行了考察，给出了初步的解释。而这一问题的讨论，也有助于我们进一步理解范宁《集解》的性质与特征①。

二、范注释地不取杜说考

1. 不取杜说，盖因杜说之义为《穀梁》所无或与《穀梁》相违

（1）（1.8.8）九月，辛卯，公及莒人盟于包来[注]②。

范云："包来，宋邑。"

杜云："浮来③，纪邑。东莞县北有邳乡，邳乡西有公来山，号曰邳来间。"

案，包来之地今有二说：或在今沂源县、沂水县之间，沂水东岸④；或在今莒县西⑤。杜说之地近于后者。《左传》云："公及莒人盟于浮来，以成纪好也。"杜云："二年，纪、莒盟于密，为鲁故。今公寻之，故曰'以成纪好'。"范宁不取杜预"纪邑"之说，盖因《穀梁》无"以成纪

---

① 本书排版之际，我又读到吴连堂《〈春秋穀梁经传补注〉研究》，其中已涉及范注释地"同杜""异杜"的讨论。但吴氏之书的研究重点在钟文烝《补注》，本节的研究与吴说亦有差异。读者可以参看吴连堂《〈春秋穀梁经传补注〉研究》，载潘美月、杜洁祥主编《古典文献研究辑刊》五编，第17册，花木兰文化出版社2007年版，第44—49页。
② 标"【注】"之处，为范宁出注之处，下同。
③ 《左传》"包来"作"浮来"。陆云："包音苞，一音浮。"隐公五年《传》"苞人民"下，钟云："王念孙曰：'注训苞为制，非也。苞，读为俘。俘，取也。贾逵《国语注》曰：伐国取人曰俘。作苞者，假借字耳。《尔雅》曰：俘，取也。《汉书》晋灼、刘德《注》曰：包，取也。《说文》：捊，引取也。或作抱。凡从包从孚之字，多以声近而通。'文烝案，《诗·采薇》，《正义》引《穀梁》作拘字，僖四年《疏》亦言'拘人民'，今姑从王说。言斩树木者，古者列树以表道也。《春秋说题辞》曰：'伐者，涉人国内行威，有所斩坏。'依《传》义也。注论害之轻重，本郑君《释废疾》，见《疏》。其实亦不然。《传》言斩坏，谓既俘殴又斩坏，故为重耳，古书释名义之文多有此例。《尔雅》释饥、馑、荒与《传》襄二十四年之文相出入，其最著者矣。此《传》通释《经》例，即凡古之侵伐者，如《易》言'利用侵伐'，《书》言'侵之疆，杀伐用张'，亦大率皆同。所谓兵者民之残，于是见之。赵匡、陆淳驳之，斯不然矣。"王氏驳范注，训苞为俘，是。从包从孚之字，声近互通，其例甚多。又如成公二年《左传》云："右援枹而鼓。"陆云："本亦作桴。""援枹"即"援桴"。
④ 谭其骧主编：《中国历史地图集·春秋》，第26—27页。
⑤ 杨伯峻：《春秋左传注》（修订本），第57页。

好"之义。然而此盟无在宋地之理,范注的依据尚不清楚,暂时存疑①。

(2)(3.32.1)三十有二年,春,城小谷[注]。

范云:"小谷,鲁邑。"

杜云:"小谷,齐邑。济地谷城县城中有管仲井。"

案,《左传》云:"为管仲也。"杜云:"公感齐桓之德,故为管仲城私邑。"是杜预以为城小谷者是鲁庄。昭公十一年,《左传》引申无宇之言曰:"齐桓公城谷,而置管仲焉。"盖左氏据申无宇之辞而传此《经》。然据申无宇所言城谷者是齐桓,此《经》若是言齐桓城之,则不当省略主语。杜预已觉左氏前后似不通,故以鲁庄城之,旨在弥合《左传》。又徐云:"二《传》作'小'字,与《左氏》异。"昭十一年杜注亦云:"城谷在庄三十二年。"盖《左传》较早版本中此《经》确有作"城谷"者②。《穀梁》于此《经》无传,范宁不取《左传》、杜预之义。

(3)(5.19.2)夏,六月,宋公、曹人、邾人盟于曹南[注]。

范云:"曹南,曹之南鄙。"

杜云:"曹虽与盟而犹不服,不肯致饩,无地主之礼,故不以国地,而曰曹南,所以及秋而见围。"

案,《穀梁》于此《经》无传,杜预以为《经》不书"曹"而书"曹南"有义在焉,范宁未取其说。

(4)(6.7.6)戊子,晋人及秦人战于令狐[注]。

范云:"令狐,秦地。"

杜预于此无注,然《左传》"戊子,败秦师于令狐,至于刳首"下,杜出注云:"令狐在河东,当与刳首相接。"

案,钟云:"言秦地者,依《传》在外之文为说也。……《释例·土地名》令狐在晋地名中,刳首在秦地名中。杜据《左传》僖二十四年秦纳晋公子,济河,围令狐;成十一年晋侯在令狐,秦伯不肯涉河,使史颗盟晋侯于河东,故知令狐是晋地,在河东,接秦刳首。"③是下《经》"晋先蔑奔秦",《穀梁》传之曰:"不言出,在外也。"杜说与《穀梁》相

---

① 因无版本依据,又不可轻易归为传写之讹。
② 根据这些情况,便有两种可能:或是《左传》作"城谷"不误,此《经》言鲁庄助役齐桓为管仲城谷,谷是齐邑;或是古本《左传》"小谷"已误作"谷",故左氏误据齐桓城谷置管仲事解此鲁庄城小谷事,而此《经》小谷本是鲁邑,事亦与管仲无涉。
③ 《春秋穀梁经传补注》,第382页。

违,范宁不取。

(5)(7.11.2)夏,楚子、陈侯、郑伯盟于夷陵[注]。

范云:"夷陵,齐地。"

《左传》"夷"作"辰",杜云:"辰陵,陈地。颍川长平县东南有辰亭。"①

案,毛奇龄《春秋简书刊误》云:"《穀梁》以为辰必楚地,如辰阳之辰,故以南郡之夷陵别出之。"② 是毛氏以为《穀梁》以其地属楚,故改"辰"作"夷"。盖杜说与《穀梁》"夷陵"之文不能通,故范宁不取。然而此盟无在齐地之理,范注的依据尚不清楚,暂时存疑③。

(6)(8.1.6)秋,王师败绩于贸戎[注]。

然则孰败之?晋也。

范云:"贸戎,地。"

《左传》"贸"作"茅",杜云:"茅戎,别种也。不言战,王者至尊,天下莫之得校,故以自败为文。不书败地,而书茅戎,明为茅戎所败。"

案,《左传》云:"三月,癸未,败绩于徐吾氏。"杜云:"徐吾氏,茅戎之别也。"而《公羊》《穀梁》皆以"贸戎"为地名,而谓晋实败之④。杜说与《穀梁》相违,范宁不取。

(7)(8.17.10)壬申,公孙婴齐卒于貍蜃[注]。

其地,未逾竟也。

范云:"貍蜃,鲁地也。"

《左传》"蜃"作"脤",杜云:"貍脤,阙。"⑤

---

① 阮元云:"案,惠栋云:'郦氏曰今此亭在长平城西北。长平县在东南。或杜氏不谬,传写误耳。'"
② 毛奇龄:《春秋简书刊误》,载《景印文渊阁四库全书》第176册,第429页。
③ 因无版本依据,又不可轻易归为传写之讹。
④ 傅隶朴以为《公》《穀》之说是推寻上下《经》文所得,然均不可靠:"何休注以为宣公元年有'晋赵穿师师侵柳',昭二十三年有'晋人围郊',此外王与他国无过节,知必为王师讨晋,晋侯逆败之。按,宣元年之'柳',左氏作'崇',是秦之与国,而不是天子之邑。……至昭二十三年围郊,《左传》云'二师围郊。癸卯,郊、鄩溃。丁未,晋师在平阴,王师在泽邑。王使告间,庚戌还。'杜注:'二师,王师、晋师也。郊、鄩二邑,皆子朝所得。'"见傅隶朴《春秋三传比义》中册,中国友谊出版公司1984年版,第257—258页。
⑤ 杜预《春秋释例·土地名》将貍脤列入"未闻古属何国"之类。见《景印文渊阁四库全书》第146册,第164页。

《穀梁》文献征

案，孔云："又杜于《土地》之篇，凡有地名二十六所，不知所在之国，貍脤即是其一，不知是何国之地，故直云阙也。杜又称旧说曰：'壬申，十月十五日。貍脤，鲁地也。'《传》曰'十月庚午围郑'，则二日未得及鲁竟也。《释例》又曰：'鲁大夫卒其竟内，则不书地。《传》称季平子行东野，卒于房是也。'以此益明貍脤非鲁地矣。"《穀梁》云："其地，未逾竟也。"范宁据此说貍蜃为鲁地，与杜预所引旧说同。杜说与《穀梁》相违，范宁不取。

（8）（9.2.9）冬，仲孙蔑会晋荀䓨、齐崔杼、宋华元、卫孙林父、曹人、邾人、滕人、薛人、小邾人于戚，遂城虎牢。

若言中国焉，内郑也[注]。

范云："虎牢，郑邑。"

《左传》云："孟献子曰：'请城虎牢以逼郑。'"杜云："虎牢，旧郑邑，今属晋。"

案，《穀梁》云："内郑也。"杨云："今《经》不系虎牢于郑者，如国中之邑也。所以如国中之邑者，郑服罪，故内之也。……《公羊》以为虎牢不系郑者，为中国讳伐丧。说《左氏》者，以为虎牢已属晋，故不系郑，并与《穀梁》异。"盖范宁嫌杜说与《穀梁》不尽同，故亦不尽取其说。

（9）（9.5.4）仲孙蔑、卫孙林父会吴于善稻[注]。

吴谓善伊，谓稻缓。号从中国，名从主人。

范云："善稻，吴地。"

《左传》"稻"作"道"，杜云："善道，地阙。"①

案，《穀梁》云："吴谓善伊，谓稻缓。"盖范宁据此以为善稻是吴地明矣，故不取杜说。

（10）（10.9.2）许迁于夷[注]。

范云："以自迁为文而地者，许复见也。夷，许地。"

杜预于"夷"无注，然《左传》"二月，庚申，楚公子弃疾迁许于夷，实城父"下，杜出注云："城父县属谯郡。"僖公二十三年《左传》"遂取焦、夷，城顿而还"下，杜云："焦，今谯县也。夷，一名

---

① 杜预《春秋释例·土地名》将善道列入"未闻古属何国"之类。见《景印文渊阁四库全书》第146册，第164页。

城父，今谯郡城父县。二地皆陈邑。"则夷本是陈地为楚所夺，故楚迁许于此①。

案，庄公十年《穀梁》云："迁者，犹未失其国家以往者也。"僖公元年、成公十五年《穀梁》云："迁者，犹得其国家以往者也。"盖范宁据《穀梁》之义，以为许未失国，故以"夷"属许。

（11）（10.18.5）冬，许迁于白羽[注]。

范云："白羽，许地。"

《左传》云："冬，楚子使王子胜迁许于析，实白羽。"杜预于此"白羽"无注。然僖公二十五年《左传》"秦人过析隈"下，杜出注云："析，楚邑，一名白羽，今南乡析县。"

案，庄公十年《穀梁》云："迁者，犹未失其国家以往者也。"僖公元年、成公十五年《穀梁》云："迁者，犹得其国家以往者也。"盖范宁据《穀梁》之义，以为许未失国，故以"白羽"属许。

（12）（10.25.6）次于阳州。

次，止也[注]。

范云："阳州，齐竟上之地。"

杜云："阳州，齐、鲁竟上邑。"

案，钟云："注本杜预。杜云：'齐、鲁竟上邑。'范删'鲁'字。案，《左传》襄三十一年，齐闾丘婴帅师伐阳州，则彼时地属鲁；定八年，公侵齐，门于阳州，则其后属齐。疑是时已为齐竟矣。"②昭公二十六年，《穀梁》云："公次于阳州，其曰至自齐，何也？以齐侯之见公，可以言至自齐也。"范宁未必如钟氏所言据《左传》为说，他更可能是依据《穀梁》此文以阳州为齐境之地。盖范宁嫌杜说与《穀梁》不尽同，故亦不尽取其说。

2. 不取杜说，盖因范宁更信比《经》推理之法

（13）（10.1.3）三月，取郓[注]。

范云："郓，鲁邑。"

杜预于"郓"无注，然襄公十二年，杜出注云："郓，莒邑。"《左

---

① 孔云："许自楚庄王以来，世属于楚，常与郑为仇敌。今畏郑，欲迁都近楚，楚从其意而迁之，故以许自迁为文。"
② 《春秋穀梁经传补注》，第658页。

传》云:"季武子伐莒,取郓。……莒、鲁争郓,为日久矣。"此郓为两国久争之地,然昭公元年当属莒。

案,杨云:"案,《左氏》郓为莒邑。范知鲁邑者,以《经》有城诸及郓之文。此郓不继莒,故知鲁邑也。《公羊传》曰:'郓者何?内之邑也。其言取何?不听也。'何休云:'不听者,叛也。'是范所据之文也。"依杨士勋之说,范宁不取《左传》、杜说,而比《经》推此郓为鲁邑。

3. 不取杜说,盖因范宁不能确定其地所在

(14)(2.2.6)蔡侯、郑伯会于邓[注]。

范云:"邓,某地。"陆云:"某地,不知其国,故云某,后放此。"

杜云:"颍川召陵县西南有邓城。"① 杜预《春秋释例·土地名》"蔡地"下有邓②。

案,《公羊》传例,以为离(二国)不言会,故以邓为国名,邓君在会。此据例说《经》,而贾、服从之。杜预据《左传》"始惧楚也",以为蔡、郑近楚,惧而会谋,故说邓是蔡地。范云"某地",一方面可能是欲混同《公》《左》二《传》,另一方面可能范宁确实不知邓之所在。

(15)(5.7.4)秋,七月,公会齐侯、宋公、陈世子款、郑世子华,盟于宁母[注]。

范云:"宁母,某地。"

《左传》"宁"作"甯",杜云:"高平方与县东有泥母亭,音如甯。"杜预《春秋释例·土地名》"鲁地"下有甯母③。

案,范云"某地",盖其不能确定宁母之所在。

(16)(5.9.2)夏,公会宰周公、齐侯、宋子、卫侯、郑伯、许男、曹伯于葵丘[注]。

今背殡而出会,以宋子为无哀矣。

范云:"葵丘,地名。"

杜云:"陈留外黄县东有葵丘。"杜预《春秋释例·土地名》"宋地"

---

① 孔云:"贾、服以邓为国,言蔡、郑会于邓之国都。《释例》以此颍川邓城为蔡地,其邓国则义阳邓县是也。以邓是小国,去蔡路远,蔡、郑不宜远会其都;且蔡、郑惧楚,始为此会,何当反求近楚小国而与之结援?故知非邓国也。"
② 见《景印文渊阁四库全书》第146册,第128页。
③ 见《景印文渊阁四库全书》第146册,第90页。

下有此葵丘①。

案，范不取杜说，一方面盖因范宁细玩《榖梁》"今背殡而出会，以宋子为无哀矣"之"出会"二字，以为葵丘不当是宋地；另一方面或因葵丘之所在有异说②，范宁不知如何取舍。

（17）（5.29.3）夏，六月，公会王人、晋人、宋人、齐人、陈人、蔡人、秦人，盟于翟泉[注]。

范云："翟泉，某地。"

杜云："翟泉，今洛阳城内大仓西南池水也。"杜预《春秋释例·土地名》"周地"下有翟泉③。

案，范云"某地"，盖其不能确定翟泉之所在。

（18）（7.7.4）冬，公会晋侯、宋公、卫侯、郑伯、曹伯于黑壤[注]。

范云："黑壤，某地。"

杜预于"黑壤"无注，然文公十七年《左传》"晋侯蒐于黄父"下，杜出注云："一名黑壤，晋地。"

案，范云"某地"，盖其不能确定黑壤之所在。

（19）（8.2.9）十有一月，公会楚公子婴齐于蜀[注]。

范云："蜀，某地。"

杜预于"蜀"无注，然宣公十八年《左传》"楚于是乎有蜀之役"下，杜出注云："蜀，鲁地。泰山博县西北有蜀亭。"

案，范云"某地"，盖其不能确定蜀之所在。

（20）（9.3.5）六月，公会单子、晋侯、宋公、卫侯、郑伯、莒子、邾子、齐世子光。己未，同盟于鸡泽[注]。

范云："鸡泽，地也。"

---

① 见《景印文渊阁四库全书》第146册，第110页。孔云："庄八年《传》曰：'连称、管至父戍葵丘。'杜云：'齐地，临淄县西有地名葵丘。'知此葵丘与彼异者，《传》称'齐侯不务德而勤远略，西为此会'，则此地远处齐西，不得近在临淄。故《释例》以为宋地，陈留外黄县东有葵丘。或曰河东汾阴县为葵丘，非也。《经》书夏会葵丘，九月乃盟，晋为地主，无缘欲会而不及盟也。是说不同之意。"

② 孔云："庄八年《传》曰：'连称、管至父戍葵丘。'杜云：'齐地，临淄县西有地名葵丘。'知此葵丘与彼异者，《传》称'齐侯不务德而勤远略，西为此会'，则此地远处齐西，不得近在临淄。故《释例》以为宋地，陈留外黄县东有葵丘。或曰河东汾阴县为葵丘，非也。《经》书夏会葵丘，九月乃盟，晋为地主，无缘欲会而不及盟也。是说不同之意。"

③ 见《景印文渊阁四库全书》第146册，第96页。

《穀梁》文献征

杜云："鸡泽，在广平曲梁县西南。"杜预《春秋释例·土地名》"晋地"下有鸡泽①。

案，范云"地也"，盖其不能确定鸡泽之所在。

(21)（9.8.4）季孙宿会晋侯、郑伯、齐人、宋人、卫人、邾人于邢丘[注]。

范云："邢丘，地。"

杜预于此"邢丘"无注，然宣公六年《左传》"秋，赤狄伐晋，围怀及邢丘"下，杜出注云："邢丘，今河内平皋县。"杜预《春秋释例·土地名》"晋地"下有邢丘②。

案，范云"地"，盖其不能确定邢丘之所在。

(22)（9.16.2）三月，公会晋侯、宋公、卫侯、郑伯、曹伯、莒子、邾子、薛伯、杞伯、小邾子于溴梁[注]。

范云："溴梁，地。"

杜云："溴水出河内轵县，东南至温入河。"

案，溴是水名，溴梁是溴水之堤③，盖在晋地。范云"地"，盖其不能确定溴梁之所在。

(23)（9.19.15）叔孙豹会晋士匄于柯[注]。

范云："柯，地。"

杜云："魏郡内黄县东北有柯城。"杜预《春秋释例·土地名》"卫地"下有柯④。

案，范云"地"，盖其不能确定柯之所在。

(24)（10.1.6）晋荀吴帅师败狄于大原[注]。

传曰：中国曰大原，夷狄曰大卤。号从中国，名从主人。

范云："大原，地。"

《左传》"原"作"卤"，杜云："大卤，大原晋阳县。"

案，范云"地"，盖其不能确定大原之所在。

(25)（10.13.4）秋，公会刘子、晋侯、齐侯、宋公、卫侯、郑伯、曹伯、莒子、邾子、滕子、薛伯、杞伯、小邾子于平丘[注]。

---

① 见《景印文渊阁四库全书》第146册，第134页。
② 见《景印文渊阁四库全书》第146册，第132页。
③ 《尔雅·释地》云："梁莫大于溴梁。"郭璞注云："溴，水名；梁，堤也。"
④ 见《景印文渊阁四库全书》第146册，第116页。

范云:"平丘,地也。"

杜云:"平丘在陈留长垣县西南。"杜预《春秋释例·土地名》"卫地"下有平丘①。

案,范云"地也",盖其不能确定平丘之所在。

(26)(10.22.7)刘子、单子以王猛居于皇[注]。

以者,不以者也。王猛嫌也。

范云:"皇,地。"

杜云:"河南巩县西南有黄亭。"杜预《春秋释例·土地名》"周地"下有皇②。

案,范云"地",盖其不能确定皇之所在。

(27)(11.4.4)五月,公及诸侯盟于皋鼬[注]。

一事而再会,公志于后会也。后,志疑也。

范云:"皋鼬,地名。"

杜云:"繁昌县东南有城皋亭。"杜预《春秋释例·土地名》"郑地"下有皋鼬③。

案,范云"地名",盖其不能确定皋鼬之所在。

(28)(11.7.5)齐侯、卫侯盟于沙[注]。

范云:"沙,地。"

杜云:"阳平元城县东南有沙亭。"杜预《春秋释例·土地名》"卫地"下有沙、瑣④。

案,范云"地",盖其不能确定沙之所在。

(29)(11.14.7)公会齐侯、卫侯于牵[注]。

范云:"牵,地。"

杜云:"魏郡黎阳县东北有牵城。"杜预《春秋释例·土地名》"卫地"下有牵,脾、上梁之间⑤。

---

① 见《景印文渊阁四库全书》第146册,第117页。
② 见《景印文渊阁四库全书》第146册,第97页。
③ 见《景印文渊阁四库全书》第146册,第109页。
④ 见《景印文渊阁四库全书》第146册,第117页。《左传》云:"齐侯从之,乃盟于瑣。"杜云:"瑣,即沙也。"
⑤ 见《景印文渊阁四库全书》第146册,第118页。《左传》云:"公会齐侯、卫侯于脾、上梁之间。"杜云:"脾、上梁间即牵。"

《穀梁》文献征

案，范云"地"，盖其不能确定牵之所在。

（30）（12.9.2）宋皇瑗帅师取郑师于雍丘[注]。

范云："雍丘，某地也。"

杜云："雍丘县属陈留。"杜预《春秋释例·土地名》"宋地"下有雍丘①。

案，范云"某地也"，盖其不能确定雍丘之所在。

（31）（12.12.3）公会吴于橐皋[注]。

范云："橐皋，某地。"

杜云："橐皋，在淮南逡遒县东南。"杜预《春秋释例·土地名》"楚地"下有橐皋②。

案，范云"某地"，盖其不能确定橐皋之所在。

（32）（12.12.4）秋，公会卫侯、宋皇瑗于郧[注]。

范云："郧，某地。"

杜云："郧，发阳也。广陵海陵县东南有发繇亭。"杜预《春秋释例·土地名》"吴地"下有郧、发阳③。

案，范云"某地"，盖其不能确定郧之所在。

（33）（12.13.3）公会晋侯及吴子于黄池[注]。

范云："黄池，某地。"

杜云："陈留封丘县南有黄亭，近济水。"杜预《春秋释例·土地名》"郑地"下有黄池，并云："陈留封丘县南有黄亭，近济水。《传》曰会于黄池，在县南。吴子执子服景伯以还，及户牖。然则黄池当在户牖西北。或以为陈留外黄县东沟，非矣。"④

案，范云"某地"，盖其不能确定黄池之所在。

由第三种情况我们也能看出，范宁参考的杜说仅限于杜预《集解》，他并未同时参考杜预的《春秋释例·土地名》⑤。

---

① 见《景印文渊阁四库全书》第 146 册，第 112 页。
② 见《景印文渊阁四库全书》第 146 册，第 148 页。
③ 见《景印文渊阁四库全书》第 146 册，第 152 页。
④ 见《景印文渊阁四库全书》第 146 册，第 109 页。
⑤ 据王熙元揭示，范宁取杜预《春秋释例》者 1 条，言卒葬之制。详见《穀梁范注发微》，第 292—293 页。但这并不能说明范宁也参考了《土地名》篇中的内容。

三、范注释地的性质与特征

1. 范注释地不是历史地理学的研究成果

通过对读范宁《集解》与杜预《集解》的释地部分可以发现，除阙地情况外，范注仅注出某地是某国之地而已，杜注则会注明某地在当时的具体位置。如果将杜注释地部分抽出单独观察，它更接近于一份古今地名的对照表，就像清人从《永乐大典》中辑出的杜预《春秋释例·土地名》的样子。而且杜氏也确实做过对应古今地名的工作，其在《土地名》中明言："以据今天下郡国县邑之名，山川道涂之实，爰及四表，自人迹所逮，舟车所通，皆图而备之。然后以春秋诸国邑盟会地名各所在附列之，名曰'古今书春秋盟会图别集疏'一卷，附之《释例》。"①

杜注释地的这一性质，倒是与其同时的另一部春秋地名研究著作非常相似：晋裴秀客京相璠等撰写的《春秋土地名》三卷②。京相璠的《春秋土地名》两见于《隋书·经籍志》：一在经部春秋类，一在史部地理类③。可见在唐人眼中京相此书是具有史部地理类著作性质的④。

反观范宁释地，其与杜预、京相绝不相同。一方面，范宁可能不具备足够的历史地理学知识。他注释过《尚书》⑤，熟悉《禹贡》的内容，但这不足以完成对春秋地名的考释。因为《禹贡》主要涉及的九州划分，被王庸称为"略与近世所谓自然区域相仿佛"⑥。这与政治区域本就不同，

---

① 《景印文渊阁四库全书》第146册，第86页。《提要》云："地名本之《泰始郡国图》。"又考证云："今考《土地名》篇称孙氏僭号于吴，故江表所记特略。则其属稿实在平吴以前，故所列多两汉三国之郡县，与晋时不尽合。"见《景印文渊阁四库全书》第146册，第1—2页。
② 其题名、卷数与杜预《春秋释例·土地名》也非常相似，这大概不是一种偶然。其书已佚，残存内容可参见清人王谟《汉唐地理书抄》中的辑本。
③ 见《隋书》，第932、983页。这就是后来章学诚总结的互著之法："至理有互通、书有两用者，未尝不兼收并载，初以不重复为嫌；其于甲乙部次之下，但加互注，以便稽检而已。"见章学诚《文史通义校注·附校雠通义》，叶瑛校注，中华书局1985年版，第966页。
④ 杜预《春秋释例·土地名》一篇虽与京相之书性质相同，但因其不能单独分出，故无法列入史部地理类。
⑤ 《隋书·经籍志》"《古文尚书舜典》一卷，晋豫章太守范宁注"下注云："梁有《尚书》十卷，范宁注，亡。"见《隋书》，第913页。
⑥ 王庸：《中国地理学史》，商务印书馆1938年版，第14页。

又因其文字简略，所言也就有限。另一方面，考释古今地名本非范宁措意之处，其释地之文终究是为说《经》解《传》而发。

2. 范注释地是力求简明的经传注释，体现了谨守《穀梁》的特征与据理通经的倾向

欲明范注释地的性质，除了考察范宁释地之文外，还可以从另一个角度观察：于《春秋》地名，是否存在杜预《集解》出注，而范宁《集解》不出注者。据统计，此种情况共62处①。其中53处地名，或《穀梁》已有明文说明其地，或通过上下《经》《传》之文可以推定其地所属，范宁可能即因此不再出注②。可见，范宁始终关注的是《经》《传》本身的说解，如其本身不言自明则不再费辞③。说《经》解《传》之外的地名考察，并非其用力之处，这是范宁与杜预释地的本质不同。范注实则更接近汉儒的传统，我们只要将《左传》贾、服注中的释地文字与之对比，即可明白④。

从上文的考察我们可以看出，范注具有不取杜说、不顾《左传》所记，仅据《穀梁》之说释地的特征。这种谨守、弥缝《穀梁》的注释之法，即是对"据传解经"方法的继承⑤。然而同时，我们又可以在范注释地之文中隐约见到"据理通经"的倾向⑥：由此，理可以高于三《传》⑦。这种由据传解经到据理通经的转变，正透露着经学发展的端倪。

---

① 同一地名，范宁已在前文出注，后文不注者，不计。
② 其余9处地名范宁不出注的原因不能确定，或是其地数说，范氏不知如何取舍。但可以确定的是，这类情况的比例很小。
③ 经注文字力求简明，从西汉末年开始便逐渐有此要求，这是对经学中繁琐之弊的一种反弹。范注力求简明的特点是这种要求的延续。
④ 贾、服注已佚，但据清人辑佚本尚能知其大貌。贾逵《春秋左氏传解诂》今存释地之注近40条，服虔《春秋左氏传解谊》今存释地之注60余条。详见马国翰《玉函山房辑佚书》，广陵书社2005年版。此处经北京师范大学古籍与传统文化研究院方韬学长提示，特此说明。
⑤ 加贺荣治认为东汉古文学确立了"据传解经"的方法。其说详见《魏晋经书解释所显示之方向》，载彭林主编《中国经学》第9辑，童岭译，广西师范大学出版社2012年版，第205—208页。
⑥ 参见上文第（13）条（10.1.3）之例。杨士勋以为范宁还据《公羊》为说，然而其首先所据者当是比《经》所推之理。
⑦ 范宁《春秋穀梁传序》也明言："凡传以通经为主，经以必当为理。夫至当无二，而三《传》殊说，庸得不弃其所滞，择善而从乎？既不俱当，则固容俱失。若至言幽绝，择善靡从，庸得不并舍以求宗，据理以通经乎？虽我之所是，理未全当，安可以得当之难，而自绝于希通哉！"

第四章 《穀梁》叙事初理

第一节 《穀梁》叙事的来源

一、《穀梁》不见国史、《左传》辩

唐刘知几《申左》论三《传》优劣云:"观二《传》所载,有异于此(指左氏)。其录人言也,语乃龃龉,文皆琐碎。夫如是者何哉?盖彼得史官之简书,此传流俗之口说。"① 宋朱熹云:"左氏曾见国史,考事颇精,只是不知大义,专去小处理会,往往不曾讲学。公、穀考事甚疏,然义理却精。二人乃是经生,传得许多说话,往往都不曾见国史。"② 元黄泽《论三传得失》云《穀梁》:"盖是当来得之传闻,不曾亲见国史,是国史难得见之一验。"又云:"《公》《穀》皆是有传授,然自传授之师已皆不得见国史矣。"③ 清俞正燮言二《传》不见国史、"苦于不知"④;陈澧云《穀梁》所知事少、"未见《左传》"⑤。由以上所引可见,《穀梁》

---

① 刘知几著,浦起龙通释:《史通通释》,王煦华整理,上海古籍出版社2009年版,第391页。
② 黎靖德编:《朱子语类》第6册,王星贤点校,中华书局1986年版,第2151—2152页。
③ 见赵汸《春秋师说》,载《景印文渊阁四库全书》第164册,第261页。
④ 参《癸巳存稿》卷二"鲁二女""杞子叔姬""单伯""鲁出姜不称氏"诸篇,见《俞正燮全集》第2册,于石、马君骅、诸伟奇点校,黄山书社2005年版,第33—37页。
⑤ 陈澧:《东塾读书记》,杨志刚编校,中西书局2012年版,第163—164页。

不见国史、《左传》说由来已久。盖因三《传》相较，《公》《穀》记事寡而不同于《左传》者多，前人据此即断言二《传》不见国史、所知事少。此类观点仅就二《传》记事异于《左传》，或《左传》记事而二《传》无文之例为说，不顾三《传》叙事相通者，故并不准确。

近人刘申叔《春秋三传先后考》开始注意《公》《穀》通于《左传》之例，他认为二《传》略闻《左传》之说而有昧其详者、致其讹者，同时又认为二《传》之文虽晚出亦有可补《左传》所缺者①。章太炎《经学略说》则云："《公》《穀》所举事实与《左氏》有同有异。大概《公》《穀》本诸《铎氏》。其不同者，铎本所无耳。"② 是刘、章二氏已能平等看待异同之例，并明言二《传》有所见，于事并非全然不知。

《穀梁》记事通于《左传》、可明其有所闻见之例不少，现从中择取五事为证：

1. （5.30.3）秋，卫杀其大夫元咺③及公子瑕。

【传】称国以杀，罪累上也，以是为讼君也。

案，僖公二十八年《左传》云："卫侯与元咺讼，宁武子为辅，针庄子为坐，士荣为大士。卫侯不胜。杀士荣，刖针庄子，谓宁俞忠而免之。执卫侯，归之于京师，置诸深室。宁子职纳橐饘焉。元咺归于卫，立公子瑕。"《穀梁》叙事通于《左传》。

2. （9.25.2）夏，五月乙亥，齐崔杼弑其君光。

【传】庄公失言，淫于崔氏。

案，《左传》云："庄公通焉，骤如崔氏，以崔子之冠赐人。侍者曰：'不可。'公曰：'不为崔子，其无冠乎？'"可见，《穀梁》所记"失言"与"淫"皆有依据，与《左传》相通。

3. （11.9.3）得宝玉大弓。

【传】或曰，阳虎以解众也。

案，《左传》云："夏，阳虎归宝玉大弓。书曰得，器用也。凡获器用曰得，得用焉曰获。六月，伐阳关，阳虎使焚莱门。师惊，犯之而出，奔齐。"《穀梁》所引或说与《左传》相通。

---

① 《刘申叔遗书》，第1214—1215页。
② 章炳麟：《国学讲演录》，华东师范大学出版社1995年版，第121页。
③ 《穀梁》传文接经文此处之后。

4. （1.9.3）侠卒。

【传】侠者，所侠也。

案，杨士勋云："徐邈引尹更始云'所者，侠之氏'，今范亦云'所，其氏'。则所者是侠之氏族，但未备爵命，故略名耳。麋信以为所非氏，所，谓斥也。"麋说恐非。鲁国所氏考可参章太炎《"所侠也"解》一文①。侠之氏，《左传》无文，赖《穀梁》而知。

5. （5.33.3）夏，四月，辛巳，晋人及姜戎败秦师于殽。

【传】不言战而言败，何也？狄秦也。其狄之，何也？秦越千里之险入虚国，进不能守，退败其师，徒乱人子女之教，无男女之别。秦之为狄，自殽之战始也。

案，傅隶朴云："《穀梁》此《传》全袭《公羊》，由于《公羊》未能列举'夷狄之'的依据，于是造为'秦越千里之险入虚国，进不能守，退败其师，徒乱人子女之教，无男女之别'的罪状以充实之。……秦军一路行来，除了过周北门超乘者三百乘，有'入险而脱'之嫌外，并未有奸淫劫掠的记述。……《穀梁》此种捏辞诬古，岂是理解圣《经》者所当有的态度？"②钟文烝云："《史记·赵世家》扁鹊云秦穆公曰：帝告我，霸者之子且令而国男女无别。又云：襄公败秦师于殽而归纵淫。《扁鹊传》亦同。《传》所云即其事也。"③可见《穀梁》叙事有其文献依据，并非如傅氏所言"捏辞诬古"。据《史记·赵世家》，秦穆公此言曾被记录下来："公孙支书而藏之，秦谶于是出矣。"④故有理由相信《穀梁》所据可能是国史类材料⑤。

二、《穀梁》叙事来源考

由上文所举之例可知，《穀梁》叙事的来源之一当与诸侯国史类文献有关。春秋时期诸侯国史当有记事简略如《春秋》者，此类史记相当于

---

① 《章太炎全集》第1册，第349—350页。
② 《春秋三传比义》上册，第578页。
③ 《春秋穀梁经传补注》，第354页。
④ 《史记》（修订本），第2143页。
⑤ 《史记·扁鹊传》作："公孙支书而藏之，秦策于是出。"见《史记》（修订本），第3353页。则此言或记于秦国国史。

《穀梁》文献征

大事年表；又有记事较详者，则可视为编年史①。这些文献详略虽有不同，但共同的特征是基本按编年记事。《穀梁》叙事中与《左传》《史记》所记相似者或许来源于此类文献，现举三例：

1. （7.2.4）秋，九月乙丑，晋赵盾弑其君夷皋。

【传】穿弑也，盾不弑而曰盾弑，何也？以罪盾也。其以罪盾，何也？曰：灵公朝诸大夫而暴弹之，观其辟丸也。赵盾入谏，不听。出亡至于郊。赵穿弑公而后反赵盾。史狐书贼曰："赵盾弑公。"盾曰："天乎！天乎！予无罪。孰为盾而忍弑其君者乎？"史狐曰："子为正卿，入谏不听，出亡不远。君弑，反不讨贼，则志同，志同则书重，非子而谁？"故书之曰"晋赵盾弑其君夷皋"者，过在下也。曰：于盾也，见忠臣之至；于许世子止，见孝子之至。

案，《左传》云："乙丑，赵穿攻灵公于桃园。宣子未出山而复。大史书曰'赵盾弑其君'，以示于朝。宣子曰：'不然。'对曰：'子为正卿，亡不越竟，反不讨贼，非子而谁？'宣子曰：'乌呼！我之怀矣，自诒伊戚。其我之谓矣。'孔子曰：'董狐，古之良史也，书法不隐。赵宣子，古之良大夫也，为法受恶。惜也，越竟乃免。'"②《史记·晋世家》云："盾遂奔，未出晋境。乙丑，盾昆弟将军赵穿袭杀灵公于桃园而迎赵盾。赵盾素贵，得民和；灵公少，侈，民不附，故为弑易。盾复位。晋太史董狐书曰'赵盾弑其君'，以视于朝。盾曰：'弑者赵穿，我无罪。'太史曰：'子为正卿，而亡不出境，反不诛国乱，非子而谁？'孔子闻之，曰：'董狐，古之良史也，书法不隐。宣子，良大夫也，为法受恶。惜也，出疆乃免。'"③叙事均与《穀梁》略同。

2. （10.4.4）秋，七月，楚子、蔡侯、陈侯、许男、顿子、胡子、沈子、淮夷伐吴。执齐庆封杀之。

【传】灵王使人以庆封令于军中曰："有若齐庆封弑其君者乎？"庆封曰："子一息，我亦且一言。曰：'有若楚公子围弑其兄之子而代之为君者乎？'"军人粲然皆笑。庆封弑其君，而不以弑君之罪罪之者，庆封不为灵王服也，不与楚讨也。《春秋》之义，用贵治贱，用贤治不肖，不以

---

① 王和《〈左传〉材料来源考》一文称前者为正式国史，后者为史官个人的记事笔记。详见《中国史研究》1993年第2期。
② 《十三经注疏·左传》，第365页。
③ 《史记》（修订本），第2008页。

乱治乱也。孔子曰："怀恶而讨，虽死不服，其斯之谓与？"

案，《左传》云："将戮庆封，椒举曰：'臣闻无瑕者可以戮人。庆封惟逆命，是以在此，其肯从于戮乎？播于诸侯，焉用之？'王弗听，负之斧钺，以徇于诸侯。使言曰：'无或如齐庆封弑其君，弱其孤，以盟其大夫。'庆封曰：'无或如楚共王之庶子围弑其君——兄之子麋而代之，以盟诸侯。'王使速杀之。"① 《史记·楚世家》云："以封徇，曰：'无效齐庆封弑其君而弱其孤，以盟大夫！'封反曰：'莫如楚共王庶子围弑其君兄之子员而代之立！'于是灵王使疾杀之。"② 叙事均与《穀梁》略同。

3.（10.18.2）夏，五月壬午，宋、卫、陈、郑灾。

【传】或曰，人有谓郑子产曰："某日有灾。"子产曰："天者神，子恶知之？是人也。同日为四国灾也。"

案，《左传》云："裨竈曰：'不用吾言，郑又将火。'郑人请用之。子产不可。子大叔曰：'宝以保民也。若有火，国几亡。可以救亡，子何爱焉？'子产曰：'天道远，人道迩，非所及也，何以知之？竈焉知天道？是亦多言矣，岂不或信？'遂不与，亦不复火。"③ 《史记·郑世家》云："六年，郑火，公欲禳之。子产曰：'不如修德。'"④ 所记均与《穀梁》相通。

除此之外，《穀梁》叙事还有取自"语"类文献者⑤，此类文献与国

---

① 《十三经注疏·左传》，第731—732页。
② 《史记》（修订本），第2044页。
③ 《十三经注疏·左传》，第840—841页。
④ 《史记》（修订本），第2128页。
⑤ 《汉书·艺文志》将史书附在"六艺略春秋"之后，但这仅代表西汉中晚期的一种学术观念。周秦汉初确实存在一种"语"类史书，且数量可观：《国语》即传世文献中此类的代表，而上博藏战国楚竹书、慈利战国墓地楚简、长沙马王堆汉墓帛书、阜阳双古堆汉简等出土文献中也有不少。学者对此类文献的讨论也在逐渐增多，可以参考：张政烺《〈春秋事语〉解题》，《文物》1977年第1期，亦可见张政烺《文史丛考》，收入《张政烺文集》第二卷，中华书局2012年版，第93—100页；张春龙《慈利楚简概述》，载艾兰、邢文编《新出简帛研究》，文物出版社2004年版，第5、8页；韩自强《二号木牍〈春秋事语〉章题及相关竹简释文考证》，载韩自强《阜阳汉简〈周易〉研究》，上海古籍出版社2004年版，第184—205页；李零《简帛古书与学术源流》（修订本），生活·读书·新知三联书店2008年版，第293—300页；张居三《〈国语〉研究》，博士学位论文，东北师范大学2008年版；俞志慧《古"语"有之》，华东师范大学出版社2010年版。

《穀梁》文献征

史类文献的根本区别在于不以编年叙事,并重视记言[①]。现举两例:

1.（5.2.3）虞师、晋师灭夏阳。

【传】晋献公欲伐虢,荀息曰:"君何不以屈产之乘、垂棘之璧而借道乎虞也?"公曰:"此晋国之宝也,如受吾币而不借吾道,则如之何?"荀息曰:"此小国之所以事大国也。彼不借吾道,必不敢受吾币。如受吾币而借吾道,则是我取之中府而藏之外府,取之中厩而置之外厩也。"公曰:"宫之奇存焉,必不使受之也。"荀息曰:"宫之奇之为人也,达心而懦,又少长于君。达心则其言略,懦则不能强谏,少长于君则君轻之。且夫玩好在耳目之前,而患在一国之后,此中知以上乃能虑之,臣料虞君中知以下也。"公遂借道而伐虢。宫之奇谏曰:"晋国之使者,其辞卑而币重,必不便于虞。"虞公弗听,遂受其币而借之道。宫之奇谏曰:"语曰:'唇亡则齿寒。'其斯之谓与!"挈其妻子以奔曹。献公亡虢五年而后举虞。荀息牵马操璧而前曰:"璧则犹是也,而马齿加长矣。"

（5.5.9）冬,晋人执虞公。

【传】虞、虢之相救,非相为赐也。今日亡虢而明日亡虞矣。

案,虞假道于晋以伐虢后亦被晋所灭之事,《左传》、《史记》、《韩非子》、《吕氏春秋》、马王堆帛书《春秋事语》均有记载,但叙事有所不同[②]。其中《春秋事语》的叙事与《穀梁》最为接近:"晋献〔公〕欲袭郭（虢）,□叔〔曰〕:'君胡〔不以〕屈产之乘与矍革璧假道于虞?'公曰:'是吾保（宝）〔也〕,且宫之柯在焉,何益?'对曰:'□□□□□□□宫之柯□□□□□□□□□且少长于君前,亓（其）埶（势）有（又）庳（卑）。夫立（位）下而心需（懦）□□□□也,不敢尽而□□□□□□□亓（其）达不见荐言是不见亡之在一邦之后,而卷（眷）在耳目之前,夫□□□□□□□□果以假道焉。宫之柯□曰:'不可。夫晋之使者敝（币）厚而辞庳（卑）,□□□□□□□□□□□□□□□有□□□□。'〔弗〕听,遂受亓（其）求

[①] 张居三云:"《国语》是对《尚书》记言的发展和完善,它们都重在记言,没有时间的概念,不能以历史的时空坐标来确定,这或许是'语'不同于'春秋'的重要所在。"见《〈国语〉研究》,第37页。

[②] 《左传》《史记·晋世家》均有第二次假道事,他书无。

而假之道。献公之帀（师）袭郭（虢）环（还），遂囗［虞］。"① 此帛书1973年出土于马王堆三号汉墓，学者认为当是战国时期的作品②，抄写于"汉初或更早一些时候"③。《穀梁》所依据的大概就是流行于战国时的类似材料④。

2. (5.10.5) 晋杀其大夫里克。

【传】晋献公伐虢，得丽姬。献公私之，有二子，长曰奚齐，稚曰卓子。丽姬欲为乱，故谓君曰："吾夜者梦夫人趋而来，曰：'吾苦畏。'胡不使大夫将卫士而卫冢乎？"公曰："孰可使？"曰："臣莫尊于世子，则世子可。"故君谓世子曰："丽姬梦夫人趋而来，曰：'吾苦畏。'女其将卫士而往卫冢乎？"世子曰："敬诺。"筑宫，宫成。丽姬又曰："吾夜者梦夫人趋而来，曰：'吾苦饥。'世子之宫已成，则何为不使祠也？"故献公谓世子曰："其祠！"世子祠。已祠，致福于君。君田而不在。丽姬以酖为酒，药脯以毒。献公田来，丽姬曰："世子已祠，故致福于君。"君将食，丽姬跪曰："食自外来者，不可不试也。"覆酒于地，而地贲。以脯与犬，犬死。丽姬下堂而啼呼曰："天乎！天乎！国，子之国也，子何迟于为君？"君喟然叹曰："吾与女未有过切，是何与我之深也？"使人谓世子曰："尔其图之！"世子之傅里克谓世子曰："入自明！入自明则可以生，不入自明则不可以生。"世子曰："吾君已老矣，已昏矣。吾若此而入自明，则丽姬必死，丽姬死，则吾君不安。所以使吾君不安者，吾不若自死，吾宁自杀以安吾君，以重耳为寄矣。"刎脰而死。

案，丽姬谮杀太子申生事，《左传》《史记》《国语》《礼记》《吕氏

---

① 此处主要依据《〈春秋事语〉释文注释》录文，见《马王堆汉墓帛书（叁）》，文物出版社1983年版，第11页。同时参考了裘锡圭《帛书〈春秋事语〉校读》一文的意见，见《裘锡圭学术文集》第2卷，复旦大学出版社2012年版，第418—419页。
② 张政烺：《〈春秋事语〉解题》，载《文史丛考》，第97页。
③ 《马王堆汉墓帛书（叁）·出版说明》，第1页。
④ 裘锡圭、张政烺、李学勤等认为《春秋事语》可能是《铎氏微》一类的书。详见：裘锡圭《座谈长沙马王堆汉墓帛书》，《文物》1974年第9期；张政烺《〈春秋事语〉解题》，第94—95页；李学勤又认为"其本于《左传》而兼及《穀梁》，颇似荀子学风"，见李学勤《简帛佚籍与学术史》，江西教育出版社2001年版，第266—277页。唐兰则怀疑《春秋事语》是《汉书·艺文志》中的《公孙固》："它并不按时代次序，有几段记事和《左传》接近，但后面的议论，和《左传》都不同。……还有好多段史料是《左传》里完全没有的，……它不是《左传》系统而为另一本古书是无疑的。"见《座谈长沙马王堆汉墓帛书》，第51页。本书将《春秋事语》归入"语"类文献，暂与《铎氏微》一类相区别。

《穀梁》文献征

春秋》《说苑》《列女传》均有记载，详略有所不同。这里需要特别注意《国语》《礼记》的叙述。《国语·晋语二》云："申生乃雉经于新城之庙。将死，乃使猛足言于狐突曰：'申生有罪，不听伯氏，以至于死。申生不敢爱死，虽然，吾君老矣，国家多难，伯氏不出，奈吾君何？伯氏苟出而图吾君，申生受赐以死，虽死何悔！'是以谥为共君。"①《礼记·檀弓》云："晋献公将杀其世子申生，公子重耳谓之曰：'子盖言子之志于公乎！'世子曰：'不可。君安骊姬，是我伤公之心也。'曰：'然则盖行乎？'世子曰：'不可。君谓我欲弑君也，天下岂有无父之国哉！吾何行如之？'使人辞于狐突曰：'申生有罪，不念伯氏之言也，以至于死。申生不敢爱其死。虽然，吾君老矣，子少，国家多难，伯氏不出而图吾君，伯氏苟出而图吾君，申生受赐而死。'再拜稽首，乃卒。是以为恭世子也。"② 二者均言申生死前对狐突有所嘱托，《檀弓》甚至说劝申生自辩者即重耳。这些因素或多或少地在《穀梁》叙事中留下了痕迹，只是经过了变形：《穀梁》文中劝申生自辩者变为里克，而其所寄者变为重耳③。

以上所举，是《穀梁》叙事来自"语"类文献较为明确的例证。其实还有不少叙事之文具有语言描绘丰富的特征，只是由于今天我们所见有限，尚无法证实其确切的来历。

另外，随着清华简《系年》的公布，学者发现战国中晚期可能还存在一类非标准编年体的史书，李学勤认为其叙事体例"有些像所谓'纪事本末'"④，并言古本《竹书纪年》（至少是一部分）也并非如前人认识的那样分年排列，"其体例很可能更与《系年》有接近之处"⑤。战国中晚期存在这样一类史书，其实并不意外。我们读《左传》，也时常能发现其打破编年之序的地方⑥，这是历史叙事由简单到复杂的一种自然要求。其往往还与历史解释联系在一起，因为史书作者一旦想要解释历史事件的原因、目的等问题的时候，便不得不突破时间的限制。《穀梁》是否也参考

---

① 《国语集解》（修订本），第280—281页。
② 《十三经注疏·礼记》，第115—116页。
③ 这些叙事因素均不见于《左传》《史记》等书。
④ 李学勤：《从〈系年〉看〈纪年〉》，《光明日报》2012年2月27日第15版。
⑤ 李学勤：《由清华简〈系年〉论〈纪年〉的体例》，《深圳大学学报》（人文社会科学版）2012年第2期。
⑥ 《左传》中的"初"字即打破时间顺序叙事的一个标志。

过这类史书，由于文献不足征，尚不敢断言。但其叙事之文中留下的一些痕迹，值得注意。

(8.2.4) 秋，七月，齐侯使国佐如师。己酉，及国佐盟于爰娄。

【传】爰娄在师之外。郤克曰："反鲁、卫之侵地，以纪侯之甗来，以萧同侄子（之母）为质①，使耕者皆东其亩，然后与子盟。"国佐曰："反鲁、卫之侵地，以纪侯之甗来，则诺。以萧同侄子（之母）为质，则是齐侯之母也。齐侯之母犹晋君之母也，晋君之母犹齐侯之母也。使耕者尽东其亩，则是终土齐也，不可。请壹战，壹战不克，请再，再不克，请三，三不克，请四，四不克，请五，五不克，举国而授。"于是而与之盟。

【公羊】己酉，及齐国佐盟于袁娄。曷为不盟于师而盟于袁娄？前此者，晋郤克与臧孙许同时而聘于齐。萧同侄子者，齐君之母也。踊于棓而窥客，则客或跛或眇。于是使跛者逆跛者，使眇者逆眇者。二大夫出，相与踦闾而语，移日然后相去。齐人皆曰："患之起，必自此始。"二大夫归，相与率师为鞌之战，齐师大败。齐侯使国佐如师，郤克曰："与我纪侯之甗，反鲁、卫之侵地，使耕者东亩，且以萧同侄子为质。则吾舍子矣。"国佐曰："与我纪侯之甗，请诺。反鲁、卫之侵地，请诺。使耕者东亩，是则土齐也。萧同侄子者，齐君之母也。齐君之母，犹晋君之母也，不可。请战。壹战不胜，请再。再战不胜，请三。三战不胜，则齐国尽子之有也。何必以萧同侄子为质？"揖而去之。郤克眣鲁卫之使，使以其辞而为之请，然后许之。逮于袁娄而与之盟。

案，成公元年《经》"冬，十月"下《榖梁》云："季孙行父秃，晋郤克眇，卫孙良夫跛，曹公子手偻，同时而聘于齐。齐使秃者御秃者，使眇者御眇者，使跛者御跛者，使偻者御偻者。萧同侄子处台上而笑之，闻于客。客不说而去，相与立胥闾而语，移日不解。齐人有知之者曰：'齐之患必自此始矣！'"《榖梁》罕有不发义理仅叙事者，故此《传》当为误植。钟文烝曾给出一种修改意见："此《传》当与下'其日或曰'相连，误跳在此。盖以《传》合《经》者误之耳。"即他认为此《传》应与成公二年《经》"六月癸酉，季孙行父、臧孙许、叔孙侨如、公孙婴齐帅师会晋郤克、卫孙良夫、曹公子手，及齐侯战于鞌，齐师败绩"下《传》

---

① 钟文烝云："此及下文两言萧同侄子之母，'之母'二字皆衍文也。"见《春秋榖梁经传补注》，第473页。萧同侄子笑而以其母为质，颇不合理，当以钟说为是。

文相连。但这一修改令人感到不够妥帖。在对读《公羊》之文后，感觉此《传》应是"爱娄在师之外"后的一段脱文，因为此段追述正是在为后文"以萧同侄子为质"作铺垫。《公羊》此处的叙事更为完整，我们可以清楚地看到追述的标志性用语"前此者"的出现，而追述正是打破按时间顺序叙事的一种最常见的方式。

三、《穀梁》叙事同源文献考

还有一些西汉时成书的典籍，如《新语》《韩诗外传》《新序》，其中有叙事内容可与《穀梁》互证者。它们不应被简单视为《穀梁》对这些文献影响的证据①，也不能据此论证这些典籍的编撰者引《穀梁》之义、是《穀梁》学者②。这类叙事当是同源关系③。现举五例，加以说明④。

1. （11.10.2）夏，公会齐侯于頰谷。公至自頰谷。

【传】离会不致。何为致也？危之也。危之则以地致何也？为危之也。

---

① 李零云："研究语类故事，会有重复雷同，喜欢分析年代的学者，他们老想从'谁抄谁'来定早晚。但我们不应忘记的是，当时的'你抄我，我抄你'可能并没有早晚，因为这些'谈资'很可能是'资源共享'，来自同一个'资料库'。"见《简帛古书与学术源流》（修订本），第221页。
② 陆贾、韩婴、刘向与《穀梁》学固然关系密切，但不能据此类互见文献论证他们与《穀梁》学的关系。
③ 《列女传》也有与《穀梁》叙事甚为相近者，如《列女传·孽嬖》记"晋献骊姬""陈女夏姬"事与《穀梁》僖公十年"晋杀其大夫里克"、宣公九年"陈杀其大夫泄冶"之传文相似，《列女传·贞顺》记"宋恭伯姬"事与《穀梁》襄公三十年"五月甲午，宋灾，伯姬卒"之传文相似。但《列女传》与《新序》性质不同，其编撰过程中多有刘向之创造，而《新序》的编撰则以整理、保存早期文献为目的。可参见陈丽平《刘向〈列女传〉研究》，第223—251页；徐建委《〈说苑〉研究——以战国秦汉之间的文献累积与学术史为中心》。由于《列女传》的叙事经过刘向改编，已不能体现文献的较早面貌，故本书未将《列女传》与《穀梁》叙事相近之例列入此类现象讨论。
④ 近年来，有以"典籍重见"为题的若干资料汇编的编纂（如何志华、朱国藩、樊善标编著《〈古列女传〉与先秦两汉典籍重见资料汇编〈大戴礼记〉与先秦两汉典籍重见资料汇编》，香港中文大学出版社2004年版；《〈荀子〉与先秦两汉典籍重见资料汇编》，香港中文大学出版社2005年版；《〈新书〉与先秦两汉典籍重见资料汇编》，香港中文大学出版社2007年版；《〈文子〉与先秦两汉典籍重见资料汇编》，香港中文大学出版社2010年版），有以战国秦汉古书文献互见现象为题的专著出现（刘娇：《西汉以前古籍中相同或类似内容重出现象的研究——以出土简帛古籍为中心》，博士学位论文，复旦大学2009年版。此论文现已出版，见刘娇《言公与剿说——从出土简帛古籍看西汉以前古籍中相同或类似内容重复出现现象》，线装书局2012年版），这说明古书文献互见现象正逐渐被学者关注。

第四章 《穀梁》叙事初理

其危奈何？曰：颊谷之会，孔子相焉。两君就坛，两相相揖。齐人鼓噪而起，欲以执鲁君。孔子历阶而上，不尽一等，而视归乎齐侯曰："两君合好，夷狄之民，何为来为？"命司马止之。齐侯逡巡而谢曰："寡人之过也。"退而属其二三大夫曰："夫人率其君与之行古人之道，二三子独率我而入夷狄之俗，何为？"罢会。齐人使优施舞于鲁君之幕下。孔子曰："笑君者罪当死。"使司马行法焉，首足异门而出。齐人来归郓、讙、龟阴之田者，盖为此也。因是以见虽有文事，必有武备，孔子于颊谷之会见之矣。

案，此事《左传》《史记》《新语》《孔子家语》均有记载，而《新语·辨惑》叙事与《穀梁》最为接近："鲁定公之时，与齐侯会于夹谷，孔子行相事。两君升坛，两相处下，两相欲揖，君臣之礼，济济备焉。齐人鼓噪而起，欲执鲁公。孔子历阶而上，不尽一等而立，谓齐侯曰：'两君合好，以礼相率，以乐相化。臣闻嘉乐不野合，牺象之荐不下堂。夷狄之民何求为？'命司马请止之，定公曰：'诺。'齐侯逡巡而避席曰：'寡人之过。'退而自责大夫。罢会。齐人使优旃舞于鲁公之幕下，傲戏，欲候鲁君之隙，以执定公。孔子叹曰：'君辱臣当死。'使司马行法斩焉，首足异门而出。于是齐人惧然而恐，君臣易操，不安其故行，乃归鲁四邑之侵地。终无乘鲁之心，邻邦振动，人怀向鲁之意，强国骄君，莫不恐惧，邪臣佞人，变行易虑，天下之政，就而折中；而定公拘于三家，陷于众口，不能卒用孔子者，内无独见之明，外惑邪臣之党，以弱其国而亡其身，权归于三家，邑土单于强齐。夫用人若彼，失人若此；然定公不觉悟，信季孙之计，背贞臣之策，以获拘弱之名，而丧丘山之功，不亦惑乎！"[1] 对读之下可以发现，《新语》《穀梁》叙述此事互有详略。如《新语》记孔子谓齐侯之语详于《穀梁》；又载优人之戏乃为"欲候鲁君之隙，以执定公"，这就解释了孔子斩之的原因。此皆《新语》详于《穀梁》者。又如《穀梁》云孔子"视归乎齐侯曰"，《新语》仅云"谓齐侯曰"；《穀梁》记齐侯退而属其大夫之语，《新语》则无此语。此又《穀梁》详于《新语》者。二者所用材料当同源，但很难论定《新语》即受之于《穀梁》。

2. （8.5.4）梁山崩。

【传】不日，何也？高者有崩道也。有崩道，则何以书也？曰：梁山

---

[1] 王利器：《新语校注》，中华书局 1986 年版，第 78—79 页。

崩，壅遏河三日不流，晋君召伯尊而问焉。伯尊来，遇辇者，辇者不辟，使车右下而鞭之。辇者曰："所以鞭我者，其取道远矣。"伯尊下车而问焉，曰："子有闻乎？"对曰："梁山崩，壅遏河三日不流。"伯尊曰："君为此召我也，为之奈何？"辇者曰："天有山，天崩之。天有河，天壅之。虽召伯尊，如之何？"伯尊由忠问焉。辇者曰："君亲素缟，帅群臣而哭之，既而祠焉，斯流矣。"伯尊至，君问之曰："梁山崩，壅遏河三日不流，为之奈何？"伯尊曰："君亲素缟，帅群臣而哭之，既而祠焉，斯流矣。"孔子闻之，曰："伯尊其无绩乎！攘善也。"

案，此事《左传》《国语》《韩诗外传》均有记载，而《韩诗外传》叙事与之最为接近："梁山崩，晋君召大夫伯宗。道逢辇者，以其辇服其道。伯宗使其右下，欲鞭之。辇者曰：'君趋道岂不远矣，不如捷而行。'伯宗喜，问其居。曰：'绛人也。'伯宗曰：'子亦有闻乎？'曰：'梁山崩，壅河，顾三日不流，是以召子。'伯宗曰：'如之何？'曰：'天有山，天崩之。天有河，天壅之。伯宗将如之何？'伯宗私问之。曰：'君其率群臣素服而哭之，既而祠焉，河斯流矣。'伯宗问其姓名，弗告。伯宗到，君问伯宗，以其言对。于是君素服率群臣而哭之，既而祠焉，河斯流矣。君问伯宗何以知之，伯宗不言受辇者，诈以自知。孔子闻之曰：'伯宗其无后，攘人之善。'《诗》曰：'天降丧乱，灭我立王。'又曰：'畏天之威，于时保之。'"[1] 对读之下可知，《韩诗外传》叙事有详于《穀梁》者，如记伯宗问辇人所居及其姓名，而这两事《国语》均有所记[2]。《韩诗外传》与《穀梁》叙事材料当同源，但无法据此证明其受之于《穀梁》。

3. (5.12.2) 夏，楚人灭黄。

【传】贯之盟，管仲曰："江、黄远齐而近楚，楚为利之国也。若伐而不能救，则无以宗诸侯矣。"桓公不听，遂与之盟。管仲死，楚伐江、灭黄，桓公不能救，故君子闵之也。

案，《穀梁》所述管子之谏亦见于《管子》《新序》。《新序·善谋》叙事与之最为接近："齐桓公时，江国、黄国，小国也，在江淮之

---

[1] 许维遹：《韩诗外传集释》，中华书局1980年版，第288—289页。
[2] 《国语·晋语五》云："伯宗喜，问其居，曰：'绛人也。'"又云："问其名，不告；请以见，不许。"见《国语集解》（修订本），第384页。

间，近楚。楚，大国也，数侵伐，欲灭取之。江人、黄人患楚。齐桓公方存亡继绝，救危扶倾，尊周室，攘夷狄，为阳谷之会，贯泽之盟。江人、黄人慕桓公之义，来会，盟于贯泽。管仲曰：'江、黄远齐而近楚，楚为利之国也，若伐而不能救，无以宗诸侯，不可受也。'桓公不听，遂与之盟。管仲死，楚人伐江、灭黄，桓公不能救，君子闵之。是后桓公信坏德衰，诸侯不附，遂陵迟，不能复兴。夫仁智之谋，即事有渐，力所不能救，未可以受其质。桓公受之，过也，管仲可谓善谋矣。《诗》云：'曾是莫听，大命以倾。'此之谓也。"[1] 对读之下可以发现，二者所发之义重点不同，《穀梁》重在悯黄之灭，《新序》重在责桓公。二者叙事虽然极为相似，但恐难据此证明《新序》所用即《穀梁》之义。

4.（7.17.8）冬，十有一月壬午，公弟叔肸卒。

【传】其曰公弟叔肸，贤之也。其贤之，何也？宣弑而非之也。非之，则胡为不去也？曰：兄弟也，何去而之？与之财，则曰：我足矣。织屦而食，终身不食宣公之食。君子以是为通恩也，以取贵乎《春秋》。

案，此事亦见于《新序》《盐铁论》。《新序·节士》叙事与之最为接近："鲁宣公者，鲁文公之弟也。文公薨，文公之子赤，立为鲁侯。宣公杀子赤而夺之国，立为鲁侯。公子叔肸者，宣公之同母弟也。宣公杀子赤，而肸非之。宣公与之禄，则曰：'我足矣，何以兄之食为哉？'织屦而食，终身不食宣公之食。其仁恩厚矣，其守节固矣，故《春秋》美而贵之。"[2] 对读之下可以发现，《新序》未载叔肸不去宣公之事。由此，二者所发之义的重点便有了不同：《穀梁》以为叔肸贵乎《春秋》者因其通恩，即强调其不去宣公；《新序》以为叔肸仁恩厚、守节固，则强调其终身不食宣公之食。二者叙事虽然极为相似，但不足以说明《新序》所用即是《穀梁》之义。

5.（10.19.2）夏，五月戊辰，许世子止弑其君买。

【传】日弑，正卒也。正卒则止不弑也。不弑而曰弑，责止也。止曰："我与夫弑者，不立乎其位。"以与其弟虺。哭泣，歠飦粥，嗌不容

---

[1] 石光瑛：《新序校释》，陈新整理，中华书局2001年版，第1077—1081页。
[2] 《新序校释》，第882—884页。

粒，未逾年而死。故君子即止自责而责之也。

案，《左传》言止奔晋，与《穀梁》所记不同①，而《新序·节士》叙事与《穀梁》最为接近："许悼公疾疟，饮药毒而死。太子止自责不尝药，不立其位，与其弟纬。专哭泣，啜飦粥，嗌不容粒，痛己之不尝药，未逾年而死，故《春秋》义之。"② 二者叙事虽然极为相似，但所发之义并不尽同：《穀梁》以为《春秋》以止之自责而责止，《新序》以为《春秋》以止之自责致死而义之。据此难以论定《新序》所用即《穀梁》之义。

第二节 《穀梁》叙事的虚实

一、《穀梁》叙事非向壁虚构

《穀梁》叙事当有其文献依据，并非向壁虚构。即使有些内容我们今天不知其确切来源，仍不可以凭空虚造目之③。试举例说明。

1. (3.3.3) 五月，葬桓王

【传】传曰：改葬也。

案，桓公十五年经有"三月，乙未，天王崩"之文，《穀梁》当是排比经文并采旧传为说。其明言"传曰"，显然有所依据④。

---

① 《左传》云："夏，许悼公疟。五月戊辰，饮大子止之药，卒。大子奔晋。书曰'弑其君'。君子曰：'尽心力以事君，舍药物可也。'"见《十三经注疏·左传》，第844页。
② 《新序校释》，第870—873页。
③ 傅隶朴有捏辞之说，见上文所引，便嫌太过。
④ 《公羊》云："此未有言崩者何以书葬？盖改葬也。"何休云："荣奢改葬尔。"徐彦云："《传》必知改葬者，正见《春秋说》云'恒星不见，周人荣奢改葬桓王冢，死尸复拯终不觉'之文故也。"见《十三经注疏·公羊》，第75—76页。杨士勋引《感精符》云："恒星不见，夜中，星陨如雨，而王不惧，使荣叔改葬桓王冢，奢丽大甚。"见《十三经注疏·穀梁》，第46页。二《传》学者据纬书证此"改葬"事，实《穀梁》《公羊》所据当是早期的《春秋》传。有学者认为，《穀梁》此"传曰"即引《公羊》之义，见《春秋三传比义》上册，第212页。结合《穀梁》他处所引"传曰"非《公羊》之例可知此说有误。

2. （6.11.6）冬，十月甲午，叔孙得臣败狄于咸

【传】不言帅师而言败，何也？直败一人之辞也。一人而曰败，何也？以众焉言之也。传曰：长狄也，弟兄三人，佚宕中国，瓦石不能害。叔孙得臣，最善射者也，射其目，身横九亩，断其首而载之，眉见于轼。然则何为不言获也？曰：古者不重创，不禽二毛[①]。故不言获，为内讳也。其之齐者，王子成父杀之，则未知其之晋者也。

案，其所引"传曰"，当是早期《春秋》传。我们可以从两处见出其文自有依据：其一，《穀梁》言长狄之人身长并言以车载其首。《国语·鲁语下》云："吴伐越，堕会稽，获骨焉，节专车。吴子使来好聘，且问之仲尼，曰：'无以吾命。'宾发币于大夫，及仲尼，仲尼爵之。既彻俎而宴，客执骨而问曰：'敢问骨何为大？'仲尼曰：'丘闻之昔禹致群神于会稽之山，防风后至，禹杀而戮之，其骨节专车。此为大矣。'客曰：'敢问谁守为神？'仲尼曰：'山川之灵，足以纪纲天下者，其守为神。社稷之守者为公侯。皆属于王者。'客曰：'防风何守也？'仲尼曰：'汪芒氏之君也，守封、嵎之山者也，为漆姓。在虞、夏、商为汪芒氏，于周为长狄，今为大人。'客曰：'人长之极几何？'仲尼曰：'僬侥氏长三尺，短之至也。长者不过十之，数之极也。'"[②] 可见夷狄身长之说[③]、车载之言当有依据。其二，《穀梁》言"断其首"。《左传》云："冬，十月甲

[①] 赵平安《"君子不重伤"正解》一文认为"不重伤"即"不伤童"，在此基础上他对《穀梁》所引此句这样理解："侨如身为狄长，且带兵入侵中原，决不可能是未成年的孩童。文中说到他身材高大，还说到他眉毛很长。眉长是老者的特征，可以认为侨如是一位不折不扣的'二毛'。"详见赵平安《新出简帛与古文字古文献研究》，商务印书馆2009年版，第305页。赵氏解"重"为"童"有文献依据、通假依据和语法依据，可谓言之有据，能成一家之言。而其"跳出具体的语言环境"而求字源或语源上确诂的方法，也颇具启发性。但赵氏对《穀梁》此句的理解并非全无问题。《穀梁》此处是引用旧说来发挥其所理解的《经》义，它所引用的文字便带有自身的理解（也可能是有意的曲解），所以我们在理解《穀梁》本意时，便不能跳脱其语言环境。而在这一语境中，夸张地描写狄人身长，显然是为了突出其身长，恐怕并非是为了暗示其年长。现仍从范宁《集解》之说，训此处"重"字为"又"、为"再"。

[②] 《国语集解》（修订本），第202—203页。

[③] 杨士勋云："《春秋考异邮》云：'兄弟二人各长百尺，别之国欲为君。'"见《十三经注疏·穀梁》，第108页。徐彦云："何氏盖取《关中记》云'秦始皇二十六年，有长人十二，见于临洮，身长百尺，皆夷狄服。天诫若曰：勿大为夷狄行，将灭其国。始皇不知，反喜。是时初并六国，以为瑞，乃收天下兵器，铸作铜人十二象之'是也。"见《十三经注疏·公羊》，第175页。二《传》学者所引虽是成书较晚的材料，但也说明夷狄身长之说习见，当有共同的文献来源。

《穀梁》文献征

午，败狄于咸，获长狄侨如。富父终甥摏其喉以戈，杀之。埋其首于子驹之门，以命宣伯。"① 又云："齐襄公之二年，鄋瞒伐齐。齐王子成父获其弟荣如，埋其首于周首之北门。"② 可见，此条《穀梁》叙事虽荒诞不经，其所据文献也暂时无法确知，但当自有所据。

3. (8.1.7) 冬，十月

【传】季孙行父秃，晋郤克眇，卫孙良夫跛，曹公子手偻，同时而聘于齐。齐使秃者御秃者，使眇者御眇者，使跛者御跛者，使偻者御偻者。萧同侄子处台上而笑之，闻于客。客不说而去，相与立胥闾而语，移日不解。齐人有知之者曰："齐之患必自此始矣！"③

案，《史记·晋世家》有"齐顷公母从楼上观而笑之。所以然者，郤克偻，而鲁使蹇，卫使眇，故齐亦令人如之以导客"之文④，其所记齐顷公母发笑之由与此《传》相通，旨在说明齐人有意戏弄使者，与《左传》叙事不尽同⑤。可见，《穀梁》叙事似荒诞不经，实与《史记》有相类之处，不必以虚构之文目之。

4. (11.4.16) 庚辰，吴入楚

【传】日入，易无楚也。易无楚者，坏宗庙，徙陈器，挞平王之墓。何以不言灭也？欲存楚也。其欲存楚奈何？昭王之军败而逃，父老送之，曰："寡人不肖，亡先君之邑。父老反矣，何忧无君？寡人且用此入海矣。"父老曰："有君如此其贤也，以众不如吴，以必死不如楚。"相与击之，一夜而三败吴人，复立。何以谓之吴也？狄之也。何谓狄之也？君居其君之寝而妻其君之妻，大夫居其大夫之寝而妻其大夫之妻，盖有欲妻楚王之母者。不正乘败人之绩，而深为利，居人之国，故反其狄道也。

案，其所述"挞平王之墓"事又见于《说苑》《越绝书》⑥。"君居其

---

① 《十三经注疏·左传》，第 328 页。
② 《十三经注疏·左传》，第 329 页。《史记·鲁世家》所记略同。见《史记》（修订本），第 1847 页。
③ 此《传》盖误附此《经》，修改意见详上文。
④ 《史记》（修订本），第 2011 页。
⑤ 宣公十七年，《左传》云："晋侯使郤克征会于齐，齐顷公帷妇人使观之。郤子登，妇人笑于房。"见《十三经注疏·左传》，第 411 页。事仅涉郤克一人，且无故意戏弄之事。
⑥ 何休云："时子胥因吴众，堕平王之墓，烧其宗庙而已。"徐彦云："《春秋说》文也。彼文又云：'鞭平王之尸，血流至踝。'"见《十三经注疏·公羊》，第 321 页。是何休当时能见之《春秋说》亦记有此事。

君之寝而妻其君之妻，大夫居其大夫之寝而妻其大夫之妻，盖有欲妻楚王之母者"事亦见于《列女传》《越绝书》。《穀梁》叙事所据者现虽无法确知，但由互见文献来看，其文并非向壁虚构[1]。

二、《穀梁》叙事与史实有别

《穀梁》叙事固然不是向壁虚构，但其文又的确是经过取舍、剪裁，甚至是对材料做了较大变动后形成的，所以它也不是对真实事件的叙述。试举例说明。

1. （3.17.2）夏，齐人歼于遂

【传】歼者，尽也。然则何为不言遂人尽齐人也？无遂之辞也。无遂则何为言遂？其犹存遂也。存遂奈何？曰：齐人灭遂，使人戍之。遂之因氏饮戍者酒而杀之，齐人歼焉。此谓狎敌也。

案，《左传》云："夏，遂因氏、颌氏、工娄氏、须遂氏飨齐戍，醉而杀之，齐人歼焉。"[2]《竹书纪年》云："齐人歼于遂。"[3]《穀梁》所述与二者略同。庄公十三年《经》有"夏，六月，齐人灭遂"之文，《左传》云："十三年，春，会于北杏，以平宋乱。遂人不至。夏，齐人灭遂而戍之。"[4]《史记·齐世家》则云："（桓公）五年，伐鲁，鲁将师败。鲁庄公请献遂邑以平，桓公许，与鲁会柯而盟。"[5]《左传》以齐因遂不至北杏之会故灭遂而戍之，与《史记》等文献所记鲁为求平而献遂邑于齐之说异。《穀梁》不取《史记》等文献之说，盖因其不以遂为鲁邑[6]。可见，《穀梁》对叙事材料的取舍有其自身的逻辑，这一问题将于下文详细讨论。

2. （5.4.3）楚屈完来盟于师，盟于召陵

【传】楚无大夫，其曰屈完，何也？以其来会桓，成之为大夫也。其

---

[1] 此类互见文献当以同源关系目之，而不应简单以为《穀梁》影响了这些较晚成书的文献。此说详见上文。

[2] 《十三经注疏·左传》，第158页。

[3] 方诗铭、王修龄：《古本竹书纪年辑证》，上海古籍出版社2005年版，第76页。

[4] 《十三经注疏·左传》，第154页。

[5] 《史记》（修订本），第1792页。《战国策·齐策》《荀子·王制》《管子·大匡》《吕氏春秋·贵信》等与《史记》所记略同。

[6] 庄公十三年《经》"灭遂"下，《穀梁》云："遂，国也。其不日，微国也。"

《穀梁》文献征

不言使，权在屈完也。则是正乎？曰，非正也。以其来会诸侯，重之也。来者何？内桓师也。于师，前定也。于召陵，得志乎桓公也。得志者，不得志也，以桓公得志为仅矣。屈完曰："大国之以兵向楚，何也？"桓公曰："昭王南征不反，菁茅之贡不至，故周室不祭。"屈完曰："菁茅之贡不至，则诺。昭王南征不反，我将问诸江。"

案，《左传》云："四年春，齐侯以诸侯之师侵蔡。蔡溃，遂伐楚。楚子使与师言曰：'君处北海，寡人处南海，唯是风马牛不相及也，不虞君之涉吾地也何故？'管仲对曰：'昔召康公命我先君大公，曰：五侯九伯，女实征之，以夹辅周室。赐我先君履，东至于海，西至于河，南至于穆陵，北至于无棣。尔贡包茅不入，王祭不共，无以缩酒，寡人是征。昭王南征而不复，寡人是问。'对曰：'贡之不入，寡君之罪也，敢不共给。昭王之不复，君其问诸水滨！'"①《穀梁》叙事与之略同，但将僖公四年春季之事移至此处，对话的双方也由楚使、管仲变为了屈完、齐桓。如此剪裁，盖因其欲发"以桓公得志为仅矣"之义②。意为齐桓公虽不能得志，但《春秋》以得志的书法来记录此事③。《穀梁》所发此义，正是其如此叙事的依据。

3.（5.9.4）九月，戊辰，诸侯盟于葵丘

【传】桓盟不日，此何以日？美之也。为见天子之禁，故备之也。葵丘之盟，陈牲而不杀，读书加于牲上，壹明天子之禁。曰：毋雍泉，毋讫籴，毋易树子，毋以妾为妻，毋使妇人与国事。

案，葵丘之盟《左传》《史记·齐世家》《晋世家》《国语·晋语二》均有宰孔先归遇晋献公而不与秋盟之事。《史记》又言桓公骄，与《公

---

① 《十三经注疏·左传》，第201—202页。《史记·齐世家》所记与《左传》相近，见《史记》（修订本），第1794页。
② 于"得志者，不得志也，以桓公得志为仅矣"一句，范宁注云："桓为霸主，以会诸侯，楚子不来，屈完受盟，令问诸江，辞又不顺，仅乃得志，言楚之难服。"钟文烝云："案，《传》下云'我将问诸江'，非令齐问也，注误依《左传》文。又此句与下屈完语不相属，注亦误会。《国语》贾逵注曰：'仅，犹言才能也。'韦昭曰：'犹劣也。'《经》意以为桓公退盟召陵，不穷兵力，以不得志为得志，其得志也劣能如此耳。美其事，复其文，其义乃著。"见《春秋穀梁经传补注》，第263页。
③ 《穀梁》云："于召陵，得志乎桓公也。"即认为《经》书"于召陵"以显桓公得志。又云："得志者，不得志也，以桓公得志为仅矣。"即又认为虽书桓公得志，桓公实不得志，仅以桓公得志也。

· 116 ·

羊》"震而矜之"、《战国策》"骄矜"之义相通①。《穀梁》则发美桓公之义，与诸书不同，盖因其以"桓盟不日"例发义，故据此义叙事。

4. (5.10.5) 晋杀其大夫里克

【传】称国以杀，罪累上也。里克弑二君与一大夫，其以累上之辞言之，何也？其杀之不以其罪也。其杀之不以其罪，奈何？里克所为杀者，为重耳也。夷吾曰："是又将杀我乎？"故杀之不以其罪也。其为重耳弑奈何？晋献公伐虢，得丽姬。献公私之，有二子，长曰奚齐，稚曰卓子。丽姬欲为乱，故谓君曰："吾夜者梦夫人趋而来，曰：'吾苦畏。'胡不使大夫将卫士而卫冢乎？"公曰："孰可使？"曰："臣莫尊于世子，则世子可。"故君谓世子曰："丽姬梦夫人趋而来，曰：'吾苦畏。'女其将卫士而往卫冢乎？"世子曰："敬诺。"筑宫，宫成。丽姬又曰："吾夜者梦夫人趋而来，曰：'吾苦饥。'世子之宫已成，则何为不使祠也？"故献公谓世子曰："其祠！"世子祠。已祠，致福于君。君田而不在。丽姬以酖为酒，药脯以毒。献公田来，丽姬曰："世子已祠，故致福于君。"君将食，丽姬跪曰："食自外来者，不可不试也。"覆酒于地，而地贲。以脯与犬，犬死。丽姬下堂而啼呼曰："天乎！天乎！国，子之国也，子何迟于为君？"君喟然叹曰："吾与女未有过切，是何与我之深也？"使人谓世子曰："尔其图之！"世子之傅里克谓世子曰："入自明！入自明则可以生，不入自明则不可以生。"世子曰："吾君已老矣，已昏矣。吾若此而入自明，则丽姬必死，丽姬死，则吾君不安。所以使吾君不安者，吾不若自死，吾宁自杀以安吾君，以重耳为寄矣。"刎脰而死。故里克所为弑者，为重耳也。夷吾曰："是又将杀我也。"

案，《穀梁》的这段叙事有一个地方值得注意，即其以里克为世子申生之傅，并言其为重耳杀二君与一大夫，此说与《左传》《史记》《公羊》

---

① 《史记·齐世家》云："宰孔曰：'齐侯骄矣，弟无行。'"见《史记》（修订本），第1796页。《史记·晋世家》云："宰孔曰：'齐桓公益骄，不务德而务远略，诸侯弗平。君弟毋会，毋如晋何。'"见《史记》（修订本），第1980页。《公羊》云："桓之盟不日，此何以日？危之也。何危尔？贯泽之会，桓公有忧中国之心，不召而至者，江人、黄人也。葵丘之会，桓公震而矜之，叛者九国。震之者何？犹曰振振然。矜之者何？犹曰莫若我也。"见《十三经注疏·公羊》，第134页。《战国策·秦策三》"蔡泽见逐于赵章"载蔡泽之言曰："昔者，齐桓公九合诸侯，一匡天下，至葵丘之会，有骄矜之色，畔者九国。"见何建章《战国策注释》，中华书局1990年版，第205页。

《穀梁》文献征

《国语》均异①。《穀梁》何以有此说？盖其据"称国以杀，罪累上也"之例②，又参以僖公九年"冬，晋里克杀其君之子奚齐"、十年"晋里克弑其君卓及其大夫荀息"两条《经》文，故有"里克所为杀者，为重耳也"之义。《穀梁》即据此义叙事。

三、《穀梁》叙事文在虚实之间

由上文可知，《穀梁》叙事既非向壁虚构，亦与史实有别，其文当在虚实之间。正是在此虚实之间又产生了一种与事实不同的"叙事真实"：非事实成分与合理叙事的结合。《穀梁》的这种"叙事真实"究竟是如何产生的？此处愿做进一步的讨论：

1. (5.12.2) 夏，楚人灭黄

【传】贯之盟，管仲曰："江、黄远齐而近楚，楚为利之国也。若伐而不能救，则无以宗诸侯矣。"桓公不听，遂与之盟。管仲死，楚伐江、灭黄，桓公不能救，故君子闵之也。

案，僖公十二年，《左传》云："黄人恃诸侯之睦于齐也，不共楚职，

---

① 《左传》《史记》皆以杜原款为申生傅。僖公九年，《左传》云："九月，晋献公卒。里克、丕郑欲纳文公，故以三公子之徒作乱。"见《十三经注疏·左传》，第219页。十年，《左传》云："将杀里克，公使谓之曰：'微子，则不及此。虽然，子弑二君与一大夫，为子君者，不亦难乎？'对曰：'不有废也，君何以兴？欲加之罪，其无辞乎？臣闻命矣。'伏剑而死。"见《十三经注疏·左传》，第221页。《史记·晋世家》云："里克等已杀奚齐、悼子，使人迎公子重耳于翟，欲立之。重耳谢曰：'负父之命出奔，父死不得修人子之礼侍丧，重耳何敢入！大夫其更立他子。'还报里克，里克使迎夷吾于梁。"又云："乃遗里克书曰：'诚得立，请遂封子于汾阳之邑。'"见《史记》（修订本），第1981页。据《左传》《史记》所记可知，里克虽初欲纳重耳，然终纳夷吾。二书不言其为申生傅，申生亦无寄重耳之辞。僖公十年，《公羊》云："申生者，里克傅之。"见《十三经注疏·公羊》，第135页。然而《公羊》又云："然则孰立惠公？里克也。里克弑奚齐、卓子，逆惠公而入。"见《十三经注疏·公羊》，第136页。则《公羊》虽以里克为申生傅，但亦无里克为重耳杀二君与一大夫之义。《国语·晋语一》云："骊姬生奚齐，其娣生卓子。公将黜大子申生而立奚齐。里克、丕郑、荀息相见，里克曰：'夫史苏之言将及矣，其若之何？'荀息曰：'吾闻事君者，竭力以役事，不闻违命。君立臣从，何贰之有？'丕郑曰：'吾闻事君者，从其义，不阿其惑。惑则误民，民误失德，是弃民也。民之有君，以治义也。义以生利，利以丰民，若之何其民之与处而弃之也？必立大子。'里克曰：'我不佞，虽不识义，亦不阿惑，吾其静也。'三大夫乃别。"见《国语集解》（修订本），第256—257页。可见《国语》所记里克的态度是"吾其静也"，亦无为重耳杀二君与一大夫之义。

② 此例由"称国以杀，杀无罪"之例来，学者或称从例。

曰：'自郢及我九百里，焉能害我？'夏，楚灭黄。"① 文公四年，《左传》云："楚人灭江，秦伯为之降服，出次，不举，过数。大夫谏，公曰：'同盟灭，虽不能救，敢不矜乎？吾自惧也。'"② 《史记·齐世家》云："四十一年（齐桓公四十一年，即鲁僖公十五年），秦穆公虏晋惠公，复归之。是岁，管仲、隰朋皆卒。"③ 据《左传》《史记》所记，管仲卒前楚已灭黄，《穀梁》所叙显然与之不符。然而若将具体事实的细节置之不辨，《穀梁》的叙事之文又确能令人信服。无怪柳兴恩《穀梁大义述》这样为之弥缝："管仲逆料江、黄之难保，即黄灭在管仲未卒之先，亦不害其先见。《穀梁》非早二年余即死仲也。《传》以伐江、灭黄并言，江之被伐而灭尚在文公时，则仲死久矣，故于此统言之。"④ 其能够为之弥缝的原因即在于《穀梁》叙事本身的合理性。

2.（9.27.4）卫侯之弟专出奔晋

【传】专，喜之徒也。专之为喜之徒，何也？己虽急纳其兄，与人之臣谋弒其君，是亦弒君者也。专其曰弟，何也？专有是信者。君赂不入乎喜而杀喜，是君不直乎喜也，故出奔晋。织绚邯郸，终身不言卫。专之去，合乎《春秋》。

案，此文与《公羊》《左传》所记均异。《公羊》明言公子鲔辞与宁喜盟，最终迫于献公"不得已而与之约"⑤。《左传》亦明言"卫献公使子鲜为复，辞。敬姒强命之"⑥。或《公羊》《左传》所记近于事实。一方面，《穀梁》所谓"己虽急纳其兄，与人之臣谋弒其君"也许与事实不符。另一方面，整条《传》文的叙事又具有合理性。如此，"叙事的真实"便产生了。

3.（12.13.3）公会晋侯及吴子于黄池

【传】黄池之会，吴子进乎哉！遂子矣。吴，夷狄之国也，祝发文身。欲因鲁之礼，因晋之权，而请冠端而袭。其藉于成周，以尊天王，吴进矣。吴，东方之大国也，累累致小国以会诸侯，以合乎中国。吴能为

---

① 《十三经注疏·左传》，第223页。
② 《十三经注疏·左传》，第306页。
③ 《史记》（修订本），1798页。
④ 柳兴恩：《穀梁大义述》，载《续修四库全书》第132册，第131页。
⑤ 《十三经注疏·公羊》，第264页。
⑥ 《十三经注疏·左传》，第629页。

之，则不臣乎？吴进矣。王，尊称也。子，卑称也。辞尊称而居卑称，以会乎诸侯，以尊天王。吴王夫差曰："好冠来！"孔子曰："大矣哉！夫差未能言冠而欲冠也。"

案，《左传》《国语》《史记》《吴越春秋》均记吴、晋争长之事，与此文所记似有不同。《左传》等文献的记载当近于事实，但《穀梁》叙事自有其合理成分，由此生出"叙事的真实"。

综合以上所举之例进一步观察可以发现，《穀梁》叙事的合理性因素，实际得自传文所欲阐发的经义，这便触及了其叙事之文的性质问题。三《传》叙事的性质，《穀梁》近于《公羊》，而与《左传》不同，其间的根本差异何在？又，余嘉锡《古书通例》"古书多造作故事"章云："夫引古不必皆虚，而设喻自难尽实。"① 此与《穀梁》叙事之文的特点极为相似，值得注意的是余氏此言描述的是"诸子之书、百家之说"。这似乎提醒了我们：《穀梁》叙事之文的性质是否与诸子之书有相似之处？这些问题，将于下文详细讨论。

第三节 《穀梁》叙事的性质

一、与《左传》叙事性质的差异

《穀梁》叙事的性质与《公羊》相似，与《左传》不同。《左传》以为，因为事情是如此发生的，所以《春秋》如此记录；《穀梁》《公羊》则以为，因为《春秋》是如此书写的，所以事情一定如此发生②。换言之，《左传》以《春秋》有史记的一面，故《左传》可以接受与之相异的记载③；《穀梁》《公羊》则视《春秋》为蕴涵微言大义的经典，其内容即使有与其他史记不符之处，也当谨守《春秋》之文。试举例说明。

---

① 余嘉锡：《古书通例》，上海古籍出版社1985年版，第77页。
② 此观点受益于2011年9月18日与清华大学历史系马楠学长的一次谈话，特此说明。
③ 《左传》亦有叙事解"经"，即视《春秋》为"经"的一面。相关研究可参考张素卿《叙事与解释——〈左传〉经解研究》一书，书林出版有限公司1998年版。

第四章 《穀梁》叙事初理

1. （3.9.4）齐小白入于齐

【传】大夫出奔反，以好曰归，以恶曰入。齐公孙无知弑襄公，公子纠、公子小白不能存，出亡。齐人杀无知而迎公子纠于鲁，公子小白不让公子纠，先入，又杀之于鲁。故曰"齐小白入于齐"，恶之也。

案，此与《左传》《史记》《管子》《韩非子》所记有相异处，亦有相通处①。而从异同之间可以见出，《穀梁》叙事谨守《春秋》所记。"齐公孙无知弑襄公"指经文（3.8.5），"齐人杀无知而迎公子纠于鲁"指经文（3.9.1）、（3.9.2），"公子小白不让公子纠，先入"指经文（3.9.4），"又杀之于鲁"指经文（3.9.7）。《穀梁》认定《春秋》的记载即是事实②。

2. （5.22.4）冬，十有一月己巳，朔，宋公及楚人战于泓，宋师败绩

【传】日事遇朔曰朔。《春秋》三十有四战，未有以尊败乎卑，以师败乎人者也。以尊败乎卑，以师败乎人，则骄其敌。襄公以师败乎人而不骄其敌，何也？责之也。泓之战，以为复雩之耻也。雩之耻，宋襄公有以自取之：伐齐之丧、执滕子、围曹、为雩之会，不顾其力之不足而致楚成王，成王怒而执之。故曰：礼人而不答则反其敬，爱人而不亲则反其仁，治人而不治则反其知③。过而不改，又之，是谓之过④。襄公之谓也。古者被甲婴胄，非以兴国也，则以征无道也，岂曰以报其耻哉？宋公与楚人战于泓水之上。司马子反曰⑤："楚众我少，鼓险而击之，胜无幸焉。"襄公曰："君子不推人危，不攻人厄，须其出。"既出，旌乱于上，陈乱于

---

① 相异之处：如《穀梁》以为无知弑齐襄公后，纠与小白出奔；《左传》以为小白在乱作前出奔，纠在乱作后出奔；《史记·齐世家》以为二公子均在襄公被弑前出奔。又如《穀梁》以为齐人杀纠，《左传》《史记·齐世家》《管子·大匡》《韩非子·说林下》均以为齐使鲁人杀纠。另，《管子·大匡》或说以公子纠先入后被逐，此乃特异之说。相通之处：《穀梁》所叙齐人杀无知迎公子纠，似与《史记·齐世家》所记"高、国先阴召小白于莒"相异，实是所记侧重不同。《穀梁》重鲁欲子纠入国一线，《史记》重齐小白入国一线，二者所记并无矛盾。
② 《穀梁》《公羊》叙事不会与《春秋》相异，《左传》叙事则可以与《春秋》不同。三《传》叙事性质上的差异与它们对《春秋》的认识有关。
③ 《孟子·离娄上》："孟子曰：'爱人不亲反其仁，治人不治反其智，礼人不答反其敬，行有不得者，皆反求诸己，其身正而天下归之。《诗》云：永言配命，自求多福。'"见焦循《孟子正义》，沈文倬点校，中华书局1987年版，第492—493页。
④ 《论语·卫灵公》："子曰：'过而不改，是谓过矣。'"见《十三经注疏·论语》，第140页。
⑤ 杨士勋云："糜信云：'子反当为子夷。'未审范意然不？"钟文烝云："糜说可从。'夷'之为'反'，形近而误也。"见《春秋穀梁经传补注》，第319页。

121

下。子反曰："楚众我少，击之，胜无幸焉。"襄公曰："不鼓不成列，须其成列而后击之。"则众败而身伤焉，七月而死。倍则攻，敌则战，少则守。人之所以为人者，言也。人而不能言，何以为人？言之所以为言者，信也。言而不信，何以为言？信之所以为信者，道也。信而不道，何以为道①？道之贵者时，其行势也。

案，泓之战《公羊》《左传》《史记》《韩非子》《春秋事语》均有记载，而《穀梁》所记与《公羊》最为接近。《公羊》云："偏战者日尔，此其言朔何？《春秋》辞繁而不杀者正也。何正尔？宋公与楚人期战于泓之阳。楚人济泓而来，有司复曰：'请迨其未毕济而击之。'宋公曰：'不可。吾闻之也，君子不厄人。吾虽丧国之余，寡人不忍行也。'既济，未毕陈，有司复曰：'请迨其未毕陈而击之。'宋公曰：'不可。吾闻之也，君子不鼓不成列。'已陈，然后襄公鼓之，宋师大败。故君子大其不鼓不成列，临大事而不忘大礼，有君而无臣，以为虽文王之战，亦不过此也。"② 这里值得注意的是二《传》在叙述相同事件时措辞的细微差异。其一，《穀梁》所记司马的两次进言均强调"楚众我少""胜无幸焉"，而《公羊》绝无此言，这是与《穀梁》后文"倍则攻，敌则战，少则守""道之贵者时，其行势也"之义相呼应的。其二，《穀梁》云"则众败而身伤焉，七月而死"，而《公羊》仅言"宋师大败"。《穀梁》特意强调众败、身伤、七月而死等一系列结果与宋襄公不用司马之言的关系③，《公羊》则仅陈述此战的结果。《穀梁》如此叙事又是与其前文"责之也"之义相通的。可见，二《传》叙事的细微差异是由二《传》所欲阐发的不同的《春秋》之义造成的。进一步说，《穀梁》《公羊》均以为《春秋》的书写即是"事实"，但二《传》所见《春秋》书写之义不同，故各自的叙事也就有了不同的面目。

3. (9.7.11) 郑伯髡原如会，未见诸侯。丙戌，卒于操

【传】未见诸侯，其曰如会，何也？致其志也。礼，诸侯不生名，此其生名，何也？卒之名也。卒之名，则何为加之如会之上？见以如会卒也。其见以如会卒，何也？郑伯将会中国，其臣欲从楚，不胜，其臣弑而

---

① 钟文烝改"道"为"信"，当是。
② 《十三经注疏·公羊》，第148页。
③ 这种关系以一"则"字道出。

死。其不言弑，何也？不使夷狄之民加乎中国之君也。其地，于外也。其日，未逾竟也。日卒时葬，正也。

案，各书记郑僖公被弑并无异辞，而所言被弑之由不同：《左传》《史记》以为僖公不礼大夫；《穀梁》《公羊》以为僖公欲从晋，其大夫欲从楚，故被弑。观襄公七年之前《左传》所记子驷事，虽有成公十年为晋质，十六年从楚盟武城，十七年侵晋虚、滑诸事，但亦有襄公二年欲从晋而终因成公命未从之事。由此已可略见子驷从晋、从楚之态度，可谓翻覆。再看襄公七年弑君之后诸事，则更清楚。襄公八年侵蔡媚晋，楚讨侵蔡则又从楚平，子驷明言待强庇民；襄公九年，直谓"唯有礼与强可以庇民者是从""唯强是从"。又，或据襄公二十二年子产追述八年邢丘之会晋无礼于郑为说，以为子驷八年与楚平乃因受辱恨晋故[①]，此说恐非。八年楚实因蔡伐郑，从楚平乃迫于形势。同样，襄公二年子驷向郑成公提出"息肩于晋"之议，也是在晋国连年伐郑、楚郑败于鄢陵的情形下做出的。故从子驷待晋、楚二国之态度反观其弑君之由，《左传》《史记》所记似更可信。然而《穀梁》《公羊》何以有郑僖公欲从晋而被弑之说？这需要排比《春秋》之文进行说明。

郑成公世（成公七年至襄公二年六月）

成公七年秋，楚伐郑。晋会诸侯救郑。

成公九年春，晋会诸侯盟于蒲，郑与盟。秋，晋人执郑伯，伐郑。

成公十年五月，晋会诸侯伐郑。

成公十三年夏五月，晋会诸侯伐秦，郑与伐。

成公十五年三月，晋会诸侯盟于戚，郑与盟。夏，楚伐郑。

成公十六年六月，晋与楚、郑战于鄢陵。秋，晋会尹子、诸侯伐郑。

成公十七年夏，晋会尹子、单子、诸侯伐郑。六月盟于柯陵。冬，晋会单子、诸侯伐郑。

成公十八年夏，楚、郑伐宋。冬，楚、郑侵宋。

襄公元年夏，晋伐郑。

襄公二年六月，郑伯卒。晋、宋、卫侵郑。

郑僖公世（襄公二年秋至襄公七年）

[①] 如杨伯峻《春秋左传注》（修订本），第958页。

襄公二年冬，晋会诸侯于戚，城虎牢。

襄公三年六月，晋会诸侯盟于鸡泽，郑与盟。

襄公五年秋，晋会诸侯于戚，郑与会。冬，楚伐陈，晋会诸侯救陈，郑与救陈。

襄公七年十二月，晋会诸侯于鄬。郑伯如会，未见诸侯，卒于操。

经此排比，再观察郑成公、僖公二世郑与晋、楚二国的关系，我们不难发现：郑成公世，晋连年伐郑欲使郑服，而郑从楚有鄢陵之战、侵宋之举。是成公终不能服晋，故晋伐郑之事不息。郑僖公世，晋会诸侯城虎牢。鸡泽、戚之会郑伯与盟、与会。楚伐陈，诸侯救陈，郑与救陈。是僖公颇有从晋之事。《穀梁》《公羊》所记僖公被弑之由的叙事基础即在此处。从此例亦可见出，《穀梁》《公羊》叙事与《左传》有本质的不同，这种不同也体现着三《传》对《春秋》认识上的差异：《左传》以为，因为事情是如此发生的，所以《春秋》如此记录；《穀梁》《公羊》则以为，因为《春秋》是如此书写的，所以事情一定如此发生。

二、与诸子叙事性质的差异

《穀梁》叙事与诸子之书，不但在文献来源上有相似之处[①]，叙事的虚实关系也有很相近的地方。但《穀梁》叙事又以解释《春秋》为目的，是受《春秋》所记限制的，故其对材料的取舍、剪裁、变形也是有限度的，这是它与诸子叙事最大的区别。试举例说明。

1. （3.9.4）齐小白入于齐

【传】齐公孙无知弑襄公，公子纠、公子小白不能存，出亡。齐人杀无知而迎公子纠于鲁，公子小白不让公子纠，先入，又杀之于鲁。

案，《管子·大匡》云："或曰：明年，襄公逐小白，小白走莒。三年，襄公薨，公子纠践位。国人召小白。……鲍叔乃为前驱，遂入国，逐公子纠。管仲射小白中钩。管仲与公子纠、召忽遂走鲁。桓公践位，鲁伐

[①] 诸侯国史类文献、"语"类文献也是诸子之书的取材之源。

齐，纳公子纠而不能。"① 此言公子小白于公子纠立后入齐，所记与诸书不同。《穀梁》受限于（3.9.2）、（3.9.3）、（3.9.4）、（3.9.6）、（3.9.7）诸条《春秋》之文，故不会有此特异之说。

2.（5.22.4）冬，十有一月己巳，朔，宋公及楚人战于泓，宋师败绩

【传】襄公曰："不鼓不成列，须其成列而后击之。"则众败而身伤焉，七月而死。

案，《韩非子·外储说左上》记此战结果云："宋人大败，公伤股，三日而死。"②《穀梁》据僖公二十三年《春秋》"夏，五月，庚寅，宋公兹父卒"之文，故不会有襄公三日而死之说。

三、《穀梁》叙事是解经之法

《穀梁》以"比经推例"之法推导义例③，并以所推之义例为根据进行叙事。故《穀梁》叙事的本质是解经之法。试举例说明。

1.（2.2.1）二年，春，王正月，戊申，宋督弑其君与夷及其大夫孔父

【传】孔父先死，其曰及，何也？书尊及卑，《春秋》之义也。孔父之先死，何也？督欲弑君，而恐不立，于是乎先杀孔父，孔父闲也。何以知其先杀孔父也？曰，子既死，父不忍称其名；臣既死，君不忍称其名。以是知君之累之也。孔，氏；父，字谥也。

案，据《穀梁》言"孔父先死"是其排比《经》文见孔父不称名推出的④：

> 庄公十二年，"秋，八月，甲午，宋万弑其君捷及其大夫仇牧。"
> 僖公十年，"晋里克弑其君卓及其大夫荀息。"

---

① 黎翔凤：《管子校注》，梁运华整理，中华书局2004年版，第345—346页。
② 王先慎：《韩非子集解》，钟哲点校，中华书局1998年版，第283页。
③ 什么是"比经推例"？马楠在其同名著作中有过很好的举例说明，此处不再费辞。这四个字同时也准确地概括出了汉唐经学的主要研究方法，这种方法本是《春秋》学的根本，即《礼记·经解》所说的"属辞比事，《春秋》教也"。《穀梁》《公羊》正是以此法传经的。详见马楠《比经推例——汉唐经学导论》，新世界出版社2012年版，第33—35、40—47页。
④ 实际情况很可能是《穀梁》知孔父先死之事，此事正可作为其不称名的一种解释，故行文时颠倒因果，以其不称名推出孔父先死之事。

《穀梁》又从三条《经》文均书"及",进一步推出三事义同,认为孔父、仇牧、荀息均因捍卫其君而被祸。故此《传》在叙述宋督杀孔父之由时与《左传》《史记》不同:《穀梁》以为督杀孔父是为弑君做准备,孔父受累见杀;《左传》《史记·宋世家》以为督杀孔父因欲取其妻,继而弑君只因惧殇公罪己①。由此可见,《穀梁》如此叙述是为了阐释其通过比经而推出的"孔父闲也"之义。

2. (10.21.6) 冬,蔡侯东出奔楚②

【传】东者,东国也。何为谓之东也?王父诱而杀焉,父执而用焉,奔而又奔之。曰东,恶之而贬之也。

案,《穀梁》据昭公二十三年《经》文"蔡侯东国卒于楚",推出此《经》之"东"为东国。又据诸侯出奔书名者为恶之、贬之义③,故追述"王父诱而杀焉,父执而用焉"之事④。由此可见,《穀梁》如此叙事是为了阐释此《经》书名之义。

3. (10.29.4) 夏,四月庚子,叔倪卒

【传】季孙意如曰:"叔倪无病而死,此皆无公也,是天命也,非我罪也。"

案,于此条《经》文,《公羊》《左传》无传。傅隶朴以为《穀梁》将昭公二十五年叔孙婼无疾而卒事与此相混,误叔孙婼、叔倪为一人⑤。然而叔倪是否也有纳公事,其是否也因此无病而死⑥?现暂无文献依据,可存疑。这里要讨论的是,《穀梁》为何如此叙事,其中"皆"字何指。杨士勋云:"叔倪之卒事,无公而曰'皆'何解?《经》言'宋公佐卒于

---

① 详见《十三经注疏·左传》,第90页;《史记》(修订本),第1948—1949页。
② 《左传》《公羊》经文"蔡侯东"均作"蔡侯朱"。杨伯峻云:"据出土之蔡侯朱之缶证之,《春秋》及《左传》皆足信,《穀梁》乃妄说,《史记》亦不足全信。详陈梦家《蔡器三记·蔡侯朱之缶》,载于《考古》一九六三年七期。"见《春秋左传注》(修订本),第1423页。此处《穀梁》之《经》"朱"作"东"乃形近之讹,然其仍据之以作《传》,由此亦可见出其谨守《经》文的特点。
③ 钟文烝云:"凡诸侯出奔名者,皆恶其有罪而贬之。郑伯突、卫侯朔、北燕伯款、莒子庚舆、邾子益五者,皆贬也,非以去国字为贬。"见《春秋穀梁经传补注》,第647页。
④ 事见昭公十一年《经》"夏,四月,丁巳,楚子虔诱蔡侯般,杀之于申"与昭公十一年《经》"冬,十有一月,丁酉,楚师灭蔡,执蔡世子友以归,用之"。
⑤ 见《春秋三传比义》下册,第403页。
⑥ 高士奇《纪事本末》云:"此言则叔诣(《左传》经"倪"作"诣")殆忠于公者,亦叔孙昭子之流与?"见杨伯峻《春秋左传注》(修订本),第1498页。

曲棘'，《传》言'邾公也'。今叔倪复卒，《传》曰'皆无公也'。"《传》文"皆"字，可能如杨氏所说，是将昭公二十五年"宋公佐卒于曲棘"事与此排比；也可能是将昭公二十五年"叔孙婼卒"事与此排比。但无论是哪种情况，此《传》叙事是建立在比经基础之上，以阐释"此皆无公也"之义的。

4. （10.31.4）晋侯使荀栎唁公于乾侯

【传】唁公不得入于鲁也，曰："既为君言之矣，不可者意如也。"

案，此《传》叙事与《左传》不同，而与《史记》相近。《左传》记季孙意如云："若得从君而归，则固臣之愿也，敢有异心？"记荀跞云："寡君使跞以君命讨于意如，意如不敢逃死，君其入也！"① 记昭公不得入的原因是"众从者胁公，不得归"②。《史记·鲁世家》云："二十八年，昭公如晋，求入。季平子私于晋六卿，六卿受季氏赂，谏晋君，晋君乃止，居昭公乾侯。二十九年，昭公如郓。齐景公使人赐昭公书，自谓'主君'。昭公耻之，怒而去乾侯。三十一年，晋欲内昭公，召季平子。平子布衣跣行，因六卿谢罪。六卿为言曰：'晋欲内昭公，众不从。'晋人止。"③ 这种异同，并非偶然。钟文烝云："上言意如会栎④，此言栎唁，知是意如不肯纳君明矣。"⑤ 钟氏即通过比经，很好地说明了《穀梁》推义的过程。此《传》如此叙事正是为了强调"意如不肯纳君"之义。

《穀梁》运用"比经推例"之法解释《春秋》，其实暗含了一个前提，即认为《春秋》的字面义与表达义之间存在着距离。而《穀梁》叙事之文的意义就在于，它是帮助我们从《春秋》的字面义到达表达义的一座桥梁。

---

① 《十三经注疏·左传》，第929页。
② 《十三经注疏·左传》，第930页。
③ 《史记》（修订本），第1855—1856页。
④ 指昭公三十一年春《春秋》云"季孙意如会晋荀栎于适历"。
⑤ 《春秋穀梁经传补注》，第667页。

第五章 《穀梁》解经比论

　　本章之"经",专指儒家六艺之一的《春秋》,属于汉代形成的经学之"经",与先秦诸子之"经"不尽相同①。《穀梁》解经的实质是由《春秋》的字面义出发,揭示其表达义的过程。完成这一过程,除上文已经论及的叙事一途外,《穀梁》还运用了其他一些方法,本章将围绕这些方法中的相关问题展开讨论。

第一节 《穀梁》训诂与孔子"正名"

一、《穀梁》训诂与孔子"正名"思想的关系

　　儒家的"正名"观念源于《论语·子路》篇所记孔子"必也正名乎"之言,以及那段著名的论述:"君子于其所不知,盖阙如也。名不正,则言不顺。言不顺,则事不成。事不成,则礼乐不兴。礼乐不兴,则刑罚不中。刑罚不中,则民无所措手足。故君子名之必可言也,言之必可行也。君子于其言,无所苟而已矣。"这里孔子所欲"正"之"名"更多地是指人伦名分,张素卿对此做过较为详细的分析,可以

---

① 章学诚《文史通义·经解上》云:"当时诸子著书,往往自分经传,如撰辑《管子》者之分别经言,《墨子》亦有《经》篇,《韩非》则有《储说》经传。"见《文史通义校注》,第94页。

参考①。

《穀梁》训诂②受到来自孔子"正名"思想的影响是明确的。例如：

（5.16.1）十有六年，春，王正月，戊申，朔，陨石于宋，五。
（5.16.2）是月，六鹢退飞，过宋都。
《穀梁》：子曰：石，无知之物；鹢，微有知之物。石无知，故日之；鹢微有知之物，故月之。君子之于物，无所苟而已。石、鹢且犹尽其辞，而况于人乎？故五石、六鹢之辞不设，则王道不亢矣。

《穀梁》此传所引"子曰"之言③，正可与孔子答子路之语相较。《论语》的论述清晰地表现出了由"名"到"言"、由"言"到"行"的逻辑论证过程，其中作为概念的"名"，也就具有了不限于人伦名分这一内涵的可能。《穀梁》此传所引"君子之于物，无所苟而已"，即表达了《春秋》所正之名并不拘于人伦名分的这层涵义，这既是《穀梁》受到孔子"正名"思想影响的明证，也是对孔子答子路之语的一种阐发。

进一步而言，《穀梁》训诂过程本身即在完成"正名"的过程。例如：

（5.19.7）梁亡。
《穀梁》：自亡也。湎于酒，淫于色，心昏耳目塞。上无正长之治，大臣背叛，民为寇盗。梁亡，自亡也。如加力役焉，湎不足道也。梁亡、郑弃其师，我无加损焉，正名而已矣。梁亡，出恶正也。郑弃其师，恶其长也。

钟文烝云："加损者，犹《史记》云笔削也；正名者，即《论语》答

---

① 张素卿：《叙事与解释——〈左传〉经解研究》，第209—210页。
② 《穀梁》本为经传，其文自然是训诂之文。本章"训诂"一词，取注解别名之意，作为名词其指代的是《穀梁》传文，作为动词则指《穀梁》解经这一行为。关于训诂名义，参考了韩格平先生未刊手稿《中国古籍注释学》中的梳理分析。详见韩格平《中国古籍注释学》，2007年，第7—10页。
③ 现暂无其他证据可以证明《穀梁》此处所引"子曰"为孔子之语。

《穀梁》文献征

子路为政必先正名，名不正则言不顺，言不顺则事不成。朱子《或问》用马融说，以为'使事物之名各得其正而不紊'是也。君子于鲁史之文有所加损，以其名不正，故加损以正之。孟子引夫子之言曰'其义则某窃取之'，而《庄子》以为'《春秋》道各分'，即此谓也。其或在史旧文，已足见义，其名既正，不须加损，则此梁亡、郑弃其师之属是也。"①即《穀梁》以为，《春秋》所记有与旧史同辞者，皆因旧史之文名已正。此处的言外之意是：《春秋》对旧史的笔削，即"正名"的过程。《穀梁》传经的实质，也就在于揭示这一过程。

二、《穀梁》训诂中的"正名"品格

由上文可见，《穀梁》训诂的过程就是一种"正名"过程。现对《穀梁》传文中的"正名"品格做一具体讨论。

其一，通读《穀梁》我们不难发现，其训诂内容往往呈现出伦理阐释的面貌，而非仅限于语词层面的注解。例如：

（2.1.2）郑伯以璧假许田。

《穀梁》：假不言以，言以，非假也。非假而曰假，讳易地也。礼，天子在上，诸侯不得以地相与也。

（5.18.3）五月，戊寅，宋师及齐师战于甗。齐师败绩。

《穀梁》：客不言及。言及，恶宋也。

（5.28.19）晋人执卫侯，归之于京师。

《穀梁》：归之于京师，缓辞也，断在京师也。

（5.31.3）夏，四月，四卜郊。不从，乃免牲，犹三望。

《穀梁》：乃者，亡乎人之辞也。犹者，可以已之辞也。

（9.10.2）夏，五月，甲午，遂灭傅阳。

《穀梁》：遂，直遂也。其日遂，何也？不以中国从夷狄也。

以上五例皆为《穀梁》对经文虚词的训诂，其共同特点是不拘于语

---

① 《春秋穀梁经传补注》，第312页。

词注释，而是由"审词气"出发①，进入到伦理层面进行阐释："以"为介词，当训"用"，而《榖梁》侧重阐发"非假"之义；"及"为连词，当训"与"，而《榖梁》却发"恶宋"之义；"之"为代词，指卫侯，而《榖梁》以为是缓辞，借此推出"断在京师"之义；"乃"为副词，当训"于是"，而《榖梁》解为"亡乎人之辞"，即不在乎人②，其言外之意便是在于天；"犹"为副词，当训"尚"，而《榖梁》释为"可以已之辞"，显然是一种价值判断；"遂"为副词，犹继事之辞③，而《榖梁》由此推出"不以中国从夷狄"之义。又如：

（2.14.6）宋人以齐人、蔡人、卫人、陈人伐郑。
《榖梁》：<u>以者，不以者也</u>。民者，君之本也。使人以其死，非正也。

（3.24.6）戊寅，大夫宗妇觌，用币。
《榖梁》：用币，非礼也。<u>用者，不宜用者也</u>。大夫，国体也，而行妇道，恶之，故谨而日之也。

（4.2.2）夏，五月，乙酉，吉禘于庄公。
《榖梁》：<u>吉禘者，不吉者也</u>。丧事未毕而举吉祭，故非之也。

（5.14.1）十有四年，春，诸侯城缘陵。
《榖梁》：<u>其日诸侯，散辞也</u>。聚而曰散，何也？诸侯城，有散辞也，桓德衰矣。

（8.6.2）二月，辛巳，立武宫。
《榖梁》：<u>立者，不宜立也</u>。

此组皆为《榖梁》反义为训之例，很明显，其训诂的指向是伦理层面。《榖梁》的这种训诂特征当是政治伦理化的体现，而政治的伦理化与

---

① 此处借用杨树达"审词气"之语。杨氏《曾星笠尚书正读序》云："余生平持论，谓读古书当通训诂、审词气，二者如车之两轮，不可或缺。通训诂者，昔人所谓小学也。审词气者，今人所谓文法之学也。"见杨树达《积微居小学金石论丛》（增订本），科学出版社1955年版，第256页。此观点杨氏曾在多处谈及，"审词气"或作"通文法"。见杨树达《词诠·序例》，中华书局1978年版，第5页。郭在贻认为通文法是训诂的重要方法之一，杨氏将训诂和语法分为二事，而语法实为训诂所包。见郭在贻《训诂学》，湖南人民出版社1986年版，第90页。现从郭氏说。
② "亡乎人"即其过不在于人。说见王引之《经义述闻》，第602页。
③ 桓公八年"祭公来，遂逆王后于纪"下，《榖梁》云："遂，继事之辞也。"

《穀梁》文献征

"正名"思想又密切相关①。

其二,《穀梁》训诂的论述方式也基本属于"正名"的逻辑论证②。例如:

（1.4.7）冬，十有二月，卫人立晋。

《穀梁》：卫人者，众辞也。立者，不宜立者也。晋之名，恶也。其称人以立之，何也？得众也。得众，则是贤也。贤则其曰不宜立，何也？《春秋》之义，诸侯与正而不与贤也。

（5.22.4）冬，十有一月己巳，朔，宋公及楚人战于泓，宋师败绩。

《穀梁》：人之所以为人者，言也。人而不能言，何以为人？言之所以为言者，信也。言而不信，何以为言？信之所以为信者，道也。信而不道，何以为道③？道之贵者时，其行势也。

（6.2.6）八月，丁卯，大事于大庙，跻僖公。

《穀梁》：大事者何？大是事也，著祫尝。祫祭者，毁庙之主陈于大祖，未毁庙之主皆升，合祭于大祖。跻，升也，先亲而后祖也，逆祀也。逆祀，则是无昭穆也。无昭穆，则是无祖也。无祖，则无天也。故曰，文无天。无天者，是无天而行也。君子不以亲亲害尊尊，此《春秋》之义也。

（7.15.5）王札子杀召伯、毛伯。

《穀梁》：王札子者，当上之辞也。杀召伯、毛伯，不言其何也？两下相杀也。两下相杀，不志乎《春秋》，此其志，何也？矫王命以杀之，非忿怒相杀也，故曰以王命杀也。以王命杀，则何志焉？为天下主者，天也。继天者，君也。君之所存者，命也。为人臣而侵其君之命而用之，是不臣也。为人君而失其命，是不君也。君不君，臣不臣，此天下所以倾也。

---

① "正名"与政治伦理化的关系，可以参考温公颐《先秦逻辑史》，上海人民出版社1983年版，第172—173页。
② 温公颐将先秦逻辑思想分为辩者的逻辑与正名的逻辑，认为前者的重点在于纯逻辑的探究，后者则以"正政"（以政为伦理即政治的伦理化。换言之，只要能够做到伦理上所规定的，即实现了政治的目的）为核心。见《先秦逻辑史》，第5、174页。
③ 钟文烝改"道"为"信"，当是。见《春秋穀梁经传补注》，第321页。

以上所举《穀梁》训诂之文的论述方式，显然皆为"正名"式的逻辑推论。其最后的结论，无不是通过"正名"层层推导而得。

第二节 《穀梁》《公羊》据礼通经之法当承自早期《春秋》学

《穀梁》传文可与《礼经》《礼记》互证者颇多。侯康曾撰《穀梁礼证》二卷①，钟文烝《春秋穀梁经传补注》对《穀梁》所涉之礼也多有考证。从清人的这些研究成果中，我们已经可以清楚地看到《穀梁》据礼通经的这一特征。但《穀梁》据礼通经之法并非无源之水，此法当承自早期《春秋》学。现举例说明：

（8.9.1）九年，春，王正月，杞伯来逆叔姬之丧以归。
《穀梁》：《传》曰："夫无逆出妻之丧而为之也。"
《公羊》：杞伯曷为来逆叔姬之丧以归？内辞也，胁而归之也。
《左传》：九年春，杞桓公来逆叔姬之丧，请之也。杞叔姬卒，为杞故也。逆叔姬，为我也。

三《传》相较，可以清楚地看出，仅《穀梁》所引旧《传》是从礼的角度传经。又如：

（6.12.3）二月，庚子，子叔姬卒。
《穀梁》：其一《传》曰："许嫁以卒之也。男子二十而冠，冠而列丈夫，三十而娶；女子十五而许嫁，二十而嫁。"
（5.9.3）秋，七月，乙酉，伯姬卒。
《穀梁》：内女也。未适人，不卒。此何以卒也？许嫁，笄而字之，死则以成人之丧治之。

---

① 侯氏之书除考证《穀梁》所引"礼"的内容外，还有以礼的内容与《穀梁》所发之义互证者。详见《续修四库全书》第132册，第309页。

《穀梁》文献征

文公十二年叔姬之卒，《穀梁》所引旧《传》显然是据礼通经。《礼记·内则》言男子"二十而冠""三十而有室"，女子"十有五年而笄""二十而嫁"①，正与旧《传》之说相合。僖公九年伯姬之卒，《穀梁》亦是据礼解经。《礼记·曲礼上》云："女子许嫁笄而字。"郑玄《注》云："以许嫁为成人。"②《礼记·冠义》言男子"已冠而字之，成人之道也"，又云："成人之者，将责成人礼焉也。"③其义皆可与《穀梁》相通。此为《穀梁》据礼通经之法承自旧《传》的明证。

又如《说苑》之《修文》篇中有五章传说《春秋》的材料，据徐建委考证它们均为战国时期的《春秋》旧《传》，是《穀梁》《公羊》的上源文献④。同时，徐氏亦注意到《修文》篇所存《春秋》旧《传》与讲礼的关系，并对其中与寝制、田时、赠赙相关的三则旧《传》做了具体分析⑤。本书在徐氏研究的基础上，将重点讨论《修文》篇"逆女""不记葬"两章。

《说苑·修文》"逆女"章：

> "夏，公如齐逆女。""何以书？亲迎，礼也。其礼奈何？曰：诸侯以屦二两加琮，大夫、庶人以屦二两加束修二。曰：'某国寡小君，使寡人奉不珍之琮，不珍之屦，礼夫人贞女。'夫人曰：'有幽室数辱之产，未谕于傅母之教，得承执衣裳之事，敢不敬拜。'祝祝，答拜⑥。夫人受琮，取一两屦以履女。正笄、衣裳，而命之曰：'往矣，善事尔舅姑，以顺为宫室，无二尔心，无敢回也。'女拜。乃亲引其手，授夫乎户，夫引手出户。夫行，女从。拜辞父于堂，拜诸母于大门。夫先升舆执辔，女乃升舆。毂三转，然后夫下，先行。大夫、士、庶人称其父，曰：'某之父，某之师友，使某执不珍之屦，不珍之束修，敢不敬礼某氏贞女。'母曰：'有草茅之产，未习

---

① 《十三经注疏·礼记》，第538—539页。
② 《十三经注疏·礼记》，第39页。
③ 《十三经注疏·礼记》，第998页。
④ 详见徐建委《〈说苑〉研究——以战国秦汉之间的文献累积与学术史为中心》。其说可信。
⑤ 详见《〈说苑〉研究——以战国秦汉之间的文献累积与学术史为中心》。
⑥ 向宗鲁《说苑校证》本标点作："夫人曰：'……敢不敬拜祝.'祝答拜。"见《说苑校证》，第484页。恐非。今取赵善诒《说苑疏证》本标点意见。详见赵善诒《说苑疏证》，华东师范大学出版社1985年版，第565页。

第五章 《穀梁》解经比论

于织纴纺绩之事，得奉执箕帚之事，敢不敬拜。'"

此章传庄公二十四年《春秋》"夏，公如齐逆女"，"亲迎，礼也"之义为《公羊》所取，但关于逆女的具体礼节《公羊》在此处未取，但在隐公二年《春秋》"九月，纪履緰来逆女"下有所体现。其文云：

纪履緰者何？纪大夫也。何以不称使？婚礼不称主人。然则曷称？<u>称诸父兄师友</u>。宋公使公孙寿来纳币，则其称主人何？辞穷也。辞穷者何？无母也。然则纪有母乎？曰有。有则何以不称母？母不通也。

《修文》篇所言"逆女"之礼以诸侯称母①，大夫、士、庶人称其父或其师友②。而《公羊》在解释未亲迎之例时以为：有母则"称诸父兄师友"，无母则称主人。由此可见，《公羊》解经不但运用了据礼通经之法，而且很可能还对礼的内容做过一定的改造，以适应传《经》的具体需要。

又如《说苑·修文》"不记葬"章：

《春秋》曰："庚戌，天王崩。"《传》曰："天王何以不书葬？天子记崩，不记葬，必其时也。诸侯记卒，记葬，有天子在，不必其时也。必其时奈何？天子七日而殡，七月而葬。诸侯五日而殡，五月而葬。大夫三日而殡，三月而葬。士庶人二日而殡，二月而葬。皆何以然？曰：礼不豫凶事，死而后治凶服。衣衰饰，修棺椁，作穿窆宅兆，然后丧文成，外亲毕至，葬坟集，孝子忠臣之恩厚备尽矣。故天子七月而葬，同轨毕至；诸侯五月而葬，同会毕至；大夫三月而葬，同朝毕至；士庶人二月而葬，外姻毕至也。"

此章传隐公三年《春秋》"三月，庚戌，天王崩"，"天子记崩，不记葬，必其时也。诸侯记卒，记葬，有天子在，不必其时也"之义为《公羊》所取，但关于"必其时"的进一步解释及具体的礼之规定，《公羊》在此处未取。而庄公三年《春秋》"五月，葬桓王"下，《穀

---

① 即"某国寡小君，使寡人"云云。
② 即"某之父，某之师友，使某"云云。

梁》云：

> 天子志崩，不志葬，必其时也。何必焉？举天下而葬一人，其义不疑也。志葬，故也，危不得葬也。曰，近不失崩，不志崩，失天下也。独阴不生，独阳不生，独天不生，三合然后生。故曰，母之子也可，天之子也可，尊者取尊称焉，卑者取卑称焉。其曰王者，民之所归往也。

《穀梁》此传在解释桓王志葬时，同样采用了与《修文》《公羊》相类的文字。通过《修文》篇"逆女""不记葬"两章与《穀梁》《公羊》的比较可以看出，二《传》解经均运用了据礼通经之法，而这一方法显然源出旧《传》。然而旧《传》何以会从礼的角度解释《春秋》？这里所谓的旧《传》即早期《春秋》学的内容，本是七十子及其后学传记之学的一部分，而传记之学的另一个核心内容就是对礼的记传[①]。"据礼通经"之法正是在这样的"传记之学"中形成的。

第三节 《穀梁》《公羊》据例通经之法的差异

《穀梁》据例通经上文已略有涉及，此法是《穀梁》《公羊》解经之通法。本节将具体以二《传》"时月日例""地例"为证[②]，初步探讨二

---

① 《汉书·艺文志》六艺略礼类著录"记百三十一篇"，注云："七十子后学者所记也。"
② 《穀梁》《公羊》均以为《春秋》在时、月、日、地的书写上有着独特的书法，《穀梁》此类传文又较《公羊》详备。粗略统计，《穀梁》涉及"时月日例"之《传》有一百一十余条，《公羊》则不到三十条；《穀梁》涉及"地例"之《传》约十八条，《公羊》约有七条。前人颇有视"时月日例"为《穀梁》解经之特点者。如杨士勋云："《左氏》惟大夫卒及日食以日月为例，自余皆否。此《传》凡是书经皆有日月之例者，以日月相承，其事可悉，史官记事，必当具文，岂有大圣修撰而或详或略？故知无日者，仲尼略之，见襃贬耳。"又如清人柳兴恩《穀梁大义述》一书之首即为"述日月例"，见《续修四库全书》第132册。再如许桂林专门撰成《春秋穀梁传时月日书法释例》四卷，见《丛书集成新编》第109册，新文丰出版公司1985年版。

· 136 ·

者据例通经方法上的差异。在分析差异之前,有必要先说明二《传》据例通经的思维过程。

一、《穀梁》《公羊》据例通经的思维过程

二《传》据例通经的思维过程简言之便是:比经推例,据例通经。详言之,即通过经文的对比推导出《春秋》书写中的"常例",根据"常例"而知"例外"中有经义,再通过属辞比事对不同的经义进行阐发。如"公盟"一事:

(6.2.3)三月,乙巳,及晋处父盟。
《穀梁》:不言公,处父伉也,为公讳也。何以知其与公盟?以其日也。
(8.3.13)丙午,及荀庚盟。丁未,及孙良夫盟。
《穀梁》:其日,公也。

这两条《传》文,均以经文书日作为公与盟这一解释的依据,这里便隐含着《穀梁》归纳的一条常例,即公盟书日。又如:

(2.12.7)丙戌,公会郑伯,盟于武父。丙戌,卫侯晋卒。
《穀梁》:再称日,决日,义也。

此《传》更为明白,以公盟书日为正。基于这一常例,《穀梁》以为公盟不日为"例外",其中的经义则可以通过进一步的属辞比事得到阐发:

(1.1.2)三月,公及邾仪父盟于眜。
《穀梁》:不日,其盟渝也。
(2.14.3)夏五,郑伯使其弟御来盟。
《穀梁》:来盟,前定也。不日,前定之盟不日。

《穀梁》"盟渝"之义,即通过比隐公七年经所载"秋公伐邾"之事

得来;"前定"之义,则通过观察到盟而书"来"的辞法推出。总之,公盟不书日,或出于盟渝,或出于前定,皆因常例之外,别有义在焉。又如"桓盟"一事:

(3.13.4)冬,公会齐侯盟于柯。
《穀梁》:桓盟,虽内与,不日。信也。
(3.23.10)十有二月,甲寅,公会齐侯盟于扈。
《公羊》:桓之盟不日。此何以日?危之也。何危尔?我贰也。
(5.9.4)九月,戊辰,诸侯盟于葵丘。
《穀梁》:桓盟不日。此何以日?美之也。为见天子之禁,故备之也。
《公羊》:桓之盟不日。此何以日?危之也。何危尔?贯泽之会,桓公有忧中国之心,不召而至者,江人、黄人也。葵丘之会,桓公震而矜之,叛者九国。

二《传》均认为《春秋》以桓盟不日为常例,桓盟书日便是例外。具体到例义,则可以有不同的阐发,但解释的方法不出属辞比事①。

二、《穀梁》《公羊》据例通经之法的差异

据例通经为二《传》解经通法,但又有细微的差异。

其一,二《传》在据例通经过程中剖析义例的方式有繁简之别。如"诸侯之葬"一事,《穀梁》以为诸侯时葬为常例:

(8.13.6)冬,葬曹宣公。
《穀梁》:葬时,正也。

诸侯日葬、月葬均为例外,各有其义:

---

① 如庄公二十三年《公羊》"我贰"义,即通过比此年夏"公如齐观社"之事得来。其后又有另辟新义者,如孙复、程颐、叶梦得以为婚盟与诸桓盟不同,故还从常例书日。见钟文烝《春秋穀梁经传补注》,第201页。此说通过比庄公二十四年夏"公如齐逆女"之事得来。但无论旧义新说,均不出比事之法。

（1.3.7）癸未，葬宋缪公。

《穀梁》：日葬，故也，危不得葬也。

（5.33.4）癸巳，葬晋文公。

《穀梁》：日葬，危不得葬也。

（1.5.2）夏，四月，葬卫桓公。

《穀梁》：月葬，故也。

（3.3.2）夏，四月，葬宋庄公。

《穀梁》：月葬，故也。

由此可见，《穀梁》即以"日""月""时"三个层次析例。而《公羊》在例的剖析方式上与之存在差异，同样是阐发隐公三年宋缪公日葬例，《公羊》云："葬者曷为或日或不日？不及时而日，渴葬也；不及时而不日，慢葬也。过时而日，隐之也；过时而不日，谓之不能葬。当时而不日，正也；当时而日，危不得葬也。"如此，《公羊》并未析出"月"例，仅分"日"与"不日"，但又设定不及时、过时、当时三种条件，分别与"日""不日"例相配，这样就将诸侯葬例推导出六种情况，其中以"当时而不日"为正。从结果看，其归纳的诸侯时葬之常例与《穀梁》并无不同，但其分析、推导经例与经义的方式却较《穀梁》为复杂。又如《公羊》比"杀大夫"事：

（1.1.3）夏，五月，郑伯克段于鄢。

《公羊》：其地何？当国也。齐人杀无知，何以不地？在内也。在内，虽当国，不地也。不当国，虽在外，亦不地也。

《公羊》以此《经》与庄公九年"春，齐人杀无知"相较，析出"地"与"不地"例，又设定当国在内、不当国在外、当国在外三种条件，分别与"地""不地"例相配，如此便将杀大夫例推导出三种情况：当国在内，不书地；不当国在外，不书地；当国在外，书地。而《穀梁》的"地例"在剖析义例的方式上则比较简单。如"夫人薨"一事，《穀梁》以不书地为常例，书地为例外：

（1.2.8）十有二月，乙卯，夫人子氏薨。

《穀梁》：夫人薨，不地。

(5.1.5)秋，七月，戊辰，夫人姜氏薨于夷。齐人以归。

《穀梁》：夫人薨不地。地，故也。

其二，《穀梁》《公羊》在整个据例通经过程中，于阐发例义的环节上，所受到的来自"例"的局限有小大之别。如隐公八年蔡宣公月葬例：

(1.8.7)八月，葬蔡宣公。

《穀梁》：月葬，故也。

《公羊》：卒何以日而葬不日？卒赴，而葬不告。

依隐公三年"癸未，葬宋缪公"下《公羊》归纳的诸侯葬例，蔡宣公之葬当属慢葬，但此处《公羊》并未复发慢葬之义，而是另发"葬不告"之义。可见《公羊》在阐发例义时，受到的来自"例"的局限较《穀梁》为小。在《公羊》看来，经"例"可以更为灵活，例中之"义"可以更加丰富。

第四节 《穀梁》《公羊》文体与二《传》解经

一、《穀梁》《公羊》设问之体的逻辑推导功能

《穀梁》《公羊》以设问作答之体解经的这种形式前人已多有讨论，传统上认为二《传》本口授之学，故成问答之体[①]。这种解释稍嫌简单、

[①] 哀公元年《穀梁》"子之所言者，牲之变也，而曰我一该郊之变而道之何也？我以六月上甲始牲，十月上甲始系牲，十一月、十二月牲虽有变，不道也"下，杨士勋《疏》云："上言'子'者，弟子问穀梁子之辞。'而曰我'者，是弟子述穀梁子自我之意。'我以六月'者，是穀梁子答前弟子之辞。"又如僖公五年《公羊》"其言逃归不盟者何"下，何休《注》云："据上言诸侯，郑伯在其中，弟子疑，故执不知问。"隐公元年《公羊》"赗者何"下，徐彦《疏》云："初入《春秋》，弟子未晓赗义，故执不知问。"

· 140 ·

浮泛，即使问答形式与口授之学关涉，也不大可能是二《传》著于竹帛、以这样一种特殊体式固定下来的深层原因①。

《说苑·建本》篇保留了一段魏武侯问《春秋》"元年"义、吴起作答的文字，值得注意：

> 魏武侯问"元年"于吴子，吴子对曰："言国君必慎始也。""慎始奈何？"曰："正之。""正之奈何？"曰："明智。智不明何以见正②，多闻而择焉，所以明智也。是故古者君始听治，大夫而一言，士而一见，庶人有谒必达，公族请问必语，四方至者勿距，可谓不壅蔽矣；分禄必及，用刑必中，君心必仁，思君之利，除民之害，可谓不失民众矣；君身必正，近臣必选，大夫不兼官，执民柄者不在一族，可谓不权势矣。此皆《春秋》之意，而元年之本也。"

由此可见，魏武侯的两个问题均有显著的逻辑推导作用，而随意性的提问很难具有这样的功能，我们只能将其理解为有意的设问。值得注意的是，"魏武侯问'元年'于吴子"这一根本问题，却恰恰没有使用问句的形式。可见在这里，问句的设置是以逻辑推论为目的的，无关推导的内容即使是问题的根本，也不必以问句的形式出现。

《穀》《公》二《传》中设问作答的传经方式正与《建本》此文相一致，如对《春秋》第一条经文的传说：

(1.1.1) 元年，春，王正月。

《穀梁》：虽无事，必举正月，谨始也。公何以不言即位？成公志也。焉成之？言君之不取为公也。君之不取为公何也？将以让桓也。让桓正乎？曰不正。《春秋》成人之美，不成人之恶。隐不正而

---

① 如鲁《诗》亦与口授之学相涉，授受也与《穀梁》颇有关联，具体可参考陈寿祺、陈乔枞《鲁诗遗说考》，详见《续修四库全书》第76册，第44—45页。《汉书·艺文志》所载《鲁故》《鲁说》虽已散佚，但就现存佚文看，未见设问作答之迹。

② 向宗鲁《说苑校证》本标点作"曰：'明智。''智不明何以见正？''多闻而择焉，……此皆《春秋》之意，而元年之本也。'"见《说苑校证》，第57页。即以"智不明何以见正"为魏武侯所问，以"多闻而择焉"云云为吴起所答，恐非。今取赵善诒《说苑疏证》本标点意见，以"明智"后之语皆为吴起所答。详见《说苑疏证》，第61—62页。

成之，何也？将以恶桓也。其恶桓何也？隐将让而桓弑之，则桓恶矣。桓弑而隐让，则隐善矣。善则其不正焉，何也？《春秋》贵义而不贵惠，信道而不信邪。孝子扬父之美，不扬父之恶。先君之欲与桓，非正也，邪也。虽然，既胜其邪心以与隐矣。己探先君之邪志而遂以与桓，则是成父之恶也。兄弟，天伦也。为子受之父，为诸侯受之君。己废天伦，而忘君父，以行小惠，曰小道也。若隐者，可谓轻千乘之国，蹈道则未也。

《公羊》：元年者何？君之始年也。春者何？岁之始也。王者孰谓？谓文王也。曷为先言王而后言正月？王正月也。何言乎王正月？大一统也。公何以不言即位？成公意也。何成乎公之意？公将平国而反之桓。曷为反之桓？桓幼而贵，隐长而卑。其为尊卑也微，国人莫知，隐长又贤，诸大夫扳隐而立之。隐于是焉而辞立，则未知桓之将必得立也。且如桓立，则恐诸大夫之不能相幼君也。故凡隐之立，为桓立也。隐长又贤，何以不宜立？立适以长不以贤，立子以贵不以长。桓何以贵？母贵也。母贵则子何以贵？子以母贵，母以子贵。

《公羊》此处的设问作答大致可分为两组：第一组通过五对问答最终推导出"大一统"之义；第二组通过四个问题的设置，最终推得"立适以长不以贤，立子以贵不以长"之义。《穀梁》此处则通过一组问题层层推出"《春秋》贵义而不贵惠，信道而不信邪"之义。又如二《传》对隐公元年第三条经文的传说：

(1.1.3) 夏，五月，郑伯克段于鄢。

《穀梁》：克者何？能也。何能也？能杀也。何以不言杀？见段之有徒众也。段，郑伯弟也，何以知其为弟也？杀世子、母弟，目君。以其目君，知其为弟也。段弟也而弗谓弟，公子也而弗谓公子，贬之也。段失子弟之道矣，贱段而甚郑伯也。何甚乎郑伯？甚郑伯之处心积虑成于杀也。于鄢，远也，犹曰取之其母之怀中而杀之云尔，甚之也。然则为郑伯者宜奈何？缓追逸贼，亲亲之道也。

《公羊》：克之者何？杀之也。杀之则曷为谓之克？大郑伯之恶也。曷为大郑伯之恶？母欲立之，己杀之，如勿与而已矣。段者何？郑伯之弟也。何以不称弟？当国也。其地何？当国也。齐人杀无知，何以不地？在内也。在内，虽当国不地也。不当国，虽在外亦不地也。

《公羊》此处的设问作答大致可分为两组：第一组推出"大郑伯之恶"之义；第二组推出段"当国"之义。《穀梁》此处的设问作答也大致可分为两组：第一组推出"段之有徒众"之义；第二组推出"贱段而甚郑伯"之义。

由以上两例已经可以看出，二《传》设问之体具有逻辑推导功能。这一形式本身即有阐释功能、参与着解经的过程。

二、《穀梁》《公羊》的文体差异与解经特征

然而通过具体比较，我们不难发现《穀梁》《公羊》的文体之间又存在差异：《公羊》每条传文均运用了设问作答之体，而《穀梁》传文有不少未用设问形式①，或一传之中设问的数量明显少于《公羊》。范宁在《春秋穀梁传序》中对二《传》的解经特征曾有这样的概括："《穀梁》清而婉，其失也短。《公羊》辩而裁，其失也俗。"即《穀梁》辞义清通简要、《公羊》说事分明而有裁断②。《穀》《公》这种迥然有别的解经特征，与设问形式的运用多少、运用与否直接相关。例如：

(2.7.1) 七年，春，二月，己亥，焚咸丘。

《穀梁》：其不言邾咸丘何也？疾其以火攻也。

《公羊》：焚之者何？樵之也。樵之者何？以火攻也。何言乎以火攻？疾始以火攻也。咸丘者何？邾娄之邑也。曷为不系乎邾娄？国之也。曷为国之？君存焉尔。

(3.4.5) 六月，乙丑，齐侯葬纪伯姬。

《穀梁》：外夫人不书葬，此其书葬何也？吾女也，失国，故隐而葬之。

---

① 由此似可见出，《公羊》在写定之前当经过了一番文体上的精心划一，《穀梁》则未必有这样一个过程。
② 杨士勋《疏》："云'清而婉'者，辞清义通。……云'辩而裁'者，辩谓说事分明，裁谓善能裁断。"

《穀梁》文献征

《公羊》：外夫人不书葬，此何以书？隐之也。何隐尔？其国亡矣，徒葬于齐尔。此复雠也，曷为葬之？灭其可灭，葬其可葬。此其为可葬奈何？复雠者，非将杀之，逐之也。以为虽遇纪侯之殡，亦将葬之也。

以上两例《穀梁》设问数量均明显少于《公羊》，在阐释上呈现出更为简明的特征。又如：

(1.2.3) 无侅帅师入极。

《穀梁》：入者，内弗受也。极，国也。苟焉以入人为志者，人亦入之矣。不称氏者，灭同姓，贬也。

《公羊》：无骇者何？展无骇也。何以不氏？贬。曷为贬？疾始灭也。始灭昉于此乎？前此矣。前此则曷为始乎此？讬始焉尔。曷为讬始焉尔？《春秋》之始也。此灭也其言入何？内大恶，讳也。

由此例可见，二《传》均以为《春秋》贬无侅。然而在表达相似之义时，《公羊》运用了设问之体，其设置的每个问题都具有逻辑推导功能，而答语中分辨、裁断的色彩较为强烈；《穀梁》则用陈述形式，每个陈述句之间的逻辑关系并不紧密，"辩而裁"的意味较《公羊》略逊一筹。又如：

(1.8.7) 八月，葬蔡宣公。

《穀梁》：月葬，故也。

《公羊》：卒何以名而葬不名？卒从正，而葬从主人。卒何以日而葬不日？卒赴，而葬不告。

由此例可见，《公羊》设问之体的运用使传文分辩（或说分辨）的风格十分明显，而《穀梁》陈述的形式则使其论述呈现出简要的特征。

综合这些例证，我们可以发现《穀梁》《公羊》的解经特征与二《传》的文体差异有着一定联系。但究竟是二《传》不同的解经风格造成了它们形式上的差异，还是二《传》文体的差异影响了其各自解经风格的形成？大概这两方面的情形都存在，而后者的影响尤其值得我们吟味。

三、《穀梁》《公羊》的文体差异与二《传》思想面貌的形成

再进一步讨论，这种文体上的差异甚至可能促成了《穀梁》《公羊》"思考路径的分殊"，从而最终影响到二《传》不同思想面貌的形成①。设问作答的形式更便于思想的展开与引申，故《公羊》较之《穀梁》便呈现出结构更为复杂、阐释更为深远的面貌②。例如：

（2.15.5）郑世子忽复归于郑。

《穀梁》：反正也。

《公羊》：其称世子何？复正也。曷为或言归，或言复归？复归者，出恶，归无恶；复入者，出无恶，入有恶；入者，出入恶；归者，出入无恶。

由此例可见，《公羊》通过设置相关问题将讨论引向复杂，分辨了四种书法的不同含义。又如：

（2.11.4）九月，宋人执郑祭仲。

《穀梁》：宋人者，宋公也。其曰人，何也？贬之也。

《公羊》：祭仲者何？郑相也。何以不名？贤也。何贤乎祭仲？以为知权也。其为知权奈何？古者郑国处于留，先郑伯有善于邻公者，通乎夫人，以取其国而迁郑焉，而野留。庄公死，已葬，祭仲将往省于留，涂出于宋，宋人执之，谓之曰：为我出忽而立突。祭仲不从其言，则君必死，国必亡；从其言，则君可以生易死，国可以存易亡。少辽缓之，则突可故出，而忽可故反。是不

---

① "思考路径的分殊"，取刘宁先生语。详见刘宁《汉语思想的文体形式》，华东师范大学出版社2012年版，第1页。
② 郜积意《在疑问句的背后——论〈公羊传〉的阐释策略》一文云："在回答自己所提的问题时，《公羊传》经常提出另外相关的问题。相关的问题提得越多，那么，远离（案，此处似衍一"远"字）字面的意义也就越远，也就越能说明《公羊传》对于《春秋》的把握具有超越性衍生的功能。"见《中外文化与文论》第9辑，四川教育出版社2002年版。

可得，则病，然后有郑国。古人之有权者，祭仲之权是也。权者何？权者，反于经然后有善者也。权之所设，舍死亡无所设。行权有道，自贬损以行权，不害人以行权。杀人以自生，亡人以自存，君子不为也。

由此例可见，《公羊》通过设问层层阐发出贤祭仲知权之义，较之《穀梁》，显然思考得更为深远。

《公羊》通过对设问之体的普遍运用，使其所传之义可以距《春秋》较远。《穀梁》则运用了不少不设问或少设问的文体形式，使其在阐发思想时呈现出更为简明、内敛的面貌。例如：

(1.7.3) 夏，城中丘。

《穀梁》：城为保民为之也。民众城小则益城，益城无极。凡城之志，皆讥也。

(5.26.8) 公以楚师伐齐，取谷。

《穀梁》：以者，不以者也。民者，君之本也。使民以其死，非其正也。

(6.14.5) 六月，公会宋公、陈侯、卫侯、郑伯、许伯、曹伯、晋赵盾。癸酉，同盟于新城。

《穀梁》：同者，有同也，同外楚也。

由以上诸例可见，《穀梁》所阐述的"保民""民者君之本""同外楚"等思想还是与其所传《春秋》之文有着较为密切的联系。与之相比，《公羊》发挥的《春秋》"不嫌同号、同辞"[1]、"贤知权"[2]、"实与而文不与"[3] 等义，则与《春秋》之文有较大的距离。《穀梁》在阐述思想时呈现出的这种内敛、简明，也许直接受到了其所选文体形式的影响。

综上所述，《穀梁》《公羊》共同使用的设问之体具有逻辑推导功能，

---

[1] 见隐公七年传。
[2] 见桓公十一年传。
[3] 见僖公元年传、僖公十四年传、宣公十一年传。

这一形式本身也参与了解经。二《传》文体间又存在着一些差异，这使《穀》《公》解经分别呈现出"清而婉"与"辩而裁"的特征。再进一步观察，《穀梁》为数不少的不设问或少设问的文体形式促成了其简明、内敛的思想面貌，这类传文"述"的色彩较为明显；《公羊》则普遍运用了设问之体，这对其复杂、深远面貌的形成具有一定作用，其文"辩"的意味更为突出[①]。

[①] "述"与"辨"的差异，是否承自鲁学、齐学的异趣，则有待进一步论证。

附　录

附录一：现存宋元版《穀梁》著录辑要
（含影宋本、传抄宋本）

说明：本附录可与正文第一章中的相关内容参看。《辑要》据以下文献录文，其中明显的误字径改，标点符号也有所调整，均不再出注。文献前的数字与"现存宋元版《穀梁》版本性质表"中的数字对应。

1. 7. 18. 瞿镛《铁琴铜剑楼藏书目录》，见《清人书目题跋丛刊》三，中华书局1990年版。

2. 《"国立故宫博物院"藏沈氏研易楼善本图录》，台北故宫博物院1986年版。

3. 森立之《经籍访古志》，见《日本藏汉籍善本书志书目集成》第1册，北京图书馆出版社2003年版。

4. 杨守敬《日本访书志》，见《国家图书馆藏古籍题跋丛刊》第22册，北京图书馆出版社2002年版。

5. 《古逸丛书·叙目》，见《古逸丛书》上册，江苏古籍出版社2002年版。

6. 黄丕烈《百宋一廛书录》，见《宋版书考录》，北京图书馆出版社2003年版。

8. 10. 傅增湘《藏园群书经眼录》，中华书局1983年版。

9. 17. 李盛铎《木犀轩藏书题记及书录》，北京大学出版社1985

年版。

11. 张元济《涵芬楼烬余书录》，见《张元济古籍书目序跋汇编》，商务印书馆 2003 年版。

12. 丁丙《善本书室藏书志》，见《清人书目题跋丛刊》二，中华书局 1990 年版。

13. 王文进《文禄堂访书记》，上海古籍出版社 2007 年版。

14. 冀淑英《自庄严堪善本书目》，天津古籍出版社 1985 年版。

15.《公羊春秋·穀梁春秋》，《中华再造善本》影印本，北京图书馆出版社 2003 年版。

16. 陈鳣《经籍跋文》，见《宋版书考录》，北京图书馆出版社 2003 年版。

19. 瞿良士《铁琴铜剑楼藏书题跋集录》，上海古籍出版社 2005 年版。

一、南宋建阳余仁仲万卷堂本《春秋穀梁传》十二卷

（一）初印本①

1. 瞿镛《铁琴铜剑楼藏书目录》卷五"春秋穀梁传六卷　宋刊残本"条

原书十二卷，每公为一卷，与《唐石经》合，今存宣公以后六卷。首行题"春秋穀梁传第七"，次行题"范宁集解"。每卷末有经传、注、音义字数，又曰"仁仲比校讫"。第九卷末曰"余仁仲刊于家塾"。第十二卷末曰"国学进士余仁仲校正，国学进士刘子庚、陈几、张甫同校，奉议郎签书武安军节度判官厅公事陈应行参校"，共五行。又有分书墨图记曰"余氏万卷堂藏书记"。每半叶十一行，注双行，行大字十九，小字廿七。"匡""恒"字阙笔。所附《释文》专用音反，不全录。其足据以订注疏本之讹者，已详阮氏《校勘记》所引何氏煌校本中，何氏所见即属此本，其字画端谨，楮墨精妙，为当时初印佳本，虽非全帙，固足贵

---

① 此本为铁琴铜剑楼旧藏本，存卷七至卷十二。民国间影入《四部丛刊初编》时，阙卷以《古逸丛书》本补齐。现藏台北故宫博物院。

也。卷七首叶有白文方印曰"虚中印"①。

2.《"国立故宫博物院"藏沈氏研易楼善本图录》"春秋穀梁传 存六卷"条

宋绍熙间建安余仁仲万卷堂刊本。版匡高十八公分，宽十二公分。每半叶十一行，行十九字。小注夹行，行二十七、二十八字不等。左右双栏。版心线口，双鱼尾。中缝上记大小字数，中标穀几，下载叶次。宋讳玄、弘、匡、恒、贞、桓、慎诸字阙末笔。是书十二卷，每公一卷，与《唐石经》合，此本存宣公以后六卷。首行大题"春秋穀梁传宣公第七"，次行低十格署"范宁集解"。卷末隔行尾题视卷首大题同。每卷卷末均标示经传、注、音义总字数。卷七、八、十、十一后并署有"仁仲比校讫"一行，卷九后则署"余仁仲刊于家塾"，卷十二末改署"国学进士余仁仲校正""国学进士刘子庚同校""国学进士陈几同校""国学进士张甫同校""奉议郎签书武安军节度判官厅公事陈应行参校"共五行，其后隔行另有方形木记曰"余氏万卷堂藏书记"。文中附句读及音释。全书字画端谨，楮墨精妙，为初印佳本，虽非全帙，亦足珍贵。瞿氏《铁琴铜剑楼藏书目录》、《艺芸精舍宋元本书目》均有著录。按，宋建安余氏万卷堂刊本此书，后世流传颇稀，据日本森立之《经籍访古志》中载录东瀛日本学士柴邦彦藏有全帙，文政间狩谷望之曾使人影摹，纤豪毕肖，此影抄本后为宜都杨守敬求得，并收入《古逸丛书》中刊行，其后《四部丛刊》又据之影印②。此外，日本金泽文库另有覆刻版，今本院即藏有其本。是以本书宣公以前六卷之形貌，可借以考见。惟《古逸丛书》本之卷十二末叶"余氏万卷堂藏书记"版记下，有"癸丑仲秋重校讫"字样，推知东瀛藏本为仁仲覆校重订，已非初印本。另按，东瀛藏余氏刊本此书，已毁于战火，则本院此本，非仅止于初印，亦为寰宇唯一孤本，珍贵可知。书中钤有"虞山瞿绍基藏书之印"（朱方）、"菰里瞿镛"（朱白方）、"瞿印秉渊"（白方）、"瞿印秉沂"（白方）、"铁琴铜剑楼"（白长）、"瞿印秉清"（白方）、"瞿印秉池"（白方）、"瞿启甲"（白方）、"瞿印启耗"（白方）、"瞿润印"（白方）、"虚中印"（白方）、"恬裕斋钱镜之氏珍

---

① 可见此印为瞿氏之前藏家图记。清人朱筠有"虚中"朱文方印。见林申清《明清藏书家印鉴》，上海书店1989年版，第83页。不知是否为一人。
② 《四部丛刊初编》据瞿氏所藏刊本影印，阙卷以《古逸丛书》本补齐。

藏"（朱方）、"汪印士钟"（白方）、"阆源真赏"（白方）诸藏书印记，知曾经汪士钟、瞿镛等藏书名家递藏。又《古逸丛书》中附有杨守敬余氏万卷堂此书《考异》称："余仁仲万卷堂所刻经本，今闻于世者曰《周礼》、曰《公羊》、曰《穀梁》，《公羊》扬州汪氏有翻本，《周礼》旧藏卢雅雨家，惟《穀梁》仅康熙间长洲何煌见之，然其本缺宣公以前，已称为希世之珍。"则此本出之清初长洲何氏家藏①。

（二）重校本

3. 森立之《经籍访古志》"春秋穀梁传十二卷"条②

宋椠本，阿波侯藏。晋范宁集解。每半版十一行，行十八九字，注双行二十七字。每章附音义，每卷末有经传、注及音义字数。又记"仁仲比校讫""余仁仲刊于家塾"。十二卷末记"国学进士余仁仲校正，国学进士刘子庚、陈几、张甫同校，奉议郎签书武安军节度判官厅公事陈应行参校，癸丑仲秋重校讫"。又有绍熙辛亥孟冬朔日建安余仁仲跋，序后及卷尾有"余氏万卷堂藏书记"，卷端捺金泽文库印。此本系柴学士邦彦旧藏，往年狩谷望之与松碕明复谋就阿波国学，俾一书生影抄，毫发尽肖，宛然如宋椠，今犹藏在求古楼。考清杨州汪氏重刊宋本《公羊传》亦仁仲所校刊，与此同种。

4. 杨守敬《日本访书志》"春秋穀梁传十二卷"条③

宋刊本，刻入《古逸丛书》。余仁仲万卷堂所刻经本，今闻于世者，曰《周礼》、曰《公羊》、曰《穀梁》，《公羊》扬州汪氏有翻本，《周礼》旧藏卢雅雨家，惟《穀梁》仅康熙间长洲何煌见之。然其本缺宣公以前，已称为希世之珍。此本首尾完具，无一字损失。以何氏校本照之，有应有不应，当由何氏所见为初印本，此又仁仲覆校重订者。故于何氏所称脱误之处，皆挖补挤入。然则此为余氏定本，何氏所见犹未善也。原本旧为日本学士柴邦彦所藏，文政间狩谷望之使人影摹之，纤豪毕肖，展转归向山黄村。余初来日本时即从黄村求得之，怂恿星使何公重翻以传。会瓜代，不果。暨新任星使黎公乃以付之梓人，逾年而后成。按，《穀梁》所据之经，不必悉与《左氏》《公羊》合，而分《经》附《传》之例亦与二《传》差互。至范氏之解，则传习愈希，除注疏刊本外，绝尠证验。即明知有脱误，亦苦于无征不信。然

---

① 阮刻本据"何煌校本"，是何氏曾见余仁仲本并用之校勘，但何氏未必藏有。
② 此本现已不存，但今存《古逸丛书》本乃据此本之影写本影刻，二者关系密切，故录出此记。
③ 杨氏此记之题仍指柴邦彦旧藏刊本，现已不存，但此记对《古逸丛书》本的影刻情况多有记述，故录出。

《穀梁》文献征

则此本之不绝如线，诚为瑰宝。今以《唐石经》证《经》《传》，以唐宋人说《春秋》三《传》者佐之，以宋监本（余所得日本古抄经注本，首题"监本春秋穀梁传"，多与十行本经注合）、注疏本证《集解》，以陆氏《释文》佐之。又自宋以来所传经注本不必与《释文》合，而合刊注疏者往往改《释文》以就之，至毛本则割截尤甚。此本后有仁仲自记，不以《释文》改定本，亦不以定本改《释文》，犹有汉唐经师家法。今单行《释文》俱在，此本既悉与之合，故于注疏所附亦不一一订正焉。光绪癸未秋九月记。

5. 《古逸丛书·叙目》"影宋绍熙本穀梁传十二卷"条

此与扬州汪氏问礼堂翻刻《公羊传》同为建安余氏家塾本，二书均题"绍熙辛亥孟冬朔日建安余仁仲敬书"。而此本第十二卷末有"国学进士余仁仲校正""国学进士刘子庚同校""国学进士陈几同校""国学进士张甫同校""奉议郎签书武安军节度判官厅公事陈应行参校"五衔，"余氏万卷堂藏书记"。又题"癸丑仲秋重校讫"，则《穀梁》之成当后《公羊》二岁矣①。此次橅刻俱精，有取蓝胜蓝之妙。附校札。

二、宋元建阳坊刻本《监本附音春秋穀梁注疏》二十卷

（一）南宋刻本

6. 黄丕烈《百宋一廛书录》"监本附音春秋穀梁传注疏二十卷"条

此《监本附音春秋穀梁传注疏》，首题"国子四门助教杨士勋撰，国子博士兼太子中允赠齐州刺史吴县开国男陆德明释文"，盖世所谓十行本也。往见惠松崖手校诸经注疏，惟《公羊》《穀梁》皆以监本附音者为据。相传是本为宋刻流传，特元明以来代有修补耳。外间行本，有小字花数，而修版至正德年止，遇宋讳则以圆围别之。今此本纯是细黑口，无小字花数，亦无修版，其为宋刻无疑②。且以余所得残本《公羊》证之，前有景祐年间牒文，与此刻正同，则是本之宜宝，不益可信耶？

（二）元翻明修本

7. 瞿镛《铁琴铜剑楼藏书目录》卷五"监本附音春秋穀梁传注疏二十卷

---

① 此说恐非。检《四部丛刊初编》影印余仁仲本《春秋公羊经传解诂》，卷十二末亦有"癸丑仲秋重校"题记。由此推断，万卷堂本《公羊》《穀梁》当于绍熙辛亥同时初刊，于癸丑同时重校，并无先后之别。

② 根据黄丕烈的描述，其所见之本很可能是南宋建阳地区坊刻本。

宋刊本"条①

　　此本首行较闽、监、毛本多"监本附音序"五字，次行题"国子四门助教杨士勋撰"，三行题"国子博士兼太子中允赠齐州刺史吴县开国男陆德明释文"，亦与闽、监、毛本异。何氏煌谓"宋南监本"，是也。前有范氏《集解序》。每半叶十行，行十七字，注疏俱双行，行二十三字，版心有大小字数、刊字人名。经传不别，如"元年春王正月"，即接传文，不标"传"字，与《石经》合。传下集解亦不标"注"字，惟疏文则冠一大"疏"字于上。今以阮氏重刊本对校，著其异于篇②。

　　8. 傅增湘《藏园群书经眼录》"监本附音春秋穀梁注疏二十卷"条③

　　元刊本，十行十八字，注双行二十三字，白口，左右双阑，版心上记大小字数，下记刊工姓名。无补版，间有抄配。（常熟瞿氏铁琴铜剑楼藏，乙卯秋见于罟里宅中）

　　9. 李盛铎《木犀轩藏书题记及书录》"监本附音春秋穀梁传注疏二十卷"条④

　　十行本，宋刻明修本，序文有缺叶。

　　10. 傅增湘《藏园群书经眼录》"监本附音春秋穀梁注疏二十卷"条

　　元刊明修本，十行十七字，注疏双行二十三字，白口，左右双阑，版心上记字数，下记人名。经传不别，经下即接传文，不标"传"字，传下集解亦不标"注"字，惟疏文则冠一大"疏"字于上。首行题"监本附音春秋穀梁注疏隐公卷第一"，次行低二格题"范宁集解"，又低二格题"杨士勋疏"，三行题"春秋穀梁传隐公第一"。后有王北堂及遂初堂初氏跋，录后："宋十行本穀梁传注疏廿卷，即阮芸台先生所从重刊者，古色古香，为北堂藏书之冠。丁亥冬十月得于欣赏阁，北堂识。""此种书存于人间者有数，弥足珍爱。万苦之中得此无上宝书。宋本最难得者经史。朱之赤审藏。乾隆五十有七年遂初堂初氏记。"按，此书印工尚清朗，仅抄补三数叶，当是明初印本，旧藏朱卧菴之赤家，递藏遂初堂初氏及昌平王北堂。余得之北堂旧姻家陈姓。北堂名萱铃，道光时人，龚定庵自珍曾主其家，藏旧刻名抄至多，为陈姓以三百千捆载以去，近年往往流入厂肆。余曾得

---

① 此本实为元翻明修本，现藏国家图书馆。
② 下录异文，今略。
③ 傅增湘对铁琴铜剑楼所藏《监本附音春秋穀梁注疏》的版本性质在当时便有正确的认识。
④ 此本实为元翻明修本，现藏北京大学图书馆。

双柏堂本《越绝书》，有定庵题记，亦北堂所藏也。又见柯维骐校本《史记》，绝初印，亦有定庵跋语。意当日孤肆冷摊必时有两人足迹，故偶有所得相与赏奇析异如此也。沅叔。（余藏）

11. 张元济《涵芬楼烬余书录》"监本附释音春秋穀梁传注疏二十卷"条[1]

宋刊本，十册，朱之赤旧藏。此为宋十行本诸经注疏之一，世间多有传本。以补版羼杂，讹误滋多，故人不之重。是本仅有明补四叶，抄配二叶，余皆宋刻。原版半叶十行，行十七字，小注双行，行二十三字。书耳记"某公几年"，版心题"谷充几"。上记大小字数，下记刻工姓名，有君美、以德、天易、住郎、伯寿、以清、善卿、善庆、德远、敬中、余中、正卿、君善、茂卿、仲囗[2]、美玉、应祥、安卿、寿甫、仁甫、丘文、湜甫诸人。藏印："朱之赤鉴赏""乾隆五十有七年遂初堂初氏记"。

12. 丁丙《善本书室藏书志》"监本附音春秋穀梁注疏二十卷"条[3]

宋刻十行本，唐仁寿藏书。前范宁《序》下题"国子四门助教杨士勋撰，国子博士兼太子中允赠齐州刺史吴县开国男陆德明释文"。《序》文标题下多一"传"字。每卷某公与大题相连。每半叶十行，行十七字，注疏俱双行，行二十三字。经传不别。如"元年春王正月"即接传文，不标"传"字，与《石经》合。传下集解亦不标"注"字，惟疏文则冠一大"疏"字于上。有元明补刻之叶。有"鸥寄室王氏收藏""海昌唐仁寿"两印。

三、南宋建阳坊刻本《穀梁春秋》不分卷[4]

13. 王文进《文禄堂访书记》"公羊穀梁不分卷"条

宋合刻白文小字本。眉上附音释。半叶二十行，行二十七字，白口。

---

[1] 此本实为元翻明修本，现藏国家图书馆。
[2] 当是仲马。
[3] 此本实为元翻明修本，现藏南京图书馆。
[4] 此本卷首刊范宁《春秋穀梁传序》，并于正文之首题"穀梁春秋　范宁集解"，可见所据底本为含有范注之本。同本《公羊春秋》正文中偶有墨围标反切者，盖所据之本附释音，此为未删尽之处。此本刊刻时地，前人并未指实，盖因直接证据有限。今从刊字之笔画、结构两方面观察，均与余仁仲万卷堂本小字极为接近，而加栏注音又为坊刻的特征。故暂时将此本列为南宋建阳地区坊刻本。余仁仲本之后建阳书坊刊刻《穀梁》也许有两种倾向：一种是在经传注释文的基础上加刻疏文，盖取其全；一种是在经传注释文的基础上仅存经传，盖取其简。二者的目的或许均为便于阅读。

版心上记字数，下记刊工姓名：世昌、余、钱、王。

14. 冀淑英《自庄严堪善本书目》"公羊春秋不分卷穀梁春秋不分卷"条

唐陆德明音①，宋刻本，劳健跋。二十行二十七字，细黑口，左右双边。

15. 检《中华再造善本》影印本《公羊春秋·穀梁春秋》，录劳健跋

宋刊巾箱本《公羊》《穀梁》二《传》，每半叶廿行，每行廿七字，版心上记字数，下记刻工姓名。字体峭丽，与延令季氏所藏《八经》如出一手，惟此本简端加阑注音为微异。藏书家每以明刻小字《九经》从季氏本出，其注音为翻雕时所加。证以此书，乃知宋时固有两刻，加阑注音之本传世更希，遂为诸家所不著录。而《公》《穀》二《传》，明代且无覆刻，尤称罕秘。不仅行密如樯，字细如发，极雕椠之能事，为可宝贵也。庚午正月，叔弢以重值得之天津。书中有"子寿珍藏""戴经堂藏书"二印，为余妻王考贵筑黄公旧藏。公遗书于十年前散出，其宋元精本多归项城袁氏，明刻以下为上海书估陈立炎所得。此书落北京述古堂于磊臣手，叔弢曾见之，因议价未谐而罢，盖当时叔弢佞宋之心未及今日之盛也。"戴经堂藏书"印今仍在余妻兄君伟处，闻为滇人戴翔臣所刻云。桐乡劳健笃文记。

四、清传抄李中麓旧藏抄本《春秋穀梁疏》十二卷

（一）陈鳣家抄本②

16. 陈鳣《经籍跋文》"宋本穀梁传单行疏跋"条

《春秋穀梁传疏》十二卷照宋抄本，是疏本单行，而卷第仍范宁集解之旧。《文献通考》《玉海》并引《崇文总目》作三十卷，云"唐国子四门助教杨士勋撰，皇朝邢昺等奉诏是正，令大学传授"。然唐宋二《志》《书录解题》俱作十二卷，疑《崇文总目》三十卷乃十二卷之误。赵希弁《读书附志》载"春秋穀梁传注疏二十卷"云："昭德先生《读书志》中有诸经注疏，独无《穀梁》注疏云。"考晁《志》，有单疏，无注疏，赵未悉其例。赵所见注疏合并，已作二十卷，至今相沿不改，遂失其原。是本出章丘李中麓家，惜缺文公以前五卷，字多驳落，缮写虽不工，然行款

---

① 此本上加栏注音，或取陆德明《释文》，或不取。
② 李中麓本当抄自宋单疏本，陈氏本又传抄自李本，仅有卷六至卷十二。现藏北京大学图书馆。

悉依旧式，其驳落处俱空白。长州何北山煌尝据以校汲古阁注疏，改正甚多。今为周狷唐明经所藏，余又从狷唐借抄。首题"春秋穀梁疏卷第几"，越三格"某公"，次行低八格"唐国子四门助教杨士勋撰"，又次顶格疏文起。每半叶十二行，行二十字、二十一字不等。凡疏传处有"传"字，疏集解处有"注"字。其尤胜于明刻本者如：文二年疏"左主八寸"作"七寸"，与《仪礼经传通解》合。"桑犹丧也"，今本《公羊传》注脱此四字。四年"娶于大夫者"作"娶乎"，与《公羊传》合。十四年"世家及世本是齐昭公也"，上有"齐侯潘有二"五字。宣二年"法峻整"，"法"上有"严"字。三年"无灾而已"，"灾"下有"害"字，与《公羊传》注合。八年"日下昃乃克葬"，"昃"作"稷"，与注云"稷，昃也"合。十五年"平者成也"作"夏五月宋人及楚人平"。十六年"成周宣榭"作"宣谢"，与《释文》"或作谢"合，《说文》无"榭"字，古皆作"谢"。成元年"则兼作也"，"则"上有"言新"二字。十二年"臣下谁敢于效为之"作"孰敢放效为之"。十五年"称人以执是伯"作"称侯以执为恶"。十七年"故决其不以伐郑致"作"故决其以伐郑至"。襄十年"彼向来陵迟"作"尚未陵迟"。三十年"月卒日葬者也"作"月卒者葬非葬者也"。昭三年"夏叔至成公"作"五月葬滕成公"。八年"灭国"作"传闵之也"四字，"释曰"下有"传解"二字。哀二年"二顾速不进"作"三顾"，与《左传》合。七年"有临一家至焉"作"有临一家之言焉"。凡此之类皆足以资考证，虽断圭残璧要自可宝耳。

17. 李盛铎《木犀轩藏书题记及书录》"春秋穀梁疏十二卷"条[①]

影宋抄本，明抄本，陈鳣校并跋。半叶十二行，行二十二字。存卷六之十二。收藏有"宋本"长圆印，"稽瑞楼"白文长印，"鳣读"白文长印，"仲鱼图象"及"得此书，费辛苦；后之人，其监我"两长方印。陈氏手题："穀梁单行疏，李中麓抄本，自文公起至哀公止。何北山虽据以改正汲古阁本，亦尚有遗漏，但脱误亦多，政须善择。"

(二) 瞿氏恬裕斋抄本[②]

18. 瞿镛《铁琴铜剑楼藏书目录》卷五"春秋穀梁疏七卷 抄残本"条

题"唐国子四门助教杨士勋撰"，原书十二卷，今存卷六文公起至卷

[①] 此本实为陈鳣家抄本，现藏北京大学图书馆。
[②] 瞿本据陈鳣抄本传抄，现藏国家图书馆。

十二哀公止。分卷与《唐石经》合。书中传、注一一标明，间有"释曰"二字。所标起止与注疏本亦有不同处，或曰某某至某某，或曰某某云云，或举全句。通体不提行，惟每段空一字标起，止后又空一字。间有不空者，想抄时误连之也。旧为章邱李中麓氏藏本，字迹甚旧，有朱笔校改处。今归邑中张君伯夏，从之借录，以注疏本校核一过，胜处实多。如文十一年"眉见于轼"，疏校标"注高三尺三寸"原与上"身横九亩"疏校标"注五丈四尺"另为一条。今注疏本误连上录之，遂与本注相离，其实杨氏原书不误也。成十四年"秋，叔孙侨如如齐逆女"，疏"公即位，下文即云公子遂如齐逆女"，十行本脱"即位下文"四字，毛本脱"下文即云"四字，《校勘记》谓十行本脱七字，亦误也。成十六年"会于沙随"，疏标"传讯在诸侯也"六字另为一条，注疏本澜入上文"战于鄢陵"疏中，大谬矣。襄五年注疏本标"叔孙豹、缯世子巫如晋"，《校勘记》谓此句当在下文"《公羊》以缯世子巫"之上，以标起止为非。今案，此本亦标"叔孙豹至如晋"六字，而《公羊》句上并无叔孙豹云云，《校勘记》引单疏本止据何小山校本而未见原本，故其说相歧。襄三十年"宋灾，伯姬卒"，传疏"共公卒虽日久，姬能守夫在之贞"，注疏本"夫在"作"灾死"，与上句不相应矣。定十年"公会齐侯于颊谷"，疏"若非孔子，必以白刃丧其瞻核，焉敢直视齐侯行法杀戮"，"瞻核"当是察视意，与下"直视"相应。十行本"瞻"误为"胆"，闽、监、毛本承之，改"核"为"胲"，一误再误。至"焉"字又误"矣"字，下并不成句矣。其余字句足订脱误者，已详《校勘记》与张氏《藏书志》中，不复赘述。

19. 瞿良士《铁琴铜剑楼藏书题跋集录》"春秋穀梁疏七卷 抄残本"条

《穀梁》单疏旧本，卷首有无名氏题记云"李中麓抄本，自文公起至哀公止。何北山虽据以改正汲古阁本，尚有遗漏，但脱误亦多，正须善择"云云。原本有朱笔校改处，未知即中麓手迹否？咸丰丁巳夏，恬裕斋主人从邑中张氏假得，传录一本，嘱余对校一过。中用朱笔者，仍依旧校；新抄有误，以墨笔改之。凡抄白书恒多鱼豕之谬，传录一次，则误一次，非精心校勘，必至满纸迷谬，不可句读。此种书尤不可误，误则必不能臆校。余于酷暑中挥汗校之，悉心参核，一字不肯放过，庶几无遗憾矣。至其书之胜于注疏本，允足宝贵者，别详《恬裕斋藏书记》中，不复赘述。立秋后四日，松云居士书于铁琴铜剑楼下①。

现存宋元版《穀梁》版本性质表（含影宋本、传抄宋本）

时、地 \ 体例	单疏本	经传注附释文本	经传注疏附释文本	经传注音本
南宋建阳坊刻本		1,2	6	13,14,15
元建阳坊刻本			7,8,9,10,11,12	
清传抄宋本	16,17,18,19			
清末影印摹宋本		5		

附录二：范宁释地取杜预说集录

说明：本附录可与正文第三章第二节中的相关内容参看。

隐公

1. (1.1.2) 三月，公及邾仪父盟于眜[注]。

眜，地名也。

范云："眜，鲁地。"

杜云："蔑，姑蔑，鲁地。鲁国卞县南有姑城。"②

2. (1.1.3) 夏，五月，郑伯克段于鄢[注]。

于鄢，远也，犹曰取之其母之怀中而杀之云尔，甚之也。

范云："鄢，郑地。"

杜云："鄢，今颍川鄢陵县。"杜预《春秋释例·土地名》"郑地"下有鄢③。

---

① 松云居士即季锡畴。
② 《左传》"眜"作"蔑"。
③ 《景印文渊阁四库全书》第146册，第102页。

案，盖范宁据《经》、《传》、杜注推出鄎是郑地。

3.（1.2.1）二年，春，公会戎于潜[注]。

会者，外为主焉尔。

范云："潜，鲁地。"①

杜云："潜，鲁地。"

4.（1.2.4）秋，八月，庚辰，公及戎盟于唐[注]。

范云："唐，鲁地。"

杜云："高平方与县北有武唐亭。"② 杜预《春秋释例·土地名》"鲁地"下云："唐、棠，二名，高平方与县北有武唐亭，鲁侯观鱼台，唐即棠，本宋地也。"③

5.（1.2.7）纪子伯莒子盟于密[注]。

范云："密，莒地。"

杜云："密，莒邑。城阳淳于县东北有密乡。"

6.（1.3.6）冬，十有二月，齐侯、郑伯盟于石门[注]。

范云："石门，齐地。"

杜云："石门，齐地。或曰济北卢县故城西南济水之门。"④

7.（1.4.3）夏，公及宋公遇于清[注]。

及者，内为志焉尔。

范云："清，卫地。"

---

① 《穀梁》以为此会戎为主，范宁取杜说以潜为鲁地，是将"主"解为主动之主，而非主客之主。
② 阮元云："案，刘昭《续汉书·郡国志注》引杜说云武唐亭在方舆县西南。"见阮元《春秋左传注疏校勘记》，载《续修四库全书》第182册，第325页。《续汉书·郡国志》云："方与，有武唐亭，鲁侯观鱼台。"刘昭《注》云："《左传》桓二年盟于唐，杜预曰在西南。"见王先谦《后汉书集解》，中华书局1984年版，第1233页。郦道元《水经注》云："菏水又东迳武棠亭北，《公羊》以为济上邑也。城有台高二丈许，其下临水，昔鲁侯观鱼于棠，谓此也。在方与县故城北十里。"见杨守敬、熊会贞《水经注疏》，江苏古籍出版社1989年版，第773—774页。是武唐亭在方与县北。刘昭所引杜说作"西南"者，或指方与在武唐亭西南，或传写之讹，阮氏未深辨也。隐公五年，孔云："公曰'吾将略地焉'，言欲案行边竟，是孙辞也。若国竟之内，不应讥公远游。且言'远地'，明是他竟也。《释例》曰：'旧说棠，鲁地。据《传》公辞欲略地，则非鲁竟也。'《释例·土地名》：'棠在鲁部内，云本宋地，盖宋、鲁之界上也。'"顾栋高《春秋大事表》云："棠与唐古通用，即二年公与戎盟之唐也。"见顾栋高《春秋大事表》，中华书局1993年版，第720页。
③ 《景印文渊阁四库全书》第146册，第88页。
④ 《左传》云："冬，齐、郑盟于石门，寻卢之盟也。"杜云："卢盟在春秋前。卢，齐地，今济北卢县故城。"

《穀梁》文献征

杜云："清，卫邑。济北东阿县有清亭。"①

8.（1.4.6）九月，卫人杀祝吁于濮[注]。

于濮者，讥失贼也。

范云："濮，陈地，水名。"

杜云："濮，陈地，水名。"②

9.（1.5.1）五年，春，公观鱼于棠[注]。

鱼，卑者之事也。公观之，非正也。

范云："棠，鲁地。"

杜云："书棠，讥远地也。今高平方与县北有武唐亭，鲁侯观鱼台。"③

10.（1.5.9）宋人伐郑，围长葛[注]。

伐国不言围邑。此其言围，何也？久之也。

范云："长葛，郑邑。"

杜云："颍川长社县北有长葛城。"杜预《春秋释例·土地名》"郑地"下有长葛④。

案，盖范宁据《经》、《传》、杜注推出长葛是郑地。

11.（1.6.2）夏，五月，辛酉，公会齐侯盟于艾[注]。

范云："艾，鲁地。"

杜云："泰山牟县东南有艾山。"杜预《春秋释例·土地名》"齐地"下有艾⑤。

案，盖范宁不明地理，据杜预《集解》误以艾为鲁地，实仍是据杜为说。

12.（1.7.3）夏，城中丘[注]。

城为保民为之也。民众城小则益城，益城无极。凡城之志，皆讥也。

---

① 《左传》云："四年，春，卫州吁弑桓公而立。公与宋公为会，将寻宿之盟。未及期，卫人来告乱。夏，公及宋公遇于清。"
② 钟云："孔广森以为卫地，近今淇县，卫灵公之晋宿濮水上是也。季本、王夫之、江永略同。"《左传》云："陈人执之，而请莅于卫。九月，卫人使右宰丑莅杀州吁于濮。"杜云："请卫人自临讨之。"杜氏因此释濮在陈地。孔云："《释例·土地名》此濮下注云：'阙。'哀二十七年《传》濮下注云：'濮自陈留酸枣县受河，东北经济阴，至高平钜野县入济。'彼濮与此名同实异，故杜于此不言阙，直云'濮，陈地，水名'。"
③ 《左传》云："书曰'公矢鱼于棠'，非礼也，且言远地也。"杜云："棠，鲁地竟，故曰远地。"
④ 《景印文渊阁四库全书》第146册，第102页。
⑤ 《景印文渊阁四库全书》第146册，第121页。

范云:"中丘,鲁地。"

杜云:"中丘在琅邪临沂县东北。"杜预《春秋释例·土地名》"鲁地"下有中丘①。

案,盖范宁据《经》、《传》、杜注推出中丘是鲁地。

13.(1.8.1)八年,春,宋公、卫侯遇于垂[注]。

范云:"垂,卫地。"

杜云:"垂,卫地。济阴句阳县东北有垂亭。"②

14.(1.8.2)三月,郑伯使宛来归邴[注]。

名宛,所以贬郑伯,恶与地也。

范云:"邴,郑邑。"

杜云:"祊③,郑祀泰山之邑,在琅邪费县东南。"

15.(1.8.6)秋,七月,庚午,宋公、齐侯、卫侯盟于瓦屋[注]。

外盟不日,此其日,何也?诸侯之参盟于是始,故谨而日之也。诰誓不及五帝,盟诅不及三王,交质子不及二伯。

范云:"瓦屋,周地。"

杜云:"瓦屋,周地。"④

16.(1.9.5)夏,城郎[注]。

范云:"郎,鲁邑。"

杜预于"郎"无注,然隐公元年《左传》"夏,四月,费伯帅师城郎。不书,非公命也"下,杜出注云:"郎,鲁邑。高平方与县东南有郁郎亭。"

---

① 《景印文渊阁四库全书》第146册,第88页。
② 《左传》云:"八年,春,齐侯将平宋、卫,有会期。宋公以币请于卫,请先相见,卫侯许之,故遇于犬丘。"杜云:"犬丘,垂也。地有两名。"钟云:"《左传》以为犬丘。王夫之曰:'宋地,汉之敬丘也。睢阳有雎水,字从犬,而音同垂。'"宋地之犬丘即汉之敬丘,然其地在今永城西北。宋公以币请于卫,无由至睢水之南。此犬丘当是卫地,在今鄄城东南。参《中国历史地图集·春秋》,第25页。一说在今曹县北之句阳店。见杨伯峻《春秋左传注》(修订本),第56页。
③ 今本左氏《经》《传》"邴"作"祊"。钟云:"案,古枋、柄,仿、俩皆同字。"丙、方皆上古帮母阳部字,钟氏已举出从丙、从方之字互通之例。枋、柄通假之例,如《周礼·春官》云:"掌王之八枋之法。"《释文》枋作柄,云:"本又作枋。"其例尚多。可参高亨《古字通假会典》,董治安整理,齐鲁书社1989年版,第314页。仿、俩通假之例,如《说文》云:"籀文仿从丙。"
④ 《左传》云:"齐人卒平宋、卫于郑。秋,会于温,盟于瓦屋,以释东门之役,礼也。"孔云:"瓦屋既阙,知是周地者,以其会于温,盟于瓦屋。会、盟不得相远,温是周地,知瓦屋亦周地。"

《穀梁》文献征

17.（1.9.7）冬，公会齐侯于防[注]。

会者，外为主焉尔。

范云："防，鲁地也。"①

杜云："防，鲁地，在琅邪县东南。"

18.（1.10.3）六月，壬戌，公败宋师于菅[注]。

内不言战，举其大者也。

范云："菅，宋地。"

杜云："菅，宋地。"

19.（1.11.2）夏，五月，公会郑伯于时来[注]。

范云："时来，郑地。"

杜云："时来，郲也②。荥阳县东有厘城，郑地也。"

桓公

20.（2.1.5）夏，四月，丁未，公及郑伯盟于越[注]。

及者，内为志焉尔。越，盟地之名也。

范云："越，卫地也。"

杜云："公以篡立而修好于郑，郑因而迎之，成礼于垂，终易二田，然后结盟。垂，犬丘，卫地也。越，近垂，地名。"杜预《春秋释例·土地名》"卫地"下云："阙，近垂地。"③

案，盖范宁据杜注"越，近垂"推出其在卫地。

21.（2.2.3）三月，公会齐侯、陈侯、郑伯于稷，以成宋乱[注]。

以者，内为志焉尔。公为志乎成是乱也。此成矣，取不成事之辞而加之焉。于内之恶，而君子无遗焉尔。

范云："稷，宋地也。"

杜云："稷，宋地。"

22.（2.3.1）三年，春，正月，公会齐侯于嬴[注]。

---

① 钟云："防，《公羊》作郱。"防、郱二字可通，参（1.8.2）。《穀梁》以为此会齐为主，范宁取杜说以防为鲁地，是将"主"解为主动之主，而非主客之主。

② 《左传》云："夏，公会郑伯于郲。"钟云："时来，《公羊》作'祁黎'。左《经》与此同，《传》作'郲'。案，时来、祁黎古音皆同，后如曲池、殴蛇之类，放此。"

③ 《景印文渊阁四库全书》第146册，第114页。

范云:"嬴,齐地。"

杜云:"嬴,齐邑,今泰山嬴县。"

23.(2.3.2)夏,齐侯、卫侯胥命于蒲[注]。

胥之为言,犹相也。相命而信谕,谨言而退,以是为近古也。是必一人先,其以相言之,何也?不以齐侯命卫侯也。

范云:"蒲,卫地。"

杜云:"蒲,卫地,在陈留长垣县西南。"

24.(2.3.3)六月,公会杞侯于郕[注]。

范云:"郕,鲁地。"

杜预于"郕"无注。《左传》云:"杞求成也。"盖杜氏以为据《左传》可知郕是鲁地,不必出注。然桓公六年《经》"夏,四月,公会纪侯于成"下①,杜云:"成,鲁地,在泰山钜平县东南。"

案,范注仍取自杜说。

25.(2.3.6)九月,齐侯送姜氏于讙[注]。

礼:送女,父不下堂,母不出祭门,诸母兄弟不出阙门。父戒之曰:"谨慎从尔舅之言。"母戒之曰:"谨慎从尔姑之言。"诸母般申之曰:"谨慎从尔父母之言。"送女逾竟,非礼也。

范云:"讙,鲁地。"

杜云:"讙,鲁地。济北蛇丘县西有下讙亭。"

案,《左传》云:"齐侯送姜氏,非礼也。……公不自送。"《榖梁》云:"送女逾竟,非礼也。"盖因《榖梁》有逾竟之说,故范宁能取杜说。

26.(2.10.3)秋,公会卫侯于桃丘,弗遇[注]。

弗遇者,志不相得也。弗,内辞也。

范云:"桃丘,卫地。"

杜云:"桃丘,卫地。济北东阿县东南有桃城。"

27.(2.11.1)十有一年,春,正月,齐人、卫人、郑人盟于恶曹[注]。

范云:"恶曹,地阙。"

---

① 陈树华《春秋经传集解考正》云:"陆氏《榖梁音义》曰:'左氏作杞侯。'案,三年书'公会杞侯于郕',则此处亦当作'杞侯',疑转写误也。'成',《榖梁》作'郕'。"载《续修四库全书》第142册,第99页。

163

杜云:"恶曹,地阙。"

28. (2.11.7) 柔会宋公、陈侯、蔡叔,盟于折[注]。

柔者何? 吾大夫之未命者也。

范云:"折,某地。"

杜云:"折,地阙。"

29. (2.11.8) 公会宋公于夫钟[注]。

范云:"夫钟,郕地。"

杜云:"夫钟,成地。"①

30. (2.11.9) 冬,十有二月,公会宋公于阚[注]。

范云:"阚,鲁地。"

杜云:"阚,鲁地,在东平须昌县东南。"

31. (2.12.2) 夏,六月,壬寅,公会纪侯、莒子,盟于曲池[注]。

范云:"曲池,鲁地。"

杜云:"曲池,鲁地。鲁国汶阳县北有曲水亭。"

32. (2.12.3) 秋,七月,丁亥,公会宋公、燕人,盟于谷丘[注]。

范云:"谷丘,宋地。"

杜云:"谷丘,宋地。"②

33. (2.12.5) 公会宋公于虚[注]。

范云:"虚,宋地。"

杜云:"虚,宋地。"

34. (2.12.6) 冬,十有一月,公会宋公于龟[注]。

范云:"龟,宋地。"

杜云:"龟,宋地。"

35. (2.12.7) 丙戌,公会郑伯,盟于武父[注]。

范云:"武父,郑地。"

杜云:"武父,郑地。陈留济阳县东北有武父城。"

36. (2.15.9) 秋,九月,郑伯突入于栎[注]。

范云:"栎,郑邑也。"

杜云:"栎,郑别都也,今河南阳翟县。"

---

① 文公十一年《左传》"郕大子朱儒自安于夫钟"下,杜云:"夫钟,郕邑。"
② 《左传》云:"秋,公及宋公盟于句渎之丘。"杜云:"句渎之丘,即谷丘也。"

37. (2.15.10) 冬，十有一月，公会宋公、蔡侯、陈侯于袲，伐郑[注]。

地而后伐，疑辞也，非其疑也。

范云："袲，宋地。"

杜云："袲，宋地，在沛国相县西南。"

38. (2.17.1) 十有七年，春，正月，丙辰，公会齐侯、纪侯，盟于黄[注]。

范云："黄，齐地。"

杜云："黄，齐地。"

39. (2.17.2) 二月，丙午，公及邾仪父盟于趡[注]。

范云："趡，鲁地。"

杜云："趡，鲁地。"

庄公

40. (3.2.4) 冬，十有二月，夫人姜氏会齐侯于禚[注]。

妇人既嫁不逾竟，逾竟，非正也。妇人不言会，言会，非正也。飨，甚矣。

范云："禚，齐地。"

杜云："禚，齐地。"

案，正因《穀梁》有逾竟之说，范宁能取杜说。

41. (3.4.1) 四年，春，王二月，夫人姜氏飨齐侯于祝丘[注]。

飨，甚矣。飨齐侯，所以病齐侯也。

范云："祝丘，鲁地。"

杜云："祝丘，鲁地。"

42. (3.4.7) 冬，公及齐人狩于郜[注]。

齐人者，齐侯也。其曰人，何也？卑公之敌，所以卑公也。内无贬公之道。何为卑公也？不复仇而怨不释，刺释怨也。

范云："郜，齐地。"

《左传》"郜"作"禚"。杜预于"禚"无注，盖因庄公二年已出注，详见（3.2.4）。

案，范宁此注盖取杜注"公越竟与齐微者俱狩"之"越竟"为说。

《穀梁》文献征

43.（3.7.1）七年，春，夫人姜氏会齐侯于防[注]。

妇人不会，会，非正也。

范云："防，鲁地。"

杜云："防，鲁地。"

44.（3.7.6）冬，夫人姜氏会齐侯于谷[注]。

妇人不会，会，非正也。

范云："谷，齐地。"

杜云："谷，齐地，今济北谷城县。"

45.（3.9.2）公及齐大夫盟于暨[注]。

公不及大夫。大夫不名，无君也。盟，纳子纠也。不日，其盟渝也。当齐无君，制在公矣。当可纳而不纳，故恶内也。

范云："暨，鲁地。"

《左传》"暨"作"蔇"，杜云："蔇，鲁地。琅邪缯县北有蔇亭。"

46.（3.9.6）八月，庚申，及齐师战于乾时，我师败绩[注]。

范云："乾时，齐地。"

杜云："乾时，齐地。时水在乐安界，歧流，旱则竭涸，故曰乾时。"

47.（3.10.1）十年，春，王正月，公败齐师于长勺[注]。

不日，疑战也。疑战而日败，胜内也。

范云："长勺，鲁地。"

杜云："长勺，鲁地。"

48.（3.10.5）公败宋师于乘丘[注]。

不日，疑战也。疑战而日败，胜内也。

范云："乘丘，鲁地。"

杜云："乘丘，鲁地。"

49.（3.10.6）秋，九月，荆败蔡师于莘[注]，以蔡侯献武归。

荆者楚也。何为谓之荆？狄之也。何为狄之？圣人立，必后至，天子弱，必先叛，故曰荆，狄之也。蔡侯何以名也？绝之也。何为绝之？获也。中国不言败，此其言败，何也？中国不言败，蔡侯其见获乎？其言败，何也？释蔡侯之获也。以归，犹愈乎执也。

范云："莘，蔡地。"

杜云："莘，蔡地。"

50.（3.11.2）夏，五月，戊寅，公败宋师于鄑[注]。

166

内事不言战，举其大者。其日，成败之也。宋万之获也。

范云："鄑，鲁地。"

杜云："鄑，鲁地。"

51.（3.12.1）十有二年，春，王三月，纪叔姬归于酅[注]。

国而曰归，此邑也，其曰归，何也？吾女也。失国，喜得其所，故言归焉尔。

范云："酅，纪邑也。"

杜预于"酅"无注，然于庄公三年出注云："酅，纪邑，在齐国东安平县。"然杜预或取自庄公三年《穀梁》之文："酅，纪之邑也。"

案，范宁此注取《穀梁》、杜预为说。

52.（3.13.1）十有三年，春，齐人、宋人、陈人、蔡人、邾人会于北杏[注]。

是齐侯、宋公也。其曰人，何也？始疑之。何疑焉？桓非受命之伯也，将以事授之者也。曰，可矣乎？未乎？举人，众之辞也。

范云："北杏，齐地。"

杜云："北杏，齐地。"

53.（3.13.4）冬，公会齐侯，盟于柯[注]。

曹刿之盟也，信齐侯也。桓盟虽内与，不日，信也。

范云："柯，齐地。"

杜云："此柯，今济北东阿，齐之阿邑。犹祝柯今为祝阿。"

54.（3.14.4）冬，单伯会齐侯、宋公、卫侯、郑伯于鄄[注]。

复同会也。

范云："鄄，卫地。"

杜云："鄄，卫地，今东郡鄄城也。"

55.（3.16.4）冬，十有二月，会齐侯、宋公、陈侯、卫侯、郑伯、许男、曹伯、滑伯、滕子，同盟于幽[注]。

同者，有同也，同尊周也。不言公，外内寮一疑之也。

范云："幽，宋地。"

杜云："幽，宋地。"

56.（3.27.1）二十有七年，春，公会杞伯姬于洮[注]。

范云："洮，鲁地。"

杜云："洮，鲁地。"

《穀梁》文献征

57.（3.27.7）公会齐侯于城濮[注]。

范云："城濮，卫地。"

杜云："城濮，卫地。"

58.（3.28.5）冬，筑微[注]。

范云："微，鲁邑。"

《左传》"微"作"郿"，杜云："郿，鲁下邑。"

59.（3.29.5）城诸及防[注]。

可城也。以大及小也。

范云："诸、防，皆鲁邑。"

杜云："诸、防，皆鲁邑。"

60.（3.31.3）筑台于薛[注]。

范云："薛，鲁地。"

杜云："薛，鲁地。"

61.（3.31.5）秋，筑台于秦[注]。

不正罢民三时，虞山林薮泽之利。且财尽则怨，力尽则㦉。君子危之，故谨而志之也。或曰，倚诸桓也。桓外无诸侯之变，内无国事，越千里之险，北伐山戎，为燕辟地。鲁外无诸侯之变，内无国事，一年罢民三时，虞山林薮泽之利，恶内也。

范云："秦，鲁地。"

杜云："东平范县西北有秦亭。"杜预《春秋释例·土地名》"鲁地"下有秦①。

案，盖范宁据《经》、《传》、杜注推出秦是鲁地。

闵公

62.（4.1.4）秋，八月，公及齐侯盟于洛姑[注]。

盟纳季子也。

范云："洛姑，齐地。"

《左传》"洛"作"落"，杜云："落姑，齐地。"

---

① 《景印文渊阁四库全书》第146册，第89页。

· 168 ·

僖公

63.（5.1.2）齐师、宋师、曹师次于聂北，救邢[注]。

救不言次，言次非救也。非救而曰救，何也？遂齐侯之意也。是齐侯与？齐侯也。何用见其是齐侯也？曹无师。曹师者，曹伯也。其不言曹伯，何也？以其不言齐侯，不可言曹伯也。其不言齐侯，何也？以其不足乎扬，不言齐侯也。

范云："聂北，邢地。"

杜云："聂北，邢地。"

64.（5.1.3）夏，六月，邢迁于夷仪[注]。

迁者，犹得其国家以往者也。其地，邢复见也。

范云："夷仪，邢地。"

杜云："夷仪，邢地。"

65.（5.1.8）八月，公会齐侯、宋公、郑伯、曹伯、邾人于柽[注]。

范云："柽，宋地。"

杜云："柽，宋地。陈国陈县西北有柽城。"①

66.（5.1.9）九月，公败邾师于偃[注]。

不日，疑战也。疑战而曰败，胜内也。

范云："偃，邾地。"

杜云："偃，邾地。"

67.（5.1.10）冬，十月，壬午，公子友帅师败莒师于丽，获莒挐[注]。

莒无大夫，其曰莒挐，何也？以吾获之，目之也。内不言获，此其言获，何也？恶公子之绐。绐者奈何？公子友谓莒挐曰："吾二人不相说，士卒何罪？"屏左右而相搏，公子友处下，左右曰："孟劳！"孟劳者，鲁之宝刀也。公子友以杀之。然则何以恶乎绐也？曰，弃师之道也。

范云："丽，鲁地。"

《左传》"丽"作"郦"。杜云："郦，鲁地。"

---

① 《左传》云："盟于荦，谋救郑也。"杜云："荦即柽也，地有二名。"

68. (5.2.4) 秋，九月，齐侯、宋公、江人、黄人盟于贯[注]。

贯之盟，不期而至者，江人、黄人也。江人、黄人者，远国之辞也。中国称齐、宋，远国称江、黄，以为诸侯皆来至也。

范云："贯，宋地。"

杜云："贯，宋地。梁国蒙县西北有贳城。贳与贯字相似。"

69. (5.3.5) 秋，齐侯、宋公、江人、黄人会于阳谷[注]。

阳谷之会，桓公委端搢笏而朝诸侯，诸侯皆谕乎桓公之志。

范云："阳谷，齐地。"

杜云："阳谷，齐地，在东平须昌县北。"

70. (5.4.2) 遂伐楚，次于陉[注]。

遂，继事也。次，止也。

范云："陉，楚地。"

杜云："陉，楚地。颍川召陵县南有陉亭。"

71. (5.4.3) 楚屈完来盟于师，盟于召陵[注]。

楚无大夫，其曰屈完，何也？以其来会桓，成之为大夫也。其不言使，权在屈完也。则是正乎？曰，非正也。以其来会诸侯，重之也。来者何？内桓师也。于师，前定也。于召陵，得志乎桓公也。得志者，不得志也。以桓公得志为仅矣。屈完曰："大国之以兵向楚，何也？"桓公曰："昭王南征不反，菁茅之贡不至，故周室不祭。"屈完曰："菁茅之贡不至，则诺。昭王南征不反，我将问诸江。"

范云："召陵，楚地。"

杜云："召陵，颍川县也。"杜预《春秋释例·土地名》"楚地"下有召陵①。

案，盖范宁据《经》、《传》、杜注推出召陵是楚地。

72. (5.5.4) 公及齐侯、宋公、陈侯、卫侯、郑伯、许男、曹伯会王世子于首戴[注]。

及以会，尊之也。何尊焉？王世子云者，唯王之贰也。云可以重之存焉，尊之也。何重焉？天子世子，世天下也。

范云："首戴，卫地。"

《左传》"戴"作"止"，杜云："首止，卫地。陈留襄邑县东南有

---

① 《景印文渊阁四库全书》第146册，第141页。

首乡。"

73. (5.8.1) 八年，春，王正月，公会王人、齐侯、宋公、卫侯、许男、曹伯、陈世子款盟于洮[注]。

王人之先诸侯，何也？贵王命也。朝服虽敝，必加于上；弁冕虽旧，必加于首；周室虽衰，必先诸侯。兵车之会也。

范云："洮，曹地。"

杜云："洮，曹地。"

74. (5.13.2) 公会齐侯、宋公、陈侯、卫侯、郑伯、许男、曹伯于咸[注]。

兵车之会也。

范云："咸，卫地。"

杜云："咸，卫地。东郡濮阳县东南有咸城。"

75. (5.14.1) 十有四年，春，诸侯城缘陵[注]。

其曰诸侯，散辞也。聚而曰散，何也？诸侯城，有散辞也，桓德衰矣。

范云："缘陵，杞邑。"

杜云："缘陵，杞邑。"

76. (5.14.3) 秋，八月，辛卯，沙鹿崩[注]。

林属于山为鹿。沙，山名也。无崩道而崩，故志之也。其日，重其变也。

范云："沙鹿，晋山。"

杜云："沙鹿，山名。阳平元城县东有沙鹿土山，在晋地。"

77. (5.15.3) 三月，公会齐侯、宋公、陈侯、卫侯、郑伯、许男、曹伯，盟于牡丘[注]。

兵车之会也。

范云："牡丘，地名。"

杜云："牡丘，地名，阙。"

78. (5.15.4) 遂次于匡[注]。

遂，继事也。次，止也。有畏也。

范云："匡，卫地。"

杜云："匡，卫地，在陈留长垣县西南。"

79. (5.15.13) 楚人败徐于娄林[注]。

夷狄相败，志也。

范云:"娄林,徐地。"

杜注:"娄林,徐地。下邳僮县东南有娄亭。"

80. (5.15.14) 十有一月,壬戌,晋侯及秦伯战于韩[注],获晋侯。

韩之战,晋侯失民矣,以其民未败,而君获也。

范云:"韩,晋地。"

杜预于"韩"无注,然于僖公十年《左传》"及期而往,告之曰:'帝许我罚有罪矣,敝于韩。'"下,杜出注云:"韩,晋地。"

案,范仍是取自杜说。

81. (5.17.3) 秋,夫人姜氏会齐侯于卞[注]。

范云:"卞,鲁地。"

杜云:"卞,今鲁国卞县。"

82. (5.18.3) 五月,戊寅,宋师及齐师战于甗[注]。

齐师败绩。战不言伐,客不言及。言及,恶宋也。

范云:"甗,齐地。"

杜云:"甗,齐地。"

83. (5.21.2) 宋人、齐人、楚人盟于鹿上[注]。

范云:"鹿上,宋地。"

杜云:"鹿上,宋地。汝阴有原鹿县。"

84. (5.21.4) 秋,宋公、楚子、陈侯、蔡侯、郑伯、许男、曹伯会于雩[注]。执宋公以伐宋。

以,重辞也。

范云:"雩,宋地。"

《左传》"雩"作"盂",杜云:"盂,宋地。"

85. (5.22.3) 秋,八月,丁未,及邾人战于升陉[注]。

内讳败,举其可道者也。不言其人,以吾败也。不言及之者,为内讳也。

范云:"升陉,鲁地。"

杜云:"升陉,鲁地。"

86. (5.26.1) 二十有六年,春,王正月,己未,公会莒子、卫宁速盟于向[注]。

公不会大夫,其日宁速,何也?以其随莒子,可以言会也。

范云:"向,莒地。"

杜云:"向,莒地。"

案，隐公二年《穀梁》以向为"我邑"，故范宁彼处不取杜说。

87.（5.28.8）五月，癸丑，公会晋侯、齐侯、宋公、蔡侯、郑伯、卫子、莒子，盟于践土[注]。

讳会天王也。

范云："践土，郑也。"

杜云："践土，郑也。"

88.（5.28.17）天王守于河阳[注]。

全天王之行也，为若将守而遇诸侯之朝也，为天王讳也。水北为阳，山南为阳。温，河阳也。

范云："河阳，晋地。"

杜云："晋地，今河内有河阳县。"

89.（5.31.7）十有二月，卫迁于帝丘[注]。

范云："帝丘，卫地。"

杜云："帝丘，今东郡濮阳县。故帝颛顼之虚，故曰帝丘。"杜预《春秋释例·土地名》"卫地"下云："帝丘，古帝颛顼之墟，故曰帝丘。昆吾氏因之，故曰昆吾之墟，东郡濮阳县是也。"①

案，盖范宁据《经》、杜注推出帝丘是卫地。

90.（5.33.8）晋人败狄于箕[注]。

范云："箕，晋地。"

杜云："太原阳邑县南有箕城。"杜预《春秋释例·土地名》"晋地"下有箕②。

案，盖范宁据《经》、杜注推出箕是晋地。

文公

91.（6.1.9）秋，公孙敖会晋侯于戚[注]。

范云："戚，卫地。"

杜云："戚，卫邑，在顿丘卫县西。"

92.（6.2.1）二年，春，王二月，甲子，晋侯及秦师战于彭衙[注]。

---

① 《景印文渊阁四库全书》第146册，第116页。
② 《景印文渊阁四库全书》第146册，第131页。

范云:"彭衙,秦地。"

杜云:"冯翊郃阳县西北有彭衙城。"杜预《春秋释例·土地名》"秦地"下有彭衙①。

案,盖范宁据《经》、杜注推出彭衙是秦地。

93.(6.2.4)夏,六月,公孙敖会宋公、陈侯、郑伯、晋士縠,盟于垂敛[注]。

内大夫可以会外诸侯。

范云:"垂敛,郑地。"

《左传》"敛"作"陇",杜云:"垂陇,郑地。荥阳县东有陇城。"

94.(6.7.9)秋,八月,公会诸侯、晋大夫盟于扈[注]。

其日诸侯,略之也。

范云:"扈,郑地。"

杜云:"扈,郑地。荥阳卷县西北有扈亭。"

95.(6.8.4)冬,十月,壬午,公子遂会晋赵盾盟于衡雍[注]。

范云:"衡雍,郑地。"

杜预此处无注,然僖公二十八年《左传》"甲午,至于衡雍"下,杜云:"衡雍,郑地,今荥阳卷县。"

96.(6.8.5)乙酉,公子遂会雒戎盟于暴[注]。

范云:"郑地。"

杜云:"暴,郑地。"

97.(6.10.5)及苏子盟于女栗[注]。

范云:"女栗,某地。"

杜云:"女栗,地名,阙。"

98.(6.10.7)楚子、蔡侯次于厥貉[注]。

范云:"厥貉,某地也。"

杜云:"厥貉,地名,阙。"

99.(6.11.2)夏,叔彭生会晋郤缺于承匡[注]。

范云:"承匡,宋地。"

《左传》"匡"作"筐",杜云:"承筐,宋地,在陈留襄邑县西。"

100.(6.12.7)冬,十有二月,戊午,晋人、秦人战于河曲[注]。

---

① 《景印文渊阁四库全书》第146册,第139页。

不言及，秦、晋之战已亟，故略之也。

范云："河曲，晋地。"

杜云："河曲在河东蒲阪县南。"杜预《春秋释例·土地名》"晋地"下有河曲①。

案，盖范宁据《经》、《传》、杜注推出河曲是晋地。其取杜预释地之说，同时便驳斥了《公羊》"河曲流矣，河千里而一曲也"之说。

101.（6.13.7）卫侯会公于沓[注]。

范云："沓，地也。"

杜云："沓，地阙"

102.（6.13.10）郑伯会公于棐[注]。

范云："棐，郑地。"

杜云："棐，郑地。"

103.（6.14.5）六月，公会宋公、陈侯、卫侯、郑伯、许伯、曹伯、晋赵盾。癸酉，同盟于新城[注]。

同者，有同也。同外楚也。

范云："新城，宋地。"

杜云："新城，宋地，在梁国谷熟县西。"

104.（6.16.3）六月，戊辰，公子遂及齐侯盟于师丘[注]。

复行父之盟也。

范云："师丘，齐地。"

《左传》"师"作"郪"，杜云："郪丘，齐地。"

宣公

105.（7.1.6）公会齐侯于平州[注]。

范云："平州，齐地。"

杜云："平州，齐地，在泰山牟县西。"

106.（7.1.12）宋公、陈侯、卫侯、曹伯会晋师于棐林，伐郑[注]。

列数诸侯而会晋赵盾，大赵盾之事也。其曰师，何也？以其大之也。于棐林，地而后伐郑，疑辞也。此其地何？则著其美也。

---

① 《景印文渊阁四库全书》第146册，第132页。

《穀梁》文献征

范云："棐林，郑地。"

杜云："棐林，郑地。荥阳宛陵县东南有林乡。"

107.（7.2.1）二年，春，王二月，壬子，宋华元帅师及郑公子归生帅师，战于大棘。宋师败绩，获宋华元[注]。

获者，不与之辞也。言尽其众，以救其将也。以三军敌华元，华元虽获，不病矣。

范云："大棘，宋地。"

杜云："大棘在陈留襄邑县南。"杜预《春秋释例·土地名》"宋地"下云："大棘，陈留襄邑县南有棘乡。"①

案，盖范宁据《经》、《传》、杜注推出大棘是宋地。

108.（7.4.2）公伐莒，取向[注]。

伐犹可，取向，甚矣。莒人辞，不受治也。伐莒，义兵也。取向，非也，乘义而为利也。

范云："向，莒邑。"

杜云："向，莒邑。东海承县东南有向城。"

109.（7.8.2）夏，六月，公子遂如齐，至黄乃复[注]。

乃者，亡乎人之辞也。复者，事毕也，不专公命也。

范云："黄，齐地。"

杜预于"黄"无注，然桓公十七年，杜出注云："黄，齐地。"

案，范仍取自杜说。

110.（7.8.3）辛巳，有事于大庙。仲遂卒于垂[注]。

为若反命而后卒也。此公子也，其曰仲，何也？疏之也。何为疏之也？是不卒者也。不疏，则无用见其不卒也。则其卒之何也？以讥乎宣也。其讥乎宣何也？闻大夫之丧，则去乐卒事。

范云："垂，齐地。"

杜云："垂，齐地。非鲁竟，故书地。"

111.（7.11.4）秋，晋侯会狄于欑函[注]。

范云："欑函，狄地。"

杜云："欑函，狄地。"

112.（7.12.3）夏，六月，乙卯，晋荀林父帅师及楚子战于

---

① 《景印文渊阁四库全书》第146册，第111页。

鄑[注]。

范云："鄑，郑地。"

杜云："鄑，郑地。"

113.（7.12.6）晋人、宋人、卫人、曹人同盟于清丘[注]。

范云："清丘，卫地。"

杜云："清丘，卫地，今在濮阳县东南。"

114.（7.15.7）仲孙蔑会齐高固于无娄[注]。

范云："无娄，杞邑。"

杜云："无娄，杞邑。"

115.（7.16.2）夏，成周宣榭灾[注]。

周灾，不志也。其曰宣榭，何也？以乐器之所藏目之也。

范云："成周，东周，今之洛阳。"

杜云："成周，洛阳。"

案，杨云："徐邈所据本云'周灾至'，注云'重王室也'。今遍检范本，并有'不'字，则不得解与徐同也。"钟云："文烝案，《疏》'至'乃'志'字之误，谓徐本无'不'字耳，徐本是也。外灾不志，而宋为王者后则志，周灾则志，皆是《经》例因史例也。徐云'重王室'，其义允当，盖范本误衍'不'字也。"① 盖徐邈见《传》文不通，故删"不"字。而范宁取杜说，特增"东周"二字，似在疏通《传》文不通之处。

116.（7.17.6）己未，公会晋侯、卫侯、曹伯、邾子同盟于断道[注]。

同者，有同也，同外楚也。

范云："断道，晋地。"

杜云："断道，晋地。"

117.（7.18.9）至柽，遂奔齐。

遂，继事也[注]。

范云："杜预曰：'柽，鲁竟外，故不言出。'"

《左传》"柽"作"笙"，杜云："笙，鲁竟外，故不言出。"

案，此条范注明取杜说。

---

① 《春秋穀梁经传补注》，第461页。

成公

118. (8.1.5) 夏，臧孙许及晋侯盟于赤棘[注]。

范云："赤棘，晋地。"

杜云："晋地。"

119. (8.2.2) 夏，四月，丙戌，卫孙良夫帅师及齐师战于新筑，卫师败绩[注]。

范云："新筑，卫地。"

杜云："新筑，卫地。"

120. (8.2.3) 六月，癸酉，季孙行父、臧孙许、叔孙侨如、公孙婴齐帅师，会晋郤克、卫孙良夫、曹公子手，及齐侯战于鞌，齐师败绩[注]。

其日，或曰日其战也，或曰日其悉也。曹无大夫，其曰公子，何也？以吾之四大夫在焉，举其贵者也。

范云："鞌，齐地。"

杜云："鞌，齐地。"

121. (8.5.7) 十有二月，己丑，公会晋侯、齐侯、宋公、卫侯、郑伯、曹伯、邾子、杞伯，同盟于虫牢[注]。

范云："虫牢，郑地。"

杜云："虫牢，郑地。陈留封丘县北有桐牢。"

122. (8.7.8) 八月，戊辰，同盟于马陵[注]。

范云："马陵，卫地。"

杜云："马陵，卫地。阳平元城县东南有地名马陵。"

123. (8.7.10) 吴入州来[注]。

范云："州来，楚地。"

杜云："州来，楚邑。淮南下蔡县是也。"

124. (8.12.2) 夏，公会晋侯、卫侯于琐泽[注]。

范云："琐泽，某地。"

杜云："琐泽，地阙。"

125. (8.12.3) 秋，晋人败狄于交刚[注]。

中国与夷狄不言战，皆曰败之。夷狄不日。

范云:"交刚,某地。"

杜云:"交刚,地阙。"

126. (8.16.6) 甲午,晦,晋侯及楚子、郑伯战于鄢陵[注]。楚子、郑师败绩。

日事,遇晦曰晦。四体偏断曰败,此其败则目也。楚不言师,君重于师也。

范云:"鄢陵,郑地。"

杜云:"鄢陵,郑地,今属颍川郡。"

127. (8.16.8) 秋,公会晋侯、齐侯、卫侯、宋华元、邾人于沙随,不见公[注]。

不见公者,可以见公也。可以见公而不见公,讥在诸侯也。

范云:"沙随,宋地。"

杜云:"沙随,宋地。梁国宁陵县北有沙随亭。"

128. (8.16.12) 九月,晋人执季孙行父,舍之于苕丘[注]。

执者不舍,而舍,公所也。执者致,而不致,公在也。何其执而辞也?犹存公也。存意公亦存焉?公存也。

范云:"苕丘,晋地。"

杜云:"苕丘,晋地。"

129. (8.17.3) 六月,乙酉,同盟于柯陵[注]。

柯陵之盟,谋复伐郑也。

范云:"柯陵,郑地。"

杜云:"柯陵,郑西地。"

案,《左传》云:"寻戚之盟也。"《左传》解此盟之目的与《穀梁》不同。然杜预释地与《穀梁》并无矛盾,故范宁能取之。

130. (8.18.6) 宋鱼石复入于彭城[注]。

范云:"彭城,宋邑。"

杜云:"彭城,宋邑,今彭城县。"

131. (8.18.15) 十有二月,仲孙蔑会晋侯、宋公、卫侯、邾子、齐崔杼,同盟于虚朾[注]。

范云:"虚朾,某地。"

杜云:"虚朾,地阙。"

179

襄公

132.（9.1.4）仲孙蔑会齐崔杼、曹人、邾人、杞人次于鄫[注]。

范云："鄫，郑地。鄫，或为合。"

杜云："鄫，郑地，在陈留襄邑县东南。"

133.（9.3.3）夏，四月，壬戌，公及晋侯盟于长樗[注]。

范云："晋侯出其国都，与公盟于外地。"①

杜云："晋侯出其国都，与公盟于外。"②

134.（9.7.10）十有二月，公会晋侯、宋公、陈侯、卫侯、曹伯、莒子、邾子于鄬[注]。

范云："鄬，郑地。"

杜云："鄬，郑地。"

135.（9.7.11）郑伯髡原如会，未见诸侯。丙戌，卒于操[注]。

未见诸侯，其日如会，何也？致其志也。礼：诸侯不生名，此其生名，何也？卒之名也。卒之名，则何为加之如会之上？见以如会卒也。其见以如会卒，何也？郑伯将会中国，其臣欲从楚，不胜其臣，弑而死。其不言弑，何也？不使夷狄之民加乎中国之君也。

范云："操，郑地。"

《左传》"操"作"鄵"，杜云："鄵，郑地。"

136.（9.9.6）十有二月，己亥，同盟于戏[注]。

不异言郑，善得郑也。不致，耻不能据郑也。

范云："戏，郑地。"

杜云："戏，郑地。"

137.（9.10.1）十年，春，公会晋侯、宋公、卫侯、曹伯、莒子、邾子、滕子、薛伯、杞伯、小邾子、齐世子光会吴于柤[注]。

会又会，外之也。

范云："柤，楚地。"

---

① 杨云："范知出国都与公盟者，上言'如晋'，下言'公至自晋'，不言'长樗'，故知之也。"

② 孔云："文三年，公如晋，公及晋侯盟。盟不书地，在晋都也。此时晋侯出其国都，与公盟于长樗，盖近城之地。"

杜云："柤，楚地。"

138.（9.11.5）秋，七月，己未，同盟于京城北[注]。

范云："京城北，郑地。"

《左传》"京"作"亳"，杜云："亳城，郑地。"

139.（9.11.8）公会晋侯、宋公、卫侯、曹伯、齐世子光、莒子、邾子、滕子、薛伯、杞伯、小邾子伐郑，会于萧鱼[注]。

范云："萧鱼，郑地。"

杜云："萧鱼，郑地。"

140.（9.12.2）季孙宿帅师救邰，遂入郓[注]。

遂，继事也。受命而救邰，不受命而入郓，恶季孙宿也。

范云："郓，莒邑。"

杜云："郓，莒邑。"

141.（9.14.1）十有四年，春，王正月，季孙宿，叔老会晋士匄、齐人、宋人、卫人、郑公孙虿、曹人、莒人、邾人、滕人、薛人、杞人、小邾人会吴于向[注]。

范云："向，郑地。"

杜云："向，郑地。"

142.（9.15.5）公救成，至遇[注]。

范云："遇，鲁地。"

杜云："遇，鲁地。"

143.（9.19.1）十有九年，春，王正月，诸侯盟于祝柯[注]。

范云："祝柯，齐地。"

杜云："祝柯县今属济南郡。"杜预《春秋释例·土地名》"齐地"下有祝柯①。

案，盖范宁据《经》、杜注推出祝柯是齐地。

144.（9.20.1）二十年，春，王正月，辛亥，仲孙速会莒人盟于向[注]。

范云："向，莒邑。"

杜云："向，莒邑。"

145.（9.20.2）夏，六月，庚申，公会晋侯、齐侯、宋公、卫侯、郑伯、曹伯、莒子、邾子、滕子、薛伯、杞伯、小邾子盟于澶渊[注]。

---

① 《景印文渊阁四库全书》第146册，第124页。

范云："澶渊，卫地。"

杜云："澶渊在顿丘县南，今名繁汙。此卫地，又近戚田。"

146.（9.21.8）公会晋侯、齐侯、宋公、卫侯、郑伯、曹伯、莒子、邾子于商任[注]。

范云："商任，某地。"

杜云："商任，地阙。"

147.（9.23.7）晋栾盈复入于晋，入于曲沃[注]。

范云："曲沃，晋地。"

《左传》"纳诸曲沃"下，杜云："栾盈邑也。"隐公五年《左传》"曲沃庄伯以郑人、邢人伐翼"下，杜云："曲沃，晋别封成师之邑，在河东闻喜县。"

148.（9.23.9）八月，叔孙豹帅师救晋，次于雍渝[注]。

言救后次，非救也。

范云："雍渝，晋地。"

《左传》"渝"作"榆"，杜云："雍榆，晋地。汲郡朝歌县东有雍城。"

149.（9.25.5）秋，八月，己巳，诸侯同盟于重丘[注]。

范云："重丘，齐地。"

杜云："重丘，齐地。"

150.（9.25.7）卫侯入于夷仪[注]。

范云："夷仪本邢地，卫灭邢而为卫地。"

杜云："夷仪本邢地，卫灭邢而为卫邑。"

昭公

151.（10.5.6）戊辰，叔弓帅师败莒师于蚡泉[注]。

狄人谓贲泉失台。号从中国，名从主人。

范云："贲泉，鲁地。"

《左传》"贲"作"蚡"，杜云："蚡泉，鲁地。"

152.（10.8.6）秋，蒐于红[注]。

正也。因蒐狩以习用武事，礼之大者也。艾兰以为防，置旃以为辕门，以葛覆质以为槷。流旁握，御轚者，不得入。车轨尘，马候蹄，掩禽旅。御者不失其驰，然后射者能中。过防弗逐，不从奔之道也。面伤不献，不成禽不献。禽虽多，天子取三十焉，其余与士众，以习射于射宫。射而中，田不得禽，则得禽。田得禽而射不中，则不得禽。是以知古之贵仁义，而贱勇力也。

范云："红，鲁地。"

杜云："红，鲁地。沛国萧县西有红亭。"

153.（10.11.7）仲孙貜会邾子，盟于祲祥[注]。

范云："祲祥，地也。"

杜云："祲祥，地阙。"

154.（10.11.8）秋，季孙意如会晋韩起、齐国弱、宋华亥、卫北宫佗、郑罕虎、曹人、杞人于厥慭[注]。

范云："厥慭，地也。"

杜云："厥慭，地阙。"

155.（10.12.1）十有二年，春，齐高偃帅师纳北燕伯于阳[注]。

纳者，内不受也。燕伯之不名，何也？不以高偃挈燕伯也。

范云："阳，燕别邑。"

杜云："阳即唐，燕别邑。中山有唐县。"

156.（10.17.6）楚人及吴战于长岸[注]。

两夷狄曰败，中国与夷狄亦曰败。楚人及吴战于长岸，进楚子，故曰战。

范云："长岸，楚地。"

杜云："长岸，楚地。"

157.（10.23.4）晋人围郊[注]。

范云："郊，周邑也。"

杜云："郊，周邑。"

158.（10.23.7）戊辰，吴败顿、胡、沈、蔡、陈、许之师于鸡甫[注]。胡子髡、沈子盈灭。

中国不言败，此其言败，何也？中国不败，胡子髡、沈子盈其灭乎？其言败，释其灭也。

范云："鸡甫，楚地。"

《左传》"甫"作"父"，杜云："鸡父，楚地。安丰县南有鸡备亭。"

159.（10.23.9）天王居于狄泉[注]。

始王也。其曰天王，因其居而王之也。

范云："狄泉，周地。"

杜云:"狄泉,今洛阳城内大仓西南池水也,时在城外。"

160.(10.25.7)齐侯唁公于野井[注]。

吊失国曰唁,昭公不得入于鲁也。

范云:"野井,齐地。"

杜云:"济南祝阿县东有野井亭。"杜预《春秋释例·土地名》"齐地"下有野井①。

案,盖范宁据《经》《传》、杜注推出野井是齐地。

161.(10.25.9)十有一月,己亥,宋公佐卒于曲棘[注]。

邠公也。

范云:"曲棘,宋地。"

杜云:"陈留外黄县城中有曲棘里,宋地。"

162.(10.26.3)夏,公围成[注]。

非国不言围,所以言围者,以大公也。

范云:"成,孟氏邑。"

杜云:"成,孟氏邑。"

163.(10.26.4)秋,公会齐侯、莒子、邾子、杞伯盟于鄟陵[注]。

范云:"鄟陵,某地。"

杜云:"鄟陵,地阙。"

164.(10.28.2)公如晋,次于乾侯[注]。

公在外也。

范云:"乾侯,晋地。"

杜云:"乾侯,在魏郡斥丘县,晋竟内邑。"

165.(10.31.2)季孙意如会晋荀栎于适历[注]。

范云:"适历,晋地。"

杜云:"适历,晋地。"

定公

166.(11.3.5)冬,仲孙何忌及邾子盟于拔[注]。

范云:"拔,地名。"

---

① 《景印文渊阁四库全书》第146册,第125页。

杜云："拔，地阙。"

167.（11.8.7）公会晋师于瓦[注]。

范云："瓦，卫地也。"

杜云："瓦，卫地。将来救鲁，公逆会之。东郡燕县东北有瓦亭。"

168.（11.8.14）冬，卫侯、郑伯盟于曲濮[注]。

范云："曲濮，卫地。"

杜云："曲濮，卫地。"

169.（11.9.5）秋，齐侯、卫侯次于五氏[注]。

范云："五氏，晋地。"

杜云："五氏，晋地。"

170.（11.10.6）叔孙州仇、仲孙何忌帅师围邾[注]。

范云："邾，叔孙氏邑。"

杜云："邾，叔孙氏邑。"

171.（11.10.10）冬，齐侯、卫侯、郑游速会于安甫[注]。

范云："安甫，地名。"

杜云："安甫，地阙。"

172.（11.11.1）十有一年，春，宋公之弟辰及仲佗、石彄、公子地自陈入于萧以叛[注]。

范云："萧，宋邑。"

杜云："萧，宋邑。"

173.（11.13.2）夏，筑蛇渊囿[注]。

范云："蛇渊，地名。"

杜预于"蛇渊"无注。杜预《春秋释例·土地名》"鲁地"下云："阙。"①

案，杜实阙地，范注与其通。

174.（11.14.5）五月，于越败吴于檇李[注]。

范云："檇李，吴地。"

杜云："檇李，吴郡嘉兴县南醉李城。"杜预《春秋释例·土地名》"越地"下有檇李②。

---

① 《景印文渊阁四库全书》第146册，第93页。
② 《景印文渊阁四库全书》第146册，第152页。

· 185 ·

案，盖范宁不明地理，据杜预《集解》误以檇李为吴地，实仍是据杜为说。

175.（11.15.7）齐侯、卫侯次于渠蒢[注]。

范云："渠蒢，地也。"

《左传》"渠蒢"作"蓬挐"，杜预于此无注。

案，杜实阙地，范注与其通。

哀公

176.（12.2.3）癸巳，叔孙州仇、仲孙何忌及邾子盟于句绎[注]。

三年伐而二人盟，何也？各盟其得也。

范云："句绎，邾地。"

杜云："句绎，邾地。"

177.（12.2.7）秋，八月，甲戌，晋赵鞅帅师，及郑罕达帅师，战于铁[注]。郑师败绩。

范云："铁，卫地。"

杜云："铁在戚城南。"杜预《春秋释例·土地名》"卫地"下有铁①。

案，盖范宁据《经》、杜注推出铁是卫地。

178.（12.11.3）五月，公会吴伐齐。甲戌，齐国书帅师及吴战于艾陵。齐师败绩，获齐国书[注]。

范云："艾陵，齐地。"

杜云："艾陵，齐地。"

附录三：《穀梁》叙事资料汇编

说明：本附录可与正文第四章中的相关内容参看。《汇编》据以下文献录文，其中明显的误字径改，标点符号也有所调整，均不再出注。

---

① 《景印文渊阁四库全书》第146册，第118页。

1. 裘锡圭《帛书〈春秋事语〉校读》，见《裘锡圭学术文集》第 2 卷，复旦大学出版社 2012 年版。
2. 苏舆《春秋繁露义证》，中华书局 1992 年版。
3. 方诗铭、王修龄《古本竹书纪年辑证》，上海古籍出版社 2005 年版。
4. 徐元诰《国语集解》（修订本），中华书局 2002 年版。
5. 黎翔凤《管子校注》，中华书局 2004 年版。
6. 王先慎《韩非子集解》，中华书局 1998 年版。
7. 许维遹《韩诗外传集释》，中华书局 1980 年版。
8. 刘文典《淮南鸿烈集解》，中华书局 1989 年版。
9. 陈士珂《孔子家语疏证》，上海书店 1987 年版。
10. 王照圆《列女传补注》，华东师范大学出版社 2012 年版。
11. 许维遹《吕氏春秋集释》，中华书局 2009 年版。
12. 《马王堆汉墓帛书（叁）》，文物出版社 1983 年版。
13. 焦循《孟子正义》，中华书局 1987 年版。
14. 李学勤主编《清华大学藏战国竹简》（贰），中西书局 2011 年版。
15. 司马迁《史记》（修订本），中华书局 2013 年版。
16. 《十三经注疏》，艺文印书馆 2007 年版。
17. 向宗鲁《说苑校证》，中华书局 1987 年版。
18. 赵善诒《说苑疏证》，华东师范大学出版社 1985 年版。
19. 周生春《吴越春秋辑校汇考》，上海古籍出版社 1997 年版。
20. 石光瑛《新序校释》，中华书局 2001 年版。
21. 王利器《新语校注》，中华书局 1986 年版。
22. 王先谦《荀子集解》，中华书局 1988 年版。
23. 王利器《盐铁论校注》，中华书局 1992 年版。
24. 李步嘉《越绝书校释》，中华书局 2013 年版。
25. 何建章《战国策注释》，中华书局 1990 年版。

桓公

1. (2.2.1) 二年，春，王正月，戊申，宋督弑其君与夷[传1]及其大夫孔父[传2]。

【传1】桓无王,其曰王,何也?正与夷之卒也。【传2】孔父先死,其曰及,何也?书尊及卑,《春秋》之义也。孔父之先死,何也?督欲弑君,而恐不立,于是乎先杀孔父,孔父闲也。何以知其先杀孔父也?曰,子既死,父不忍称其名;臣既死,君不忍称其名。以是知君之累之也。孔,氏;父,字谥也。或曰,其不称名,盖为祖讳也,孔子故宋也。

【公羊】及者何?累也。弑君多矣,舍此无累者乎?曰有。仇牧、荀息皆累也。舍仇牧、荀息无累者乎?曰有。有则此何以书?贤也。何贤乎孔父?孔父可谓义形于色矣。其义形于色奈何?督将弑殇公,孔父生而存,则殇公不可得而弑也,故于是先攻孔父之家。殇公知孔父死,己必死,趋而救之,皆死焉。孔父正色而立于朝,则人莫敢过而致难于其君者,孔父可谓义形于色矣。(桓公二年)

【左传】宋穆公疾,召大司马孔父而属殇公焉,曰:"先君舍与夷而立寡人,寡人弗敢忘。若以大夫之灵,得保首领以没,先君若问与夷,其将何辞以对?请子奉之,以主社稷,寡人虽死,亦无悔焉。"对曰:"群臣愿奉冯也。"公曰:"不可。先君以寡人为贤,使主社稷,若弃德不让,是废先君之举也。岂曰能贤?光昭先君之令德,可不务乎?吾子其无废先君之功。"使公子冯出居于郑。八月庚辰,宋穆公卒,殇公即位。君子曰:"宋宣公可谓知人矣。立穆公,其子飨之,命以义夫。《商颂》曰:'殷受命咸宜,百禄是荷。'其是之谓乎!"(隐公三年)

宋华父督见孔父之妻于路,目逆而送之,曰:"美而艳。"(桓公元年)

二年春,宋督攻孔氏,杀孔父而取其妻。公怒,督惧,遂弑殇公。君子以督为有无君之心,而后动于恶,故先书弑其君。会于稷,以成宋乱,为赂故,立华氏也。宋殇公立,十年十一战,民不堪命。孔父嘉为司马,督为大宰,故因民之不堪命,先宣言曰:"司马则然。"已杀孔父而弑殇公,召庄公于郑而立之以亲郑。以郜大鼎赂公,齐、陈、郑皆有赂,故遂相宋公。(桓公二年)

【史记·宋世家】九年,大司马孔父嘉妻好,出,道遇太宰华督,督说,目而观之。督利孔父妻,乃使人宣言国中曰:"殇公即位十年耳,而十一战,民苦不堪,皆孔父为之,我且杀孔父以宁民。"(殇公九年)

十年,华督攻杀孔父,取其妻。殇公怒,遂弑殇公,而迎穆公子冯于郑而立之,是为庄公。(殇公十年)

案,《穀梁》通过排比宋督弑与夷、宋万弑捷、里克弑卓的三条

《经》文推出孔父不称名的原因是孔父先死，并叙述其事以作解。关于孔父先死，各书所记无异辞，但于孔父先死之由，《穀梁》《公羊》与《左传》《史记》所记不同。《穀梁》《公羊》以为督先杀孔父是为弑君做准备，孔父乃受累见杀。《左传》《史记》以为督杀孔父因欲取其妻，继而弑君只因惧殇公罪己。《穀梁》排比《经》文又推出孔父、仇牧、荀息三事义同，认为此三人均因捍卫其君而被祸。由此可见，《穀梁》如此叙述是为了阐释其通过比经而推出的"孔父闲也"之义。

2. （2.6.4）蔡人杀陈佗。

【传】陈佗者，陈君也。其曰陈佗，何也？匹夫行，故匹夫称之也。其匹夫行奈何？陈侯喜猎，淫猎于蔡，与蔡人争禽。蔡人不知其是陈君也，而杀之。何以知其是陈君也？两下相杀不道。其不地，于蔡也。

【公羊】陈佗者何？陈君也。陈君则曷为谓之陈佗？绝也。曷为绝之？贱也。其贱奈何？外淫也。恶乎淫？淫于蔡，蔡人杀之。（桓公六年）

【左传】五月，庚申，郑伯侵陈，大获。往岁郑伯请成于陈，陈侯不许。五父谏曰："亲仁善邻，国之宝也。君其许郑。"陈侯曰："宋、卫实难，郑何能为？"遂不许。君子曰："善不可失，恶不可长。其陈桓公之谓乎！长恶不悛，从自及也。虽欲救之，其将能乎？《商书》曰：'恶之易也，如火之燎于原，不可乡迩，其犹可扑灭？'周任有言曰：'为国家者，见恶如农夫之务去草焉，芟夷蕴崇之，绝其本根，勿使能殖，则善者信矣。'"（隐公六年）

陈及郑平。十二月，陈五父如郑莅盟。壬申，及郑伯盟，歃如忘。洩伯曰："五父必不免，不赖盟矣。"郑良佐如陈莅盟。辛巳，及陈侯盟，亦知陈之将乱也。（隐公七年）

"五年春，正月甲戌己丑，陈侯鲍卒。"再赴也。于是陈乱，文公子佗杀太子免而代之。公疾病而乱作，国人分散，故再赴。（桓公五年）

陈厉公，蔡出也，故蔡人杀五父而立之。（庄公二十二年）

桓公之乱，蔡人欲立其出。我先君庄公奉五父而立之，蔡人杀之。我又与蔡人奉戴厉公，至于庄、宣，皆我之自立。（襄公二十五年）

【史记·陈杞世家】文公元年，取蔡女，生子佗。（文公元年）

十年，文公卒，长子桓公鲍立。（文公十年）

《穀梁》文献征

三十八年，正月甲戌己丑，桓公鲍卒。桓公弟佗，其母蔡女，故蔡人为佗杀五父及桓公太子免而立佗，是为厉公。（桓公三十八年）

厉公取蔡女，蔡女与蔡人乱，厉公数如蔡淫。七年，厉公所杀桓公太子免之三弟，长曰跃，中曰林，少曰杵臼，共令蔡人诱厉公以好女，与蔡人共杀厉公而立跃，是为利公。利公者，桓公子也。利公立五月卒，立中弟林，是为庄公。庄公七年卒，少弟杵臼立，是为宣公。（厉公七年）

案，《史记·陈杞世家》记陈桓公三十八年（鲁桓公五年）陈桓公卒，蔡人杀五父及免，立厉公佗；陈厉公七年（鲁桓公十二年）蔡人又杀厉公佗①。蔡人杀佗之由，《公羊》《史记》皆以其淫于蔡。《穀梁》虽解淫为淫猎，但其所取之材应与《公羊》《史记》同源，"争禽"之事亦当有所据。《陈风·墓门诗序》云："《墓门》，刺陈佗也。陈佗无良师傅，以至于不义，恶加于万民焉。"② 其时当有不少陈佗为恶之事流传，盖《穀梁》所见者今已不可见。

庄公

3.（3.3.3）五月，葬桓王。

【传】传曰：改葬也。改葬之礼，缌，举下，缅也。或曰：却尸以求诸侯。天子志崩不志葬，必其时也。何必焉？举天下而葬一人，其义不疑也。志葬，故也，危不得葬也。曰，近不失崩，不志崩，失天下也。独阴

---

① 后人多以《史记》所记为非，何以知非《春秋》之误？若假设《史记》不误，即以鲁桓公十二年蔡人杀厉公佗为事实，而《春秋》或将彼年之事误记于鲁桓公六年。又鲁桓公五年《左传》记陈桓公鲍卒、佗杀太子免而代之，庄公二十二年《左传》记蔡人杀五父而立厉公。后世解《左传》者多据庄公二十二年、襄公二十五年《左传》之文，认为陈佗即五父。然而《左传》是否可能以五父为一人，陈佗为另一人，而陈佗即厉公（襄公二十五年《左传》云："桓公之乱，蔡人欲立其出。我先君庄公奉五父而立之，蔡人杀之。我又与蔡人奉戴厉公。"观此文，亦未指陈佗、五父为一人）?《左传》所记或与《春秋》相异（有一点值得注意：《左传》恰于《春秋》鲁桓公六年"蔡人杀陈佗"下无传），与《史记》相合。《春秋》记鲁桓公十二年八月壬辰，陈侯跃卒。据《史记》载陈侯跃（陈利公）"立五月卒"，可知陈利公当于鲁桓公十二年四月立，则蔡人杀厉公当在十二年春季间。而今本《春秋》"十有二年，春，正月"下恰无文，或六年"蔡人杀陈佗"五字原属此，编《春秋》者盖因蔡人既杀五父又杀陈佗，混二人为一人，并将十二年事误系于六年。以上推论以《史记·陈杞世家》所记不误为前提，仅是一种猜想。

② 《十三经注疏·诗经》，第253页。

不生，独阳不生，独天不生，三合然后生。故曰：母之子也可，天之子也可，尊者取尊称焉，卑者取卑称焉。其曰王者，民之所归往也。

【杨士勋疏】又《感精符》云："恒星不见，夜中，星陨如雨，而王不惧，使荣叔改葬桓王冢，奢丽大甚。"

【公羊】此未有言崩者何以书葬？盖改葬也。（庄公三年）

【何休注】改，更也。改葬服轻不当月，月者，时无非常之变，荣奢改葬尔，故恶录之。书者，诸侯当有恩礼。

【徐彦疏】《传》必知改葬者，正见《春秋说》云"恒星不见，周人荣奢改葬桓王冢，死尸复扰终不觉"之文故也。

【左传】夏，五月，葬桓王。缓也。（庄公三年）

案，桓公十五年《经》有"三月，乙未，天王崩"之文，《穀梁》当是排比《经》文并采旧传成说。《公羊》言"盖"本是疑辞，何休指明荣奢改葬。由徐彦、杨士勋所引之文推测，何休所据当是《春秋》纬书。《穀梁》所用旧传之说与纬书相通，而范宁不满此说，云："若实改葬，当言改以明之。郊牛之口伤，改卜牛是也。《传》当以七年乃葬，故谓之改葬。"实是范氏驳《传》之例。又，《穀梁》所引或说"却尸"之义与《左传》"缓也"相通。由此可以略见《穀梁》杂采旧说之迹。

4.（3.9.2）公及齐大夫盟于暨。

【传】公不及大夫。大夫不名，无君也。盟，纳子纠也。不日，其盟渝也。当齐无君，制在公矣。当可纳而不纳，故恶内也。

案，《穀梁》言暨盟之目的是"纳子纠"，此事不见于其他文献。其如此叙事的依据当是比《经》所推之义例。庄公九年《经》云"公及齐大夫盟于暨""夏，公伐齐，纳纠""齐小白入于齐""八月，庚申，及齐师战于乾时，我师败绩""九月，齐人取子纠杀之"，可见言此盟为"纳子纠"，即通过排比庄公九年诸《经》推知。

5.（3.9.4）齐小白入于齐。

【传】大夫出奔反，以好曰归，以恶曰入。齐公孙无知弑襄公，公子纠、公子小白不能存，出亡。齐人杀无知而迎公子纠于鲁，公子小白不让公子纠，先入，又杀之于鲁。故曰"齐小白入于齐"，恶之也。

【左传】齐侯使连称、管至父戍葵丘。瓜时而往，曰："及瓜而代。"期戍，公问不至，请代弗许，故谋作乱。僖公之母弟曰夷仲年，生公孙无知，有宠于僖公，衣服礼秩如适，襄公绌之，二人因之以作乱。连称有从

《穀梁》文献征

妹在公宫，无宠，使间公，曰："捷，吾以女为夫人。"冬，十二月，齐侯游于姑棼，遂田于贝丘。见大豕，从者曰："公子彭生也。"公怒，曰："彭生敢见！"射之，豕人立而啼。公惧，队于车，伤足丧屦。反，诛屦于徒人费，弗得，鞭之见血。走出，遇贼于门，劫而束之。费曰："我奚御哉！"袒而示之背，信之。费请先入，伏公而出，斗死于门中。石之纷如死于阶下。遂入，杀孟阳于床，曰："非君也，不类。"见公之足于户下，遂弑之，而立无知。初，襄公立，无常。鲍叔牙曰："君使民慢，乱将作矣！"奉公子小白出奔莒。乱作，管夷吾、召忽奉公子纠来奔。（庄公八年）

九年春，雍廪杀无知。"公及齐大夫盟于蔇"，齐无君也。夏，公伐齐，纳子纠。桓公自莒先入。秋，师及齐师战于乾时，我师败绩，公丧戎路，传乘而归。秦子、梁子以公旗辟于下道，是以皆止。鲍叔帅师来言曰："子纠，亲也，请君讨之。管、召，雠也，请受而甘心焉。"乃杀子纠于生窦，召忽死之。管仲请囚，鲍叔受之，及堂阜而税之。归而以告曰："管夷吾治于高傒，使相可也。"公从之。（庄公九年）

【史记·齐太公世家】初，襄公之醉杀鲁桓公，通其夫人，杀诛数不当，淫于妇人，数欺大臣。群弟恐祸及，故次弟纠奔鲁，其母鲁女也，管仲、召忽傅之。次弟小白奔莒，鲍叔傅之。小白母，卫女也，有宠于厘公。小白自少好善大夫高傒，及雍林人杀无知，议立君，高、国先阴召小白于莒。鲁闻无知死，亦发兵送公子纠。而使管仲别将兵遮莒道，射中小白带钩。小白详死，管仲使人驰报鲁。鲁送纠者行益迟，六日至齐，则小白已入，高傒立之，是为桓公。桓公之中钩，详死以误管仲，已而载温车中驰行，亦有高、国内应，故得先入立，发兵距鲁。秋，与鲁战于乾时，鲁兵败走，齐兵掩绝鲁归道。齐遗鲁书曰："子纠，兄弟，弗忍诛，请鲁自杀之。召忽、管仲，雠也，请得而甘心醢之。不然，将围鲁。"鲁人患之，遂杀子纠于笙渎。召忽自杀，管仲请囚。桓公之立，发兵攻鲁，心欲杀管仲。鲍叔牙曰："臣幸得从君，君竟以立。君之尊，臣无以增君。君将治齐，即高傒与叔牙足也。君且欲霸王，非管夷吾不可。夷吾所居国国重，不可失也。"于是桓公从之。乃详为召管仲欲甘心，实欲用之。管仲知之，故请往。鲍叔牙迎受管仲，及堂阜而脱桎梏，斋祓而见桓公。桓公厚礼以为大夫，任政。（桓公元年）

【管子·大匡】鲍叔牙奉公子小白奔莒，管夷吾、召忽奉公子纠奔鲁。九年，公孙无知虐于雍廪，雍廪杀无知也。桓公自莒先入，鲁人伐齐，纳公子纠，战于乾时。管仲射桓公中钩。鲁师败绩。桓公践位，于是劫鲁，使鲁杀公子纠。

或曰：明年，襄公逐小白，小白走莒。三年，襄公薨，公子纠践位。国人召小白。……鲍叔乃为前驱，遂入国，逐公子纠。管仲射小白中钩。管仲与公子纠、召忽遂走鲁。桓公践位，鲁伐齐，纳公子纠而不能。

【韩非子·说林下】公子纠将为乱，桓公使使者视之。使者报曰："笑不乐，视不见，必为乱。"乃使鲁人杀之。

案，《春秋》所记鲁庄公为纳子纠而与齐大夫盟，当是事实。《穀梁》所叙齐人杀无知迎公子纠，或非无据之谈，似与《史记》相异，实是所记侧重不同。《春秋》重鲁纳子纠一线，《史记》重齐小白入国一线，二者所记并无矛盾。《穀梁》谨据《春秋》，与《左传》亦多相通。

6.（3.17.2）夏，齐人歼于遂。

【传】歼者，尽也。然则何为不言遂人尽齐人也？无遂之辞也。无遂则何为言遂？其犹存遂也。存遂奈何？曰，齐人灭遂，使人戍之。遂之因氏饮戍者酒而杀之，齐人歼焉。此谓狎敌也。

【左传】十三年，春，会于北杏，以平宋乱。遂人不至。夏，齐人灭遂而戍之。（庄公十三年）

夏，遂因氏、颌氏、工娄氏、须遂氏飨齐戍，醉而杀之，齐人歼焉。（庄公十七年）

【竹书纪年】齐人歼于遂①。

【史记·齐太公世家】五年，伐鲁，鲁将师败。鲁庄公请献遂邑以平，桓公许，与鲁会柯而盟。鲁将盟，曹沫以匕首劫桓公于坛上，曰："反鲁之侵地！"桓公许之。已而曹沫去匕首，北面就臣位。桓公后悔，欲无与鲁地而杀曹沫。管仲曰："夫劫许之而倍信杀之，愈一小快耳，而弃信于诸侯，失天下之援，不可。"于是遂与曹沫三败所亡地于鲁。诸侯闻之，皆信齐而欲附焉。（桓公五年）

【史记·刺客列传】曹沫者，鲁人也，以勇力事鲁庄公。庄公好力。曹沫为鲁将，与齐战，三败北。鲁庄公惧，乃献遂邑之地以和。犹复以

---

① 此条辑自《春秋啖赵集传纂例》卷一、《新唐书·刘贶传》，方诗铭、王修龄案语云："《存真》、《辑校》列于晋武公三十九年。"见《古本竹书纪年辑证·晋纪》，第76页。

为将。

案,《穀梁》所叙与《左传》《竹书纪年》所记略同。《左传》又言齐因遂不至北杏之会故灭遂而戍之,与《史记》鲁为求平而献遂邑于齐之说异。庄公十三年《经》有"齐人灭遂"之文,《穀梁》云:"遂,国也。其不日,微国也。"是其通过比《经》推出书"灭"者为"国"之例,因而不以遂为鲁邑。《穀梁》据比经所推之例叙事,故不取"献遂邑"之说。

僖公

7. (5.1.10) 冬,十月,壬午,公子友帅师败莒师于郦,获莒挐。

【传】莒无大夫,其曰莒挐,何也?以吾获之,目之也。内不言获,此其言获,何也?恶公子之绐。绐者奈何?公子友谓莒挐曰:"吾二人不相说,士卒何罪?"屏左右而相搏,公子友处下,左右曰:"孟劳!"孟劳者,鲁之宝刀也。公子友以杀之。然则何以恶乎绐也?曰,弃师之道也。

【公羊】莒挐者何?莒大夫也。莒无大夫,此何以书?大季子之获也。何大乎季子之获?季子治内难以正,御外难以正。其御外难以正奈何?公子庆父弑闵公,走而之莒,莒人逐之,将由乎齐,齐人不纳。却反舍于汶水之上,使公子奚斯入请。季子曰:"公子不可以入,入则杀矣。"奚斯不忍反命于庆父,自南涘北面而哭。庆父闻之曰:"嘻!此奚斯之声也。诺?已?"① 曰:"吾不得入矣。"于是抗辀经而死。莒人闻之曰:"吾已得子之贼矣。"以求赂乎鲁,鲁人不与,为是兴师而伐鲁,季子待之以偏战。(僖公元年)

【左传】冬,莒人来求赂,公子友败诸郦,获莒子之弟挐。非卿也,嘉获之也。公赐季友汶阳之田及费。(僖公元年)

【史记·鲁世家】厘公元年,以汶阳鄟封季友。季友为相。(厘公元年)

案,《穀梁》据"内不言获"例推出此《经》有"恶公子之绐"义,

---

① "诺已"之意取杨树达《公羊传诺已解》之说。见杨树达《积微居小学述林全编》,上海古籍出版社2007年版,第354—355页。

故于此叙及公子友与莒挐相搏①。其与他书所记"偏战""嘉获""公赐"之事不同，原因正在于此。

8.（5.2.3）虞师、晋师灭夏阳。

【传】非国而曰灭，重夏阳也。虞无师，其曰师，何也？以其先晋，不可以不言师也。其先晋，何也？为主乎灭夏阳也。夏阳者，虞、虢之塞邑也。灭夏阳而虞、虢举矣。虞之为主乎灭夏阳，何也？晋献公欲伐虢，荀息曰："君何不以屈产之乘、垂棘之璧而借道乎虞也？"公曰："此晋国之宝也，如受吾币而不借吾道，则如之何？"荀息曰："此小国之所以事大国也。彼不借吾道，必不敢受吾币。如受吾币而借吾道，则是我取之中府而藏之外府，取之中厩而置之外厩也。"公曰："宫之奇存焉，必不使受之也。"荀息曰："宫之奇之为人也，达心而懦，又少长于君。达心则其言略，懦则不能强谏，少长于君则君轻之。且夫玩好在耳目之前，而患在一国之后，此中知以上乃能虑之，臣料虞君中知以下也。"公遂借道而伐虢。宫之奇谏曰："晋国之使者，其辞卑而币重，必不便于虞。"虞公弗听，遂受其币而借之道。宫之奇谏曰："语曰：'唇亡则齿寒。'其斯之谓与！"挈其妻子以奔曹。献公亡虢五年而后举虞。荀息牵马操璧而前曰："璧则犹是也，而马齿加长矣。"

【公羊】虞，微国也，曷为序乎大国之上？使虞首恶也。曷为使虞首恶？虞受赂，假灭国者道，以取亡焉。其受赂奈何？献公朝诸大夫而问焉，曰："寡人夜者寝而不寐，其意也何？"诸大夫有进对者曰："寝不安与？其诸侍御有不在侧者与？"献公不应。荀息进曰："虞、郭见与？"献公揖而进之，遂与之入而谋曰："吾欲攻郭，则虞救之；攻虞，则郭救之。如之何？愿与子虑之。"荀息对曰："君若用臣之谋，则今日取郭，而明日取虞尔，君何忧焉？"献公曰："然则奈何？"荀息曰："请以屈产之乘与垂棘之白璧往，必可得也。则宝出之内藏，藏之外府；马出之内厩，系之外厩尔，君何丧焉？"献公曰："诺。虽然，宫之奇存焉，如之何？"荀息曰："宫之奇知则知矣，虽然，虞公贪而好宝，见宝必不从其言，请终以往。"于是终以往。虞公见宝，许诺。宫之奇果谏："记曰：'唇亡则齿寒。'虞郭之相救，非相为赐。则晋今日取郭，而明日虞从而亡

---

① 同样，《公羊》此处叙事也是在推例、发义（由"大季子之获"推出"季子治内难以正，御外难以正"之义）的基础上完成的。其所发之义与《穀梁》不同，故所述之事也有差异。

尔。君请勿许也。"虞公不从其言，终假之道以取郭。还四年，反取虞，虞公抱宝牵马而至。荀息见曰："臣之谋何如？"献公曰："子之谋则已行矣，宝则吾宝也，虽然，吾马之齿亦已长矣。"盖戏之也。夏阳者何？郭之邑也。曷为不系于郭？国之也。曷为国之？君存焉尔。（僖公二年）

【左传】晋荀息请以屈产之乘与垂棘之璧假道于虞以伐虢。公曰："是吾宝也。"对曰："若得道于虞，犹外府也。"公曰："宫之奇存焉。"对曰："宫之奇之为人也懦而不能强谏，且少长于君，君昵之。虽谏，将不听。"乃使荀息假道于虞曰："冀为不道，入自颠軨，伐鄍三门。冀之既病，则亦唯君故。今虢为不道，保于逆旅，以侵敝邑之南鄙，敢请假道以请罪于虢。"虞公许之，且请先伐虢。宫之奇谏，不听，遂起师。夏，晋里克、荀息帅师会虞师伐虢，灭下阳。先书虞，贿故也。（僖公二年）

【国语·晋语二】伐虢之役，师出于虞。宫之奇谏而不听，出，谓其子曰："虞将亡矣！唯忠信者能留外寇而不害。除暗以应外谓之忠，定身以行谓之信。今君施其所害于人，暗不除矣；以贿灭亲，身不定矣。夫国非忠不立，非信不固。既不忠信，而留外寇，寇知其衅而归图焉。已自拔其本矣，何以能久？吾不去，惧及焉。"以其孥适西山。三月，虞乃亡。

【竹书纪年】晋献公十有九年，献公会虞师伐虢，灭下阳。虢公丑奔卫。献公命瑕父、吕甥邑于虢都[①]。

【战国策·魏策三】秦使赵攻魏，魏谓赵王曰："攻魏者亡赵之始也。昔者，晋人欲亡虞而伐虢，伐虢者亡虞之始也。故荀息以马与璧假道于虞，宫之奇谏而不听，卒假晋道。晋人伐虢，反而取虞。故《春秋》书之，以罪虞公。

【韩非子·十过】奚谓顾小利？昔者晋献公欲假道于虞以伐虢。荀息曰："君其以垂棘之璧与屈产之乘赂虞公，求假道焉，必假我道。"君曰："垂棘之璧，吾先君之宝也；屈产之乘，寡人之骏马也。若受吾币不假之道，将奈何？"荀息曰："彼不假我道，必不敢受我币；若受我币而假我道，则是宝犹取之内府而藏之外府也，马犹取之内厩而著之外厩也。君勿忧。"君曰："诺。"乃使荀息以垂棘之璧与屈产之乘赂虞公而求假道焉。

[①] 此条辑自《水经·河水注》，方诗铭、王修龄案语云："《存真》列'虢公丑奔卫'以下于晋献公二十二年，当据《左传·僖公五年》'冬十二月丙子朔，晋灭虢，虢公丑奔京师'。《辑校》并列入十九年。现从《辑校》。"见《古本竹书纪年辑证·晋纪》，第78页。

虞公贪，利其璧与马而欲许之。宫之奇谏曰："不可许。夫虞之有虢也，如车之有辅。辅依车，车亦依辅，虞、虢之势正是也。若假之道，则虢朝亡而虞夕从之矣！不可，愿勿许。"虞公弗听，遂假之道。荀息伐虢克之，还反处三年，兴兵伐虞，又克之。荀息牵马操璧而报献公，献公说曰："璧则犹是也。虽然，马齿亦益长矣。"故虞公之兵殆而地削者何也？爱小利而不虑其害。故曰：顾小利，则大利之残也。

【吕氏春秋·慎大览·权勋】昔者晋献公使荀息假道于虞以伐虢。荀息曰："请以垂棘之璧与屈产之乘，以赂虞公，而求假道焉，必可得也。"献公曰："夫垂棘之璧，吾先君之宝也；屈产之乘，寡人之骏也。若受吾币而不吾假道，将奈何？"荀息曰："不然。彼若不吾假道，必不吾受也。若受我而假我道，是犹取之内府而藏之外府也，犹取之内皂而著之外皂也。君奚患焉？"献公许之。乃使荀息以屈产之乘为庭实，而加以垂棘之璧，以假道于虞而伐虢。虞公滥于宝与马而欲许之。宫之奇谏曰："不可许也。虞之与虢也，若车之有辅也。车依辅，辅亦依车，虞、虢之势是也。先人有言曰：'唇竭而齿寒。'夫虢之不亡也恃虞，虞之不亡也亦恃虢也。若假之道，则虢朝亡而虞夕从之矣。奈何其假之道也？"虞公弗听而假之道。荀息伐虢，克之。还，反伐虞，又克之。荀息操璧牵马而报。献公喜曰："璧则犹是也，马齿亦薄长矣。"故曰：小利，大利之残也。

【史记·晋世家】十九年，献公曰："始吾先君庄伯、武公之诛晋乱，而虢常助晋伐我，又匿晋亡公子，果为乱。弗诛，后遗子孙忧。"乃使荀息以屈产之乘假道于虞。虞假道，遂伐虢，取其下阳以归。（献公十九年）

【新序·善谋】虞、虢，皆小国也。虞有夏阳之阻塞，虞、虢共守之，晋不能禽也。故晋献公欲伐虞、虢，荀息曰："君胡不以屈产之乘与垂棘之璧，假道于虞？"公曰："此晋国之宝也，彼受吾币，不借吾道，则如之何？"荀息曰："此小国之所以事大国也。彼不借吾道，必不敢受吾币；受吾币而借吾道，则是我取之中府，置之外府，取之中厩，置之外厩也。"公曰："宫之奇存焉，必不使受也。"荀息曰："宫之奇知固知矣，虽然，其为人也，通心而懦，又少长于君。通心则其言之略；懦则不能强谏；少长于君则君轻之。且夫玩好在耳目之前，而患在一国之后，中知以上，乃能虑之，臣料虞君中知以下也。"公遂借道而伐虢。宫之奇谏曰："晋之使者，其币重，其辞卑，必不便于虞。语曰：唇亡则齿寒矣。故虞、虢相救，非相为赐也。今日亡虢，而明日亡虞矣。"虞公不听，遂受其币而借之道。旋归四年，反取虞。荀息牵马抱璧而前曰："臣之谋何如？"献公曰："璧则犹是，而吾马之齿加长矣。"晋献公用荀息之谋而禽虞，虞不用宫之奇而亡。故荀息非霸王之佐，战国并兼之臣也；若宫之奇，则可谓忠臣之谋也。

【马王堆帛书·春秋事语】晋献[公]欲袭郭（虢），囗叔[曰]："君胡[不以]屈产之乘与垂棘璧假道于虞？"公曰："是吾保（宝）[也]，且宫之柯在焉，何益？"对曰："囗囗囗囗囗囗囗囗囗宫之柯囗囗囗囗囗囗囗囗且少长于君前，亓（其）埶（势）有（又）卑（卑）。夫立（位）下而心需（懦）囗囗囗囗也，不敢尽而囗囗囗囗囗囗囗囗亓（其）达不见荐言是不见亡之在一邦之后，而卷（眷）在耳目之前，夫囗囗囗囗囗囗囗果以假道焉。宫之柯囗曰："不可。夫晋之使者敝（币）厚而辞卑（卑），囗囗囗囗囗囗有囗囗囗囗。"[弗]听，遂受亓（其）求而假之道。献公之币（师）袭郭（虢）环（还），遂囗[虞]。

(5.5.9) 冬，晋人执虞公。

【传】执不言所于地，缊于晋也。其曰公，何也？犹曰其下执之之辞也。臣民执其君，故称公。其犹下执之之辞，何也？晋命行乎虞民矣。虞、虢之相救，非相为赐也。今日亡虢而明日亡虞矣。

【左传】晋侯复假道于虞以伐虢。宫之奇谏曰："虢，虞之表也；虢亡，虞必从之。晋不可启，寇不可玩。一之谓甚，其可再乎？谚所谓'辅车相依，唇亡齿寒'者，其虞、虢之谓也。"公曰："晋，吾宗也，岂害我哉？"对曰："大伯、虞仲，大王之昭也，大伯不从，是以不嗣。虢仲、虢叔，王季之穆也，为文王卿士，勋在王室，藏于盟府。将虢是灭，何爱于虞？且虞能亲于桓、庄乎？其爱之也，桓、庄之族何罪？而以为戮，不唯逼乎？亲以宠逼，犹尚害之，况以国乎？"公曰："吾享祀丰絜，神必据我。"对曰："臣闻之，鬼神非人实亲，惟德是依。故《周书》曰：'皇天无亲，惟德是辅。'又曰：'黍稷非馨，明德惟馨。'又曰：'民不易物，惟德繄物。'如是，则非德民不和、神不享矣。神所冯依，将在德矣。若晋取虞，而明德以荐馨香，神其吐之乎？"弗听，许晋使。宫之奇以其族行，曰："虞不腊矣，在此行也，晋不更举矣。"八月甲午，晋侯围上阳。问于卜偃曰："吾其济乎？"对曰："克之。"公曰："何时？"对曰："童谣云：'丙之晨，龙尾伏辰。均服振振，取虢之旂。鹑之贲贲，天策焞焞。火中成军，虢公其奔。'其九月、十月之交乎！丙子旦，日在尾，月在策，鹑火中，必是时也。"冬，十二月丙子，朔，晋灭虢。虢公丑奔京师。师还，馆于虞，遂袭虞，灭之。执虞公及其大夫井伯，以媵秦穆姬，而修虞祀，且归其职贡于王。故书曰"晋人执虞公"，罪虞，且言易也。（僖公五年）

【战国策·齐策二】苏秦谓齐王曰："……且赵之于燕、齐，隐蔽也，犹齿之有唇也，唇亡则齿寒。今日亡赵，则明日及齐、燕矣。"

【韩非子·喻老】晋献公以垂棘之璧假道于虞而伐虢，大夫宫之奇谏曰："不可。唇亡而齿寒，虞、虢相救，非相德也。今日晋灭虢，明日虞必随之亡。"虞君不听，受其璧而假之道。晋已取虢，还，反灭虞。

【史记·晋世家】是岁也，晋复假道于虞以伐虢。虞之大夫宫之奇谏虞君曰："晋不可假道也，是且灭虞。"虞君曰："晋我同姓，不宜伐我。"宫之奇曰："太伯、虞仲，太王之子也，太伯亡去，是以不嗣。虢仲、虢叔，王季之子也，为文王卿士，其记勋在王室，藏于盟府。将虢是灭，何爱于虞？且虞之亲能亲于桓、庄之族乎？桓、庄之族何罪，尽灭之。虞之与虢，唇之与齿，唇亡则齿寒。"虞公不听，遂许晋。宫之奇以其族去虞。其冬，晋灭虢，虢公丑奔周。还，袭灭虞，虏虞公及其大夫井伯百里奚以媵秦穆姬，而修虞祀。荀息牵曩所遗虞屈产之乘马奉之献公，献公笑曰："马则吾马，齿亦老矣！"（献公二十二年）

案，诸书叙事大体相同，《穀梁》《公羊》《韩非子》《吕氏春秋》《新序》《春秋事语》均无第二次假道事。《穀梁》所记与《新序》《春秋事语》最为接近。

9.（5.4.3）楚屈完来盟于师，盟于召陵。

【传】楚无大夫，其曰屈完，何也？以其来会桓，成之为大夫也。其不言使，权在屈完也。则是正乎？曰，非正也。以其来会诸侯，重之也。来者何？内桓师也。于师，前定也。于召陵，得志乎桓公也。得志者，不得志也。以桓公得志为仅矣。屈完曰："大国之以兵向楚，何也？"桓公曰："昭王南征不反，菁茅之贡不至，故周室不祭。"屈完曰："菁茅之贡不至，则诺。昭王南征不反，我将问诸江。"

【左传】四年春，齐侯以诸侯之师侵蔡。蔡溃，遂伐楚。楚子使与师言曰："君处北海，寡人处南海，唯是风马牛不相及也，不虞君之涉吾地也何故？"管仲对曰："昔召康公命我先君大公，曰：'五侯九伯，女实征之,以夹辅周室。'赐我先君履,东至于海,西至于河,南至于穆陵,北至于无棣。尔贡包茅不入,王祭不共,无以缩酒,寡人是征。昭王南征而不复,寡人是问。"对曰:"贡之不入,寡君之罪也,敢不共给。昭王之不复,君其问诸水滨!"师进,次于陉。夏,楚子使屈完如师。师退,次于召陵。齐侯陈诸侯之师,与屈完乘而观之。齐侯曰:"岂不穀是为?先君之好是继,与不穀同好如何?"对曰:"君惠徼福于敝邑之社稷,辱收寡君,寡君之愿也。"齐侯曰:"以此众战,谁能御之?以此攻城,何城不克?"对曰:"君若以德绥诸侯,谁敢不服?君若以力,楚国方城以为城,汉水以为池。虽众,无所用之。"屈完及诸侯盟。(僖公四年)

【韩非子·外储说左上】蔡女为桓公妻,桓公与之乘舟。夫人荡舟,桓公大惧,禁之不止,怒而出之。乃且复召之,因复更嫁之,桓公大怒,将伐蔡。仲父谏曰:"夫以寝席之戏,不足以伐人之国,功业不可冀也,请无以此为稽也。"桓公不听。仲父曰:"必不得已,楚之菁茅不贡于天子三年矣,君不如举兵为天子伐楚。楚服,因还袭蔡,曰'余为天子伐楚,而蔡不以兵听从',因遂灭之。此义于名而利于实,故必有为天子诛之名,而有报雠之实。"

【史记·齐世家】二十九年,桓公与夫人蔡姬戏船中。蔡姬习水,荡公,公惧,止之,不止,出船,怒,归蔡姬,弗绝。蔡亦怒,嫁其女。桓公闻而怒,兴师往伐。(桓公二十九年)

三十年春,齐桓公率诸侯伐蔡,蔡溃。遂伐楚。楚成王兴师问曰:"何故涉吾地?"管仲对曰:"昔召康公命我先君太公曰:'五侯九伯,若实征之,以夹辅周室。'赐我先君履,东至海,西至河,南至穆陵,北至无棣。楚贡包茅不入,王祭不具,是以来责。昭王南征不复,是以来问。"楚王曰:"贡之不入,有之,寡人罪也,敢不共乎!昭王之出不复,君其问之水滨。"齐师进,次于陉。夏,楚王使屈完将兵捍齐,齐师退,次召陵。桓公矜屈完以其众。屈完曰:"君以道则可;若不,则楚方城以为城,江、汉以为沟,君安能进乎?"乃与屈完盟而去。(桓公三十年)

案,《穀梁》叙事与《左传》略同,但将僖公四年春季之事移至此处,对话的双方也由楚使、管仲变为了屈完、齐桓。如此剪裁,盖因其欲发"以桓公得志为仅矣"之义。意为齐桓公虽不能得志,但《春秋》以得志的书法来记录此事。《穀梁》所发此义,正是其如此叙事的依据。

10.（5.9.4）九月，戊辰，诸侯盟于葵丘。

【传】桓盟不日，此何以日？美之也。为见天子之禁，故备之也。葵丘之盟，陈牲而不杀，读书加于牲上，壹明天子之禁。曰：毋雍泉，毋讫籴，毋易树子，毋以妾为妻，毋使妇人与国事。

【公羊】此大会也，曷为末言尔？桓公曰："无障谷，无贮粟，无易树子，无以妾为妻。"（僖公三年阳谷之会）

【左传】夏，会于葵丘，寻盟且修好，礼也。王使宰孔赐齐侯胙，曰："天子有事于文武，使孔赐伯舅胙。"齐侯将下拜。孔曰："且有后命。天子使孔曰：'以伯舅耋老，加劳，赐一级，无下拜。'"对曰："天威不违颜咫尺，小白余敢贪天子之命无下拜？恐陨越于下，以遗天子羞。敢不下拜？"下拜，登，受。秋，齐侯盟诸侯于葵丘，曰："凡我同盟之人，既盟之后，言归于好。"宰孔先归，遇晋侯，曰："可无会也。齐侯不务德而勤远略，故北伐山戎，南伐楚，西为此会也，东略之不知，西则否矣，其在乱乎？君务靖乱，无勤于行。"晋侯乃还。（僖公九年）

秋七月，同盟于亳。范宣子曰："不慎，必失诸侯。诸侯道敝而无成，能无贰乎？"乃盟。载书曰："凡我同盟，毋蕰年，毋壅利，毋保奸，毋留慝，救灾患，恤祸乱，同好恶，奖王室。或间兹命，司慎司盟，名山名川，群神群祀，先王先公，七姓十二国之祖，明神殛之，俾失其民，队命亡氏，踣其国家。"（襄公十一年亳之盟）

【管子·小匡】葵丘之会，天子使大夫宰孔致胙于桓公，曰："余一人之命有事于文、武，使宰孔致胙。"且有后命曰："以尔自卑劳，实谓尔伯舅，毋下拜。"桓公召管仲而谋。管仲对曰："为君不君，为臣不臣，乱之本也。"桓公曰："余乘车之会三，兵车之会六，九合诸侯，一匡天下，北至于孤竹、山戎、秽貉、拘秦夏，西至流沙、西虞，南至吴、越、巴、牂柯、䑠、不庾、雕题、黑齿，荆夷之国。莫违寡人之命，而中国卑我。昔三代之受命者，其异于此乎？"管子对曰："夫凤皇鸾鸟不降，而鹰隼鸱枭丰。庶神不格，守龟不兆，握粟而筮者屡中。时雨甘露不降，飘风暴雨数臻。五谷不蕃，六畜不育，而蓬蒿藜藿并兴。夫凤皇之文，前德义，后日昌。昔人之受命者，龙龟假，河出图，雒出书，地出乘黄。今三祥未见有者，虽曰受命，无乃失诸乎？"桓公惧，出见客曰："天威不违颜咫尺，小白承天子之命，而毋下拜，恐颠蹶于下，以为天子羞。"遂下拜，登，受。赏服大路，龙旗九游，渠门赤旂。天子致胙于桓公而下受，天下诸侯称顺焉。

【孟子·告子下】五霸桓公为盛，葵丘之会诸侯，束牲载书而不歃血。初命曰："诛不孝，无易树子，无以妾为妻。"再命曰："尊贤育才，以彰有德。"三命曰："敬老慈幼，无忘宾旅。"四命曰："士无世官，官事无摄；取士必得，无专杀大夫。"五命曰："无曲防，无遏籴，无有封而不告。"曰："凡我同盟之人，既盟之后，言归于好。"

【国语·齐语】葵丘之会，天子使宰孔致胙于桓公，曰："余一人有事于文、武，使孔致胙。"且有后命曰："以尔自卑劳，实谓尔伯舅，无下拜。"桓公召管子而谋，管子对曰："为君不君，为臣不臣，乱之本也。"桓公惧，出见客曰："天威不违颜咫尺，小白余敢承天子之命曰'尔无下拜'？恐陨越于下，以为天子羞。"遂下拜，升受命。赏服大辂，龙旗九旒，渠门赤旂。诸侯称顺焉。

【史记·齐世家】三十五年夏，会诸侯于葵丘。周襄王使宰孔赐桓公文武胙、彤弓矢、大路，命无拜。桓公欲许之，管仲曰不可，乃下拜受赐。秋，复会诸侯于葵丘，益有骄色。周使宰孔会。诸侯颇有叛者。晋侯病，后，遇宰孔。宰孔曰："齐侯骄矣，弟无行。"从之。（桓公三十五年）

【史记·晋世家】二十六年夏，齐桓公大会诸侯于葵丘。晋献公病，行后，未至，逢周之宰孔。宰孔曰："齐桓公益骄，不务德而务远略，诸侯弗平。君弟毋会，毋如晋何。"献公亦病，复还归。（献公二十六年）

【说苑·反质】晋文公合诸侯而盟曰："吾闻国之昏，不由声色，必由奸利。好乐声色者淫也，贪奸者惑也。夫淫惑之国，不亡必残。自今以来，无以美妾疑妻，无以声乐妨政，无以奸情害公，无以货利示下。其有之者，是谓伐其根荄，流于华叶。若此者有患无忧，有寇勿弭。不如言者盟示之。"于是君子闻之曰："文公其知道乎？其不王者，犹无佐也。"

【春秋繁露·王道】桓公曰："无贮粟，无鄣谷，无易树子，无以妾为妻。"

案，葵丘之盟《左传》《史记·齐世家》《晋世家》《国语·晋语二》均有宰孔先归遇晋献公而不与秋盟之事。《史记》又言桓公骄，与《公羊》"震而矜之"、《战国策》"骄矜"之义相通。《榖梁》则发美桓公之义，与诸书不同，盖因其以"桓盟不日"例发义，故据此义叙事①。而《穀梁》所记盟辞与《公羊》《左传》《孟子》《说苑》又有相似之处，可以略见其剪裁之迹。

11.（5.10.5）晋杀其大夫里克。

【传】称国以杀，罪累上也。里克弑二君与一大夫，其以累上之辞言之，何也？其杀之不以其罪也。其杀之不以其罪，奈何？里克所为杀者，为重耳也。夷吾曰："是又将杀我乎？"故杀之不以其罪也。其为重耳弑奈何？晋献公伐虢，得丽姬。献公私之，有二子，长曰奚齐，稚曰卓子。丽姬欲为乱，故谓君曰："吾夜者梦夫人趋而来，曰：'吾苦畏。'胡不使大夫将卫士而卫冢乎？"公曰："孰可使？"曰："臣莫尊于世子，则世子可。"故君谓世子曰："丽姬梦夫人趋而来，曰：'吾苦畏。'女其将卫士而往卫冢乎？"世子曰："敬诺。"筑宫，宫成。丽姬又曰："吾夜者梦夫人趋而来，曰：'吾苦饥。'世子之宫已成，则何为不使祠也？"故献公谓世子曰："其祠！"世子祠。已祠，致福于君。君田而不在。丽姬以鸩为酒，药脯以毒。献公田来，丽姬曰："世子已祠，故致福于君。"君将食，丽姬跪曰："食自外来者，不可不试也。"覆酒于地，而地贲。以脯与犬，犬死。丽姬下堂而啼呼曰："天乎！天乎！国，子之国也，子何迟于为君？"君喟然叹曰："吾与女未有过切，是何与我之深也？"使人谓世子："尔其图之！"世子之傅里克谓世子曰："入自明！入自明则可以生，不入自明则不可以生。"世子曰："吾君已老矣，已昏矣。吾若此而入自明，则丽姬必死，丽姬死，则吾君不安。所以使吾君不安者，吾不若自死，吾宁自杀以安吾君，以重耳为寄矣。"刎脰而死。故里克所为弑者，为重耳也。夷吾曰："是又将杀我也。"

【公羊】里克立惠公，则惠公曷为杀之？惠公曰："尔既杀夫二孺子矣，又将图寡人。为尔君者，不亦病乎？"于是杀之。（僖公十年）

【左传】晋献公娶于贾，无子。烝于齐姜，生秦穆夫人及太子申生。又娶二女于戎，大戎狐姬生重耳，小戎子生夷吾。晋伐骊戎，骊戎男女以骊姬。归，生奚齐。其娣生卓子。骊姬嬖，欲立其子，赂外嬖梁五与东关嬖五，使言于公曰："曲沃，君之宗也；蒲与二屈，君之疆也。不可以无主。宗邑无主，则民不威；疆场无主，则启戎心。戎之生心，民慢其政，

---

① 《穀梁》《公羊》均由所推桓盟不日例发义，然一言"美之"，一言"危之"，故各据其义叙事。

《穀梁》文献征

国之患也。若使大子主曲沃,而重耳、夷吾主蒲与屈,则可以威民而惧戎,且旌君伐。"使俱曰:"狄之广莫,于晋为都。晋之启土,不亦宜乎?"晋侯说之。夏,使大子居曲沃,重耳居蒲城,夷吾居屈。群公子皆鄙,唯二姬之子在绛。二五卒与骊姬谮群公子而立奚齐,晋人谓之"二五耦"。(庄公二十八年)

初,晋献公欲以骊姬为夫人,卜之,不吉;筮之,吉。公曰:"从筮。"卜人曰:"筮短龟长,不如从长。且其繇曰:专之渝,攘公之羭。一薰一莸,十年尚犹有臭。必不可!"弗听,立之。生奚齐,其娣生卓子。及将立奚齐,既与中大夫成谋,姬谓大子曰:"君梦齐姜,必速祭之!"大子祭于曲沃,归胙于公。公田,姬置诸宫六日。公至,毒而献之。公祭之地,地坟。与犬,犬毙。与小臣,小臣亦毙。姬泣曰:"贼由大子。"大子奔新城。公杀其傅杜原款。或谓大子:"子辞,君必辩焉。"大子曰:"君非姬氏,居不安,食不饱。我辞,姬必有罪。君老矣,吾又不乐。"曰:"子其行乎?"大子曰:"君实不察其罪,被此名也以出,人谁纳我?"十二月戊申,缢于新城。姬遂谮二公子曰:"皆知之。"重耳奔蒲,夷吾奔屈。(僖公四年)

九月,晋献公卒。里克、丕郑欲纳文公,故以三公子之徒作乱。初,献公使荀息傅奚齐。公疾,召之曰:"以是藐诸孤,辱在大夫,其若之何?"稽首而对曰:"臣竭其股肱之力,加之以忠贞。其济,君之灵也;不济,则以死继之。"公曰:"何谓忠贞?"对曰:"公家之利,知无不为,忠也;送往事居,耦俱无猜,贞也。"及里克将杀奚齐,先告荀息曰:"三怨将作,秦、晋辅之,子将何如?"荀息曰:"将死之。"里克曰:"无益也"。荀叔曰:"吾与先君言矣,不可以贰。能欲复言而爱身乎?虽无益也,将焉辟之?且人之欲善,谁不如我?我欲无贰,而能谓人已乎?冬,十月,里克杀奚齐于次。书曰"杀其君之子",未葬也。荀息将死之,人曰:"不如立卓子而辅之。"荀息立公子卓以葬。十一月,里克杀公子卓于朝。荀息死之。君子曰:"《诗》所谓'白圭之玷,尚可磨也;斯言之玷,不可为也'。荀息有焉。"(僖公九年)

晋郤芮使夷吾重赂秦以求入,曰:"人实有国,我何爱焉?入而能民,土于何有?"从之。齐隰朋帅师会秦师,纳晋惠公。(僖公九年)

夏,四月,周公忌父、王子党会齐隰朋立晋侯,晋侯杀里克以说。将杀里克,公使谓之曰:"微子,则不及此。虽然,子弑二君与一大夫,为

子君者，不亦难乎？"对曰："不有废也，君何以兴？欲加之罪，其无辞乎？臣闻命矣。"伏剑而死。（僖公十年）

【礼记·檀弓】晋献公将杀其世子申生，公子重耳谓之曰："子盖言子之志于公乎！"世子曰："不可。君安骊姬，是我伤公之心也。"曰："然则盖行乎？"世子曰："不可。君谓我欲弑君也，天下岂有无父之国哉！吾何行如之？"使人辞于狐突曰："申生有罪，不念伯氏之言也，以至于死。申生不敢爱其死。虽然，吾君老矣，子少，国家多难，伯氏不出而图吾君，伯氏苟出而图吾君，申生受赐而死。"再拜稽首，乃卒。是以为恭世子也。

【国语·晋语一】献公伐骊戎，克之，灭骊子，获骊姬以归，立以为夫人，生奚齐。其娣生卓子。骊姬请使申生主曲沃以速县，重耳处蒲城，夷吾处屈，奚齐处绛，以儆无辱之故。公许之。

骊姬生奚齐，其娣生卓子。公将黜大子申生而立奚齐。里克、丕郑、荀息相见。里克曰："夫史苏之言将及矣，其若之何？"荀息曰："吾闻事君者，竭力以役事，不闻违命。君立臣从，何贰之有？"丕郑曰："吾闻事君者，从其义，不阿其惑。惑则误民，民误失德，是弃民也。民之有君，以治义也。义以生利，利以丰民，若之何其民之与处而弃之也？必立大子。"里克曰："我不佞，虽不识义，亦不阿惑，吾其静也。"三大夫乃别。

【国语·晋语二】骊姬以君命命申生曰："今夕君梦齐姜，必速祠而归福。"申生许诺，乃祭于曲沃，归福于绛。公田，骊姬受福，乃置鸩于酒，置堇于肉。公至，召申生献。公祭之地，地坟。申生恐而出。骊姬与犬肉，犬毙；饮小臣酒，亦毙。公命杀杜原款。申生奔新城。杜原款将死，使小臣圉告于申生曰："款也不才，寡智不敏，不能教导，以至于死。不能深知君之心度，弃宠求广土而窜伏焉。小心狷介，不敢行也。是以言至而无所讼之也，故陷于大难，乃逮于谗。然款也不敢爱死，唯与谗人钧是恶也。吾闻君子不去情，不反谗，谗行身死可也，犹有令名焉。死不迁情，强也。守情说父，孝也。杀身以成志，仁也。死不忘君，敬也。孺子勉之！死必遗爱，死民之思，不亦可乎！"申生许诺。人谓申生曰："非子之罪，何不去乎？"申生曰："不可。去而罪释，必归于君，是怨君也。章父之恶，取笑诸侯，吾谁乡而入？内困于父母，外困于诸侯，是重困也。弃君去罪，是逃死也。吾闻之：'仁不怨君，智不重困，勇不逃死。'若罪不释，去而必重。去而罪重，不智。逃死而怨君，不仁。有罪不死，无勇。去而厚怨，恶不可重，死不可避，吾将伏以俟命。"骊姬见申生而哭之，曰："有父忍之，况国人乎？忍父而求好人，人孰好之？杀父以求利人，人孰利之？皆民之所恶也，难以长生。"骊姬退，申生乃雉经于新城之庙。将死，乃使猛足言于狐突曰："申生有罪，不听伯氏，以至于死。申生不敢爱死，虽然，吾君老矣，国家多难，伯氏不出，奈吾君何？伯氏苟出而图吾君，申生受赐以死，虽死何悔！"是以谥为共君。骊姬既杀大子申生，又谮二公子曰："重耳、夷吾与知共君之事。"公令阉楚刺重耳，重耳逃于狄；令贾华刺夷吾，夷吾逃于梁。尽逐群公子，乃立奚齐。焉始为令，国无公族焉。

【史记·晋世家】二十一年，骊姬谓太子曰："君梦见齐姜，太子速祭曲沃，归厘于君。"太子于是祭其母齐姜于曲沃，上其荐胙于献公。献公时出猎，置胙于宫中。骊姬使人置毒药胙中。居二日，献公从猎来还，宰人上胙献公，献公欲飨之。骊姬从旁止之，曰："胙所从来远，宜试之。"祭地，地坟；与犬，犬死；与小臣，小臣死。骊姬泣曰："太子何忍也！其父而欲弑代之，况他人乎？且君老矣，旦暮之人，曾不能待而欲弑之！"谓献公曰："太子所以然者，不过以妾及奚齐之故。妾愿子母辟之他国，若早自杀，毋徒使母子为太子所鱼肉也。始君欲废之，妾犹恨之；至于今，妾殊自失于此。"太子闻之，奔新城。献公怒，乃诛其傅杜原款。或谓太子曰："为此药者乃骊姬也，太子何不自辞明之？"太子曰："吾君老矣，非骊姬，寝不安，食不甘。即辞之，君且怒之。不可。"或谓太子曰："可奔他国。"太子曰："被此恶名以出，人谁内我？我自杀耳。"十二月戊申，申生自杀于新城。（献公二十一年）

献公亦病，复还归。病甚，乃谓荀息曰："吾以奚齐为后，年少，诸大臣不服，恐乱起，子能立之乎？"荀息曰："能。"献公曰："何以为验？"对曰："使死者复生，生者不惭，为之验。"于是遂属奚齐于荀息。荀息为相，主国政。秋九月，献公卒。里克、邳郑欲内重耳，以三公子之徒作乱，谓荀息曰："三怨将起，秦、晋辅之，子将何如？"荀息曰："吾不可负先君言。"十月，里克杀奚齐于丧次，献公未葬也。荀息将死之，或曰："不如立奚齐弟悼子而傅之。"荀息立悼子而葬献公。十一月，里克弑悼子于朝，荀息死之。君子曰："《诗》所谓'白珪之玷，犹可磨也；斯言之玷，不可为也'，其荀息之谓乎！不负其言。"初，献公将伐骊戎，卜曰"齿牙为祸"。及破骊戎，获骊姬，爱之，竟以乱晋。里克等已杀奚齐、悼子，使人迎公子重耳于翟，欲立之。重耳谢曰："负父之命出奔，父死不得修人子之礼侍丧，重耳何敢入！大夫其更立他子。"还报里克，里克使迎夷吾于梁。夷吾欲往，吕省、郤芮曰："内犹有公子可立者而外求，难信。计非之秦，辅强国之威以入，恐危。"乃使郤芮厚赂秦，约曰："即得入，请以晋河西之地与秦。"乃遗里克书曰："诚得立，请遂封子于汾阳之邑。"秦缪公乃发兵送夷吾于晋。齐桓公闻晋内乱，亦率诸侯如晋。秦兵与夷吾亦至晋，齐乃使隰朋会秦俱入夷吾，立为晋君，是为惠公。齐桓公至晋之高梁而还归。（献公二十六年）

惠公夷吾元年，使邳郑谢秦曰："始夷吾以河西地许君，今幸得入立。大臣曰：'地者先君之地，君亡在外，何以得擅许秦者？'寡人争之弗能得，故谢秦。"亦不与里克汾阳邑，而夺之权。四月，周襄王使周公忌父会齐、秦大夫共礼晋惠公。惠公以重耳在外，畏里克为变，赐里克死。谓曰："微里子，寡人不得立。虽然，子亦杀二君一大夫，为子君者不亦难乎？"里克对曰："不有所废，君何以兴？欲诛之，其无辞乎？乃言为此！臣闻命矣。"遂伏剑而死。于是邳郑使谢秦未还，故不及难。（惠公元年）

【吕氏春秋·离俗览·上德】晋献公为丽姬远太子。太子申生居曲沃，公子重耳居蒲，公子夷吾居屈。丽姬谓太子曰："往昔君梦见姜氏。"太子祠而膳于公，丽姬易之。公将尝膳，姬曰："所由远，请使人尝之。"尝人人死，食狗狗死，故诛太子。太子不肯自释，曰："君非丽姬，居不安，食不甘。"遂以剑死。

【说苑·立节】晋骊姬谮太子申生于献公，献公将杀之。公子重耳谓申生曰："为此者，非子之罪也，子胡不进辞？辞之，必免于罪。"申生曰："不可。我辞之，骊姬必有罪矣。吾君老矣，微骊姬寝不安席，食不甘味，如何使吾君以恨终哉！"重耳曰："不辞，则不若速去矣。"申生曰："不可。去而免于死，是恶吾君也。夫彰父之过，而取美诸侯，孰肯内之？入困于宗，出困于逃，是重吾恶也。吾闻之，忠不暴君，智不重恶，勇不逃死。如是者，吾以身当之。"遂伏剑死。君子闻之曰："天命矣夫，世子！《诗》曰：'萋兮斐兮，成是贝锦。彼谮人者，亦已太甚。'"

【新序·节士】晋献公太子之至灵台也，蛇绕左轮。御曰："太子下拜。吾闻国君之子，蛇绕左轮者速得国。"太子遂不行，返乎舍。御人见太子，太子曰："吾闻为人子者，尽和顺于君，不行私欲；恭严承命，不逆君安。今吾得国，是君失安也。见国之利而忘君安，非子道也；闻得国而拜其声，非君欲也。废子道，不孝；逆君欲，不忠。而使我行之，殆吾欲国之危明也。"拔剑将死。御止之曰："夫礼祥妖孽，天之道也；恭严承命，人之行也。拜祥戒孽，礼也；恭严承命，不以身恨君，孝也。今太子见福不拜，失礼；杀身恨君，失孝。从僻心，弃正行，非臣之所闻也。"太子曰："不然。我得国，君之孽也；拜君之孽，不可谓礼。见礼祥而忘君之安，国之贼也；怀贼心以事君，不可谓孝。挟伪意以御天下，怀贼心以事君，邪之大者也，而使我行之，是欲国之危明也。"遂伏剑而死。君子曰："晋太子徒御使之拜蛇祥，犹恶之，至于自杀，为见疑于欲国也，己之不欲国以安君，亦以明矣。为一愚御过言之故，至于身死，废子道，绝祭祀，不可谓孝。可谓远嫌，一节之士也。"

【列女传·孽嬖】骊姬乃使人以公命告太子曰："君梦见齐姜，亟往祀焉。"申生祭于曲沃，归福于绛，公田不在，骊姬受福，乃置鸩于酒，施毒于脯。公至，召申生，将胙，骊姬曰："食自外来，不可不试也。"覆酒于地，地坟。申生恐而出。骊姬与犬，犬死；饮小臣，小臣死之。骊姬乃仰天叩心而泣，见申生哭曰："嗟乎！国，子之国，子何迟为君？有父恩忍之，况国人乎！弑父以求利，人孰利之？"献公使人谓太子曰："尔其图之。"太傅里克曰："太子入自明可以生，不则不可以生。"太子曰："吾君老矣。若入而自明，则骊姬死，吾君不安。"遂自经于新城庙。公遂杀少傅杜原款。使阉楚刺重耳，重耳奔狄。使贾华刺夷吾，夷吾奔梁。尽逐群公子，乃立奚齐。"

【系年·第六章】晋献公之嬖妾曰骊姬，欲元（其）子瓞（奚）脊（齐）之为君也，乃谗（谗）大子龙（共）君而杀之，或谗（谗）惠公及文＝公＝（文公。文公）奔翟，惠公奔于梁。献公卒（卒），乃立瓞（奚）脊（齐），元（其）夫＝（大夫）里之克乃杀瓞（奚）脊（齐），而立元（其）弟悼子，里之克或（又）杀悼子。秦穆公乃内惠公于晋，惠公赂秦公曰："我句（后）果内（入），囟（使）君涉河，至于梁城。"惠公既内（入），乃佯（背）秦公弗矣（予）。

【马王堆帛书·春秋事语】□□□□□杀里克，□□曰："君□□□□□□□□□□□□□□□□□□□□晋将无□□□者□□□□□□□□□□□□□□□□无解舍，□□几元（其）后者也。今杀里克，□□□□□□□□□□□□□□者死，忠者□□□疾

之，几或道之乎？是塞□□□□□□□□□□□□□□于□□路（赂）弗予（与），□□□□□□□□□□□□□□ □□□□□韩闻（间）午秦□□今君将先□。"

案，丽姬谮杀太子申生事，《左传》《史记》《国语》《礼记》《吕氏春秋》《说苑》《列女传》均有记载，详略有所不同。这里需要特别注意《国语》《礼记》的叙述。二者均言申生死前对狐突有所嘱托，《檀弓》甚至说劝申生自辩者即重耳。这些因素或多或少地在《穀梁》叙事中留下了痕迹，只是经过了变形：《穀梁》文中劝申生自辩者变为里克，而其所寄者变为重耳[①]。

12. (5.12.2) 夏，楚人灭黄。

【传】贯之盟，管仲曰："江、黄远齐而近楚，楚为利之国也。若伐而不能救，则无以宗诸侯矣。"桓公不听，遂与之盟。管仲死，楚伐江、灭黄，桓公不能救，故君子闵之也。

【左传】秋，盟于贯，服江、黄也。(僖公二年)

秋，会于阳谷，谋伐楚也。(僖公三年)

楚斗穀於菟灭弦，弦子奔黄。于是江、黄、道、柏方睦于齐，皆弦姻也。弦子恃之而不事楚，又不设备，故亡。(僖公五年)

黄人不归楚贡。冬，楚人伐黄。(僖公十一年)

黄人恃诸侯之睦于齐也，不共楚职，曰："自郢及我九百里，焉能害我？"夏，楚灭黄。(僖公十二年)

楚人灭江，秦伯为之降服，出次，不举，过数。大夫谏，公曰："同盟灭，虽不能救，敢不矜乎？吾自惧也。"君子曰："《诗》云：'惟彼二国，其政不获。惟此四国，爰究爰度。'其秦穆之谓矣。"(文公四年)

【管子·戒第】管仲寝疾，桓公往问之。……管仲曰："夫江、黄之国近于楚，为臣死乎？君必归之楚而寄之。君不归楚，必私之，私之而不救也则不可。救之，则乱自此始矣。"桓公曰："诺。"……管子遂卒。

【史记·楚世家】二十二年伐黄。(成王二十二年)

穆王三年，灭江。(穆王三年)

【新序·善谋】齐桓公时，江国、黄国，小国也，在江淮之间，近楚。楚，大国也，数侵伐，欲灭取之。江人、黄人患楚。齐桓公方存亡继

---

① 这些叙事因素均不见于《左传》《史记》等书。

绝，救危扶倾，尊周室，攘夷狄，为阳谷之会，贯泽之盟。江人、黄人慕桓公之义，来会，盟于贯泽。管仲曰："江、黄远齐而近楚，楚为利之国也，若伐而不能救，无以宗诸侯，不可受也。"桓公不听，遂与之盟。管仲死，楚人伐江、灭黄，桓公不能救，君子闵之。是后桓公信坏德衰，诸侯不附，遂陵迟，不能复兴。夫仁智之谋，即事有渐，力所不能救，未可以受其质。桓公受之，过也，管仲可谓善谋矣。《诗》云："曾是莫听，大命以倾。"此之谓也。

案，《穀梁》与《新序》所记最相近，与《管子》所记相通。

13. (5.22.4) 冬，十有一月己巳，朔，宋公及楚人战于泓，宋师败绩。

【传】日事遇朔曰朔。《春秋》三十有四战，未有以尊败乎卑，以师败乎人者也。以尊败乎卑，以师败乎人，则骄其敌。襄公以师败乎人而不骄其敌，何也？责之也。泓之战，以为复雩之耻也。雩之耻，宋襄公有以自取之。伐齐之丧，执滕子，围曹，为雩之会，不顾其力之不足而致楚成王，成王怒而执之。故曰：礼人而不答则反其敬，爱人而不亲则反其仁，治人而不治则反其知。过而不改，又之，是谓之过。襄公之谓也。古者被甲婴胄，非以兴国也，则以征无道也，岂曰以报其耻哉？宋公与楚人战于泓水之上，司马子反曰："楚众我少，鼓险而击之，胜无幸焉。"襄公曰："君子不推人危，不攻人厄，须其出。"既出，旌乱于上，陈乱于下。子反曰："楚众我少，击之，胜无幸焉。"襄公曰："不鼓不成列，须其成列而后击之。"则众败而身伤焉，七月而死。倍则攻，敌则战，少则守。人之所以为人者，言也。人而不能言，何以为人？言之所以为言者，信也。言而不信，何以为言？信之所以为信者，道也。信而不道，何以为道？道之贵者时，其行势也。

【公羊】偏战者日尔，此其言朔何？《春秋》辞繁而不杀者正也。何正尔？宋公与楚人期战于泓之阳。楚人济泓而来，有司复曰："请迨其未毕济而击之。"宋公曰："不可。吾闻之也，君子不厄人。吾虽丧国之余，寡人不忍行也。"既济，未毕陈，有司复曰："请迨其未毕陈而击之。"宋公曰："不可。吾闻之也，君子不鼓不成列。"已陈，然后襄公鼓之，宋师大败。故君子大其不鼓不成列，临大事而不忘大礼，有君而无臣，以为虽文王之战，亦不过此也。（僖公二十二年）

【左传】二十一年春，宋人为鹿上之盟，以求诸侯于楚，楚人许之。公子目夷曰："小国争盟，祸也。宋其亡乎！幸而后败。"（僖公二十一年）

· 210 ·

秋，诸侯会宋公于盂。子鱼曰："祸其在此乎！君欲已甚，其何以堪之？"于是楚执宋公以伐宋。冬，会于薄以释之。子鱼曰："祸犹未也，未足以惩君。"（僖公二十一年）

楚人伐宋以救郑。宋公将战，大司马固谏曰："天之弃商久矣，君将兴之，弗可赦也已。"弗听。冬，十一月己巳，朔，宋公及楚人战于泓。宋人既成列，楚人未既济。司马曰："彼众我寡，及其未既济也，请击之。"公曰："不可。"既济而未成列，又以告。公曰："未可。"既陈而后击之，宋师败绩。公伤股，门官歼焉。国人皆咎公。公曰："君子不重伤，不禽二毛。古之为军也，不以阻隘也。寡人虽亡国之余，不鼓不成列。"子鱼曰："君未知战，勍敌之人，隘而不列，天赞我也。阻而鼓之，不亦可乎？犹有惧焉。且今之勍者，皆吾敌也，虽及胡耇，获则取之，何有于二毛？明耻、教战，求杀敌也。伤未及死，如何勿重？若爱重伤，则如勿伤；爱其二毛，则如服焉。三军以利用也，金鼓以声气也。利而用之，阻隘可也；声盛致志，鼓儳可也。"（僖公二十二年）

【韩非子·外储说左上】宋襄公与楚人战于涿谷上。宋人既成列矣，楚人未及济。右司马购强趋而谏曰："楚人众而宋人寡，请使楚人半涉未成列而击之，必败。"襄公曰："寡人闻君子曰：'不重伤，不擒二毛，不推人于险，不迫人于阨，不鼓不成列。'今楚未济而击之，害义。请使楚人毕涉成陈，而后鼓士进之。"右司马曰："君不爱宋民，腹心不完，特为义耳。"公曰："不反列，且行法。"右司马反列。楚人已成列撰陈矣，公乃鼓之。宋人大败，公伤股，三日而死。此乃慕自亲仁义之祸。夫必恃人主之自躬亲而后民听从，是则将令人主耕以为上、服战雁行也，民乃肯耕战，则人主不泰危乎！而人臣不泰安乎！

【史记·宋世家】十二年春，宋襄公为鹿上之盟，以求诸侯于楚，楚人许之。公子目夷谏曰："小国争盟，祸也。"不听。秋，诸侯会宋公盟于盂。目夷曰："祸其在此乎？君欲已甚，何以堪之！"于是楚执宋襄公以伐宋。冬，会于亳，以释宋公。子鱼曰："祸犹未也。"（襄公十二年）

十三年夏，宋伐郑。子鱼曰："祸在此矣。"秋，楚伐宋以救郑。襄公将战，子鱼谏曰："天之弃商久矣，不可。"冬，十一月，襄公与楚成王战于泓。楚人未济，目夷曰："彼众我寡，及其未济击之。"公不听。已济未陈，又曰："可击。"公曰："待其已陈。"陈成，宋人击之。宋师大败，襄公伤股。国人皆怨公。公曰："君子不困人于阨，不鼓不成列。"

子鱼曰:"兵以胜为功,何常言与!必如公言,即奴事之耳,又何战为?"(襄公十三年)

【新语·至德】昔者,晋厉、齐庄、楚灵、宋襄,乘大国之权,杖众民之威,军师横出,陵轹诸侯,外骄敌国,内刻百姓,邻国之雠结于外,群臣之怨积于内,而欲建金石之统,继不绝之世,岂不难哉?故宋襄死于泓之战,三君弑于臣之手,皆轻师尚威,以致于斯,故《春秋》重而书之,嗟叹而伤之。三君强其威而失其国,急其刑而自贼,斯乃去事之戒,来事之师也。

【马王堆帛书·春秋事语】宋荆战弘(泓)水之上,宋人□□陈(阵)矣,荆人未济。宋司马请曰:"宋人寡而荆人众,及未济,击之,可破也。"宋君曰:"吾闻[之],君子不击不成之列,不童(重)伤,不禽(擒)二毛。"① 士匽为鲁君槀(犒)师,曰:"宋必败。吾闻之,兵□三用,不当名则不克。邦治适(敌)乱,兵之所迹(迹)也。小邦□大邦邪以务(㩴)之,兵之所□也。诸侯失礼,天子诛之,兵□□□也。故□□□□□□□于百姓,上下无却,然后可以济。伐,深入多杀者为上,所以除害也。今宋用兵而不□,见閒(间)而弗从,非德伐回,陈(阵)何为?且宋君不侎(耻)不全宋人之腹脛(颈),而侎(耻)不金〈全〉荆陈(阵)之义,逆矣。以逆使民,亓(其)何以济之?"战而宋人果大败。

案,泓之战《公羊》《左传》《史记》《韩非子》《春秋事语》均有记载,而《穀梁》所记与《公羊》最为接近。这里值得注意的是二《传》在叙述相同事件时措辞的细微差异。其一,《穀梁》所记司马的两次进言均强调"楚众我少""胜无幸焉",而《公羊》绝无此言,这是与《穀梁》后文"倍则攻,敌则战,少则守""道之贵者时,其行势也"之义相呼应的。其二,《穀梁》云"则众败而身伤焉,七月而死",而《公羊》仅言"宋师大败"。《穀梁》特意强调众败、身伤、七月而死等一系列结果与宋襄公不用司马之言的关系②,《公羊》则仅陈述此战的结果。《穀梁》如此叙事又是与其前文"责之也"之义相通的。可见,二《传》叙

---

① 裘锡圭云:"《韩非子》云:'楚人未及济,右司马购强趋而谏曰:楚人众而宋人寡,请使楚人半涉未成列而击之,必败。襄公曰:寡人闻君子曰:不重伤,不禽二毛,……宋人大败。'记事与《事语》甚近,盖同一资料来源也。"见《裘锡圭学术文集》第2卷,第428页。

② 这种关系以一"则"字道出。

事的细微差异是由二《传》所欲阐发的不同的《春秋》之义造成的。进一步说，《穀梁》《公羊》均以为《春秋》的书写即是"事实"，但二《传》所见《春秋》书写之义不同，故各自的叙事也就有了不同的面目。

14. (5.30.3) 秋，卫杀其大夫元咺[传1]及公子瑕[传2]。

【传1】称国以杀，罪累上也，以是为讼君也。卫侯在外，其以累上之辞言之，何也？待其杀而后入也。【传2】公子瑕，累也，以尊及卑也。

【左传】卫侯与元咺讼，宁武子为辅，针庄子为坐，士荣为大士。卫侯不胜。杀士荣，刖针庄子，谓宁俞忠而免之。执卫侯，归之于京师，置诸深室。宁子职纳橐馈焉。元咺归于卫，立公子瑕。（僖公二十八年）

【史记·卫世家】成公三年，晋欲假道于卫救宋，成公不许。晋更从南河度，救宋。征师于卫，卫大夫欲许，成公不肯。大夫元咺攻成公，成公出奔。晋文公重耳伐卫，分其地予宋，讨前过无礼及不救宋患也。卫成公遂出奔陈。（成公三年）

案，《穀梁》所言"讼君"之事亦见僖公二十八年《左传》[①]，可见此传叙事通于《左传》。

15. (5.33.3) 夏，四月，辛巳，晋人及姜戎败秦师于殽。

【传】不言战而言败，何也？狄秦也。其狄之，何也？秦越千里之险入虚国，进不能守，退败其师，徒乱人子女之教，无男女之别。秦之为狄，自殽之战始也。秦伯将袭郑，百里子与蹇叔子谏曰："千里而袭人，未有不亡者也。"秦伯曰："子之冢木已拱矣，何知！"师行，百里子与蹇叔子送其子而戒之曰："女死必于殽之岩唫之下。我将尸女于是。"师行，百里子与蹇叔子随其子而哭之。秦伯怒曰："何为哭吾师也？"二子曰："非敢哭师也，哭吾子也。我老矣，彼不死则我死矣。"晋人与姜戎要而击之殽，匹马倚轮无反者。晋人者，晋子也。其曰人，何也？微之也。何为微之？不正其释殡而主乎战也。

【公羊】其谓之秦何？夷狄之也。曷为夷狄之？秦伯将袭郑，百里子与蹇叔子谏曰："千里而袭人，未有不亡者也。"秦伯怒曰："若尔之年者，宰上之木拱矣，尔曷知！"师出，百里子与蹇叔子送其子而戒之曰："尔即死，必于殽之嵚岩，是文王之所辟风雨者也，吾将尸尔焉。"子揖师而行。百里子与蹇叔子从其子而哭之，秦伯怒曰："尔曷为哭吾师？"

---

① 《史记·卫世家》则未记元咺讼君。

对曰："臣非敢哭君师，哭臣之子也。"弦高者，郑商也。遇之殽，矫以郑伯之命而犒师焉。或曰往矣，或曰反矣。然而晋人与姜戎要之殽而击之，匹马只轮无反者。其言及姜戎何？姜戎，微也。称人，亦微者也。何言乎姜戎之微？先轸也。或曰襄公亲之。襄公亲之，则其称人何？贬。曷为贬？君在乎殡而用师，危不得葬也。诈战不日，此何以日？尽也。（僖公三十三年）

【左传】杞子自郑使告于秦，曰："郑人使我掌其北门之管，若潜师以来，国可得也。"穆公访诸蹇叔，蹇叔曰："劳师以袭远，非所闻也。师劳力竭，远主备之，无乃不可乎？师之所为，郑必知之，勤而无所，必有悖心。且行千里，其谁不知？"公辞焉。召孟明、西乞、白乙，使出师于东门之外。蹇叔哭之曰："孟子，吾见师之出，而不见其入也！"公使谓之曰："尔何知？中寿，尔墓之木拱矣！"蹇叔之子与师，哭而送之，曰："晋人御师必于殽。殽有二陵焉。其南陵，夏后皋之墓也；其北陵，文王之所辟风雨也。必死是间，余收尔骨焉。"秦师遂东。（僖公三十二年）

晋原轸曰："秦违蹇叔，而以贪勤民，天奉我也。奉不可失，敌不可纵。纵敌患生，违天不祥。必伐秦师。"栾枝曰："未报秦施，而伐其师，其为死君乎？"先轸曰："秦不哀吾丧，而伐吾同姓，秦则无礼，何施之为？吾闻之：'一日纵敌，数世之患也。'谋及子孙，可谓死君乎？"遂发命，遽兴姜戎。子墨衰绖，梁弘御戎，莱驹为右。夏，四月辛巳，败秦师于殽，获百里孟明视、西乞术、白乙丙以归。遂墨以葬文公，晋于是始墨。文嬴请三帅，曰："彼实构吾二君，寡君若得而食之，不厌，君何辱讨焉？使归就戮于秦，以逞寡君之志，若何？"公许之。先轸朝，问秦囚。公曰："夫人请之，吾舍之矣。"先轸怒曰："武夫力而拘诸原，妇人暂而免诸国。堕军实而长寇雠，亡无日矣！"不顾而唾。公使阳处父追之，及诸河，则在舟中矣。释左骖，以公命赠孟明。孟明稽首曰："君之惠，不以累臣衅鼓，使归就戮于秦，寡君之以为戮，死且不朽。若从君惠而免之，三年将拜君赐。"秦伯素服郊次，乡师而哭，曰："孤违蹇叔，以辱二三子，孤之罪也。"不替孟明，曰："孤之过也，大夫何罪？且吾不以一眚掩大德。"（僖公三十三年）

【秦誓·书序】秦穆公伐郑，晋襄公帅师败诸崤，还归，作《秦誓》。

【国语·周语中】（襄王）二十六年，秦师将袭郑，过周北门。左右免胄而下，超乘者三百乘。王孙满观之，言于王曰："秦师必有谪。"王曰："何故？"对曰："师轻而骄。轻则寡谋，骄则无礼。无礼则脱，寡谋自陷。入险而脱，能无败乎？秦师无谪，是道废也。"是行也，秦师还，晋人败诸崤，获其三帅丙、术、视。

【史记·赵世家】赵简子疾，五日不知人，大夫皆惧。医扁鹊视之，出，董安于问。扁鹊曰："血脉治也，而何怪！在昔秦缪公尝如此，七日而寤。寤之日，告公孙支与子舆曰：'我之帝所，甚乐。吾所以久者，适有学也。帝告我：晋国将大乱，五世不安；其后将霸，未老而死；霸者之子且令而国男女无别。'公孙支书而藏之，秦谶于是出矣。献公之乱，文公之霸，而襄公败秦师于殽而归纵淫，此子之所闻。今主君之疾与之同，不出三日疾必间，间必有言也。"

【史记·扁鹊传】当晋昭公时，诸大夫强而公族弱，赵简子为大夫，专国事。简子疾，五日不知人，大夫皆惧，于是召扁鹊。扁鹊入视病，出，董安于问扁鹊。扁鹊曰："血脉治也，而何怪！昔秦穆公尝如此，七日而寤。寤之日，告公孙支与子舆曰：'我之帝所甚乐。吾所以久者，适有所学也。帝告我：晋国且大乱，五世不安。其后将霸，未老而死。霸者之子且令而国男女无别。'公孙支书而藏之，秦策于是出。夫献公之乱，文公之霸，而襄公败秦师于殽而归纵淫，此子之所闻。今主君之病与之同，不出三日必间，间必有言也。"

【史记·秦本纪】三十二年冬，晋文公卒。郑人有卖郑于秦曰："我主其城门，郑可袭也。"缪公问蹇叔、百里傒，对曰："径数国千里而袭人，希有得利者。且人卖郑，庸知我国人不有以我情告郑者乎？不可。"缪公曰："子不知也，吾已决矣。"遂发兵，使百里傒子孟明视，蹇叔子西乞术及白乙丙将兵。行日，百里傒、蹇叔二人哭之。缪公闻，怒曰："孤发兵而子沮哭吾军，何也？"二老曰："臣非敢沮君军。军行，臣子与往；臣老，迟还恐不相见，故哭耳。"二老退，谓其子："汝军即败，必于殽阨矣。"（缪公三十二年）

三十三年春，秦兵遂东，更晋地，过周北门。周王孙满曰："秦师无礼，不败何待！"兵至滑，郑贩卖贾人弦高，持十二牛将卖之周，见秦兵，恐死虏，因献其牛，曰："闻大国将诛郑，郑君谨修守御备，使臣以牛十二劳军士。"秦三将军相谓曰："将袭郑，郑今已觉之，往无及已。"灭滑。滑，晋之边邑也。当是时，晋文公丧尚未葬。太子襄公怒曰："秦

·215·

侮我孤，因丧破我滑。"遂墨衰绖，发兵遮秦兵于殽，击之，大破秦军，无一人得脱者。虏秦三将以归。文公夫人，秦女也，为秦三囚将请曰："缪公之怨此三人入于骨髓，愿令此三人归，令我君得自快烹之。"晋君许之，归秦三将。三将至，缪公素服郊迎，向三人哭曰："孤以不用百里傒、蹇叔言以辱三子，三子何罪乎？子其悉心雪耻，毋怠。"遂复三人官秩如故，愈益厚之。（穆公三十三年）

【史记·晋世家】九年冬，晋文公卒，子襄公欢立。是岁郑伯亦卒。郑人或卖其国于秦，秦缪公发兵往袭郑。十二月，秦兵过我郊。（文公九年）

襄公元年春，秦师过周，无礼，王孙满讥之。兵至滑，郑贾人弦高将市于周，遇之，以十二牛劳秦师。秦师惊而还，灭滑而去。晋先轸曰："秦伯不用蹇叔，反其众心，此可击。"栾枝曰："未报先君施于秦，击之，不可。"先轸曰："秦侮吾孤，伐吾同姓，何德之报？"遂击之。襄公墨衰绖。四月，败秦师于殽，虏秦三将孟明视、西乞秫、白乙丙以归。遂墨以葬文公。文公夫人秦女，谓襄公曰："秦欲得其三将戮之。"公许，遣之。先轸闻之，谓襄公曰："患生矣。"轸乃追秦将。秦将渡河，已在船中，顿首谢，卒不反。（襄公元年）

【吕氏春秋·先识览·悔过】昔秦缪公兴师以袭郑，蹇叔谏曰："不可。臣闻之，袭国邑，以车不过百里，以人不过三十里，皆以其气之趫与力之盛，至，是以犯敌能灭，去之能速。今行数千里，又绝诸侯之地以袭国，臣不知其可也。君其重图之。"缪公不听也。蹇叔送师于门外而哭曰："师乎！见其出而不见其入也。"蹇叔有子曰申与视，与师偕行。蹇叔谓其子曰："晋若遏师必于殽，女死不于南方之岸，必于北方之岸，为吾尸女之易。"缪公闻之，使人让蹇叔曰："寡人兴师，未知何如。今哭而送之，是哭吾师也。"蹇叔对曰："臣不敢哭师也。臣老矣，有子二人，皆与师行，比其反也，非彼死则臣必死矣，是故哭。"师行过周，王孙满要门而窥之，曰："呜呼！是师必有疵。若无疵，吾不复言道矣。夫秦非他，周室之建国也，过天子之城，宜櫜甲束兵，左右皆下，以为天子礼。今袀服回建，左不轼，而右之。超乘者五百乘，力则多矣，然而寡礼，安得无疵？"师过周而东。郑贾人弦高、奚施将西市于周，道遇秦师，曰："嘻！师所从来者远矣，此必袭郑。"遽使奚施归告，乃矫郑伯之命以劳之，曰："寡君固闻大国之将至久矣。大国不至，寡君与士卒窃为大国忧，日无所与焉，惟恐士卒罢弊与糗粮匮乏。何其久也！使人臣犒劳以璧，膳以十二牛。"秦三帅对曰："寡君之无使也，使其三臣丙也、术也、视也于东边候晴之道，过是，以迷惑陷入大国之地。"不敢固辞，再拜稽首受之。三帅乃惧而谋曰："我行数千里、数绝诸侯之地以袭人，未至而人已先知之矣，此其备必已盛矣。"还师去之。当是时也，晋文公适薨，未葬。先轸言于襄公，曰："秦师不可不击也，臣请击之。"襄公曰："先君薨，尸在堂，见秦师利而因击之，无乃非为人子之道欤？"先轸曰："不吊吾丧，不忧吾哀，是死吾君而弱其孤也。若是而击，可大强。臣请击之。"襄公不得已而许之。先轸遏秦师于殽而击之，大败之，获其三帅以归。缪公闻之，素服庙临，以说于众曰："天不为秦国，使寡人不用蹇叔之谏，以至于此患。"此缪公非欲败于殽也，智不至也。智不至则不信，言之不信，师之不反也从此生，故不至之为害大矣。

【淮南子·道应训】秦穆公兴师，将以袭郑。蹇叔曰："不可。臣闻袭国者，以车不过百里，以人不过三十里。为其谋未及发泄也，甲兵未及锐弊也，粮食未及乏绝也，人民未及罢病也。皆以其气之高与其力之盛至，是以犯敌能威。今行数千里，又数绝诸侯之地以袭国，臣不知其可也。君重图之！"穆公不听。蹇叔送师，衰绖而哭之。师遂行。过周而东，郑贾人弦高矫郑伯之命，以十二牛劳秦师而宾之。三帅乃惧而谋曰："吾行数千里以袭人，未至而人已知之，其备必先成，不可袭也。"还师而去。当此之时，晋文公适薨，未葬，先轸言于襄公曰："昔吾先君与穆公交，天下莫不闻，诸侯莫不知。今吾君薨未葬，而不吊吾丧，而不假道，是死吾君而弱吾孤也。请击之。"襄公许诺。先轸举兵而与秦师遇于殽，大破之，擒其三帅以归。穆公闻之，素服庙临，以说于众。故老子曰："知而不知，尚矣；不知而知，病也。"

案，傅隶朴云："《穀梁》此《传》全袭《公羊》，由于《公羊》未能列举'夷狄之'的依据，于是造为'秦越千里之险入虚国，进不能守，退败其师，徒乱人子女之教，无男女之别'的罪状以充实之。……秦军一路行来，除了过周北门超乘者三百乘，有'入险而脱'之嫌外，并未有奸淫劫掠的记述。……《穀梁》此种捏辞诬古，岂是理解圣《经》者所当有的态度？"钟文烝云："《史记·赵世家》扁鹊云秦穆公曰：帝告我，霸者之子且令而国男女无别。又云：襄公败秦师于殽而归纵淫。《扁鹊传》亦同。《传》所云即其事也。"可见《穀梁》叙事有其文献依据，并非如傅氏所言"捏辞诬古"。据《史记·赵世家》，秦穆公此言曾被记录下来："公孙支书而藏之，秦谶于是出矣。"故有理由相信《穀梁》所据可能是国史类材料①。

文公

16.（6.6.7）晋杀其大夫阳处父。[传] 晋狐夜姑出奔狄。

【传】称国以杀，罪累上也。襄公已葬，其以累上之辞言之，何也？君漏言也。上泄则下暗，下暗则上聋，且暗且聋，无以相通。夜姑杀者也。夜姑之杀奈何？曰：晋将与狄战，使狐夜姑为将军，赵盾佐之。阳处父曰："不可！古者君之使臣也，使仁者佐贤者，不使贤者佐仁者。今赵盾贤，夜姑仁，其不可乎！"襄公曰："诺。"谓夜姑曰："吾始使盾佐女，今女佐盾矣。"夜姑曰："敬诺。"襄公死，处父主竟上之事，夜姑使人杀之，君漏言也。故士造辟而言，诡辞而出。曰：用我则可，不用我则无乱其德。

【公羊】晋杀其大夫阳处父，则狐射姑曷为出奔？射姑杀也。射姑杀，则其称国以杀何？君漏言也。其漏言奈何？君将使射姑将，阳处父谏曰："射姑，民众不说，不可使将。"于是废将。阳处父出，射姑入，君谓射姑曰："阳处父言曰：'射姑，民众不说，不可使将。'"射姑怒，出刺阳处父于朝而走。（文公六年）

【左传】六年，春，晋蒐于夷，舍二军。使狐射姑将中军，赵盾佐之。阳处父至自温，改蒐于董，易中军。阳子，成季之属也，故党于赵氏，且谓赵盾能，曰："使能，国之利也。"是以上之。宣子于是乎始为国政，制事典，正法罪，辟刑狱，董逋逃，由质要，治旧洿，本秩礼，续常职，出滞淹。既成，以授大傅阳子与大师贾佗，使行诸晋国，以为常法。（文公六年）

八月乙亥，晋襄公卒。灵公少，晋人以难故，欲立长君。赵孟曰："立公子雍。好善而长，先君爱之，且近于秦。秦，旧好也。置善则固，事长则顺，立爱则孝，结旧则安。为难故，故欲立长君。有此四德者，难

---

① 《史记·扁鹊传》作："公孙支书而藏之，秦策于是出。"见《史记》（修订本），第3353页。则此言或记于秦国国史。

必抒矣。"贾季曰："不如立公子乐。辰嬴嬖于二君，立其子，民必安之。"赵孟曰："辰嬴贱，班在九人，其子何震之有？且为二嬖，淫也。为先君子，不能求大，而出在小国，辟也。母淫子辟，无威；陈小而远，无援。将何安焉？杜祁以君故，让逼姞而上之；以狄故，让季隗而己次之，故班在四。先君是以爱其子，而仕诸秦，为亚卿焉。秦大而近，足以为援；母义子爱，足以威民。立之，不亦可乎？"使先蔑、士会如秦逆公子雍。贾季亦使召公子乐于陈，赵孟使杀诸郫。贾季怨阳子之易其班也，而知其无援于晋也。九月，贾季使续鞫居杀阳处父。书曰"晋杀其大夫"，侵官也①。（文公六年）

十一月丙寅，晋杀续简伯。贾季奔狄，宣子使臾骈送其帑。夷之蒐，贾季戮臾骈，臾骈之人欲尽杀贾氏以报焉。臾骈曰："不可。吾闻前志有之曰：'敌惠敌怨，不在后嗣，忠之道也。'夫子礼于贾季，我以其宠报私怨，无乃不可乎？介人之宠，非勇也；损怨益仇，非知也；以私害公，非忠也。释此三者，何以事夫子？"尽具其帑与其器用财贿，亲帅捍之，送致诸竟。（文公六年）

【国语·晋语五】阳处父如卫，反，过宁，舍于逆旅宁嬴氏。嬴谓其妻曰："吾求君子久矣，今乃得之。"举而从之。阳子道与之语，及山而还。其妻曰："子得所求而不从之，何其怀也！"曰："吾见其貌而欲之，闻其言而恶之。夫貌，情之华也；言，貌之机也。身为情，成于中。言，身之文也。言文而发之，合而后行，离则有衅。今阳子之貌济，其言匮，非其实也。若中不济而外强之，其卒将复，中外易矣。若内外类而言反之，渎其信也。夫言以昭信，奉之如机，历时而发之，胡可渎也！今阳子之情谵矣，以济盖也。且刚而主能，不本而犯，怨之所聚也。吾惧未获其利而及其难，是故去之。"期年，乃有贾季之难，阳子死之。

【史记·晋世家】七年八月，襄公卒。太子夷皋少。晋人以难故，欲立长君。赵盾曰："立襄公弟雍。好善而长，先君爱之；且近于秦，秦故好也。立善则固，事长则顺，奉爱则孝，结旧好则安。"贾季曰："不如其弟乐。辰嬴嬖于二君，立其子，民必安之。"赵盾曰："辰嬴贱，班在九人下，其子何震之有！且为二君嬖，淫也。为先君子，不能求大而出在

---

① 杜预注云："君已命帅，处父易之，故曰侵官。"

小国，僻也。母淫子僻，无威；陈小而远，无援。将何可乎！"使士会如秦迎公子雍，贾季亦使人召公子乐于陈。赵盾废贾季，以其杀阳处父。十月，葬襄公。十一月，贾季奔翟。（襄公七年）

案，三《传》解《经》书"晋杀"之义不同：《公羊》言阳处父进谏被杀，并无罪之之言。又《公羊》有"称国以杀者，君杀大夫之辞也"之例①，是《公羊》将阳处父之死归因于晋襄公的漏言之失，似有责襄公之义。《左传》以为阳处父党于赵氏，有侵官之过。《穀梁》以为，阳处父有罪，然晋襄公亦有漏言之过。《穀梁》虽未明言罪阳处父之由，但或与《左传》《国语》所记有关②。

17.（6.11.6）冬，十月甲午，叔孙得臣败狄于咸。

【传】不言帅师而言败，何也？直败一人之辞也。一人而曰败，何也？以众焉言之也。传曰：长狄也，弟兄三人，佚宕中国，瓦石不能害。叔孙得臣，最善射者也，射其目，身横九亩，断其首而载之，眉见于轼。然则何为不言获也？曰：古者不重创，不禽二毛。故不言获，为内讳也。其之齐者，王子成父杀之，则未知其之晋者也。

【杨士勋疏】《春秋考异邮》云："兄弟二人各长百尺，别之国欲为君。"何休云："长百尺。"范云："五丈四尺者，谶纬之书，不可悉信。"以此《传》云身横九亩，故知是五丈四尺也。

【公羊】狄者何？长狄也。兄弟三人，一者之齐，一者之鲁，一者之晋。其之齐者，王子成父杀之。其之鲁者，叔孙得臣杀之。则未知其之晋者也。其言败何？大之也。其日何？大之也。其地何？大之也。何以书？记异也。（文公十一年）

【徐彦疏】何氏盖取《关中记》云"秦始皇二十六年，有长人十二，见于临洮，身长百尺，皆夷狄服。天诫若曰：勿大为夷狄行，将灭其国。始皇不知，反喜。是时初并六国，以为瑞，乃收天下兵器，铸作铜人十二象之"是也。

【左传】鄋瞒侵齐，遂伐我。公卜使叔孙得臣追之，吉。侯叔夏御庄叔，绵房甥为右，富父终甥驷乘。冬，十月甲午，败狄于咸，获长狄侨如。富父终甥摏其喉以戈，杀之。埋其首于子驹之门，以命宣伯。初，宋

---

① 见僖公七年《经》"郑杀其大夫申侯"下《公羊》之文。
② 《国语》亦言阳处父聚怨，与《左传》同辞。

武公之世，鄋瞒伐宋。司徒皇父帅师御之，耏班御皇父充石，公子穀甥为右，司寇牛父驷乘，以败狄于长丘，获长狄缘斯。皇父之二子死焉，宋公于是以门赏耏班，使食其征，谓之耏门。晋之灭潞也，获侨如之弟焚如。齐襄公之二年，鄋瞒伐齐。齐王子成父获其弟荣如，埋其首于周首之北门。卫人获其季弟简如。鄋瞒由是遂亡。（文公十一年）

【国语·鲁语下】吴伐越，堕会稽，获骨焉，节专车。吴子使来好聘，且问之仲尼，曰："无以吾命。"宾发币于大夫，及仲尼，仲尼爵之。既彻俎而宴，客执骨而问曰："敢问骨何为大？"仲尼曰："丘闻之昔禹致群神于会稽之山，防风后至，禹杀而戮之，其骨节专车。此为大矣。"客曰："敢问谁守为神？"仲尼曰："山川之灵，足以纪纲天下者，其守为神。社稷之守者为公侯。皆属于王者。"客曰："防风何守也？"仲尼曰："汪芒氏之君也，守封、嵎之山者也，为漆姓。在虞、夏、商为汪芒氏，于周为长狄，今为大人。"客曰："人长之极几何？"仲尼曰："僬侥氏长三尺，短之至也。长者不过十之，数之极也。"

【史记·鲁世家】十一年，十月甲午，鲁败翟于咸，获长翟乔如。富父终甥舂其喉以戈，杀之，埋其首于子驹之门，以命宣伯。初，宋武公之世，鄋瞒伐宋，司徒皇父帅师御之，以败翟于长丘，获长翟缘斯。晋之灭路，获乔如弟梦如。齐惠公二年，鄋瞒伐齐，齐王子城父获其弟荣如，埋其首于北门。卫人获其季弟简如。鄋瞒由是遂亡。（文公十一年）

案，《穀梁》所引"传曰"，当是早期《春秋》学的内容。我们可以从两处见出其文自有依据：其一，《穀梁》言长狄之人身长并言以车载其首，观《国语·鲁语下》所记可知此传夷狄身长之说、车载之言当有依据。其二，《穀梁》言"断其首"，而《左传》《史记·鲁世家》亦有"埋其首"的细节。可见，此传叙事虽荒诞不经，其所据文献也暂时无法确知，但当自有所据。

宣公

18.（7.2.4）秋，九月乙丑，晋赵盾弑其君夷皋。

【传】穿弑也，盾不弑而曰盾弑，何也？以罪盾也。其以罪盾，何也？曰：灵公朝诸大夫而暴弹之，观其辟丸也。赵盾入谏，不听。出亡至于郊。赵穿弑公而后反赵盾。史狐书贼曰:"赵盾弑公。"盾曰:"天乎!天乎!予无罪。孰为盾而忍弑其君者乎?"史狐曰:"子为正卿,入谏不听,出亡不远。君弑,反不讨贼,则志同,志同则书重,非子而谁?"故书之曰"晋赵盾弑其君夷皋"者,过在下也。曰:于盾也,见忠臣之至;于许世子止,见孝子之至。

【公羊】赵盾弑君,此其复见何?亲弑君者,赵穿也。亲弑君者赵穿,则曷为加之赵盾?不讨贼也。何以谓之不讨贼?晋史书贼曰:"晋赵盾弑其君夷獳。"赵盾曰:"天乎!无辜。吾不弑君,谁谓吾弑君者乎?"史曰:"尔为仁为义,人弑尔君,而复国不讨贼,此非弑君如何?"赵盾之复国奈何?灵公为无道,使诸大夫皆内朝。然后处乎台上,引弹而弹之,已趋而辟丸,是乐而已矣。赵盾已朝而出,与诸大夫立于朝。有人荷畚。自闺而出者,赵盾曰:"彼何也?夫畚曷为出乎闺?"呼之不至,曰:"子,大夫也,欲视之,则就而视之。"赵盾就而视之,则赫然死人也。赵盾曰:"是何也?"曰:"膳宰也。熊蹯不熟,公怒,以斗擎而杀之,支解,将使我弃之。"赵盾曰:"嘻!"趋而入。灵公望见赵盾,愬而再拜。赵盾逡巡北面再拜稽首,趋而出。灵公心怍焉,欲杀之。于是使勇士某者往杀之。勇士入其大门,则无人门焉者;入其闺,则无人闺焉者;上其堂,则无人焉;俯而窥其户,方食鱼飧。勇士曰:"嘻!子诚仁人也。吾入子之大门,则无人焉;入子之闺,则无人焉;上子之堂,则无人焉。是子之易也。子为晋国重卿,而食鱼飧,是子之俭也。君将使我杀子,吾不忍杀子也。虽然,吾亦不可复见吾君矣。"遂刎颈而死。灵公闻之,怒,滋欲杀之甚,众莫可使往者。于是伏甲于宫中,召赵盾而食之。赵盾之车右祁弥明者,国之力士也。仡然从乎赵盾而入,放乎堂下而立。赵盾已食,灵公谓盾曰:"吾闻子之剑,盖利剑也。子以示我,吾将观焉。"赵盾起将进剑,祁弥明自下呼之曰:"盾!食饱则出,何故拔剑于君所?"赵盾知之,躇阶而走。灵公有周狗,谓之獒,呼獒而属之,獒亦躇阶而从之。祁弥明逆而踆之,绝其颔。赵盾顾曰:"君之獒,不若臣之獒也!"然而宫中甲鼓而起。有起于甲中者,抱赵盾而乘之。赵盾顾曰:"吾何以得此于子?"曰:"子某时所食,活我于暴桑下者也。"赵盾曰:"子名为谁?"曰:"吾君孰为介?子之乘矣!何问吾名?"赵盾驱而出,众无留之者。赵穿缘民众不说,起弑灵公,然后迎赵盾而入,与之立于朝,而立成公黑臀。(宣公六年)

附录

【左传】晋灵公不君：厚敛以雕墙；从台上弹人，而观其辟丸也；宰夫胹熊蹯不熟，杀之，置诸畚，使妇人载以过朝。赵盾、士季见其手，问其故，而患之。将谏，士季曰："谏而不入，则莫之继也。会请先，不入，则子继之。"三进，及溜，而后视之，曰："吾知所过矣，将改之。"稽首而对曰："人谁无过，过而能改，善莫大焉。《诗》曰：'靡不有初，鲜克有终。'夫如是，则能补过者鲜矣。君能有终，则社稷之固也，岂惟群臣赖之。又曰：'衮职有阙，惟仲山甫补之。'能补过也。君能补过，衮不废矣。"犹不改。宣子骤谏，公患之，使鉏麑贼之。晨往，寝门辟矣，盛服将朝。尚早，坐而假寐。麑退，叹而言曰："不忘恭敬，民之主也。贼民之主，不忠；弃君之命，不信。有一于此，不如死也。"触槐而死。秋，九月，晋侯饮赵盾酒，伏甲，将攻之。其右提弥明知之，趋登，曰："臣侍君宴，过三爵，非礼也。"遂扶以下。公嗾夫獒焉，明搏而杀之。盾曰："弃人用犬，虽猛何为！"斗且出。提弥明死之。初，宣子田于首山，舍于翳桑，见灵辄饿，问其病。曰："不食三日矣。"食之，舍其半。问之。曰："宦三年矣，未知母之存否，今近焉，请以遗之。"使尽之，而为之箪食与肉，置诸橐以与之。既而与为公介，倒戟以御公徒而免之。问何故。对曰："翳桑之饿人也。"问其名居，不告而退，遂自亡也。乙丑，赵穿攻灵公于桃园。宣子未出山而复。大史书曰"赵盾弑其君"，以示于朝。宣子曰："不然。"对曰："子为正卿，亡不越竟，反不讨贼，非子而谁？"宣子曰："乌呼！'我之怀矣，自诒伊戚。'其我之谓矣。"孔子曰："董狐，古之良史也，书法不隐。赵宣子，古之良大夫也，为法受恶。惜也，越竟乃免。"（宣公二年）

【国语·晋语五】灵公虐，赵宣子骤谏，公患之，使鉏麑贼之。晨往，则寝门辟矣，盛服将朝，早而假寐。麑退，叹而言曰："赵孟敬哉！夫不忘恭敬，社稷之镇也。贼国之镇，不忠；受命而废之，不信。享一名于此，不如死。"触庭之槐而死。灵公将杀赵盾，不克。赵穿攻公于桃园，逆公子黑臀而立之，寔为成公。

【吕氏春秋·贵直论·过理】晋灵公无道，从上弹人而观其避丸也。使宰人臑熊蹯，不熟，杀之，令妇人载而过朝以示威，不适也。赵盾骤谏而不听。公恶之，乃使沮麛。沮麛见之，不忍贼，曰："不忘恭敬，民之主也。贼民之主，不忠；弃君之命，不信。一于此，不若死。"乃触廷槐而死。

【吕氏春秋·慎大览·报更】昔赵宣孟将上之绛，见骫桑之下有饿人卧不能起者，宣孟止车，为之下食，蠲而铺之，再咽而后能视。宣孟问之曰："女何为而饿若是？"对曰："臣宦于绛，归而粮绝，羞行乞而憎自取，故至于此。"宣孟与脯二朐，拜受而弗敢食也。问其故，对曰："臣有老母，将以遗之。"宣孟曰："斯食之，吾更与女。"乃复赐之脯二束与钱百，而遂去之。处二年，晋灵公欲杀宣孟，伏士于房中以待之，因发酒于宣孟。宣孟知之，中饮而出。灵公令房中之士疾追而杀之。一人追疾，先及宣孟之面，曰："嘻！君舆！吾请为君反死。"宣孟曰："而名为谁？"反走对曰："何以名为！臣骫桑下之饿人也。"还斗而死。宣孟遂活。此《书》之所谓"德几无小"者也。宣孟德一士犹活其身，而况德万人乎！故《诗》曰"赳赳武夫，公侯干城"，"济济多士，文王以宁"。人主胡可以不务哀士？士其难知，唯博之为可，博则无所遁矣。

【史记·晋世家】十四年，灵公壮，侈，厚敛以彫墙。从台上弹人，观其避丸也。宰夫胹熊蹯不熟，灵公怒，杀宰夫，使妇人持其尸出弃之，过朝。赵盾、随会前数谏，不听；已又见死人手，二人前谏。随会先谏，不听。灵公患之，使鉏麑刺赵盾。盾闺门开，居处节，鉏麑退，叹曰："杀忠臣，弃君命，罪一也。"遂触树而死。初，盾常田首山，见桑下有饿人。饿人，示眯明也。盾与之食，食其半。问其故，曰："宦三年，未知母之存不，愿遗母。"盾义之，益与之饭肉。已而为晋宰夫，赵盾弗复知也。九月，晋灵公饮赵盾酒，伏甲将攻盾。公宰示眯明知之，恐盾醉不能起，而进曰："君赐臣，觞三行可以罢。"欲以去赵盾，令先，毋及难。盾既去，灵公伏士未会，先纵啮狗名敖。明为盾搏杀狗。盾曰："弃人用狗，虽猛何为！"然不知明之为阴德也。已而灵公纵伏士出逐赵盾，示眯明反击灵公之伏士，伏士不能进，而竟脱盾。盾问其故，曰："我桑下饿人。"问其名，弗告。明亦因亡去。盾遂奔，未出晋境。乙丑，盾昆弟将军赵穿袭杀灵公于桃园而迎赵盾。赵盾素贵，得民和；灵公少，侈，民不附，故为弑易。盾复位。晋太史董狐书曰"赵盾弑其君"，以视于朝。盾曰："弑者赵穿，我无罪。"太史曰："子为正卿，而亡不出境，反不诛国乱，非子而谁？"孔子闻之，曰："董狐，古之良史也，书法不隐。宣子，良大夫也，为法受恶。惜也，出疆乃免。"（灵公十四年）

【说苑·立节】晋灵公暴，赵宣子骤谏，灵公患之，使鉏之弥贼之。

钽之弥晨往，则寝门辟矣。宣子盛服将朝，尚早，坐而假寝。之弥退，叹而言曰："不忘恭敬，民之主也。贼民之主，不忠；弃君之命，不信。有一于此，不如死也。"遂触槐而死。

【说苑·复恩】赵宣孟将上之绛，见翳桑下有卧饿人不能动。宣孟止车，为之下飧，自含而铺之，饿人再咽而能视。宣孟问："尔何为饥若此？"对曰："臣宦于绛，归而粮绝，羞行乞而憎自取，以故至若此。"宣孟与之壶飧，脯二朐，再拜顿首受之，不敢尽食。问其故，对曰："向者食之而美，臣有老母，将以贡之。"宣孟曰："子斯食之，吾更与汝。"乃复为之箪食，以脯二束与钱百，去之绛。居三年，晋灵公欲杀宣孟，置伏士于房中，召宣孟而饮之酒。宣孟知之，中饮而出。灵公令房中士疾追杀之。一人追疾，先及宣孟，见宣孟之面，曰："吁，固是君耶！请为君反死。"宣孟曰："子名为谁？"反走，且对曰："何以名为？臣是夫桑下之饿人也。"还斗而死，宣孟得以活，此所谓德惠也。故惠君子，君子得其福；惠小人，小人尽其力。夫德一人活其身，而况置惠于万人乎？故曰："德无细，怨无小。"岂可无树德而除怨，务利于人哉！利出者福反，怨往者祸来，刑于内者应于外，不可不慎也。此《书》之所谓"德无小"者也。《诗》云"赳赳武夫，公侯干城"，"济济多士，文王以宁"。人君胡可不务爱士乎！

【说苑·佚文】晋灵公骄奢，造九层之台，费用千亿，国困人贫。耻功不成，谓左右曰："敢有谏者斩！"孙息闻之，上书求见。灵公张弩操矢见之，谓之曰："子欲谏耶？"孙息曰："臣不敢谏也。"公曰："子何能？"孙息曰："臣能累十二博棊，加九鸡子于其上。"公曰："吾少学未尝见也，子为寡人作之。"孙息即正颜色、定志意，以棊子置于下，而加九鸡子于其上。左右屏息。灵公扶伏，气息不续。公曰："危哉！危哉！"孙息曰："臣谓是不危也，复有危于此者。"公曰："愿复见之。"孙息曰："公为九层之台，三年不成，男不得耕，女不得织，国用空虚，户口减少，吏民叛亡，邻国谋议，将欲兴兵。社稷一灭，君何所望！"公曰："寡人之过，乃至于此！"即坏九层之台。

案，《榖梁》此段叙事与《公羊》最为接近。如其言"灵公朝诸大夫而暴弹之，观其辟丸也"，《左传》《史记·晋世家》《吕氏春秋·过理》均言晋灵公从台上弹人，而观其避丸，不言其所弹者为大夫，更不言此事发生于朝见之时，而《公羊》所记与之相近。又如《榖梁》记赵盾自辩之语亦与《公羊》所述如出一辙。但同时《榖梁》所述亦有与《左传》《史记·晋世家》相近者，如史狐责赵盾之由一为"出亡不远"，二为"反不讨贼"。

19. (7.9.14) 陈杀其大夫泄冶。

【传】称国以杀其大夫，杀无罪也。泄冶之无罪如何？陈灵公通于夏征舒之家，公孙宁、仪行父亦通于其家。或衣其衣，或衷其襦，以相戏于朝。泄冶闻之，入谏曰："使国人闻之则犹可，使仁人闻之则不可。"君愧于泄冶，不能用其言而杀之。

【左传】陈灵公与孔宁、仪行父通于夏姬，皆衷其衵服，以戏于朝。洩冶谏曰："公卿宣淫，民无效焉，且闻不令。君其纳之！"公曰："吾能改矣。"公告二子。二子请杀之，公弗禁，遂杀洩冶。孔子曰："《诗》云：'民之多辟，无自立辟。'① 其洩冶之谓乎！"（宣公九年）

【史记·陈杞世家】十四年，灵公与其大夫孔宁、仪行父皆通于夏姬，衷其衣以戏于朝。泄冶谏曰："君臣淫乱，民何效焉？"灵公以告二子，二子请杀泄冶，公弗禁，遂杀泄冶。（灵公十四年）

【陈风·诗序】《株林》，刺灵公也。淫乎夏姬，驱驰而往，朝夕不休息焉。

《泽陂》，刺时也。言灵公君臣淫于其国，男女相说，忧思感伤焉。

【说苑·君道】陈灵公行僻而言失。泄冶曰："陈其亡矣！吾骤谏君，君不吾听而愈失威仪。夫上之化下，犹风靡草，东风则草靡而西，西风则草靡而东，在风所由而草为之靡。是故人君之动不可不慎也。夫树曲木者，恶得直影。人君不直其行、不敬其言者，未有能保帝王之号，垂显令之名者也。《易》曰：'夫君子居其室，出其言善，则千里之外应之，况其迩者乎？居其室，出其言不善，则千里之外违之，况其迩者乎？言出于身加于民，行发乎迩见乎远。言行，君子之枢机。枢机之发，荣

---

① 此义可参《说苑·正谏》之说："易曰：'王臣蹇蹇，匪躬之故。'人臣之所以蹇蹇为难而谏其君者，非为身也，将欲以匡君之过，矫君之失也。君有过失者，危亡之萌也。见君之过失而不谏，是轻君之危亡也。夫轻君之危亡者，忠臣不忍为也。三谏而不用则去，不去则身亡，身亡者仁人所不为也。是故谏有五：一曰正谏，二曰降谏，三曰忠谏，四曰戆谏，五曰讽谏。孔子曰：'吾其从讽谏乎！'夫不谏则危君，固谏则危身，与其危君宁危身。危身而终不用，则谏亦无功矣。智者度君权时，调其缓急而处其宜，上不敢危君，下不以危身。故在国而国不危，在身而身不殆。昔陈灵公不听泄冶之谏而杀之，曹羁三谏曹君不听而去，《春秋》序义虽俱贤，而曹羁合礼。"

辱之主。言行，君子之所以动天地，可不慎乎？'天地动而万物变化。《诗》曰：'慎尔出话，敬尔威仪，无不柔嘉。'此之谓也。今君不是之慎而纵恣焉，不亡必弒。"灵公闻之，以泄冶为妖言而杀之。后果弒于征舒。

【列女传·孽嬖】陈女夏姬者，大夫夏征舒之母也。其状美好无匹，内挟伎术，盖老而复壮者。三为王后，七为夫人。公侯争之，莫不迷惑失意。夏姬之子征舒为大夫，公孙宁、仪行父与陈灵公皆通于夏姬，或衣其衣，以戏于朝。泄冶见之，谓曰："君有不善，子宜掩之。今自子率君而为之，不待幽闲于朝廷，以戏士民，其谓尔何？"二人以告灵公，灵公曰："众人知之吾不善，无害也。泄冶知之，寡人耻焉。"乃使人征贼泄冶而杀之。

案，《穀梁》通过比《经》推出"称国以杀其大夫，杀无罪也"之义，故此传叙事是为说明泄冶无罪。其中泄冶谏言"使国人闻之则犹可，使仁人闻之则不可"与《列女传》灵公之言相似，由此可以见出二者关系密切。

20.（7.17.8）冬，十有一月壬午，公弟叔肸卒。

【传】其曰公弟叔肸，贤之也。其贤之，何也？宣弒而非之也。非之，则胡为不去也？曰：兄弟也，何去而之？与之财，则曰：我足矣。织屦而食，终身不食宣公之食。君子以是为通恩也，以取贵乎《春秋》。

【新序·节士】鲁宣公者，鲁文公之弟也。文公薨，文公之子赤，立为鲁侯。宣公杀子赤而夺之国，立为鲁侯。公子叔肸者，宣公之同母弟也。宣公杀子赤，而肸非之。宣公与之禄，则曰："我足矣，何以兄之食为哉？"织屦而食，终身不食宣公之食。其仁恩厚矣，其守节固矣，故《春秋》美而贵之。

【盐铁论·论儒】文学曰："……鲁公杀子赤，叔肸退而隐处，不食其禄。亏义得尊，枉道取容，效死不为也。闻正道不行，释事而退，未闻枉道以求容也。"

案，《新序·节士》叙事与《穀梁》最为接近。对读之下可以发现，《新序》未载叔肸不去宣公之事。由此，二者所发之义的重点便有了不同：《穀梁》以为叔肸贵乎《春秋》者因其通恩，即强调其不去宣公；《新序》以为叔肸仁恩厚、守节固，则强调其终身不食宣公之食。二者叙事虽然极为相似，但所发之义尚有微异。

成公

21.（8.1.7）冬，十月。

【传】季孙行父秃，晋郤克眇，卫孙良夫跛，曹公子手偻，同时而聘于齐。齐使秃者御秃者，使眇者御眇者，使跛者御跛者，使偻者御偻者。萧同侄子处台上而笑之，闻于客，客不说而去，相与立胥间而语，移日不解。齐人有知之者曰："齐之患必自此始矣！"①

（8.2.3）六月癸酉，季孙行父、臧孙许、叔孙侨如、公孙婴齐帅师会晋郤克、卫孙良夫、曹公子手，及齐侯战于鞌，齐师败绩。

【传】其日，或曰：日其战也；或曰：日其悉也。曹无大夫，其曰公子，何也？以吾之四大夫在焉，举其贵者也。

【左传】十七年，春，晋侯使郤克征会于齐。齐顷公帷妇人使观之。郤子登，妇人笑于房。献子怒，出而誓曰："所不此报，无能涉河！"献子先归，使栾京庐待命于齐，曰："不得齐事，无复命矣。"郤子至，请伐齐，晋侯弗许。请以其私属，又弗许。（宣公十七年）

孙桓子还于新筑，不入，遂如晋乞师。臧宣叔亦如晋乞师。皆主郤献子。晋侯许之七百乘。郤子曰："此城濮之赋也。有先君之明与先大夫之肃，故捷。克于先大夫，无能为役，请八百乘。"许之。郤克将中军，士燮将上军，栾书将下军，韩厥为司马，以救鲁、卫。臧宣叔逆晋师，且道之。季文子帅师会之。及卫地，韩献子将斩人，郤献子驰，将救之。至，则既斩之矣。郤子使速以徇，告其仆曰："吾以分谤也。"师从齐师于莘。六月壬申，师至于靡笄之下。齐侯使请战，曰："子以君师辱于敝邑，不腆敝赋，诘朝请见。"对曰："晋与鲁、卫，兄弟也，来告曰：'大国朝夕释憾于敝邑之地。'寡君不忍，使群臣请于大国，无令舆师淹于君地。能进不能退，君无所辱命。"齐侯曰："大夫之许，寡人之愿也；若其不许，亦将见也。"齐高固入晋师，桀石以投人，禽之而乘其车，系桑本焉，以徇齐垒，曰："欲勇者贾余余勇！"癸酉，师陈于鞌。邴夏御齐侯，逢丑

---

① 范云："穀梁子作《传》，皆释《经》以言义，未有无其文而横发《传》者。宁疑《经》'冬十月'下云'季孙行父如齐'，脱此六字。"钟云："此《传》当与下'其日或曰'相连，误跳在此。盖以《传》合《经》者误之耳。"

父为右。晋解张御郤克，郑丘缓为右。齐侯曰："余姑翦灭此而朝食。"不介马而驰之。郤克伤于矢，流血及屦，未绝鼓音，曰："余病矣！"张侯曰："自始合，而矢贯余手及肘，余折以御，左轮朱殷，岂敢言病？吾子忍之！"缓曰："自始合，苟有险，余必下推车，子岂识之？然子病矣！"张侯曰："师之耳目，在吾旗鼓，进退从之。此车一人殿之，可以集事。若之何其以病败君之大事也？擐甲执兵，固即死也，病未及死，吾子勉之！"左并辔，右援枹而鼓。马逸不能止，师从之。齐师败绩。逐之，三周华不注。韩厥梦子舆谓己曰："旦辟左右。"故中御而从齐侯。邴夏曰："射其御者，君子也。"公曰："谓之君子而射之，非礼也。"射其左，越于车下。射其右，毙于车中。綦毋张丧车，从韩厥曰："请寓乘。"从左右，皆肘之，使立于后。韩厥俛，定其右。逢丑父与公易位。将及华泉，骖絓于木而止。丑父寝于辀中，蛇出于其下，以肱击之，伤而匿之，故不能推车而及。韩厥执絷马前，再拜稽首，奉觞加璧以进，曰："寡君使群臣为鲁、卫请，曰：'无令舆师陷入君地。'下臣不幸，属当戎行，无所逃隐。且惧奔辟，而忝两君。臣辱戎士，敢告不敏，摄官承乏。"丑父使公下，如华泉取饮。郑周父御佐车，宛茷为右，载齐侯以免。韩厥献丑父，郤献子将戮之，呼曰："自今无有代其君任患者，有一于此，将为戮乎？"郤子曰："人不难以死免其君，我戮之，不祥，赦之，以劝事君者。"乃免之。齐侯免，求丑父，三入三出。每出，齐师以帅退。入于狄卒，狄卒皆抽戈、楯冒之。以入于卫师，卫师免之。遂自徐关入。齐侯见保者，曰："勉之！齐师败矣！"辟女子。女子曰："君免乎？"曰："免矣。"曰："锐司徒免乎？"曰："免矣。"曰："苟君与吾父免矣，可若何？"乃奔。齐侯以为有礼，既而问之，辟司徒之妻也。予之石窌。晋师从齐师，入自丘舆，击马陉。齐侯使宾媚人赂以纪甗、玉磬与地："不可，则听客之所为。"宾媚人致赂，晋人不可，曰："必以萧同叔子为质，而使齐之封内尽东其亩。"对曰："萧同叔子非他，寡君之母也。若以匹敌，则亦晋君之母也。吾子布大命于诸侯，而曰必质其母以为信，其若王命何？且是以不孝令也。《诗》曰：'孝子不匮，永锡尔类。'若以不孝令于诸侯，其无乃非德类也乎？先王疆理天下，物土之宜，而布其利，故《诗》曰：'我疆我理，南东其亩。'今吾子疆理诸侯，而曰'尽东其亩'而已，唯吾子戎车是利，无顾土宜，其无乃非先王之命也乎？反先王则不义，何以为盟主？其晋实有阙。四王之王也，树德而济同欲焉；五

《穀梁》文献征

伯之霸也，勤而抚之，以役王命。今吾子求合诸侯，以逞无疆之欲。《诗》曰：'布政优优，百禄是遒。'子实不优，而弃百禄，诸侯何害焉？不然，寡君之命使臣，则有辞矣。曰：'子以君师辱于敝邑，不腆敝赋，以犒从者。畏君之震，师徒桡败。吾子惠徼齐国之福，不泯其社稷，使继旧好，唯是先君之敝器、土地不敢爱。子又不许。请收合余烬，背城借一。敝邑之幸，亦云从也；况其不幸，敢不唯命是听？"鲁、卫谏曰："齐疾我矣。其死亡者，皆亲昵也。子若不许，雠我必甚。唯子，则又何求？子得其国宝，我亦得地，而纾于难，其荣多矣。齐、晋亦唯天所授，岂必晋？"晋人许之，对曰："群臣帅赋舆，以为鲁、卫请。若苟有以借口，而复于寡君，君之惠也。敢不唯命是听？"禽郑自师逆公。（成公二年）

（8.2.4）秋，七月，齐侯使国佐如师。己酉，及国佐盟于爰娄。

【传】鞌去国五百里，爰娄去国五十里。壹战绵地五百里，焚雍门之茨，侵车东至海。君子闻之曰："夫甚甚之辞焉，齐有以取之也。"齐之有以取之，何也？败卫师于新筑，侵我北鄙，敖郤献子，齐有以取之也。爰娄在师之外。郤克曰："反鲁、卫之侵地，以纪侯之甗来，以萧同侄子之母为质①，使耕者皆东其亩，然后与子盟。"国佐曰："反鲁、卫之侵地，以纪侯之甗来，则诺。以萧同侄子之母为质，则是齐侯之母也。齐侯之母犹晋君之母也，晋君之母犹齐侯之母也。使耕者尽东其亩，则是终土齐也，不可。请壹战，壹战不克，请再，再不克，请三，三不克，请四，四不克，请五，五不克，举国而授。"于是而与之盟。

【公羊】君不使乎大夫，此其行使乎大夫何？佚获也。其佚获奈何？师还齐侯，晋郤克投戟，逡巡再拜稽首马前。逢丑父者，顷公之车右也，面目与顷公相似，衣服与顷公相似，代顷公当左。使顷公取饮，顷公操饮而至，曰："革取清者。"顷公用是佚而不反。逢丑父曰："吾赖社稷之神灵，吾君已免矣。"郤克曰："欺三军者，其法奈何？"曰："法斮。"于是斮逢丑父。己酉，及齐国佐盟于袁娄。曷为不盟于师而盟于袁娄？前此者，晋郤克与臧孙许同时而聘于齐。萧同侄子者，齐君之母也。踊于棓而窥客，则客或跛或眇。于是使跛者迓跛者，使眇者迓眇者。二大夫出，相

---

① 范云："齐侯与侄子同母异父昆弟，不欲斥言齐侯之母，故言萧同侄子之母也，兼忿侄子笑。"钟云："此及下文两言萧同侄子之母，'之母'二字皆衍文也。"萧同侄子笑而以其母为质，颇不合理。当以钟氏的推测为是。

· 230 ·

与踦间而语,移日然后相去。齐人皆曰:"患之起,必自此始。"二大夫归,相与率师为鞌之战,齐师大败。齐侯使国佐如师,郤克曰:"与我纪侯之甗,反鲁、卫之侵地,使耕者东亩,且以萧同侄子为质。则吾舍子矣。"国佐曰:"与我纪侯之甗,请诺。反鲁、卫之侵地,请诺。使耕者东亩,是则土齐也。萧同侄子者,齐君之母也。齐君之母,犹晋君之母也,不可。请战。壹战不胜,请再。再战不胜,请三。三战不胜,则齐国尽子之有也。何必以萧同侄子为质?"揖而去之。郤克眣鲁卫之使,使以其辞而为之请,然后许之。逮于袁娄而与之盟。(成公二年)

【左传】秋,七月,晋师及齐国佐盟于爰娄,使齐人归我汶阳之田。(成公二年)

【竹书纪年】齐国佐来献玉磬、纪公之甗[1]。

【史记·鲁世家】成公二年春,齐伐取我隆。夏,公与晋郤克败齐顷公于鞌,齐复归我侵地。(成公二年)

【史记·卫世家】十一年,孙良夫救鲁伐齐,复得侵地。(穆公十一年)

【史记·齐太公世家】六年春,晋使郤克于齐,齐使夫人帷中而观之。郤克上,夫人笑之。郤克曰:"不是报,不复涉河!"归,请伐齐,晋侯弗许。齐使至晋,郤克执齐使者四人河内,杀之。(顷公六年)

八年。晋伐齐,齐以公子强质晋,晋兵去。(顷公八年)

十年春,齐伐鲁、卫。鲁、卫大夫如晋请师,皆因郤克。晋使郤克以车八百乘为中军将,士燮将上军,栾书将下军,以救鲁、卫,伐齐。六月壬申,与齐侯兵合靡笄下。癸酉,陈于鞌。逢丑父为齐顷公右。顷公曰:"驰之,破晋军会食。"射伤郤克,流血至履。克欲还入壁,其御曰:"我始入,再伤,不敢言疾,恐惧士卒,愿子忍之。"遂复战。战,齐急,丑父恐齐侯得,乃易处,顷公为右,车絓于木而止。晋小将韩厥伏齐侯车前,曰"寡君使臣救鲁、卫",戏之。丑父使顷公下取饮,因得亡,脱去,入其军。晋郤克欲杀丑父。丑父曰:"代君死而见僇,后人臣无忠其君者矣。"克舍之,丑父遂得亡归齐。于是晋军追齐至马陵。齐侯请以宝

---

[1] 此条辑自《春秋经传集解后序》。方诗铭、王修龄案语云:"《左传·成公二年》:'齐侯使宾媚人赂以纪甗、玉磬与地。'即此事。宾媚人,《春秋·成公二年》作国佐。杜注,宾媚人即国佐。国佐亦称国武子,齐之上卿。金文有《国差𦉜》,首云:'国差立事岁。'许瀚云:'齐国佐所为器,差、佐古通用。佐亦曰宾媚人,谥武子,详《春秋左氏传》。'(于省吾《双剑誃吉金文选》卷上三引)《存真》、《辑校》列于晋景公十一年。"见《古本竹书纪年辑证·晋纪》,第83页。

器谢,不听;必得笑克者萧桐叔子,令齐东亩。对曰:"叔子,齐君母。齐君母亦犹晋君母,子安置之?且子以义伐而以暴为后,其可乎?"于是乃许,令反鲁、卫之侵地。(顷公十年)

【史记·晋世家】八年,使郤克于齐。齐顷公母从楼上观而笑之。所以然者,郤克偻,而鲁使蹇,卫使眇,故齐亦令人如之以导客。郤克怒,归至河上,曰:"不报齐者,河伯视之!"至国,请君,欲伐齐。景公问知其故,曰:"子之怨,安足以烦国!"弗听。魏文子请老休,辟郤克,克执政。(景公八年)

十一年春,齐伐鲁,取隆。鲁告急卫,卫与鲁皆因郤克告急于晋。晋乃使郤克、栾书、韩厥以兵车八百乘与鲁、卫共伐齐。夏,与顷公战于鞌,伤困顷公。顷公乃与其右易位,下取饮,以得脱去。齐师败走,晋追北至齐。顷公献宝器以求平,不听。郤克曰:"必得萧桐侄子为质。"齐使曰:"萧桐侄子,顷公母;顷公母犹晋君母,奈何必得之?不义,请复战。"晋乃许与平而去。(景公十一年)

【说苑·敬慎】夫福生于隐约,而祸生于得意,齐顷公是也。齐顷公,桓公之子孙也,地广民众,兵强国富,又得霸者之余尊,骄蹇怠傲,未尝肯出会同诸侯。乃兴师伐鲁,反败卫师于新筑,轻小嫚大之行甚。俄而晋、鲁往聘,以使者戏。二国怒,归求党与助,得卫及曹,四国相辅。期战于鞌,大败齐师,获齐顷公,斩逢丑父,于是戄然大恐。赖逢丑父之欺,奔逃得归。吊死问疾,七年不饮酒,不食肉,外金石丝竹之声,远妇女之色。出会与盟,卑下诸侯。国家内得行义,声问震乎诸侯。所亡之地,弗求而自为来,尊宠不武而得之,可谓能诎俛变化以致之。故福生于隐约,而祸生于得意,此得失之效也。

【春秋繁露·竹林】《春秋》记天下之得失,而见所以然之故。甚幽而明,无传而著,不可不察也。夫泰山之为大,弗察弗见,而况微眇者乎!故案《春秋》而适往事,穷其端而视其故,得志之君子,有喜之人,不可不慎也。齐顷公亲齐桓公之孙,国固广大而地势便利矣,又得霸主之余尊,而志加于诸侯。以此之故,难使会同,而易使骄奢。即位九年,未尝肯一与会同之事。有怒鲁、卫之志,而不从诸侯于清丘、断道。春往伐鲁,入其北郊,顾返伐卫,败之新筑。当是时也,方乘胜而志广,大国往聘,慢而弗敬其使者。晋、鲁俱怒,内悉其众,外得党与曹、卫,四国相辅,大困之鞌,获齐顷公,斩逢丑父。深本顷公之所以大辱身,几亡国,为天下笑，其端乃从慭鲁胜卫起。伐鲁，鲁不敢出。击卫，大败之。因得气而无敌国以兴患也。故曰：得志有喜，不可不戒。此其效也。自是之后，顷公恐惧，不听声乐，不饮酒食肉，内爱百姓，问疾吊丧，外敬诸侯，从会与盟，卒终其身，国家安宁。是福之本生于忧，而祸起于喜也。呜呼！物之所由然，其于人切近，可不省邪？

案，成公元年《经》"冬，十月"下《穀梁》云："季孙行父秃，晋郤克眇，卫孙良夫跛，曹公子手偻，同时而聘于齐。齐使秃者御秃者，使眇者御眇者，使跛者御跛者，使偻者御偻者。萧同侄子处台上而笑之，闻于客。客不说而去，相与立胥闾而语，移日不解。齐人有知之者曰：'齐之患必自此始矣！'"《穀梁》罕有不发义理仅叙事者，故此《传》当为误植。钟文烝曾给出一种修改意见："此《传》当与下'其日或曰'相连，误跳在此。盖以《传》合《经》者误之耳。"即他认为此《传》应与成公二年《经》"六月癸酉，季孙行父、臧孙许、叔孙侨如、公孙婴齐帅师会晋郤克、卫孙良夫、曹公子手，及齐侯战于鞌，齐师败绩"下《传》文相连。但这一修改令人感到不够妥帖。在对读《公羊》之文后，感觉此《传》应是"爰娄在师之外"后的一段脱文，因为此段追述正是在为后文"以萧同侄子为质"作铺垫。《公羊》此处的叙事更为完整，我们可以清楚地看到追述的标志性用语"前此者"的出现，而追述正是打破按时间顺序叙事的一种最常见的方式。

22. (8.5.4) 梁山崩。

【传】不日，何也？高者有崩道也。有崩道，则何以书也？曰：梁山崩，壅遏河三日不流，晋君召伯尊而问焉。伯尊来，遇辇者，辇者不辟，使车右下而鞭之。辇者曰："所以鞭我者，其取道远矣。"伯尊下车而问焉，曰："子有闻乎？"对曰："梁山崩，壅遏河三日不流。"伯尊曰："君为此召我也，为之奈何？"辇者曰："天有山，天崩之。天有河，天壅之。虽召伯尊，如之何？"伯尊由忠问焉。辇者曰："君亲素缟，帅群臣而哭之，既而祠焉，斯流矣。"伯尊至，君问之曰："梁山崩，壅遏河三日不流，为之奈何？"伯尊曰："君亲素缟，帅群臣而哭之，既而祠焉，斯流矣。"孔子闻之，曰："伯尊其无绩乎！攘善也。"

【公羊】梁山者何？河上之山也。梁山崩，何以书？记异也。何异尔？大也。何大尔？梁山崩，壅河三日不沛。外异不书，此何以书？为天下记异也。（成公五年）

【左传】梁山崩,晋侯以传召伯宗。伯宗辟重,曰:"辟传!"重人曰:"待我,不如捷之速也。"问其所。曰:"绛人也。"问绛事焉。曰:"梁山崩,将召伯宗谋之。"问将若之何?曰:"山有朽壤而崩,可若何?国主山川,故山崩川竭,君为之不举、降服、乘缦、彻乐、出次、祝币、史辞以礼焉。其如此而已。虽伯宗,若之何?"伯宗请见之,不可。遂以告,而从之。(成公五年)

【国语·晋语五】梁山崩,以传召伯宗,遇大车当道而覆,立而辟之,曰:"避传。"对曰:"传为速也,若俟吾避,则加迟矣,不如捷而行。"伯宗喜,问其居,曰:"绛人也。"伯宗曰:"何闻?"曰:"梁山崩,而以传召伯宗。"伯宗问曰:"乃将若何?"对曰:"山有朽壤而崩,将若何?夫国主山川,故川涸山崩,君为之降服、出次、乘缦、不举,策于上帝,国三日哭,以礼焉。虽伯宗,亦如是而已,其若之何?"问其名,不告;请以见,不许。伯宗及绛,以告,而从之。

伯宗朝,以喜归。其妻曰:"子貌有喜,何也?"曰:"吾言于朝,诸大夫皆谓我智似阳子。"对曰:"阳子华而不实,主言而无谋,是以难及其身。子何喜焉?"伯宗曰:"吾饮诸大夫酒,而与之语,尔试听之。"曰:"诺。"既饮,其妻曰:"诸大夫莫子若也,然而民不能戴其上久矣,难必及子乎!盍亟索士愁庇州犁焉。"得毕阳。及栾弗忌之难,诸大夫害伯宗,将谋而杀之。毕阳实送州犁于荆。

【韩诗外传】梁山崩,晋君召大夫伯宗。道逢辇者,以其辇服其道。伯宗使其右下,欲鞭之。辇者曰:"君趋道岂不远矣,不如捷而行。"伯宗喜,问其居。曰:"绛人也。"伯宗曰:"子亦有闻乎?"曰:"梁山崩,壅河,顾三日不流,是以召子。"伯宗曰:"如之何?"曰:"天有山,天崩之。天有河,天壅之。伯宗将如之何?"伯宗私问之。曰:"君其率群臣素服而哭之,既而祠焉,河斯流矣。"伯宗问其姓名,弗告。伯宗到,君问伯宗,以其言对。于是君素服率群臣而哭之,既而祠焉,河斯流矣。君问伯宗何以知之,伯宗不言受辇者,诈以自知。孔子闻之曰:"伯宗其无后,攘人之善。"《诗》曰:"天降丧乱,灭我立王。"又曰:"畏天之威,于时保之。"(卷八)

【史记·晋世家】十四年,梁山崩。问伯宗,伯宗以为不足怪也。(景公十四年)

案,《穀梁》所记与《韩诗外传》最为接近。

23. (8.16.6) 甲午晦，晋侯及楚子、郑伯战于鄢陵。楚子、郑师败绩。

【传】日事遇晦曰晦。四体偏断曰败，此其败则目也。楚不言师，君重于师也。

【公羊】败者称师，楚何以不称师？王痍也。王痍者何？伤乎矢也。然则何以不言师败绩？末言尔。（成公十六年）

【左传】癸巳，潘尪之党与养由基蹲甲而射之，彻七札焉。以示王，曰："君有二臣如此，何忧于战？"王怒曰："大辱国！诘朝尔射，死艺。"吕锜梦射月，中之，退入于泥。占之，曰："姬姓，日也；异姓，月也，必楚王也。射而中之，退入于泥，亦必死矣！"及战，射共王，中目。王召养由基，与之两矢，使射吕锜，中项，伏弢。以一矢复命。（成公十六年）

【韩非子·十过】奚谓小忠？昔者楚共王与晋厉公战于鄢陵，楚师败而共王伤其目。酣战之时，司马子反渴而求饮，竖穀阳操觞酒而进之。子反曰："嘻！退！酒也。"穀阳曰："非酒也。"子反受而饮之。子反之为人也，嗜酒而甘之，弗能绝于口，而醉。战既罢，共王欲复战，令人召司马子反，司马子反辞以心疾。共王驾而自往，入其幄中，闻酒臭而还，曰："今日之战，不穀亲伤，所恃者司马也，而司马又醉如此，是亡楚国之社稷而不恤吾众也。不穀无与复战矣。"于是还师而去，斩司马子反以为大戮。故竖穀阳之进酒，不以雠子反也，其心忠爱之而适足以杀之。故曰：行小忠则大忠之贼也。

【吕氏春秋·慎大览·权勋】二曰：利不可两，忠不可兼。不去小利则大利不得，不去小忠则大忠不至。故小利，大利之残也；小忠，大忠之贼也。圣人去小取大。昔荆龚王与晋厉公战于鄢陵，荆师败，龚王伤。临战，司马子反渴而求饮，竖阳穀操黍酒而进之。子反叱曰："訾，退！酒也。"竖阳穀对曰："非酒也。"子反曰："亟退却也。"竖阳穀又曰："非酒也。"子反受而饮之。子反之为人也，嗜酒，甘而不能绝于口，以醉。战既罢，龚王欲复战而谋，使召司马子反。子反辞以心疾。龚王驾而往视之，入幄中，闻酒臭而还，曰："今日之战，不穀亲伤，所恃者司马也，而司马又若此。是忘荆国之社稷，而不恤吾众也，不穀无与复战矣。"于是罢师去之。斩司马子反以为戮。故竖阳穀之进酒也，非以醉子反也，其心以忠也，而适足以杀之。故曰：小忠，大忠之贼也。

【史记·晋世家】六年春，郑倍晋与楚盟，晋怒。栾书曰："不可以当吾世而失诸侯。"乃发兵。厉公自将，五月，度河。闻楚兵来救，范文

子请公欲还。郤至曰："发兵诛逆，见强辟之，无以令诸侯。"遂与战。癸巳，射中楚共王目，楚兵败于鄢陵。（厉公六年）

【史记·郑世家】十年，背晋盟，盟于楚。晋厉公怒，发兵伐郑。楚共王救郑。晋楚战鄢陵，楚兵败，晋射伤楚共王目，俱罢而去。（成公十年）

【史记·楚世家】共王十六年，晋伐郑。郑告急，共王救郑。与晋兵战鄢陵，晋败楚，射中共王目。共王召将军子反。子反嗜酒，从者竖阳穀进酒，醉。王怒，射杀子反，遂罢兵归。

【说苑·敬慎】楚恭王与晋厉公战于鄢陵之时，司马子反渴而求饮，竖穀阳持酒而进之。子反曰："退！酒也。"穀阳曰："非酒也。"子反又曰："退！酒也。"穀阳又曰："非酒也。"子反受而饮之，醉而寝。恭王欲复战，使人召子反，子反辞以心疾。于是恭王驾往入幄，闻酒臭，曰："今日之战，所恃者司马，司马至醉如此，是亡吾国而不恤吾众也，吾无以复战矣！"于是乃诛子反以为戮，还师。夫穀阳之进酒也，非以妬子反，忠爱之而适足以杀。故曰：小忠，大忠之贼也；小利，大利之残也。

【淮南子·人间训】何谓欲利之而反害之？楚恭王与晋人战于鄢陵，战酣，恭王伤而休。司马子反渴而求饮，竖阳穀奉酒而进之。子反之为人也，嗜酒而甘之，不能绝于口，遂醉而卧。恭王欲复战，使人召司马子反，辞以心痛。王驾而往视之，入幄中而闻酒臭。恭王大怒曰："今日之战，不穀亲伤，所恃者，司马也，而司马又若此，是亡楚国之社稷，而不率吾众也。不穀无与复战矣！"于是罢师而去之，斩司马子反为僇。故竖阳穀之进酒也，非欲祸子反也，诚爱而欲快之也，而适足以杀之。此所谓欲利之而反害之者也。

案，诸书均记楚共王伤，但又有细微差异。《史记·晋世家》《郑世家》均将楚败鄢陵归因于共王伤目，而《左传》《史记·楚世家》《韩非子》《吕氏春秋》《淮南子》《说苑》又述子反醉酒事。

襄公

24. (9.7.11) 郑伯髡原如会，未见诸侯。丙戌，卒于操。

【传】未见诸侯，其曰如会，何也？致其志也。礼，诸侯不生名，此其生名，何也？卒之名也。卒之名，则何为加之如会之上？见以如会卒也。其见以如会卒，何也？郑伯将会中国，其臣欲从楚，不胜，其臣弑而死。其不言弑，何也？不使夷狄之民加乎中国之君也。其地，于外也。其日，未逾竟也。日卒时葬，正也。

【公羊】操者何？郑之邑也。诸侯卒其封内不地，此何以地？隐之也。何隐尔？弑也。孰弑之？其大夫弑之。曷为不言其大夫弑之？为中国讳也。曷为为中国讳？郑伯将会诸侯于鄬，其大夫谏曰："中国不足归也，则不若与楚。"郑伯曰："不可。"其大夫曰："以中国为义，则伐我丧。以中国为强，则不若楚。"于是弑之。郑伯髡原何以名？伤而反，未至乎舍而卒也。未见诸侯，其言如会何？致其意也。（襄公七年）

【左传】郑僖公之为大子也，于成之十六年与子罕适晋，不礼焉。又与子丰适楚，亦不礼焉。及其元年朝于晋，子丰欲诉诸晋而废之，子罕止之。及将会于鄬，子驷相，又不礼焉。侍者谏，不听。又谏，杀之。及鄬，子驷使贼夜弑僖公，而以疟疾赴于诸侯。简公生五年，奉而立之。（襄公七年）

【史记·郑世家】釐公五年，郑相子驷朝釐公，釐公不礼。子驷怒，使厨人药杀釐公①，赴诸侯曰釐公暴病卒。立釐公子嘉，嘉时年五岁，是为简公。（釐公五年）

案，各书记郑僖公被弑并无异辞，而所言被弑之由不同：《左传》《史记》以为僖公不礼大夫；《穀梁》《公羊》以为僖公欲从晋，其大夫欲从楚，故被弑。观襄公七年之前《左传》所记子驷事，虽有成公十年为晋质，十六年从楚盟武城，十七年侵晋虚、滑诸事，但亦有襄公二年欲从晋而终因成公命未从之事。由此已可略见子驷从晋、从楚之态度，可谓翻覆。再看襄公七年弑君之后诸事，则更清楚。襄公八年侵蔡媚晋，楚讨侵蔡则又从楚平，子驷明言待强庇民；襄公九年，直谓"唯有礼与强可以庇民者是从""唯强是从"。又，或据襄公二十二年子产追述八年邢丘之会晋无礼于郑为说，以为子驷八年与楚平乃因受辱恨晋故，此说恐非。八年楚实因蔡伐郑，从楚平乃迫于形势。同样，襄公二年子驷向郑成公提出"息肩于晋"之议，也是在晋国连年伐郑、楚郑败于鄢陵的情形下做出的。故从子驷待晋、楚二国之态度反观其弑君之由，《左传》《史记》所记似更可信。然而《穀梁》《公羊》何以有郑僖公欲从晋而被弑之说？我们排比郑成公世（成公七年至襄公二年六月）、郑僖公世（襄公二年秋至

---

① 《集解》徐广曰："《年表》云'子驷使贼夜弑僖公'。"见《史记》（修订本），第2124页。

襄公七年）的《春秋》之文后可知：郑成公世，晋连年伐郑欲使郑服，而郑从楚有鄢陵之战、侵宋之举。是成公终不能服晋，故晋伐郑之事不息。郑僖公世，晋会诸侯城虎牢。鸡泽、戚之会郑伯与盟、与会。楚伐陈，诸侯救陈，郑与救陈。是僖公颇有从晋之事。《穀梁》《公羊》所记僖公被弑之由的叙事基础即在此处。从此例亦可见出，《穀梁》《公羊》叙事与《左传》有本质的不同，这种不同也体现着三《传》对《春秋》认识上的差异：《左传》以为，因为事情是如此发生的，所以《春秋》如此记录；《穀梁》《公羊》则以为，因为《春秋》是如此书写的，所以事情一定如此发生。

25.（9.25.2）夏，五月乙亥，齐崔杼弑其君光。

【传】庄公失言，淫于崔氏。

【左传】齐棠公之妻，东郭偃之姊也。东郭偃臣崔武子。棠公死，偃御武子以吊焉。见棠姜而美之，使偃取之。偃曰："男女辨姓，今君出自丁，臣出自桓，不可。"武子筮之，遇困☲之大过☱。史皆曰"吉"。示陈文子，文子曰："夫从风，风陨，妻不可娶也。且其繇曰：'困于石，据于蒺藜，入于其宫，不见其妻，凶。'困于石，往不济也。据于蒺藜，所恃伤也。入于其宫，不见其妻，凶，无所归也。"崔子曰："嫠也，何害？先夫当之矣。"遂取之。庄公通焉，骤如崔氏，以崔子之冠赐人。侍者曰："不可。"公曰："不为崔子，其无冠乎？"崔子因是，又以其间伐晋也，曰："晋必将报。"欲弑公以说于晋，而不获间。公鞭侍人贾举而又近之，乃为崔子间公。夏，五月，莒为且于之役故，莒子朝于齐。甲戌，飨诸北郭。崔子称疾不视事。乙亥，公问崔子，遂从姜氏。姜入于室，与崔子自侧户出。公拊楹而歌。侍人贾举止众从者而入，闭门。甲兴，公登台而请，弗许。请盟，弗许。请自刃于庙，勿许。皆曰："君之臣杼疾病，不能听命。近于公宫，陪臣干掫有淫者，不知二命。"公逾墙，又射之，中股，反队，遂弑之。贾举、州绰、邴师、公孙敖、封具、铎父、襄伊、偻堙皆死。祝佗父祭于高唐，至，复命，不说弁而死于崔氏。申蒯，侍渔者，退，谓其宰曰："尔以帑免，我将死。"其宰曰："免，是反子之义也。"与之皆死。崔氏杀鬷蔑于平阴。晏子立于崔氏之门外，其人曰："死乎？"曰："独吾君也乎哉，吾死也？"曰："行乎？"曰："吾罪也乎哉，吾亡也？"曰："归乎？"曰："君死，安归？君民者，岂以陵民？社稷是主。臣君者，岂为其口实？社稷是养。故君为社稷死，则死之；为社稷亡，则亡之。若为己死，而为己亡，非其私昵，谁敢任之？且人有君而弑之，吾焉得死之，而焉得亡之？将庸何归？"门启而入，枕尸股而哭。兴，三踊而出。人谓崔子："必杀之！"崔子曰："民之望也，舍之，得民。"卢蒲癸奔晋，王何奔莒。叔孙宣伯之在齐也，叔孙还纳其女于灵公。嬖，生景公。丁丑，崔杼立而相之，庆封为左相。盟国人于大宫，曰："所不与崔、庆者——"晏子仰天叹曰："婴所不唯忠于君、利社稷者是与，有如上帝！"乃歃。辛巳，公与大夫及莒子盟。大史书曰："崔杼弑其君。"崔子杀之。其弟嗣书，而死者二人。其弟又书，乃舍之。南史氏闻大史尽死，执简以往。闻既书矣，乃还。闾丘婴以帷缚其妻而载之，与申鲜虞乘而出。鲜虞推而下之，曰："君昏不能匡，危不能救，死不能死，而知匿其昵，其谁纳之？"行及弇中，将舍。婴曰："崔、庆其追我！"鲜虞曰："一与一，谁能惧我？"遂舍，枕辔而寝，食马而食。驾而行。出弇中，谓婴曰："速驱之！崔、庆之众，不可当也。"遂来奔。崔氏侧庄公于北郭。丁亥，葬诸士孙之里，四翣，不跸，下车七乘，不以兵甲。（襄公二十五年）

【韩非子·奸劫弑臣】齐崔杼其妻美，而庄公通之，数如崔氏之室。及公往，崔子之徒贾举率崔子之徒而攻公。公入室，请与之分国，崔子不许；公请自刃于庙，崔子又不听。公乃走，逾于北墙。贾举射公，中其股，公坠，崔子之徒以戈斫公而死之，而立其弟景公。

【史记·齐世家】六年。初，棠公妻好，棠公死，崔杼取之。庄公通之，数如崔氏，以崔杼之冠赐人。侍者曰："不可。"崔杼怒，因其伐晋，欲与晋合谋袭齐而不得间。庄公尝笞宦者贾举，贾举复侍，为崔杼间公以报怨。五月，莒子朝齐，齐以甲戌飨之。崔杼称病不视事。乙亥，公问崔杼病，遂从崔杼妻。崔杼妻入室，与崔杼自闭户不出，公拥柱而歌。宦者贾举遮公从官而入，闭门，崔杼之徒持兵从中起。公登台而请解，不许；请盟，不许；请自杀于庙，不许。皆曰："君之臣杼疾病，不能听命。近于公宫。陪臣争趣有淫者，不知二命。"公逾墙，射中公股，公反坠，遂弑之。晏婴立崔杼门外，曰："君为社稷死则死之，为社稷亡则亡之。若为己死己亡，非其私暱，谁敢任之！"门开而入，枕公尸而哭，三踊而出。人谓崔杼："必杀之。"崔杼曰："民之望也，舍之得民。"丁丑，崔杼立庄公异母弟杵臼，是为景公。景公母，鲁叔孙宣伯女也。景公立，以崔杼为右相，庆封为左相。二相恐乱起，乃与国人盟曰："不与崔庆者死!"晏子仰天曰:"婴所不获,唯忠于君利社稷者是从!"不肯盟。庆封欲杀晏子,崔杼曰:"忠臣也,舍之。"齐太史书曰"崔杼弑庄公",崔杼杀之。其弟复书,崔杼复杀之。少弟复书,崔杼乃舍之。(庄公六年)

【新序·节士】齐崔杼者,齐之相也,弑庄公,止太史无书君弑及贼。太史不听,遂书贼,曰:"崔杼弑其君。"崔子杀之,其弟又嗣书之,崔子又杀之,死者二人,其弟又嗣复书之,乃舍之。南史氏是其族也,闻太史尽死,执简以往,将复书之,闻既书矣,乃还。君子曰:"古之良史。"

案,《左传》云:"庄公通焉,骤如崔氏,以崔子之冠赐人。侍者曰:'不可。'公曰:'不为崔子,其无冠乎?'"可见,《穀梁》所记"失言"与"淫"皆有依据,与《左传》相通。

26. (9.25.10) 十有二月,吴子谒伐楚,门于巢,卒。

【传】以伐楚之事,门于巢,卒也。于巢者,外乎楚也。门于巢,乃伐楚也。诸侯不生名,取卒之名,加之伐楚之上者,见以伐楚卒也。其见以伐楚卒,何也?古者大国过小邑,小邑必饰城而请罪,礼也。吴子谒伐楚至巢,入其门,门人射吴子。有矢创,反舍而卒。古者虽有文事,必有武备。非巢之不饰城而请罪,非吴子之自轻也。

【公羊】门于巢卒者何?入门乎巢而卒也。入门乎巢而卒者何?入巢之门而卒也。吴子谒何以名?伤而反,未至乎舍而卒也。(襄公二十五年)

【左传】十二月,吴子诸樊伐楚,以报舟师之役。门于巢。巢牛臣曰:"吴王勇而轻,若启之,将亲门。我获射之,必殪。是君也死,疆其少安。"从之。吴子门焉,牛臣隐于短墙以射之,卒。(襄公二十五年)

【吴越春秋·吴王寿梦传】诸樊骄恣,轻慢鬼神,仰天求死。将死,命弟余祭曰:"必以国及季札。"

案,《穀梁》强调吴子诸樊自轻,《左传》《吴越春秋》均述及此意。

27. (9.27.3) 卫杀其大夫宁喜。

【传】称国以杀,罪累上也。宁喜弑君,其以累上之辞言之,何也?尝为大夫,与之涉公事矣。宁喜由君弑君,而不以弑君之罪罪之者,恶献公也。

【左传】卫宁喜专,公患之,公孙免余请杀之。公曰:"微宁子,不及此,吾与之言矣。事未可知,祇成恶名,止也。"对曰:"臣杀之,君勿与知。"乃与公孙无地、公孙臣谋,使攻宁氏,弗克,皆死。公曰:"臣也无罪,父子死余矣。"夏,免余复攻宁氏,杀宁喜及右宰榖,尸诸

朝。石恶将会宋之盟,受命而出。衣其尸,枕之股而哭之。欲敛以亡,惧不免,且曰:"受命矣。"乃行。(襄公二十七年)

【史记·卫世家】十二年,宁喜与孙林父争宠相恶,殇公使宁喜攻孙林父。林父奔晋,复求入故卫献公。献公在齐,齐景公闻之,与卫献公如晋求入。晋为伐卫,诱与盟。卫殇公会晋平公,平公执殇公与宁喜而复入卫献公。献公亡在外十二年而入。(殇公十二年)

献公后元年,诛宁喜。(献公后元年)

(9.27.4) 卫侯之弟专出奔晋。

【传】专,喜之徒也。专之为喜之徒,何也?己虽急纳其兄,与人之臣谋弑其君,是亦弑君者也。专其曰弟,何也?专有是信者。君赂不入乎喜而杀喜,是君不直乎喜也,故出奔晋。织绚邯郸,终身不言卫。专之去,合乎《春秋》。

【公羊】卫杀其大夫宁喜,则卫侯之弟鱄曷为出奔晋?为杀宁喜出奔也。曷为为杀宁喜出奔?卫宁殖与孙林父逐卫侯而立公孙剽。宁殖病将死,谓喜曰:"黜公者非吾意也,孙氏为之。我即死,女能固纳公乎?"喜曰:"诺。"宁殖死,喜立为大夫,使人谓献公曰:"黜公者非宁氏也,孙氏为之。吾欲纳公,何如?"献公曰:"子苟纳我,吾请与子盟。"喜曰:"无所用盟,请使公子鱄约之。"献公谓公子鱄曰:"宁氏将纳我,吾欲与之盟,其言曰'无所用盟,请使公子鱄约之',子固为我与之约矣。"公子鱄辞曰:"夫负羁絷,执铁锧,从君东西南北,则是臣仆庶孽之事也。若夫约言为信,则非臣仆庶孽之所敢与也。"献公怒曰:"黜我者非宁氏与孙氏,凡在尔。"公子鱄不得已而与之约。已约,归至,杀宁喜。公子鱄挈其妻子而去之。将济于河,携其妻子而与之盟,曰:"苟有履卫地、食卫粟者,昧雉彼视。"(襄公二十七年)

【左传】卫献公使子鲜为复,辞。敬姒强命之。对曰:"君无信,臣惧不免。"敬姒曰:"虽然,以吾故也。"许诺。初,献公使与宁喜言,宁喜曰:"必子鲜在,不然,必败。"故公使子鲜。子鲜不获命于敬姒,以公命与宁喜言曰:"苟反,政由宁氏,祭则寡人。"宁喜告蘧伯玉。伯玉曰:"瑗不得闻君之出,敢闻其入?"遂行,从近关出。告右宰穀,右宰穀曰:"不可。获罪于两君,天下谁畜之?"悼子曰:"吾受命于先人,不可以贰。"穀曰:"我请使焉而观之。"遂见公于夷仪。反,曰:"君淹恤在外十二年矣,而无忧色,亦无宽言,犹夫人也。若不已,死无日矣。"

悼子曰:"子鲜在。"右宰穀曰:"子鲜在,何益?多而能亡,于我何为?"悼子曰:"虽然,不可以已。"(襄公二十六年)

子鲜曰:"逐我者出,纳我者死,赏罚无章,何以沮劝?君失其信,而国无刑,不亦难乎?且鱄实使之。"遂出奔晋。公使止之,不可。及河,又使止之,止使者而盟于河。讬于木门,不乡卫国而坐。木门大夫劝之仕,不可,曰:"仕而废其事,罪也。从之,昭吾所以出也。将谁诉乎?吾不可以立于人之朝矣!"终身不仕。公丧之如税服终身。(襄公二十七年)

【新语·明诚】故《春秋》书"卫侯之弟鱄出奔晋",书鱄绝骨肉之亲,弃大夫之位,越先人之境,附他人之域,穷涉寒饥,织履而食,不明之效也。

案,本《传》与《公羊》《左传》所记均异。《公羊》明言公子鱄辞与宁喜盟,最终迫于献公"不得已而与之约"[①]。《左传》亦明言"卫献公使子鲜为复,辞。敬姒强命之"[②]。或《公羊》《左传》所记近于事实。一方面,《穀梁》所谓"己虽急纳其兄,与人之臣谋弑其君"也许与事实不符。另一方面,整条《传》文的叙事又具有合理性。如此,"叙事的真实"便产生了。

28. (9.30.3) 五月甲午,宋灾,伯姬卒。

【传】取卒之日,加之灾上者,见以灾卒也。其见以灾卒奈何?伯姬之舍失火,左右曰:"夫人少辟火乎!"伯姬曰:"妇人之义,傅母不在,宵不下堂。"左右又曰:"夫人少辟火乎!"伯姬曰:"妇人之义,保母不在,宵不下堂。"遂逮乎火而死。妇人以贞为行者也,伯姬之妇道尽矣。详其事,贤伯姬也。

【左传】或叫于宋大庙,曰:"嘻嘻,出出。"鸟鸣于亳社,如曰"嘻嘻"。甲午,宋大灾。宋伯姬卒,待姆也。君子谓宋共姬:"女而不妇。女待人,妇义事也。"(襄公三十年)

(9.30.6) 秋,七月,叔弓如宋,葬共姬。

【传】外夫人不书葬,此其言葬,何也?吾女也。卒灾,故隐而葬之也。

【公羊】外夫人不书葬,此何以书?隐之也。何隐尔?宋灾,伯姬卒

---

① 《十三经注疏·公羊》,第264页。
② 《十三经注疏·左传》,第629页。

焉。其称谥何？贤也。何贤尔？宋灾，伯姬存焉。有司复曰："火至矣，请出！"伯姬曰："不可。吾闻之也，妇人夜出，不见傅母不下堂。傅至矣，母未至也。"逮乎火而死。（襄公三十年）

【左传】秋，七月，叔弓如宋，葬共姬也。（襄公三十年）

【列女传·贞顺】伯姬者，鲁宣公之女，成公之妹也。其母曰缪姜，嫁伯姬于宋恭公。恭公不亲迎，伯姬迫于父母之命而行。既入宋，三月庙见，当行夫妇之道。伯姬以恭公不亲迎，故不肯听命。宋人告鲁，鲁使大夫季文子于宋，致命于伯姬。还，复命。公享之，缪姜出于房，再拜曰："大夫勤劳于远道，辱送小子，不忘先君以及后嗣，使下而有知，先君犹有望也。敢再拜大夫之辱。"伯姬既嫁于恭公十年，恭公卒，伯姬寡。至景公时，伯姬尝遇夜失火，左右曰："夫人少避火。"伯姬曰："妇人之义，保傅不俱，夜不下堂，待保傅来也。"保母至矣，傅母未至也。左右又曰："夫人少避火。"伯姬曰："妇人之义，傅母不至，夜不可下堂，越义求生，不如守义而死。"遂逮于火而死。《春秋》详录其事，为贤伯姬，以为妇人以贞为行者也。伯姬之妇道尽矣。当此之时，诸侯闻之，莫不悼痛，以为死者不可以生，财物犹可复，故相与聚会于澶渊，偿宋之所丧。《春秋》善之。君子曰："礼，妇人不得傅母，夜不下堂，行必以烛，伯姬之谓也。"《诗》云："淑慎尔止，不愆于仪。"伯姬可谓不失仪矣。颂曰：伯姬心专，守礼一意。宫夜失火，保傅不备。逮火而死，厥心靡悔。《春秋》贤之，详录其事。

案，《穀梁》叙事与《列女传》最为接近。

昭公

29.（10.4.4）秋，七月，楚子、蔡侯、陈侯、许男、顿子、胡子、沈子、淮夷伐吴。执齐庆封杀之。

【传】此入而杀，其不言入，何也？庆封封乎吴钟离。其不言伐钟离，何也？不与吴封也。庆封其以齐氏，何也？为齐讨也。灵王使人以庆封令于军中曰："有若齐庆封弑其君者乎？"庆封曰："子一息，我亦且一言。曰：'有若楚公子围弑其兄之子而代之为君者乎？'"军人粲然皆笑。庆封弑其君，而不以弑君之罪罪之者，庆封不为灵王服也，不与楚讨也。《春秋》之义，用贵治贱，用贤治不肖，不以乱治乱也。孔子曰："怀恶而讨，虽死不服，其斯之谓与？"

【公羊】此伐吴也，其言执齐庆封何？为齐诛也。其为齐诛奈何？庆封走之吴，吴封之于防。然则曷为不言伐防？不与诸侯专封也。庆封之罪何？胁齐君而乱齐国也。（昭公四年）

【左传】秋，七月，楚子以诸侯伐吴。宋大子、郑伯先归。宋华费遂、郑大夫从。使屈申围朱方。八月甲申，克之，执齐庆封而尽灭其族。将戮庆封，椒举曰："臣闻无瑕者可以戮人。庆封惟逆命，是以在此，其肯从于戮乎？播于诸侯，焉用之？"王弗听，负之斧钺，以徇于诸侯。使言曰："无或如齐庆封弑其君，弱其孤，以盟其大夫。"庆封曰："无或如楚共王之庶子围弑其君——兄之子麇而代之，以盟诸侯。"王使速杀之。（昭公四年）

【韩非子·十过】奚谓行僻？昔者楚灵王为申之会，宋太子后至，执而囚之，狎徐君，拘齐庆封。中射士谏曰："合诸侯不可无礼，此存亡之机也。昔者桀为有戎之会，而有缗叛之；纣为黎丘之蒐，而戎、狄叛之。由无礼也。君其图之。"君不听，遂行其意。居未期年，灵王南游，群臣从而劫之，灵王饿而死乾溪之上。故曰：行僻自用，无礼诸侯，则亡身之至也。

【吕氏春秋·慎行论】崔杼与庆封谋杀齐庄公，庄公死，更立景公，崔杼相之。庆封又欲杀崔杼而代之相，于是椓崔杼之子，令之争后。崔杼之子相与私閧，崔杼往见庆封而告之。庆封谓崔杼曰："且留，吾将兴甲以杀之。"因令卢满嫳兴甲以诛之，尽杀崔杼之妻子及枝属，烧其室屋，报崔杼曰："吾已诛之矣。"崔杼归无归，因而自绞也。庆封相景公，景公苦之。庆封出猎，景公与陈无宇、公孙竈、公孙虿诛封。庆封以其属斗，不胜，走如鲁。齐人以为让，又去鲁而如吴，王予之朱方。荆灵王闻之，率诸侯以攻吴，围朱方，拔之，得庆封，负之斧质，以徇于诸侯军，因令其呼之曰："毋或如齐庆封，弑其君而弱其孤，以亡其大夫。"乃杀之。黄帝之贵而死，尧、舜之贤而死，孟贲之勇而死，人固皆死。若庆封者，可谓重死矣，身为僇，支属不可以见，行忮之故也。凡乱人之动也，其始相助，后必相恶。为义者则不然，始而相与，久而相信，卒而相亲，后世以为法程。

【史记·楚世家】七月，楚以诸侯兵伐吴，围朱方。八月，克之，囚庆封，灭其族。以封徇，曰："无效齐庆封弑其君而弱其孤，以盟诸大

夫！"封反曰："莫如楚共王庶子围弒其君兄之子员而代之立！"于是灵王使疾杀之。（灵王三年）

【吴越春秋·吴王寿梦传】余祭十二年，楚灵王会诸侯伐吴，围朱方，诛庆封。庆封数为吴伺祭，故晋、楚伐之也。吴王余祭怒曰："庆封穷，来奔。吴封之朱方，以効不恨士也。"即举兵伐楚，取二邑而去。

案，《左传》《史记·楚世家》叙事与《穀梁》略同。《左传》又记椒举之谏："将戮庆封，椒举曰：'臣闻无瑕者可以戮人。庆封唯逆命，是以在此，其肯从于戮乎？播于诸侯，焉用之？'"《穀梁》之义正与此"无瑕"之说相通。

30.（10.18.2）夏，五月壬午，宋、卫、陈、郑灾。

【传】其志，以同日也。其日，亦以同日也。或曰，人有谓郑子产曰："某日有灾。"子产曰："天者神，子恶知之？是人也。同日为四国灾也。"

【公羊】何以书？记异也。何异尔？异其同日而俱灾也。外异不书，此何以书？为天下记异也。（昭公十八年）

【左传】夏，五月，火始昏见。丙子，风。梓慎曰："是谓融风，火之始也。七日，其火作乎？"戊寅，风甚。壬午，大甚。宋、卫、陈、郑皆火。梓慎登大庭氏之库以望之，曰："宋、卫、陈、郑也。"数日，皆来告火。裨竈曰："不用吾言，郑又将火。"郑人请用之。子产不可。子大叔曰："宝以保民也。若有火，国几亡。可以救亡，子何爱焉？"子产曰："天道远，人道迩，非所及也，何以知之？竈焉知天道？是亦多言矣，岂不或信？"遂不与，亦不复火。郑之未灾也，里析告子产曰："将有大祥，民震动，国几亡。吾身泯焉，弗良及也。国迁，其可乎？"子产曰："虽可，吾不足以定迁矣。"及火，里析死矣，未葬，子产使舆三十人迁其柩。火作，子产辞晋公子、公孙于东门，使司寇出新客，禁旧客勿出于宫。使子宽、子上巡群屏摄，至于大宫。使公孙登徙大龟，使祝史徙主祏于周庙，告于先君。使府人、库人各儆其事。商成公儆司宫，出旧宫人，置诸火所不及。司马、司寇列居火道，行火所焮。城下之人伍列登城。明日，使野司寇各保其征。郊人助祝史，除于国北，禳火于玄冥、回禄，祈于四鄘。书焚室而宽其征，与之材。三日哭，国不市。使行人告于诸侯。宋、卫皆如是。陈不救火，许不吊灾，君子是以知陈、许之先亡也。（昭公十八年）

【史记·郑世家】六年，郑火，公欲禳之。子产曰："不如修德。"（定公六年）

案，《左传》《史记·郑世家》所记均与《穀梁》相通。

31.（10.19.2）夏，五月戊辰，许世子止弑其君买。

【传】日弑，正卒也。正卒则止不弑也。不弑而曰弑，责止也。止曰："我与夫弑者，不立乎其位。"以与其弟虺。哭泣，歠飦粥，嗌不容粒，未逾年而死。故君子即止自责而责之也。

【左传】夏，许悼公疟。五月戊辰，饮大子止之药，卒。大子奔晋。书曰"弑其君"。君子曰："尽心力以事君，舍药物可也。"（昭公十九年）

【新序·节士】许悼公疾疟，饮药毒而死。太子止自责不尝药，不立其位，与其弟纬。专哭泣，啜飦粥，嗌不容粒，痛己之不尝药，未逾年而死，故《春秋》义之。

（10.19.5）冬，葬许悼公。

【传】日卒时葬，不使止为弑父也。曰：子既生，不免乎水火，母之罪也。羁贯成童，不就师傅，父之罪也。就师学问无方，心志不通，身之罪也。心志既通，而名誉不闻，友之罪也。名誉既闻，有司不举，有司之罪也。有司举之，王者不用，王者之过也。许世子止不知尝药，累及许君也。

【公羊】贼未讨，何以书葬？不成于弑也。曷为不成于弑？止进药而药杀也。止进药而药杀，则曷为加弑焉尔？讥子道之不尽也。其讥子道之不尽奈何？曰："乐正子春之视疾也，复加一饭，则脱然愈；复损一饭，则脱然愈；复加一衣，则脱然愈；复损一衣，则脱然愈。"止进药而药杀，是以君子加弑焉尔。曰"许世子止弑其君买"，是君子之听止也；"葬许悼公"，是君子之赦止也。赦止者，免止之罪辞也。（昭公十九年）

案，《左传》言止奔晋，与《穀梁》所记不同。《新序·节士》叙事与《穀梁》最为接近。二者叙事虽然极为相似，但所发之义并不尽同：《穀梁》以为《春秋》以止之自责而责止，《新序》以为《春秋》以止之自责致死而义之。据此难以论定《新序》所用即《穀梁》之义。

32.（10.21.6）冬，蔡侯东出奔楚。

【传】东者，东国也。何为谓之东也？王父诱而杀焉，父执而用焉，奔而又奔之。曰东，恶之而贬之也。

【左传】三月，葬蔡平公。蔡大子朱失位，位在卑。（昭公二十一年）

蔡侯朱出奔楚。费无极取货于东国，而谓蔡人曰："朱不用命于楚，君王将立东国。若不先从王欲，楚必围蔡。"蔡人惧，出朱而立东国。朱愬于楚，楚子将讨蔡。无极曰："平侯与楚有盟，故封。其子有二心，故废之。灵王杀隐大子，其子与君同恶，德君必甚。又使立之，不亦可乎！且废置在君，蔡无他矣。"（昭公二十一年）

沈尹戌言于子常曰："……夫无极，楚之谗人也，民莫不知。去朝吴，出蔡侯朱……"（昭公二十七年）

【史记·十二诸侯年表】蔡平侯九年（鲁昭公二十年）："平侯薨，灵侯孙东国杀平侯子而自立。"蔡悼侯元年（昭公二十一年）："蔡悼侯东国元年奔楚"①。

【史记·管蔡世家】平侯九年卒，灵侯般之孙东国攻平侯子而自立，是为悼侯。悼侯父曰隐太子友。隐太子友者，灵侯之太子，平侯立而杀隐太子，故平侯卒而隐太子之子东国攻平侯子而代立，是为悼侯。悼侯三年卒，弟昭侯申立。

案，此处《穀梁》之《经》"朱"作"东"乃形近之讹，然其仍据之以作《传》，由此亦可见出其谨守《经》文的特点。《穀梁》据昭公二十三年《经》文"蔡侯东国卒于楚"，推出此《经》之"东"为东国。又据诸侯出奔书名者为恶之、贬之义，故追述"王父诱而杀焉，父执而用焉"之事。由此可见，《穀梁》如此叙事是为了阐释此《经》书名之义。

33. (10.25.9) 十有一月己亥，宋公佐卒于曲棘。

【传】邿公也。

【公羊】曲棘者何？宋之邑也。诸侯卒其封内不地，此何以地？忧内也。（昭公二十五年）

【左传】十一月，宋元公将为公故如晋，梦大子栾即位于庙，己与平公服而相之。旦，召六卿。公曰："寡人不佞，不能事父兄，以为二三子忧，寡人之罪也。若以群子之灵，获保首领以殁，唯是楄柎所以借干者，请无及先君。"仲几对曰："君若以社稷之故，私降昵宴，群臣弗敢知。

---

① 泷川资言云："是年（指昭公二十一年）蔡侯朱之元年，非平国之弟悼侯东国之元年也。《春秋》书'冬，蔡侯朱出奔楚'，奔楚亦是朱，非东国也。"见泷川资言《史记会注考证》第3卷，北岳文艺出版社1999年版，第137页。

若夫宋国之法，死生之度，先君有命矣，群臣以死守之，弗敢失队。臣之失职，常刑不赦。臣不忍其死，君命祗辱。"宋公遂行。己亥，卒于曲棘。（昭公二十五年）

【史记·宋世家】十五年，元公为鲁昭公避季氏居外，为之求入鲁，行道卒。（元公十五年）

案，宋元公为鲁昭公求入，卒于行道，诸书所记无异辞。

34.（10.29.4）夏，四月庚子，叔倪卒。

【传】季孙意如曰："叔倪无病而死，此皆无公也，是天命也，非我罪也。"

（10.25.8）冬，十月戊辰，叔孙婼卒。

【左传】昭子自阚归，见平子。平子稽颡，曰："子若我何？"昭子曰："人谁不死？子以逐君成名，子孙不忘，不亦伤乎？将若子何？"平子曰："苟使意如得改事君，所谓生死而肉骨也。"昭子从公于齐，与公言。子家子命适公馆者执之。公与昭子言于幄内，曰："将安众而纳公。"公徒将杀昭子，伏诸道。左师展告公。公使昭子自铸归。平子有异志。冬，十月辛酉，昭子齐于其寝，使祝宗祈死。戊辰，卒。左师展将以公乘马而归，公徒执之。（昭公二十五年）

子犹受之，言于齐侯曰："群臣不尽力于鲁君者，非不能事君也，然据有异焉。宋元公为鲁君如晋，卒于曲棘。叔孙昭子求纳其君，无疾而死。不知天之弃鲁耶，抑鲁君有罪于鬼神故及此也？"（昭公二十六年）

【史记·鲁世家】二十六年春，齐伐鲁，取郓而居昭公焉。夏，齐景公将内公，令无受鲁赂。申丰、汝贾许齐臣高龁、子将粟五千庾。子将言于齐侯曰："群臣不能事鲁君，有异焉。宋元公为鲁如晋，求内之，道卒。叔孙昭子求内其君，无病而死。不知天弃鲁乎，抑鲁君有罪于鬼神也？愿君且待。"齐景公从之。（昭公二十六年）

案，傅隶朴以为《穀梁》将昭公二十五年叔孙婼无疾而卒事与此相混，误叔孙婼、叔倪为一人。然而叔倪是否也有纳公事，其是否也因此无病而死？现暂无文献依据，可存疑。《穀梁》言"皆"，杨士勋云："叔倪之卒事，无公而曰'皆'何解？《经》言'宋公佐卒于曲棘'，《传》言'邥公也'。今叔倪复卒，《传》曰'皆无公也'。"《传》文"皆"字，可能如杨氏所说，是将昭公二十五年"宋公佐卒于曲棘"事与此排比，也可能是将昭公二十五年"叔孙婼卒"事与此排比。但无论

248

是哪种情况，此《传》叙事是建立在比经基础之上，以阐释"此皆无公也"之义。另，《穀梁》季孙意如自辩之辞与《左传》《史记》梁丘据向齐景公所进之言皆将鲁昭公不纳归于天命，这种议论或许是时人的一种普遍看法。

35.（10.31.4）晋侯使荀跞唁公于乾侯。

【传】唁公不得入于鲁也，曰："既为君言之矣，不可者意如也。"

【左传】晋侯将以师纳公。范献子曰："若召季孙而不来，则信不臣矣，然后伐之，若何？"晋人召季孙。献子使私焉，曰："子必来，我受其无咎。"季孙意如会晋荀跞于适历。荀跞曰："寡君使跞谓吾子：'何故出君？有君不事，周有常刑。子其图之！'"季孙练冠、麻衣，跣行，伏而对曰："事君，臣之所不得也，敢逃刑命？君若以臣为有罪，请囚于费，以待君之察也，亦唯君。若以先臣之故，不绝季氏，而赐之死。若弗杀弗亡，君之惠也，死且不朽。若得从君而归，则固臣之愿也，敢有异心？"（昭公三十一年）

夏，四月，季孙从知伯如乾侯。子家子曰："君与之归。一惭之不忍，而终身惭乎？"公曰："诺。"众曰："在一言矣，君必逐之！"荀跞以晋侯之命唁公，且曰："寡君使跞以君命讨于意如，意如不敢逃死，君其入也！"公曰："君惠顾先君之好，施及亡人，将使归粪除宗祧以事君，则不能见夫人。己所能见夫人者，有如河！"荀跞掩耳而走，曰："寡君其罪之恐，敢与知鲁国之难！臣请复于寡君。"退而谓季孙："君怒未怠，子姑归祭。"子家子曰："君以一乘入于鲁师，季孙必与君归。"公欲从之。众从者胁公，不得归。（昭公三十一年）

【史记·鲁世家】二十八年，昭公如晋，求入。季平子私于晋六卿，六卿受季氏赂，谏晋君，晋君乃止，居昭公乾侯。二十九年，昭公如郓。齐景公使人赐昭公书，自谓"主君"。昭公耻之，怒而去乾侯。三十一年，晋欲内昭公，召季平子。平子布衣跣行，因六卿谢罪。六卿为言曰："晋欲内昭公，众不从。"晋人止。三十二年，昭公卒于乾侯。

案，《穀梁》叙事与《左传》不同，而与《史记》相近。昭公三十一年春，《经》云："季孙意如会晋荀跞于适历。"钟文烝云："上言意如会跞，此言跞唁，知是意如不肯纳君明矣。意如逐君，未有见文，于此微见之，《传》即以唁辞明之。《左传》所载似曲为意如解免者，盖鲁人护季氏之辞，非实录也。"钟氏即通过比经，很好地说明了《穀

· 249 ·

梁》推义的过程。此《传》如此叙事正是为了强调"意如不肯纳君"之义。

定公

36.（11.4.14）冬，十有一月庚午，蔡侯以吴子及楚人战于伯举，楚师败绩。

【传】吴其称子，何也？以蔡侯之以之，举其贵者也。蔡侯之以之，则其举贵者，何也？吴信中国而攘夷狄，吴进矣。其信中国而攘夷狄奈何？子胥父诛于楚也，挟弓持矢而干阖庐。阖庐曰："大之甚！勇之甚！"为是欲兴师而伐楚。子胥谏曰："臣闻之，君不为匹夫兴师。且事君犹事父也，亏君之义，复父之雠，臣弗为也。"于是止。蔡昭公朝于楚，有美裘，正是日，囊瓦求之，昭公不与，为是拘昭公于南郢。数年然后得归，归乃用事乎汉，曰："苟诸侯有欲伐楚者，寡人请为前列焉。"楚人闻之而怒，为是兴师而伐蔡。蔡请救于吴，子胥曰："蔡非有罪，楚无道也。君若有忧中国之心，则若此时可矣。"为是兴师而伐楚。何以不言救也？救大也。

【公羊】吴何以称子？夷狄也，而忧中国。其忧中国奈何？伍子胥父诛乎楚，挟弓而去楚，以干阖庐。阖庐曰："士之甚，勇之甚！"将为之兴师而复雠于楚。伍子胥复曰："诸侯不为匹夫兴师，且臣闻之，事君犹事父也。亏君之义，复父之雠，臣不为也。"于是止。蔡昭公朝乎楚，有美裘焉，囊瓦求之，昭公不与，为是拘昭公于南郢，数年然后归之。于其归焉，用事乎河，曰："天下诸侯苟有能伐楚者，寡人请为之前列。"楚人闻之，怒。为是兴师，使囊瓦将而伐蔡。蔡请救于吴，伍子胥复曰："蔡非有罪也，楚人为无道，君如有忧中国之心，则若时可矣。"于是兴师而救蔡。曰：事君犹事父也，此其为可以复雠奈何？曰：父不受诛，子复雠可也。父受诛，子复雠，推刃之道也。复雠不除害，朋友相卫而不相迿，古之道也。（定公四年）

【左传】蔡昭侯为两佩与两裘以如楚，献一佩一裘于昭王。昭王服之，以享蔡侯。蔡侯亦服其一。子常欲之，弗与，三年止之。唐成公如楚，有两肃爽马，子常欲之，弗与，亦三年止之。唐人或相与谋，请代先从者，许之。饮先从者酒，醉之，窃马而献之子常。子常归唐侯。自拘于司败,曰:"君以弄马之故,隐君身,弃国家。群臣请相夫人以偿马,必如之。"唐侯曰:"寡人之过也。二三子无辱。"皆赏之。蔡人闻之,固请而献佩于子常。子常朝,见蔡侯之徒,命有司曰:"蔡君之久也,官不共也。明日礼不毕,将死。"蔡侯归及汉,执玉而沈,曰:"余所有济汉而南者,有若大川!"蔡侯如晋,以其子元与其大夫之子为质焉,而请伐楚。(定公三年)

沈人不会于召陵,晋人使蔡伐之。夏,蔡灭沈。秋,楚为沈故,围蔡。伍员为吴行人以谋楚。楚之杀郤宛也,伯氏之族出。伯州犂之孙嚭为吴大宰以谋楚。楚自昭王即位,无岁不有吴师,蔡侯因之,以其子乾与其大夫之子为质于吴。冬,蔡侯、吴子、唐侯伐楚。舍舟于淮汭,自豫章与楚夹汉。左司马戌谓子常曰:"子沿汉而与之上下,我悉方城外以毁其舟,还塞大隧、直辕、冥阨。子济汉而伐之,我自后击之,必大败之。"既谋而行。武城黑谓子常曰:"吴用木也,我用革也,不可久也,不如速战。"史皇谓子常:"楚人恶子而好司马。若司马毁吴舟于淮,塞城口而入,是独克吴也。子必速战!不然,不免。"乃济汉而陈,自小别至于大别。三战,子常知不可,欲奔。史皇曰:"安,求其事,难而逃之,将何所入?子必死之,初罪必尽说。"十一月庚午,二师陈于柏举。阖庐之弟夫概王晨请于阖庐曰:"楚瓦不仁,其臣莫有死志。先伐之,其卒必奔。而后大师继之,必克。"弗许。夫概王曰:"所谓'臣义而行,不待命'者,其此之谓也。今日我死,楚可入也。"以其属五千先击子常之卒,子常之卒奔,楚师乱,吴师大败之。子常奔郑。史皇以其乘广死。吴从楚师,及清发,将击之。夫概王曰:"困兽犹斗,况人乎?若知不免而致死,必败我。若使先济者知免,后者慕之,蔑有斗心矣。半济而后可击也。"从之,又败之。楚人为食,吴人及之,奔,食而从之,败诸雍澨。五战,及郢。(定公四年)

【新序·善谋】楚平王杀伍子胥之父,子胥出亡,挟弓而干阖闾。阖闾曰:"大之甚,勇之甚。"为是而欲兴师伐楚。子胥谏曰:"不可。臣闻之,君不为匹夫兴师,且事君犹事父也,亏君之义,复父之雠,臣不为也。"于是止。蔡昭公朝于楚,有美裘,楚令尹囊瓦求之,昭公不予,于是拘昭公于郢,数年而后归之。昭公济汉水,沉璧曰:"诸侯有伐楚者,寡人请为前列。"楚人闻之怒,于是兴师伐蔡,蔡请救于吴。子胥曰:"蔡非有罪也,楚人无道也,君若有忧中国之心,则若此时可矣。"于是兴师伐楚，遂败楚人于柏举，而成霸道，子胥之谋也。故《春秋》美而褒之。

（11.4.16）庚辰，吴入楚。

【传】日入，易无楚也。易无楚者，坏宗庙，徙陈器，挞平王之墓。何以不言灭也？欲存楚也。其欲存楚奈何？昭王之军败而逃，父老送之，曰："寡人不肖，亡先君之邑。父老反矣，何忧无君？寡人且用此入海矣。"父老曰："有君如此其贤也，以众不如吴，以必死不如楚。"相与击之，一夜而三败吴人，复立。何以谓之吴也？狄之也。何谓狄之也？君居其君之寝而妻其君之妻，大夫居其大夫之寝而妻其大夫之妻，盖有欲妻楚王之母者。不正乘败人之绩，而深为利，居人之国，故反其狄道也。

【公羊】吴何以不称子？反夷狄也。其反夷狄奈何？君舍于君室，大夫舍于大夫室，盖妻楚王之母也。（定公四年）

【左传】庚辰，吴入郢，以班处宫。子山处令尹之宫，夫概王欲攻之，惧而去之，夫概王入之。左司马戌及息而还，败吴师于雍澨，伤。初，司马臣阖庐，故耻为禽焉。谓其臣曰："谁能免吾首？"吴句卑曰："臣贱，可乎？"司马曰："我实失子，可哉！"三战皆伤，曰："吾不可用也已。"句卑布裳，刭而裹之，藏其身，而以其首免。楚子涉雎，济江，入于云中。王寝，盗攻之，以戈击王，王孙由于以背受之，中肩。王奔郧。钟建负季芈以从。由于徐苏而从。郧公辛之弟怀将弑王，曰："平王杀吾父，我杀其子，不亦可乎？"辛曰："君讨臣，谁敢雠之？君命，天也。若死天命，将谁雠？《诗》曰：'柔亦不茹，刚亦不吐。不侮矜寡，不畏强御。'唯仁者能之。违强陵弱，非勇也；乘人之约，非仁也；灭宗废祀，非孝也；动无令名，非知也。必犯是，余将杀女。"斗辛与其弟巢以王奔随。吴人从之，谓随人曰："周之子孙在汉川者，楚实尽之。天诱其衷，致罚于楚，而君又窜之，周室何罪？君若顾报周室，施及寡人，以奖天衷，君之惠也。汉阳之田，君实有之。"楚子在公宫之北，吴人在其南。子期似王，逃王，而己为王，曰："以我与之，王必免。"随人卜与之，不吉，乃辞吴曰："以随之辟小，而密迩于楚，楚实存之。世有盟誓，至于今未改。若难而弃之，何以事君？执事之患不唯一人，若鸠楚竟，敢不听命？"吴人乃退。䥶金初宦于子期氏，实与随人要言。王使见，辞曰："不敢以约为利。"王割子期之心以与随人盟。

初，伍员与申包胥友。其亡也，谓申包胥曰："我必复楚国。"申包胥曰："勉之！子能复之，我必能兴之。"及昭王在随，申包胥如秦乞师，曰："吴为封豕、长蛇，以荐食上国，虐始于楚。寡君失守社稷，越在草莽，使下臣告急，曰：'夷德无厌，若邻于君，疆场之患也。逮吴之未定，君其取分焉。若楚之遂亡，君之土也。若以君灵抚之，世以事君。'"秦伯使辞焉，曰："寡人闻命矣。子姑就馆，将图而告。"对曰："寡君越在草莽，未获所伏，下臣何敢即安？"立，依于庭墙而哭，日夜不绝声，勺饮不入口七日。秦哀公为之赋《无衣》，九顿首而坐。秦师乃出。（定公四年）

【国语·楚语下】斗且廷见令尹子常，子常与之语，问蓄货聚马。归以语其弟曰："楚其亡乎！不然，令尹其不免乎！吾见令尹，令尹问蓄聚积实，如饿豺狼焉，殆必亡者也。"……期年，乃有柏举之战，子常奔郑，昭王奔随。

吴人入楚，昭王出奔，济于成臼。见蓝尹亹载其孥，王曰："载予。"对曰："自先王莫坠其国，当君而亡之，君之过也。"遂去王。王归，又求见，王欲执之。

吴人入楚，昭王奔郧，郧公之弟怀将弑王，郧公辛止之。……怀弗听，曰："吾思父，不能顾矣。"郧公以王奔随。

【国语·吴语】吴王夫差既退于黄池，乃使王孙苟告劳于周，曰："昔者楚人为不道，不承共王事，以远我一二兄弟之国。吾先君阖庐不贳不忍，被甲带剑，挺铍搢铎，以与楚昭王毒逐于中原柏举。天舍其衷，楚师败绩，王去其国，遂至于郢。王总其百执事，以奉其社稷之祭。其父子昆弟不相能，夫概王作乱，是以复归于吴。"

【史记·管蔡世家】昭侯十年，朝楚昭王，持美裘二，献其一于昭王而自衣其一。楚相子常欲之，不与。子常谗蔡侯，留之楚三年。蔡侯知之，乃献其裘于子常。子常受之，乃言归蔡侯。蔡侯归而之晋，请与晋伐楚。（昭侯十年）

夏，为晋灭沈，楚怒，攻蔡。蔡昭侯使其子为质于吴，以共伐楚。冬，与吴王阖闾遂破楚入郢。蔡怨子常，子常恐，奔郑。（昭侯十三年）

【史记·楚世家】十年冬，吴王阖闾、伍子胥、伯嚭与唐、蔡俱伐楚，楚大败，吴兵遂入郢，辱平王之墓，以伍子胥故也。吴兵之来，楚使子常以兵迎之，夹汉水阵。吴伐败子常，子常亡奔郑。楚兵走，吴乘胜逐之，五战及郢。己卯，昭王出奔。庚辰，吴人入郢。昭王亡也，至云梦。云梦不知其王也，射伤王。王走郧。郧公之弟怀曰："平王杀吾父，今我杀其子，不亦可乎？"郧公止之，然恐其弑昭王，乃与王出奔随。吴王闻昭王往，即进击随，谓随人曰："周之子孙封于江汉之间者，楚尽灭之。"欲杀昭王。王从臣子綦乃深匿王，自以为王，谓随人曰："以我予吴。"随人卜予吴，不吉，乃谢吴王曰："昭王亡，不在随。"吴请入自索之，随不听，吴亦罢去。昭王之出郢也，使申鲍胥请救于秦。秦以车五百乘救楚，楚亦收余散兵，与秦击吴。（昭王十年）

十一年六月，败吴于稷。会吴王弟夫概见吴王兵伤败，乃亡归，自立为王。阖闾闻之，引兵去楚，归击夫概。夫概败，奔楚，楚封之堂谿，号为堂谿氏。（昭王十一年）

【说苑·奉使】楚使使聘于齐，齐王飨之梧宫。使者曰："大哉梧乎！"王曰："江海之鱼吞舟，大国之树必巨，使何怪焉？"使者曰："昔燕攻齐，遵雒路，渡济桥，焚雍门，击齐左而虚其右，王歜绝颈而死于杜山，公孙差格死于龙门，饮马乎淄渑，定获乎琅邪，王与太后奔于莒，逃于城阳之山，当此之时，则梧之大何如乎？"王曰："陈先生对之。"陈子曰："臣不如刁勃。"王曰："刁先生应之。"刁勃曰："使者问梧之年耶？昔者荆平王为无道，加诸申氏，杀子胥父与其兄。子胥被发乞食于吴，阖庐以为将相。三年，将吴兵复雠乎楚，战胜乎柏举，级头百万，囊瓦奔郑，王保于随，吴引师入郢，军云行乎郢之都。子胥亲射宫门，掘平王冢，笞其坟，数以其罪，曰：'吾先人无罪而子杀之。'士卒人加百焉，然后止。当若此时，梧可以为其树矣。"

【说苑·指武】吴王阖庐与荆人战于柏举，大胜之，至于郢郊，五败荆人。阖庐之臣五人进谏曰："夫深入远报，非王之利也，王其返乎？"五人将锲头，阖庐未之应，五人之头坠于马前。阖庐惧，召伍子胥而问焉。子胥曰："五臣者惧也。夫五败之人者，其惧甚矣。王姑少进。"遂入郢，南至江，北至方城，方三千里，皆服于吴矣。

【列女传·贞顺】伯嬴者，秦穆公之女，楚平王之夫人，昭王之母也。当昭王时，楚与吴为伯莒之战。吴胜楚，遂入至郢。昭王亡，吴王阖闾尽妻其后宫。次至伯嬴，伯嬴持刃曰："妾闻天子者，天下之表也。公侯者，一国之仪也。天子失制则天下乱，诸侯失节则其国危。夫妇之道，固人伦之始，王教之端。是以明王之制，使男女不亲授，坐不同席，食不共器，殊梽枷，异巾栉，所以施之也。若诸侯外淫者绝，卿大夫外淫者放，士庶人外淫者宫割。夫然者，以为仁失可复以义，义失可复以礼。男女之丧，乱亡兴焉。夫造乱亡之端，公侯之所绝，天子之所诛也。今君王弃仪表之行，纵乱亡之欲，犯诛绝之事，何以行令训民？且妾闻生而辱，不若死而荣。若使君王弃其仪表，则无以临国。妾有淫端，则无以生世。壹举而两辱，妾以死守之，不敢承命。且凡所欲妾者，为乐也。近妾而死，何乐之有？如先杀妾，又何益于君王？"于是吴王惭，遂退，舍伯嬴与其保阿，闭永巷之门，皆不释兵。三旬，秦救至，昭王乃复矣。君子谓伯嬴勇而精壹。诗曰："莫莫葛累，施于条枚。岂弟君子，求福不回。"此之谓也。颂曰：阖闾胜楚，入厥宫室。尽妻后宫，莫不战栗。伯嬴自守，坚固专一。君子美之，以为有节。

【越绝书·荆平王内传】子胥居吴三年，大得吴众。阖庐将为之报仇，子胥曰："不可。臣闻诸侯不为匹夫兴师。"于是止。其后荆将伐蔡，子胥言之阖庐，即使子胥救蔡而伐荆。十五战，十五胜。荆平王已死，子胥将卒六千，操鞭捶笞平王之墓而数之曰："昔者吾先人无罪而子杀之，今此报子也。"

【越绝书·吴内传】吴何以称人乎？夷狄之也。忧中邦奈何乎？伍子胥父诛于楚，子胥挟弓，身干阖庐。阖庐曰："士之甚，勇之甚。"将为之报仇。子胥曰："不可，诸侯不为匹夫报仇。臣闻事君犹事父也，亏君之行，报父之仇，不可。"于是止。蔡昭公南朝楚，被羔裘，囊瓦求之，昭公不与。即拘昭公南郢，三年然后归之。昭公去，至河，用事曰："天下谁能伐楚乎？寡人愿为前列！"楚闻之，使囊瓦兴师伐蔡。昭公闻子胥在吴，请救蔡。子胥于是报阖庐曰："蔡公南朝，被羔裘，囊瓦求之，蔡公不与，拘蔡公三年，然后归之。蔡公至河，曰：'天下谁能伐楚者乎？寡人愿为前列。'楚闻之，使囊瓦兴师伐蔡。蔡非有罪，楚为无道。君若有忧中国之事意者，时可矣。"阖庐于是使子胥兴师，救蔡而伐楚。楚王已死，子胥将卒六千人，操鞭笞平王之坟，曰："昔者吾先君无罪，而子杀之，今此以报子也！"君舍君室，大夫舍大夫室，盖有妻楚王母者。囊瓦者何？楚之相也。郢者何？楚王治处也。吴师何以称人？吴者，夷狄也，而救中邦，称人，贱之也。

【越绝书·外传纪策考】吴使子胥救蔡，诛疆楚，笞平王墓，久而不去，意欲报楚。楚乃购之千金，众人莫能止之。有野人谓子胥曰："止！

《穀梁》文献征

吾是于斧掩壶浆之子，发箪饭于船中者。"子胥乃知是渔者也，引兵而还。故无往不复，何德不报。渔者一言，千金归焉，因是还去。

案，三《传》叙事略同，《公羊》与《穀梁》最为接近，但二者之间也有细微差异：《公羊》蔡昭公言"于其归焉，用事乎河"[1]，《穀梁》言"归乃用事乎汉"[2]。《穀梁》所记为汉水，故无"河"不在楚、蔡之间的问题[3]。

37.（11.8.16）盗窃宝玉大弓。

【传】宝玉者，封圭也。大弓者，武王之戎弓也。周公受赐，藏之鲁。非其所以与人而与人，谓之亡。非其所取而取之，谓之盗。

【公羊】盗者孰谓？谓阳虎也。阳虎者，曷为者也？季氏之宰也。季氏之宰，则微者也，恶乎得国宝而窃之？阳虎专季氏，季氏专鲁国，阳虎拘季孙，孟氏与叔孙氏迭而食之，睋而锓其板，曰："某月某日，将杀我于蒲圃，力能救我则于是。"至乎日若时而出，临南者，阳虎之出也，御之。于其乘焉，季孙谓临南曰："以季氏之世世有子，子可以不免我死乎？"临南曰："有力不足，臣何敢不勉？"阳越者，阳虎之从弟也，为右。诸阳之从者，车数十乘，至于孟衢，临南投策而坠之，阳越下取策，临南骖马，而由乎孟氏，阳虎从而射之，矢著于庄门。然而甲起于琴如，弑不成却，反舍于郊，皆说然息。或曰："弑千乘之主而不克，舍此可乎？"阳虎曰："夫孺子得国而已，如丈夫何？"睋而曰："彼哉！彼哉！"趣驾，既驾，公敛处父帅师而至，慬然后得免，自是走之晋。宝者何？璋判白，弓绣质，龟青纯。（定公八年）

【左传】壬辰，将享季氏于蒲圃而杀之，戒都车曰："癸巳至。"成宰公敛处父告孟孙曰："季氏戒都车何故？"孟孙曰："吾弗闻。"处父曰："然则乱也。必及于子，先备诸。"与孟孙以壬辰为期。阳虎前驱，林楚御桓子，虞人以铍、盾夹之，阳越殿。将如蒲圃，桓子咋谓林楚："而先皆季氏之良也，尔以是继之。"对曰："臣闻命后，阳虎为政，鲁国服焉，违之征死，死无益于主。"桓子曰："何后之有？而能以我适孟氏乎？"对曰："不敢爱死，惧不免主。"桓子曰："往也！"孟氏选圉人之壮

---

[1] 《越绝书·吴内传》云"至河，用事"，与《公羊》同。
[2] 《左传》《新序》所记亦为汉水。
[3] 何休云："时北如晋请伐楚，因祭河。"这显然是一种弥缝之说。还有学者认为"河"是"众水通称"。见《新序校释》，第1149页。

者三百人，以为公期筑室于门外。林楚怒焉，及衢而骋。阳越射之，不中。筑者阖门。有自门间射阳越，杀之。阳虎劫公与武叔以伐孟氏。公敛处父帅成人自上东门入，与阳氏战于南门之内，弗胜。又战于棘下，阳氏败。阳虎说甲如公宫，取宝玉大弓以出，舍于五父之衢，寝而为食，其徒曰："追其将至。"虎曰："鲁人闻余出，喜于征死，何暇追余？"从者曰："嘻！速驾，公敛阳在。"公敛阳请追之，孟孙弗许。阳欲杀桓子，孟孙惧而归之。子言辨舍爵于季氏之庙而出。阳虎入于讙、阳关以叛。（定公八年）

（11.9.3）得宝玉大弓。

【传】其不地何也？宝玉大弓，在家则羞，不目，羞也。恶得之？得之堤下。或曰，阳虎以解众也。

【公羊】何以书？国宝也。丧之书，得之书。（定公九年）

【左传】夏，阳虎归宝玉大弓。书曰"得"，器用也。凡获器用曰得，得用焉曰获。六月，伐阳关，阳虎使焚莱门。师惊，犯之而出，奔齐，请师以伐鲁，曰："三加，必取之。"齐侯将许之。鲍文子谏曰："臣尝为隶于施氏矣，鲁未可取也。上下犹和，众庶犹睦，能事大国，而无天菑，若之何取之？阳虎欲勤齐师也，齐师罢，大臣必多死亡，己于是乎奋其诈谋。夫阳虎有宠于季氏，而将杀季孙，以不利鲁国，而求容焉。亲富不亲仁，君焉用之？君富于季氏，而大于鲁国，兹阳虎所欲倾覆也。鲁免其疾，而君又收之，无乃害乎？"齐侯执阳虎，将东之。阳虎愿东，乃因诸西鄙。尽借邑人之车，锲其轴，麻约而归之。载葱灵，寝于其中而逃。追而得之，因于齐。又以葱灵逃，奔宋，遂奔晋，适赵氏。仲尼曰："赵氏其世有乱乎！"（定公九年）

【史记·鲁世家】八年，阳虎欲尽杀三桓适，而更立其所善庶子以代之。载季桓子将杀之，桓子诈而得脱。三桓共攻阳虎，阳虎居阳关。（定公八年）

九年，鲁伐阳虎，阳虎奔齐，已而奔晋赵氏。（定公九年）

案，《穀梁》所引或说与《左传》相通。

38.（11.10.2）夏，公会齐侯于颊谷。公至自颊谷。

【传】离会不致。何为致也？危之也。危之则以地致何也？为危之也。其危奈何？曰：颊谷之会，孔子相焉。两君就坛，两相相揖。齐人鼓噪而起，欲以执鲁君。孔子历阶而上，不尽一等，而视归乎齐侯，曰：

"两君合好,夷狄之民,何为来为?"命司马止之。齐侯逡巡而谢曰:"寡人之过也。"退而属其二三大夫曰:"夫人率其君与之行古人之道,二三子独率我而入夷狄之俗,何为?"罢会,齐人使优施舞于鲁君之幕下。孔子曰:"笑君者罪当死。"使司马行法焉,首足异门而出。齐人来归郓、讙、龟阴之田者,盖为此也。因是以见虽有文事,必有武备,孔子于颊谷之会见之矣。

【左传】夏,公会齐侯于祝其,实夹谷。孔丘相,犁弥言于齐侯曰:"孔丘知礼而无勇,若使莱人以兵劫鲁侯,必得志焉。"齐侯从之。孔丘以公退,曰:"士兵之!两君合好,而裔夷之俘以兵乱之,非齐君所以命诸侯也。裔不谋夏,夷不乱华,俘不干盟,兵不逼好,于神为不祥,于德为愆义,于人为失礼,君必不然。"齐侯闻之,遽辟之。将盟,齐人加于载书曰:"齐师出竟而不以甲车三百乘从我者,有如此盟!"孔丘使兹无还揖对,曰:"而不反我汶阳之田,吾以共命者,亦如之!"齐侯将享公,孔丘谓梁丘据曰:"齐、鲁之故,吾子何不闻焉?事既成矣,而又享之,是勤执事也。且牺象不出门,嘉乐不野合。飨而既具,是弃礼也;若其不具,用秕稗也。用秕稗,君辱;弃礼,名恶。子盍图之!夫享,所以昭德也。不昭,不如其已也。"乃不果享。齐人来归郓、讙、龟阴之田。(定公十年)

【新语·辨惑】鲁定公之时,与齐侯会于夹谷,孔子行相事。两君升坛,两相处下,两相欲揖,君臣之礼,济济备焉。齐人鼓噪而起,欲执鲁公。孔子历阶而上,不尽一等而立,谓齐侯曰:"两君合好,以礼相率,以乐相化。臣闻嘉乐不野合,牺象之荐不下堂。夷、狄之民何求为?"命司马请止之。定公曰:"诺。"齐侯逡巡而避席曰:"寡人之过。"退而自责大夫。罢会。齐人使优旃舞于鲁公之幕下,傲戏,欲候鲁君之隙,以执定公。孔子叹曰:"君辱臣当死。"使司马行法斩焉,首足异门而出。于是齐人惧然而恐,君臣易操,不安其故行,乃归鲁四邑之侵地,终无乘鲁之心,邻邦振动,人怀向鲁之意,强国骄君,莫不恐惧,邪臣佞人,变行易虑,天下之政,就而折中;而定公拘于三家,陷于众口,不能卒用孔子者,内无独见之明,外惑邪臣之党,以弱其国而亡其身,权归于三家,邑土单于强齐。夫用人若彼,失人若此;然定公不觉悟,信季孙之计,背贞臣之策,以获拘弱之名,而丧丘山之功,不亦惑乎!

【史记·鲁世家】十年，定公与齐景公会于夹谷，孔子行相事。齐欲袭鲁君，孔子以礼历阶，诛齐淫乐，齐侯惧，乃止，归鲁侵地而谢过。（定公十年）

【孔子家语·相鲁】定公与齐侯会于夹谷，孔子摄相事，曰："臣闻有文事者，必有武备。有武事者，必有文备。古者诸侯并出疆，必具官以从，请具左右司马。"定公从之。至会所，为坛位土阶三等，以遇礼相见，揖让而登，献酢既毕，齐使莱人以兵鼓噪，劫定公。孔子历阶而进，以公退，曰："士以兵之，吾两君为好，裔夷之俘，敢以兵乱之，非齐君所以命诸侯也。裔不谋夏，夷不乱华，俘不干盟，兵不逼好。于神为不祥，于德为愆义，于人为失礼，君必不然。"齐侯心怍，麾而避之。有顷，齐奏宫中之乐，俳优侏儒戏于前。孔子趋进，历阶而上，不尽一等，曰："匹夫荧侮诸侯者，罪应诛，请右司马速加刑焉。"于是斩侏儒，手足异处。齐侯惧，有惭色。将盟，齐人加载书曰："齐师出境，而不以兵车三百乘从我者，有如此盟。"孔子使兹无还对曰："而不返我汶阳之田，吾以供命者，亦如之。"齐侯将设享礼，孔子谓梁丘据曰："齐鲁之故，吾子何不闻焉？事既成矣，而又享之，是勤执事，且牺象不出门，嘉乐不野合，享而既具，是弃礼，若其不具，是用秕稗。用秕稗，君辱。弃礼，名恶。子盍图之？夫享所以昭德也，不昭，不如其已。"乃不果享。齐侯归，责其群臣曰："鲁以君子道辅其君，而子独以夷狄道教寡人，使得罪。"于是乃归所侵鲁之四邑及汶阳之田。

案，此事《左传》《史记》《新语》《孔子家语》均有记载，而《新语·辨惑》叙事与《穀梁》最为接近。对读之下可以发现，《新语》《穀梁》叙述此事互有详略。如《新语》记孔子谓齐侯之语详于《穀梁》；又载优人之戏乃为"欲候鲁君之隙，以执定公"，这就解释了孔子斩优的原因。此皆《新语》详于《穀梁》者。又如《穀梁》云孔子"视归乎齐侯曰"，《新语》仅云"谓齐侯曰"；《穀梁》记齐侯退而属其大夫之语，《新语》则无此语。此又《穀梁》详于《新语》者。二者所用材料当同源，但很难论定《新语》即受之于《穀梁》。

39.（11.14.10）天王使石尚来归脤。

【传】脤者，何也？俎实也，祭肉也。生曰脤，熟曰膰。其辞石尚，士也。何以知其士也？天子之大夫不名，石尚欲书《春秋》，谏曰："久矣！周之不行礼于鲁也。请行脤。"贵复正也。

【公羊】石尚者何？天子之士也。脤者何？俎实也。腥曰脤，熟曰燔。（定公十四年）

案，《穀梁》排比《经》文推出"天子之大夫不名"之例，石尚称名，故知其为天子之士，而其名得书乃因《春秋》有"贵复正"之义。《穀梁》所述石尚之言，今于文献无征，其叙述石尚之言的目的在于解释其推导出的"贵复正"之义。

哀公

40.（12.13.3）公会晋侯及吴子于黄池。

【传】黄池之会，吴子进乎哉！遂子矣。吴，夷狄之国也，祝发文身。欲因鲁之礼，因晋之权，而请冠端而袭。其藉于成周，以尊天王，吴进矣。吴，东方之大国也，累累致小国以会诸侯，以合乎中国。吴能为之，则不臣乎？吴进矣。王，尊称也。子，卑称也。辞尊称而居卑称，以会乎诸侯，以尊天王。吴王夫差曰："好冠来！"孔子曰："大矣哉！夫差未能言冠而欲冠也。"

【公羊】吴何以称子？吴主会也。吴主会则曷为先言晋侯？不与夷狄之主中国也。其言及吴子何？会两伯之辞也。不与夷狄之主中国，则曷为以会两伯之辞言之？重吴也。曷为重吴？吴在是，则天下诸侯莫敢不至也。（哀公十三年）

【左传】夏，公会单平公、晋定公、吴夫差于黄池。（哀公十三年）

秋，七月，辛丑，盟，吴、晋争先。吴人曰："于周室，我为长。"晋人曰："于姬姓，我为伯。"赵鞅呼司马寅曰："日旰矣，大事未成，二臣之罪也。建鼓整列，二臣死之，长幼必可知也。"对曰："请姑视之。"反，曰："肉食者无墨。今吴王有墨，国胜乎？大子死乎？且夷德轻，不忍久，请少待之。"乃先晋人。（哀公十三年）

【国语·吴语】吴王夫差既杀申胥，不稔于岁，乃起师北征。阙为深沟，通于商、鲁之间，北属之沂，西属之济，以会晋公午于黄池。于是越王句践乃命范蠡、舌庸，率师沿海溯淮以绝吴路，败王子友于姑熊夷。越王句践乃率中军泝江以袭吴，入其郛，焚其姑苏，徙其大舟。吴、晋争长未成，边遽乃至，以越乱告。吴王惧，乃合大夫而谋曰："越为不道，背其齐盟。今吾道路悠远，无会而归，与会而先晋，孰利？"王孙雒曰："夫危事不齿，雒敢先对。二者莫利。无会而归，越闻章矣，民惧而走，远无正就。齐、宋、徐、夷曰'吴既败矣'，将夹沟而㒺我，我无生命矣。会而先晋，晋既执诸侯之柄以临我，将成其志以见天子。吾须之不能，去之不忍。若越闻愈章，吾民恐叛。必会而先之。"

吴公先歃，晋侯亚之。吴王既会，越闻愈章，恐齐、宋之为己害也，乃命王孙雒先与勇获帅徒师，以为过宾于宋，以焚其北郭焉而过之①。

【史记·秦本纪】九年，晋定公与吴王夫差盟，争长于黄池，卒先吴。吴强，陵中国。（悼公九年）

【史记·吴世家】十四年春，吴王北会诸侯于黄池，欲霸中国以全周室。六月丙子，越王句践伐吴。乙酉，越五千人与吴战。丙戌，虏吴太子友。丁亥，入吴。吴人告败于王夫差，夫差恶其闻也。或泄其语，吴王怒，斩七人于幕下。七月辛丑，吴王与晋定公争长。吴王曰："于周室我为长。"晋定公曰："于姬姓我为伯。"赵鞅怒，将伐吴，乃长晋定公。吴王已盟，与晋别，欲伐宋。太宰嚭曰："可胜而不能居也。"乃引兵归国。国亡太子，内空，王居外久，士皆罢敝，于是乃使厚币以与越平。（夫差十四年）

【史记·晋世家】三十年，定公与吴王夫差会黄池，争长，赵鞅时从，卒长吴。（定公三十年）

【史记·越世家】至明年春，吴王北会诸侯于黄池，吴国精兵从王，惟独老弱与太子留守。句践复问范蠡，蠡曰"可矣"。乃发习流二千人，教士四万人，君子六千人，诸御千人，伐吴。吴师败，遂杀吴太子。吴告急于王，王方会诸侯于黄池，惧天下闻之，乃祕之。吴王已盟黄池，乃使人厚礼以请成越。越自度亦未能灭吴，乃与吴平。

【史记·赵世家】晋定公三十年，定公与吴王夫差争长于黄池，赵简子从晋定公，卒长吴。

---

① 据介绍，出土于湖南慈利县城关石版村战国墓地M36的慈利楚简中"记载有楚和吴越等国的历史事件，如'黄池之盟''吴越争霸'，与《国语》、《战国策》等大体吻合"，"和《国语·吴语》对照，简文基本见于今本，可按照今本进行排列，然有部分简文文字风格特点，同于《吴语》简，内容亦与之甚为密切，但不见于《吴语》，应为《吴语》之佚文无疑"。见张春龙《慈利楚简概述》一文，载《新出简帛研究》，第5、8页。简文的全部内容尚未公布，待考。

《穀梁》文献征

【史记·伍子胥列传】其明年,因北大会诸侯于黄池,以令周室。越王句践袭杀吴太子,破吴兵。吴王闻之,乃归,使使厚币与越平。

【史记·仲尼弟子列传】子贡去而之鲁。吴王果与齐人战于艾陵,大破齐师,获七将军之兵而不归,果以兵临晋,与晋人相遇黄池之上。吴晋争强。晋人击之,大败吴师。越王闻之,涉江袭吴,去城七里而军。吴王闻之,去晋而归,与越战于五湖。三战不胜,城门不守,越遂围王宫,杀夫差而戮其相。破吴三年,东向而霸。

【吴越春秋·夫差内传】十四年,夫差既杀子胥,连年不熟,民多怨恨。吴王复伐齐,阙为深沟,通于商鲁之间,北属沂,西属济,欲与鲁晋合攻于黄池之上。……晋大惊,不出,反距坚垒。乃令童褐请军,曰:"两军边兵接好,日中无期。今大国越次而造弊邑之军垒,敢请辞故。"吴王亲对曰:"天子有命,周室卑弱,约诸侯贡献,莫入王府,上帝鬼神而不可以告无,姬姓之所振惧,遣使来告,冠盖不绝于道。始周依负于晋,故忽于夷狄。会晋今反叛如斯,吾是以蒲服就君。不肯长弟,徒以争强。孤进,不敢去。君不命长,为诸侯笑。孤之事君,决在今日。不得事君,命在今日矣!敢烦使者往来,孤躬亲听命于藩篱之外。"……赵鞅许诺,入谒定公曰:"姬姓于周,吴为先老可长,以尽国礼。"定公许诺,命童褐复命。于是吴王愧晋之义,乃退幕而会。二国君臣并在,吴王称公前,晋侯次之,群臣毕盟。吴既长晋而还,未逾于黄池,越闻吴王久留未归,乃悉士众将逾章山,济三江而欲伐之。吴又恐齐宋之为害,乃命王孙骆告劳于周,曰:"昔楚不承供贡,辟远兄弟之国。吾前君阖闾不忍其恶,带剑挺铍,与楚昭王相逐于中原。天舍其忠,楚师败绩。今齐不贤于楚,又不恭王命,以远辟兄弟之国。夫差不忍其恶,被甲带剑,径至艾陵。天福于吴,齐师还锋而退。夫差岂敢自多其功?是文武之德所祐助。时归吴不熟于岁,遂缘江泝淮,开沟深水,出于商鲁之间,而归告于天子执事。"周王答曰:"伯父令子来乎!盟国一人则依矣,余实嘉之。伯父若能辅余一人,则兼受永福,周室何忧焉?"乃赐弓弩王阼,以增号谥。吴王还归自池,息民散兵。

案,《左传》《国语》《史记》《吴越春秋》均记吴、晋争长之事,与此文所记似有不同。《左传》等文献的记载当近于事实,但《穀梁》叙事自有其合理成分,由此生出"叙事的真实"。

附录四：札记三则

说明：本附录所收《四库提要"春秋穀梁传注疏"条辨证》《"范注无引服者"说辨》《杨士勋〈春秋穀梁传疏〉辨误一则》是从平日读书积累下的笔记中择取的，讨论的内容均与《穀梁》相关，但问题都比较细碎，故附于本书最后。

四库提要"春秋穀梁传注疏"条辨证

《四库全书总目提要》"春秋穀梁传注疏"条云："《汉书·艺文志》载《公羊》《穀梁》二家，经十一卷，传亦各十一卷。则经、传初亦别编。范宁《集解》，乃并经注之，疑即宁之所合。"① 案，四库馆臣的这一猜测并无更多证据。由今本《春秋穀梁传》的一些细节或可推测，至少今本的经、传之合不出于范氏之手。现以余仁仲万卷堂本《春秋穀梁传》桓公元年经、传的排列之序为例加以证明②：

【春秋】元年，春，王【穀梁】桓无王，其曰王，何也？谨始也。其曰无王，何也？桓弟弑兄，臣弑君，天子不能定，诸侯不能救，百姓不能去，以为无王之道，遂可以至焉尔。元年有王，所以治桓也。【春秋】正月。公即位。【穀梁】继故不言即位，正也。继故不言即位之为正，何也？曰，先君不以其道终，则子弟不忍即位也。继故而言即位，则是与闻乎弑也。继故而言即位，是为与闻乎弑，何也？曰，先君不以其道终，己正即位之道而即位，是无恩于先君也。

由此可见，此处《穀梁》并无解释"正月"的文字，所以在以传

---

① 《四库全书总目》，第211页。下引《提要》之文均据此本。
② 本附录所引经、传、注之文均据《四部丛刊·穀梁》，上海书店1989年版。

合经之时"正月"二字上属还是下属似乎两可。然而隐公元年经文"元年，春，王正月"下，范注云："隐公之始年，周王之正月也。"这说明范宁以"王正月"绝句①。据此反观桓公元年之例，如以传附经者是范宁，"正月"二字在上属、下属两可的情况下，当上属。今本的情况与此推测正相反，似乎可以说明今本的经、传之合并非出自范宁之手。

《提要》又云："定公'元年春王三月'一条，发传于'春王'二字之下，以'三月'别属下文，颇疑其割裂。然考刘向《说苑》，称'文王似元年，武王似春王，周公似正月'。向受《穀梁春秋》，知《穀梁》经文以'春王'二字别为一节，故向有此读。"案，《提要》此说有三误。其一，定公元年经文当以"元年，春，王"为一条；"三月"二字应下属，即"三月，晋人执宋仲几于京师"为一条。馆臣将两条经文混作一条。其二，馆臣以《说苑·君道》之文与此相比，实不可比。《说苑》之文显然为《公羊》学者发挥经义之说②，而《穀梁》此传云："不言正月，定无正也。定之无正，何也？昭公之终，非正终也。定之始，非正始也。昭无正终，故定无正始。"《穀梁》之义甚明，与《说苑》所载之文本无涉。其三，馆臣并不了解《说苑》的性质，此书为刘向整理编辑，而非其所作③。所以也无法以《说苑》之语作为《穀梁》之经如何句读的旁证。馆臣推论的起点即有问题。

《提要》又云："至'公观鱼于棠'一条，'葬桓王'一条，'杞伯来逆叔姬之丧以归'一条，'曹伯庐卒于师'一条，'天王杀其弟佞夫'一条，皆冠以'传曰'字。惟'桓王'一条与《左传》合，余皆不知所引何传。疑宁以传附经之时，每条皆冠以'传曰'字，如郑玄、王弼之《易》有'象曰''象曰'之例。后传写者删之，此五条其削除未尽者也。"案，《提要》此说误。"传曰"二字绝非范宁所冠④。这些均为早期

---

① 范宁此注实取自杜预《春秋经传集解》，《左传》云："王周正月。"范氏采用的显然是《左传》的句读意见。
② 向宗鲁云："董子《三代改制质文篇》云：'故君子曰：武王其似正月矣。'虽文有讹误，而此为《公羊》先师相承旧说可知。"见《说苑校证》，第31页。
③ 对此问题，徐建委已有很好的讨论，详见《〈说苑〉研究——以战国秦汉之间的文献累积与学术史为中心》，第85页。
④ 张西堂言"传曰"二字："并不尽冠其首。"见《穀梁真伪考》，第78页。

《春秋》学的内容,可视为三《传》解《经》的上源文献[①]。详言之,《穀梁》所引"传曰"共十条,现略加梳理:

1. (1.4.1) 四年,春,王二月,莒人伐杞,取牟娄。

【穀梁】传曰:"言伐言取,所恶也。"诸侯相伐取地于是始,故谨而志之也。

【公羊】牟娄者何?杞之邑也。外取邑不书,此何以书?疾始取邑也[②]。

案,二《传》略同,而《穀梁》所引旧传,更言书"伐"与书"取"均有义在焉。

2. (1.5.1) 五年,春,公观鱼于棠。

【穀梁】传曰:"常事曰视,非常曰观。"礼,尊不亲小事,卑不尸大功。鱼,卑者之事也。公观之,非正也。

案,《穀梁》所引旧传之义不见于《公羊》《左传》。

3. (3.3.3) 五月,葬桓王。

【穀梁】传曰:"改葬也。改葬之礼,缌,举下,缅也。"或曰:"却尸以求诸侯。"天子志崩不志葬,必其时也。何必焉?举天下而葬一人,其义不疑也。志葬,故也,危不得葬也。曰,近不失崩,不志崩,失天下也。独阴不生,独阳不生,独天不生,三合然后生。故曰,母之子也可,天之子也可。尊者取尊称焉,卑者取卑称焉。其曰王者,民之所归往也。

【公羊】此未有言崩者,何以书葬?盖改葬也。

【左传】夏,五月,葬桓王,缓也。

案,《穀梁》所引旧传"改葬"之义与《公羊》同,所引另一旧传"却尸"之义又与《左传》相通。盖《穀梁》所引旧传为三《传》共同的上源文献。

4. (6.11.6) 冬,十月甲午,叔孙得臣败狄于咸。

【穀梁】不言帅师而言败,何也?直败一人之辞也。一人而曰败,

[①] "上源文献"之说取自徐建委关于早期《春秋》学文献的研究,详见《〈说苑〉研究——以战国秦汉之间的文献累积与学术史为中心》,第157页。钟文烝云:"全《传》称'传曰'者十,皆正解《春秋》之文,此盖出七十子杂记之书,乃皆闻诸夫子者。穀梁子直用其成文,故特言'传曰'以相别,当亦闻之于师也。"见《春秋穀梁经传补注》,第35页。

[②] 本附录所引《公羊》《左传》之文均据《十三经注疏》,艺文印书馆2007年版。

何也？以众焉言之也。传曰："长狄也，弟兄三人，佚宕中国，瓦石不能害。叔孙得臣，最善射者也，射其目，身横九亩，断其首而载之，眉见于轼。"然则何为不言获也？曰，古者不重创，不禽二毛。故不言获，为内讳也。其之齐者，王子成父杀之，则未知其之晋者也。

【公羊】狄者何？长狄也。兄弟三人，一者之齐，一者之鲁，一者之晋。其之齐者，王子成父杀之。其之鲁者，叔孙得臣杀之。则未知其之晋者也。其言败何？大之也。其日何？大之也。其地何？大之也。何以书？记异也。

案，长狄之事二《传》所记略同。《穀梁》所引旧传当为二《传》共同的上源文献。

5. （6.12.3）二月，庚子，子叔姬卒。

【穀梁】其曰子叔姬，贵也，公之母姊妹也。其一传曰："许嫁以卒之也。"男子二十而冠，冠而列丈夫，三十而娶；女子十五而许嫁，二十而嫁。

【公羊】此未适人，何以卒？许嫁矣。妇人许嫁，字而笄之，死则以成人之丧治之。其称子何？贵也。其贵奈何？母弟也。

案，"许嫁"之义二《传》略同。《穀梁》所引旧传当为二《传》共同的上源文献。

6. （8.9.1）九年，春，王正月，杞伯来逆叔姬之丧以归。

【穀梁】传曰："夫无逆出妻之丧而为之也。"

案，《穀梁》所引旧传之义不见于《公羊》《左传》。

7. （8.13.4）曹伯庐卒于师。

【穀梁】传曰："闵之也。公大夫在师曰师，在会曰会。"

案，《穀梁》所引旧传之义不见于《公羊》《左传》。

8. （8.16.1）十有六年，春，王正月，雨，木冰。

【穀梁】雨而木冰也，志异也。传曰："根枝折。"

案，《穀梁》所引旧传之义不见于《公羊》《左传》。

9. （9.30.4）天王杀其弟佞夫。

【穀梁】传曰："诸侯且不首恶，况于天子乎？君无忍亲之义，天子诸侯所亲者，唯长子母弟耳。天王杀其弟佞夫，甚之也。"

案，《穀梁》所引旧传之义不见于《公羊》《左传》。

10.（10.1.6）晋荀吴帅师败狄于大原。

【穀梁】传曰："中国曰大原，夷狄曰大卤。号从中国，名从主人。"

【公羊】此大卤也，曷为谓之大原？地物从中国，邑人名从主人。原者何？上平曰原，下平曰隰。

案，二《传》之文有相似之处。《穀梁》所引旧传当为二《传》共同的上源文献。

"范注无引服者"说辨

范宁《春秋穀梁传序》云："《左氏》则有服、杜之注。"钟文烝案曰："范注无引服者。"[①] 钟氏此说并不完全准确。例如桓公二年：

【春秋】三月，公会齐侯、陈侯、郑伯于稷，以成宋乱。

【穀梁】以者，内为志焉尔，公为志乎成是乱也。此成矣，取不成事之辞而加之焉。于内之恶，而君子无遗焉尔。

【范注】取不成事之辞，谓以成宋乱也。

杜预《春秋经传集解》训成为平，而孔颖达《左传正义》曰："郑众、服虔皆以成宋乱为成就宋乱。"服注训成为成就，显然取《穀梁》"成事"之义为说，实与《左传》"会于稷，以成宋乱。为赂故，立华氏也"相违[②]，故不为杜预所取。范宁亦守本《传》，而与服注暗合[③]。又如宣公元年：

【春秋】三月，遂以夫人妇姜至自齐。

---

① 《春秋穀梁经传补注》，序第8页。相应地，钟氏又云："范注用杜预者最多。"见《春秋穀梁经传补注》，第2页。
② 《左传》此二句间有一转折，左氏实以成为平。
③ 范宁此注引江熙之说："《春秋》亲尊皆讳，盖患恶之不可掩，岂当取不成事之辞以加君父之恶乎？案，宣四年'公及齐侯平莒及郯'，传曰：'平者，成也。'然则成亦平也。公与齐、陈、郑欲平宋乱，而取其赂鼎，不能平乱，故书'成宋乱'。取郜大鼎纳于大庙，微旨见矣。寻理推经，传似失之。"江说同《左传》、杜预，而驳《穀梁》。范注又引徐邈以驳江说："宋虽已乱，治之则治。治乱成不，系此一会。若诸侯讨之，则有拨乱之功；不讨，则受成乱之责。辞岂虚加也哉！《春秋》虽为亲尊者讳，然亦不没其实，故纳鼎于庙、跻僖逆祀，及王室之乱、昭公之孙，皆指事而书。哀七年传所谓有一国之道者，有天下之道者也。君失社稷犹书而不隐，况今四国群会，非一人之过，以义致讥，轻于自己兆乱。以此方彼，无所多怪。"由此亦可见出范注态度。

【穀梁】三月，遂以夫人妇姜至自齐。其不言氏，丧未毕，故略之也。
【范注】夫人不能礼自固，故与有贬。

杜注云："不书氏，史阙文。"孔颖达《正义》引服虔曰："古者一礼不备，贞女不从。故《诗》云：'虽速我讼，亦不女从。'宣公既以丧娶，夫人从亦非礼，故不称氏，见略贱之也。"服注《左传》实参《穀梁》义，范注《穀梁》又取服注大意。

由以上两例可见，范注舍杜取服（或与服注暗合）之例，杜注均与《穀梁》之义相违，服注均与《穀梁》之义相合。换言之，范宁的取舍标准终是《穀梁》本义。

这里特意辨别"范注无引服者"说，并非仅仅为了证明范注有引服注者，而是想借此进一步讨论范注对解《传》的态度。范宁于《春秋穀梁传序》中特别批评了当时解释《穀梁》者杂糅《左传》《公羊》的现象："释《穀梁传》者虽近十家，皆肤浅末学，不经师匠，辞理典据既无可观，又引《左氏》《公羊》以解此《传》，文义违反，斯害也已。"然而我们又知道，范注引《左氏》、《公羊》、杜预注、何休注之例甚多①，这与其序中所言是否矛盾？到底该如何理解这一似乎矛盾的现象？观察范注舍杜取服之例，正可得到答案：范宁所批评的实际是杂糅二《传》、自淆《穀梁》本义的解释方法。但只要不违本传，他并不反对兼取《左氏》《公羊》及杜、何之说。范宁《集解》在解传时，正呈现出谨守本传同时兼采众说的面貌②。

杨士勋《春秋穀梁传疏》辨误一则

僖公二十三年，《穀梁传》"兹父之不葬，何也？失民也。其失民，何也？以其不教民战，则是弃其师也。为人君而弃其师，其民孰以为君哉"下，杨士勋疏云：

"郑玄云'《易》讥鼎折足，《诗》刺不用良'者，'鼎折足'是

---

① 范注所采各家之说的数量，详见王熙元《穀梁范注发微》。
② 范注解经的主要态度还是谨守《穀梁》、据传解经，然而注中也已出现据理通经的倾向。此说详见本书第三章第二节。

附 录

鼎卦九四爻辞。彼云：'鼎折足，覆公餗，其形渥，凶。'王弼云：处上体之下，而又应初。既承且施，非己所堪。<u>若鼎足小细而任重，故折足也。鼎足既折，则覆餗矣。餗谓鼎之实，实覆则沾渥其形</u>①<u>，以喻不胜其任，身被戮辱，故凶也。此襄公是其事也。</u>故曰鼎折足也。初已出否，至四所盛，则已洁矣，故曰覆公餗也。渥，沾濡之貌也。既覆公餗，体为渥沾②，智小谋大，不堪其任，受其至辱，灾及其身，故曰其形渥凶也。"

读书至此，心生疑惑：王弼注《易》，何以引宋襄公比附之？检王弼《周易注》，方知"若鼎"至"事也"非王注之文③。观其文意，仍是对鼎卦九四爻辞的疏通："若鼎足小细而任重，故折足也"解"鼎折足"；"鼎足既折，则覆餗矣"解"覆公餗"；"餗谓鼎之实，实覆则沾渥其形"解"其形渥"；"以喻不胜其任，身被戮辱，故凶也"解"凶"。最末以宋襄公终句。由此推测，这段文字当是疏文。故此条杨疏应调整为：

郑玄云"《易》讥鼎折足，《诗》刺不用良"者，"鼎折足"是鼎卦九四爻辞。彼云："鼎折足，覆公餗，其形渥，凶。"王弼云："处上体之下，而又应初。既承且施，非己所堪，故曰'鼎折足'也。初已出否，至四所盛，则已洁矣，故曰'覆公餗'也。渥，沾濡之貌也。既覆公餗，体为渥沾，智小谋大，不堪其任，受其至辱，灾及其身，故曰'其形渥，凶'也。"若鼎足小细而任重，故折足也。鼎足既折，则覆餗矣。餗谓鼎之实，实覆则沾渥其形，以喻不胜其任，身被戮辱，故凶也。此襄公是其事也。

盖后人因杨疏"若鼎足小细而任重"与王注"既承且施，非己所堪"语意相类，而误系其后。

---

① 阮刻本《春秋穀梁传注疏》"沾"作"沽"，"沽"为形近讹误字，今据《中华再造善本》影印宋刊后补本《监本附音春秋穀梁注疏》改。
② 阮刻本《春秋穀梁传注疏》"沾"作"沽"，"沽"为形近讹误字，今据《中华再造善本》影印宋刊后补本《监本附音春秋穀梁注疏》改。
③ 可参《十三经注疏·周易》，第113页。

参考文献

一、传世文献

经部

《古逸丛书·穀梁》，江苏古籍出版社2002年版。
《监本附音春秋穀梁注疏》，北京大学图书馆藏8888号本。
《监本附音春秋穀梁注疏》，国家图书馆藏00851号本。
《监本附音春秋穀梁注疏》，国家图书馆藏01050号本。
《监本附音春秋穀梁注疏》，国家图书馆藏03290号本。
《监本附音春秋穀梁注疏》，国家图书馆藏7285号本。
《监本附音春秋穀梁注疏》，国家图书馆藏A05419号本。
《监本附音春秋穀梁注疏》，国家图书馆藏zz0116号本。
《监本附音春秋穀梁注疏》，国家图书馆藏zz0648号本。
《监本附音春秋穀梁注疏》，京都大学人文科学研究所藏1070号本。
《监本附音春秋穀梁注疏》，南京图书馆藏S2743号本。
《景刊唐开成石经》，中华书局1997年版。
《十三经辞典·春秋穀梁传卷》，陕西人民出版社2002年版。
《十三经注疏》，艺文印书馆2007年版。
《四部丛刊初编·公羊》，上海书店1989年版。
《四部丛刊初编·穀梁》，上海书店1989年版。
《唐开成石经》，清廖氏半亩园拓本。
《相台书塾刊正九经三传沿革例》，载《丛书集成初编》，中华书局1985年版。

陈祥道：《礼书》，载《景印文渊阁四库全书》第 130 册，台湾商务印书馆 2008 年版。

杜预：《春秋释例》，载《景印文渊阁四库全书》第 146 册，台湾商务印书馆 2008 年版。

段玉裁：《说文解字注》，上海古籍出版社 1981 年版。

顾炎武：《九经误字》，载《丛书集成初编》，中华书局 1991 年版。

何晏、皇侃：《论语集解义疏》，载《丛书集成初编》，商务印书馆 1937 年版。

侯康：《穀梁礼证》，载《续修四库全书》第 132 册，上海古籍出版社 2002 年版。

华学诚：《扬雄方言校释汇证》，中华书局 2006 年版。

黄怀信、张懋镕、田旭东：《逸周书汇校集注》（修订本），上海古籍出版社 2007 年版。

孔广森：《大戴礼记补注》，王丰先点校，中华书局 2013 年版。

李富孙：《春秋三传异文释》，载《续修四库全书》第 144 册，上海古籍出版社 2002 年版。

柳兴恩：《穀梁大义述》，载《续修四库全书》第 132 册，上海古籍出版社 2002 年版。

陆德明：《经典释文》，上海古籍出版社 1985 年版。

皮锡瑞：《经学通论》，中华书局 1954 年版。

阮元：《十三经注疏校勘记》，载《续修四库全书》第 183 册，上海古籍出版社 2002 年版。

孙诒让：《周礼正义》，王文锦、陈玉霞点校，中华书局 1987 年版。

王朝渠：《唐石经考正》，载《丛书集成初编》，商务印书馆 1936 年版。

王引之：《经义述闻》，江苏古籍出版社 2000 年版。

卫湜：《礼记集说》，载《景印文渊阁四库全书》第 118 册，台湾商务印书馆 2008 年版。

许桂林：《春秋穀梁传时月日书法释例》，载《丛书集成新编》第 109 册，新文丰出版公司 1985 年版。

许慎：《说文解字》，中华书局 1963 年版。

许维遹：《韩诗外传集释》，中华书局 1980 年版。

杨伯峻：《春秋左传注》（修订本），中华书局 1990 年版。

杨筠如：《尚书核诂》，陕西人民出版社1959年版。

俞樾：《群经平议》，载《续修四库全书》第178册，上海古籍出版社2002年版。

赵汸：《春秋师说》，载《景印文渊阁四库全书》第164册，台湾商务印书馆2008年版。

钟文烝：《春秋穀梁经传补注》，骈宇骞、郝淑慧点校，中华书局2009年版。

钟文烝：《春秋穀梁经传补注》，载《续修四库全书》第132册，上海古籍出版社2002年版。

史部

《标点善本题跋集录》，"国立中央图书馆"编印1992年版。

《"国立故宫博物院"宋本图录》，台北故宫博物院印行1977年版。

《四库全书总目》，中华书局1965年版。

《续修四库全书总目提要（经部）》，中华书局1993年版。

班固：《汉书》，中华书局1962年版。

房玄龄等：《晋书》，中华书局1974年版。

何建章：《战国策注释》，中华书局1990年版。侯康：《补后汉书艺文志》，载《二十五史补编》第2册，中华书局1955年版。

瞿镛：《铁琴铜剑楼藏书目录》，瞿果行标点，瞿凤起覆校，上海古籍出版社2000年版。

李步嘉：《越绝书校释》，中华书局2013年版。

刘昫等：《旧唐书》，中华书局1975年版。

刘知几、浦起龙：《史通通释》，王煦华整理，上海古籍出版社2009年版。

泷川资言：《史记会注考证》，北岳文艺出版社1999年版。

彭元瑞等：《天禄琳琅书目后编》，上海古籍出版社2007年版。

森立之：《经籍访古志》，载《日本藏汉籍善本书志书目集成》第1册，北京图书馆出版社2003年版。

司马迁：《史记》（修订本），中华书局2013年版。

陶湘：《涉园七十年记略》，载《清代民国藏书家年谱》第6册，北京图书馆出版社2004年版。

汪士钟：《艺芸书舍宋元本书目》，载《中国著名藏书家书目汇刊》明清卷第 29 册，商务印书馆 2005 年版。

王溥：《唐会要》，中华书局 1955 年版。

王先谦：《汉书补注》，中华书局 2007 年版。

魏征等：《隋书》，中华书局 1973 年版。

徐元诰：《国语集解》（修订本），王树民、沈长云点校，中华书局 2002 年版。

杨守敬：《日本访书志》，载《国家图书馆藏古籍题跋丛刊》第 22 册，北京图书馆出版社 2002 年版。

杨守敬：《杨守敬年谱》，上海大陆书局 1933 年版。

姚振宗：《汉书艺文志条理》，载《二十五史补编》第 2 册，中华书局 1955 年版。

姚振宗：《隋书经籍志考证》，载《二十五史补编》第 4 册，中华书局 1955 年版。

张金吾：《爱日精庐藏书志》，文史哲出版社 1982 年版。

章学诚：《文史通义校注》，叶瑛校注，中华书局 1985 年版。

周广业：《经史避名汇考》，北京图书馆出版社 1999 年版。

朱彝尊：《经义考》，中国书店 2009 年版。

子部

陈澧：《东塾读书记》，杨志刚编校，中西书局 2012 年版。

陈立：《白虎通疏证》，吴则虞点校，中华书局 1994 年版。

郭庆藩：《庄子集释》，王孝鱼整理，中华书局 1961 年版。

焦循：《孟子正义》，沈文倬点校，中华书局 1987 年版。

黎靖德编：《朱子语类》，王星贤点校，中华书局 1986 年版。

黎翔凤：《管子校注》，梁运华整理，中华书局 2004 年版。

刘文典：《淮南鸿烈集解》，中华书局 1989 年版。

卢文弨：《群书拾补》，载《清人校勘史籍两种》，北京图书馆出版社 2004 年版。

马国翰：《玉函山房辑佚书》，广陵书社 2005 年版。

石光瑛：《新序校释》，陈新整理，中华书局 2001 年版。

苏舆：《春秋繁露义证》，钟哲点校，中华书局 1992 年版。

王利器：《新语校注》，中华书局 1986 年版。
王念孙：《读书杂志》，江苏古籍出版社 2000 年版。
王仁俊：《玉函山房辑佚书续编三种》，上海古籍出版社 1985 年版。
王先谦：《荀子集解》，沈啸寰、王星贤点校，中华书局 1988 年版。
王先谦：《庄子集解》，中华书局 1987 年版。
王先慎：《韩非子集解》，钟哲点校，中华书局 1998 年版。
向宗鲁：《说苑校证》，中华书局 1987 年版。
许维遹：《吕氏春秋集释》，梁运华整理，中华书局 2009 年版。
俞正燮：《癸巳存稿》，于石、马君骅、诸伟奇点校，载《俞正燮全集》第 2 册，黄山书社 2005 年版。
赵善诒：《说苑疏证》，华东师范大学出版社 1985 年版。

集部
顾广圻：《抚本礼记郑注考异序》，载《顾千里集》，王欣夫辑，中华书局 2007 年版。
楼宇烈：《王弼集校释》，中华书局 1980 年版。
钱大昕：《潜研堂集》，吕友仁点校，上海古籍出版社 1989 年版。
俞樾：《读汉碑》，载《春在堂全书》第 3 册，凤凰出版社 2010 年版。
张震泽：《扬雄集校注》，上海古籍出版社 1993 年版。

二、出土文献

《郭店楚墓竹简》，文物出版社 1998 年版。
《国家图书馆藏敦煌遗书》第 142 册，北京图书馆出版社 2011 年版。
《马王堆汉墓帛书（叁）》，文物出版社 1983 年版。
《杏雨书屋藏敦煌秘笈》影片册 1，武田科学振兴财团 2009 年版。
《英藏敦煌文献（汉文佛经以外部分）》第 3 卷，四川人民出版社 1990 年版。
李学勤主编：《清华大学藏战国竹简》（壹），中西书局 2010 年版。
李学勤主编：《清华大学藏战国竹简》（贰），中西书局 2011 年版。
王素：《唐写本〈论语郑氏注〉》，载《儒藏》精华编第 281 册，北京大学出版社 2007 年版。

张涌泉、许建平：《敦煌经部文献合集》，中华书局 2008 年版。

三、近人论著

Lionel Giles, *Descriptive Catalogue of the Chinese Manuscripts from Tunhuang in the British Museum*, London: The Trustees of the British Museum, 1957.

Michel Soymié, *Catalogue des Manuscrits chinois de Touen-Houang: Fonds Pelliot chinois de la Bibliothèque Nationale*, Volume V, Paris: École française d'Extrême-Orient, 1995.

本田成之：《春秋穀梁传考》，载内藤虎次郎等《先秦经籍考》，江侠庵编译，国家图书馆出版社 2010 年版。

蔡运章：《冀州考辨》，载蔡运章《甲骨金文与古史新探》，中国社会科学出版社 1996 年版。

长泽规矩也：《正德十行本注疏非宋本考》，萧志强译，《中国文哲研究通讯》2000 年第 4 期。

陈东辉、彭喜双：《〈古逸丛书〉本〈尔雅〉之底本辨析商榷及释疑》，《图书馆工作与研究》2009 年第 3 期。

陈丽平：《刘向〈列女传〉研究》，中国社会科学出版社 2010 年版。

陈槃：《春秋穀梁传论》，载陈槃《涧庄文录》，上海古籍出版社 2010 年版。

陈槃：《古谶纬研讨及其书录解题》，上海古籍出版社 2010 年版。

陈铁凡：《敦煌本礼记、左、穀考略》，《孔孟学报》第 21 期。

陈伟：《郭店竹书别释》，湖北教育出版社 2003 年版。

陈垣：《史讳举例》，中华书局 1956 年版。

程苏东：《"元刻明修本"〈十三经注疏〉修补汇印地点考辨》，《文献》2013 年第 2 期。

戴仁：《敦煌写本纸张的颜色》，载郑炳林主编《法国敦煌学精粹》第 3 册，耿昇译，甘肃人民出版社 2011 年版。

窦怀永：《敦煌文献避讳研究》，甘肃教育出版社 2013 年版。

杜正胜：《传统家族试论》，载黄宽重、刘增贵主编《家族与社会》，中国大百科全书出版社 2005 年版。

傅刚：《〈文选〉版本研究》，北京大学出版社2000年版。
傅隶朴：《春秋三传比义》，中国友谊出版公司1984年版。
高亨：《古字通假会典》，董治安整理，齐鲁书社1989年版。
高文：《汉碑集释》，河南大学出版社1997年版。
郜积意：《在疑问句的背后——论〈公羊传〉的阐释策略》，载《中外文化与文论》第9辑，四川教育出版社2002年版。
郭在贻：《训诂学》，湖南人民出版社1986年版。
韩格平：《中国古籍注释学》，2007年，未刊书稿。
韩自强：《二号木牍〈春秋事语〉章题及相关竹简释文考证》，载韩自强《阜阳汉简〈周易〉研究》，上海古籍出版社2004年版。
黄坤尧：《论〈穀梁传〉的文章》，《孔孟月刊》1984年第4期。
加贺荣治：《魏晋经书解释所显示之方向》，载彭林主编《中国经学》第9辑，童岭译，广西师范大学出版社2012年版。
贾二强：《〈古逸丛书〉考》，载黄永年主编《古代文献研究集林》第1集，陕西师范大学出版社1989年版。
简逸光：《〈穀梁传〉解经方法研究》，载潘美月、杜洁祥主编《古典文献研究辑刊》二编第8册，花木兰文化出版社2006年版。
姜亮夫：《姜亮夫全集》第13册，云南人民出版社2002年版。
金德建：《司马迁所见书考》，上海人民出版社1963年版。
瞿冕良：《中国古籍版刻辞典》（增订本），苏州大学出版社2009年版。
李更：《也谈敦煌遗书中的"宫廷写书"〈春秋穀梁传集解〉——从"书吏"、"亭长"说起》，《中国典籍与文化》2010年第4期。
李零：《简帛古书与学术源流》（修订本），生活·读书·新知三联书店2008年版。
李学勤：《〈春秋事语〉与〈左传〉的传流》，载李学勤《简帛佚籍与学术史》，江西教育出版社2001年版。
李学勤：《从〈系年〉看〈纪年〉》，《光明日报》2012年2月27日第15版。
李学勤：《由清华简〈系年〉论〈纪年〉的体例》，《深圳大学学报》（人文社会科学版）2012年第2期。
李曰刚：《穀梁传之著于竹帛及传授源流考》，《师大学报》1961年第 6 期。

李正宇：《敦煌古代硬笔书法》，《中国文化大学中文学报》第 1 期。

梁园东：《梁园东史学论集》，山西人民出版社 1991 年版。

刘宁：《汉语思想的文体形式》，华东师范大学出版社 2012 年版。

刘盼遂：《冀州即中原说》，载《刘盼遂文集》，北京师范大学出版社 2002 年版。

刘师培：《刘申叔遗书》，江苏古籍出版社 1997 年版。

刘涛：《从书法的角度谈古代写本的辨伪——兼说建立古代写本断代的"书法坐标"》，载《敦煌学国际研讨会论文集》，北京图书馆出版社 2005 年版。

刘最长、朱捷元：《关于开成石经文字的改镌与添注的问题——校勘开成石经收获之二》，《考古与文物》1989 年第 3 期。

罗振玉：《鸣沙石室佚书目录提要》，载《敦煌丛刊初集》第 6 册，新文丰出版公司 1985 年版。

马建忠：《马氏文通》，商务印书馆 1983 年版。

马楠：《比经推例——汉唐经学导论》，新世界出版社 2012 年版。

孟列夫主编：《俄藏敦煌汉文写卷叙录》，袁席箴、陈华平译，上海古籍出版社 1999 年版。

钱穆：《两汉经学今古文平议》，商务印书馆 2001 年版。

钱宗武、陈树：《论阮元〈十三经注疏校勘记〉两个版本系统》，《扬州大学学报》（人文社会科学版）2007 年第 1 期。

乔秀岩：《〈礼记〉版本杂识》，《北京大学学报》（哲学社会科学版）2006 年第 5 期。

桥本秀美（乔秀岩）：《南北朝至初唐义疏学研究》，博士学位论文，北京大学 1999 年版。

裘锡圭：《帛书〈春秋事语〉校读》，载《裘锡圭学术文集》第 2 卷，复旦大学出版社 2012 年版。

苏芃：《原本〈玉篇〉残卷国内影印本述评》，《中国典籍与文化》2008 年第 4 期。

谭家健：《〈穀梁传〉叙事比论》，《文史哲》2012 年第 4 期。

谭其骧：《中国历史地图集》，中国地图出版社 1982 年版。

唐长孺：《读抱朴子推论南北学风的异同》，载唐长孺《魏晋南北朝史论丛》，中华书局 2011 年版。

唐兰、裘锡圭等：《座谈长沙马王堆汉墓帛书》，《文物》1974 年第 9 期。

藤枝晃：《汉字的文化史》，翟德芳、孙晓林译，知识出版社 1991 年版。

藤枝晃：《敦煌写本概述》，徐庆全、李树清译，《敦煌研究》1996 年第 2 期。

田宗尧：《春秋穀梁传阮氏校勘记补正》，载戴君仁等《春秋三传论文集》，黎明文化事业股份有限公司 1982 年版。

汪绍楹：《阮氏重刻宋本〈十三经注疏〉考》，《文史》第 3 辑，中华书局 1963 年版。

汪受宽：《谥法研究》，上海古籍出版社 1995 年版。

王国维：《五代两宋监本考》，载《宋版书考录》，北京图书馆出版社 2003 年版。

王和：《〈左传〉材料来源考》，《中国史研究》1993 年第 2 期。

王利器：《〈经典释文〉考》，载王利器《晓传书斋集》，华东师范大学出版社 1998 年版。

王天然：《读杏雨书屋所藏八件经部敦煌写本小识》，《亚洲研究》2012 年第 16 辑。

王熙元：《范宁年谱初稿》，《国文学报》第 10 期。

王熙元：《穀梁范注发微》，嘉新水泥公司文化基金会研究论文第 270 种，1972 年版。

王熙元：《穀梁传传授源流考》，载戴君仁等《春秋三传论文集》，黎明文化事业股份有限公司 1982 年版。

王庸：《中国地理学史》，商务印书馆 1938 年版。

王重民：《敦煌古籍叙录》，商务印书馆 1958 年版。

王重民：《中国目录学史论丛》，中华书局 1984 年版。

魏隐儒：《中国古籍印刷史》，印刷工业出版社 1988 年版。

温公颐：《先秦逻辑史》，上海人民出版社 1983 年版。

吴承仕：《经典释文序录疏证》，中华书局 1984 年版。

吴连堂：《〈春秋穀梁经传补注〉研究》，载潘美月、杜洁祥主编《古典文献研究辑刊》五编第 17 册，花木兰文化出版社 2007 年版。

肖东发：《建阳余氏刻书考略》，《文献》1984年第3、4期，1985年第1期。

徐建委：《〈说苑〉研究——以战国秦汉之间的文献累积与学术史为中心》，北京大学出版社2011年版。

许建平：《北敦14681号〈尚书〉残卷的抄写时代及其版本来源》，载许建平《敦煌文献丛考》，中华书局2005年版。

许建平：《跋国家图书馆藏〈春秋穀梁传集解〉残卷》，《敦煌研究》2006年第1期。

许建平：《敦煌经籍叙录》，中华书局2006年版。

杨树达：《曾星笠尚书正读序》，载杨树达《积微居小学金石论丛》（增订本），科学出版社1955年版。

杨树达：《词诠·序例》，中华书局1978年版。

于省吾：《双剑誃诸子新证》，上海书店出版社1999年版。

余嘉锡：《古书通例》，上海古籍出版社1985年版。

俞志慧：《古"语"有之》，华东师范大学出版社2010年版。

张春龙：《慈利楚简概述》，载艾兰、邢文编《新出简帛研究》，文物出版社2004年版。

张居三：《〈国语〉研究》，博士学位论文，东北师范大学2008年版。

张丽娟：《南宋建安余仁仲刻〈春秋穀梁传〉考》，载沈乃文主编《版本目录学研究》第1辑，国家图书馆出版社2009年版。

张丽娟：《关于宋元刻十行注疏本》，《文献》2011年第4期。

张舜徽：《汉书艺文志通释》，华中师范大学出版社2004年版。

张素卿：《叙事与解释——〈左传〉经解研究》，书林出版有限公司1998年版。

张西堂：《穀梁真伪考》，和记印书馆1931年版。

张振铎：《古籍刻工名录》，上海书店出版社1996年版。

张政烺：《〈春秋事语〉解题》，载《张政烺文集·文史丛考》，中华书局2012年版。

章炳麟：《章太炎全集》第1册，上海人民出版社1982年版。

章炳麟：《国学讲演录》，华东师范大学出版社1995年版。

赵平安：《"君子不重伤"正解》，载赵平安《新出简帛与古文字古文献研究》，商务印书馆2009年版。

朱芳圃：《殷周文字释丛》，中华书局1962年版。

四、电子资源

东方学デジタル图书馆：http：//kanji.zinbun.kyoto-u.ac.jp/db-machine/toho/html/top.html

国际敦煌项目（IDP）数据库：http：//idp.nlc.gov.cn/

索 引

B

白虎通 39，78，84
班昭 42
北敦 15345 8，10，13，15，16，46，47
北海相景君碑 41
比经推例 125，127，137
皕忍堂 13—15
编年体 106
伯 2486 8，10，13，16，24，25，46，47，50，51
伯 2536 8—13，16，46—47
伯 2590 9—13
伯 4905 + 伯 2535 46—52，83，85

C

柴邦彦 18—25，150，151
长乐陈氏 41
陈逢衡 40
陈澧 99
春秋繁露 39
春秋事语 104，122
春秋释例 92—97
春秋土地名 97

D

大戴礼记 39
丁溶 14
杜预 55，58，67，70，72，73，75—77，80—84，86—88，90—98

E

尔雅 36

F

范宁 1—3，7，19，24，25，28，35，40—42，44，45，52—55，57，58，60—62，66，68—74，76，77，79—83，85—93，96—98，143，149—151，153—155
风俗通 4，39

G

公羊 4，6，7，10，19—20，29—31，34，37，53，56，59—62，66—68，72—73，77，82—85，89，90，92，98，

101，107，108，117，119—120，122—124，126，133—140，142—147

古逸丛书　18，19，21，22，23—25

顾炎武　14

管子　110，121，124

广雅　35，36

郭店简　38

郭璞　36

国语　64—65，84，105，106，110，113，116，118，120

H

韩非子　43，104，121，122，125

韩诗外传　39，108，110

何煌　20，21，26

何休　37，58，59，66—68，71，72，75—77，82，84，92

侯康　85，133

淮南子　37

黄泽　99

J

纪事本末　106

监本　2，19，20，24—26，29，32

晋书　82，85

京相璠　97

经典释文　3，9—13，16，22，24，25，40

旧唐书　82

据礼通经　7，133—136

据理通经　98

据例通经　7，136—138，140

K

开成石经　7，13—17，51，52

孔广森　39

孔颖达　42，55，85

孔子家语　109

口授之学　140，141

L

礼记　14，41，56，75，78，84，105，106，133，134

李富孙　40

李锐　20，26

列女传　42，106，115

刘叔刚　27

刘向　42，44，53，74

刘知几　99

柳兴恩　119

陆德明　3，10，12，13，15，16，25，36

吕氏春秋　38—39，104

论语　29—31，52，73，80，84，128，129

M

马王堆　104—105

毛奇龄　89

毛诗　2

蒙赛尔　50

孟子　43，130

麋信　36，75，81，82，84，101

N

南齐书　85

Q

清华简　38，40，106

R

阮元　3，14，20，21，26

S

森立之　20

尚书　30，31，46，97

尸子　35，36

十行本　2，14，16，17，19，24—31，33

史记　52，101—105，109，114—117，119—123，126，127，129

书大传　39

双钩　14，15

说文解字　39

说苑　44，106，114，134，135，141

隋书　82，97

T

陶福履　14

陶湘　13—15

条例　84

铁琴铜剑楼　19，21，26

W

万卷堂　3，7，9，12，16，17，19，20

王朝渠　14

王俭　85

王肃　80

王引之　35，42

微言大义　120

卫湜　41

文楷斋　14

文选　30，52

吴越春秋　120

五经正义　86

X

系年　38，106

相台岳氏　17

象数　57

新序　108，110—112

新语　6，108，109

徐邈　36，76，77，101

徐彦　38

Y

盐铁论　111

晏子春秋　38

杨士勋　3—5，24，25，35，36，41，52，53，77，85，92，101，126

杨守敬　3，18—21，25

姚鼐　40

义疏　81

逸周书　39，40

永乐大典　97
余仁仲　3，7，9，12，16—21，24，25
俞樾　41
俞正燮　99
禹贡　37，97
越绝书　114，115

Z

战国策　117
张金吾　20
张宗昌　13，14
章句　81，84，85，86
正名　7，128—130，132，133
郑玄　2，41，56，58，68，70，71，80，84，134

钟文烝　3，35，36—40，42—44，86，101，107，127，129，133
周礼　20，29—31，83
周易　29，31，46
朱熹　99
竹书纪年　106，115
传记之学　136
属辞比事　137，138
庄子　36，40，43，130
缀合　45，46
邹衍　36
左传　2，29—31，34，55，57—58，60—63，66，68—73，75—80，82—85，87—94，98—106，109，110，112—124，126，129，133

后　记

本文在写作过程中曾先后得到韩格平、胡宝国、乔秀岩三位先生，方韬（北京师范大学古籍与传统文化研究院）、王振华（清华大学人文学院历史系）、马楠（清华大学出土文献研究与保护中心）、李开升（复旦大学古籍整理研究所）诸位学友的启发、指教。京都大学文学研究科瞿艳丹学友三次惠赠相关日人论文资料，北京大学外国语学院英语系刘淳先生对本文英文摘要中的问题亦多有指正，谨此一并致谢。

王天然
2013 年 5 月 1 日

本文又经答辩委员会赵伯雄、辛德勇、刘宁、张涛、李景林诸位先生批评指正，略有修改，谨此致谢。而一切文责仍由作者承担。

2013 年 6 月 6 日再记

本书是在我的博士学位论文基础上修改而成的，以上两则识语原记于论文之末，因可略观成文经过，今照录。2013 年 7 月起，我进入中国社会科学院历史研究所博士后流动站工作，研究兴趣较博士生阶段已有转变，并逐渐意识到学问不可自陷一隅。而在写作本书初稿时，我尚执着于文献学的独立性。文献学确是一门独立的学问，但学者实在不必以此自限。故现在重读此书，感到不无遗憾。蒙韩格平、王震中二位导师鼓励，这份习作还是获得了推荐，最终竟侥幸入选"中国社会科学博士后文库"，谨此致谢，并请诸位读者痛下批评。遵"文库"要求，本书排版时改为简体字本，有些地方保留了隶定、繁体、异体字形。繁简转化中产生的问题，虽经校勘，但可能仍有未能核出之处，尚乞读者海涵。

2014 年 7 月 28 日又记